Marjorie Johnson • Naturgeister
Wahre Erlebnisse mit Elfen und Zwergen

Marjorie Johnson

Naturgeister

Wahre Erlebnisse mit Elfen und Zwergen

Aquamarin Verlag

1. Deutsche Auflage 2000

Voglherd 1 • D-85567 Grafing

Übersetzung aus dem Englischen von
Dr. Edith Zorn
© Titelbild: Petra Arndt
Umschlaggestaltung: Annette Wagner

Druck: Bercker • Kevelaer
ISBN 3-89427-140-X

Inhaltsverzeichnis

Widmung

Meiner Schwester Dorothy, die viele interessante Erlebnisse mit mir teilte.

Alasdair Alpin MacGregor für seine Zusammenarbeit bei der Sammlung von Elfengeschichten in den Jahren 1955 bis 1957.

Den Lichtwesen, die mir die Erlaubnis der Elfen vermittelten, dieses Buch zusammenzustellen und die mir halfen, einige wahre Geschichten zu erhalten, bevor ich Alasdair Alpin MacGregor begegnete.

Leslie Shepard für seine unschätzbaren Bemühungen, einen Herausgeber für dieses Buch zu finden.

Danksagungen

Allen meinen Briefschreibern möchte ich herzlich für ihren Beitrag danken; für die Liebenswürdigkeit, mich mit anderen Menschen, die Elfen sehen können, in Verbindung gebracht zu haben und für die Erlaubnis, aus ihren Briefen, Büchern und Artikeln zu zitieren.

Tief empfundenen Dank möchte ich auch meiner Freundin „Lena“ aussprechen, die so freundlich war, das Manuskript dieses Buches zu Ende zu tippen, sowie dem Autor und Herausgeber der dritten Ausgabe der ”Encyclopedia of Occultism and Parapsychology“, der das Manuskript lektorierte und mir bei der Buchvorbereitung half.

Mein Dank gilt der wertvollen Hilfe der Herausgeber der führenden Zeitungen vieler verschiedener Städte für die Veröffentlichung des Briefes des verstorbenen Alasdair Alpin MacGregor, der darin nach wahren Erlebnissen mit Elfen fragte.

Mein Wirken an diesem Buch hat sich aufgrund zu vieler Arbeit, Familienerkrankungen und Augenproblemen jahrelang hinausgezogen, und ich hoffe, meine Briefschreiber werden mir die Verzögerung verzeihen.

Vorwort

Naturgeister? Warum soll gerade ich das Vorwort zu einem solchen Buch schreiben? Man hat mich darum gebeten, weil ich das Thema von einer anderen Warte aus betrachtet habe und zu dem Ergebnis gekommen bin, dass die sogenannten Naturgeister tatsächlich existieren. In ihrem unermesslichen Reich gibt es Geschöpfe verschiedener Intelligenzstufen. Einige von ihnen stehen der Menschheit sehr nahe.

Da ich nicht hellsehend im üblichen Sinne bin, musste ich mich mühsam mit Hilfe von wissenschaftlichen Instrumenten und meinem Lehrbuchwissen vorwärts arbeiten.

Ich trat in die Marine ein, und da ich mich zur Wissenschaft hingezogen fühlte, studierte ich Physik am Greenwich College. So weit ich zurückdenken kann, liebte ich es, der Wirkung des Geistes auf die Materie nachzuspüren, da ich glaube, dass es nichts gibt, was sich seines Schöpfers völlig unbewusst ist. Der materielle Aspekt einer biologischen Studie mag fehlerfrei sein, doch der unsichtbare Faktor, der den Geist eines Geschöpfes antreibt, bleibt ein Geheimnis.

An Bord eines Schiffes entwickelt sich oft eine vertrauliche Beziehung zu den scheuen Lebewesen. Kleine, obdachlose Zugvögel, die vom Wege abgekommen sind, lassen sich verwirrt in der Enge der winzigen Kabine nieder und fühlen sich bald in der gemütlichen Umgebung wohl. Häufig entwickelt ein verstörter oder ängstlicher Vogel eine seltsame Zufriedenheit, wenn man mit ihm im selben Raum schläft. Was sich während des Schlafes ereignet, weiß man nicht, doch der Wunsch nach Freundschaft durchdringt sozusagen den Schutzschild der Geschöpfe oder es kann sein, dass sie sich mit ihrem Gruppengeist auf anderen Ebenen verbinden. So jedenfalls lautet die Erklärung im Osten. Durch diese scheuen oder verletzten Passagiere fand ich Zugang zur Welt der Naturgeister.

Als ich die Marine verließ und mir einen eigenen Garten zulegte, boten sich mir Zeit und Gelegenheit, persönliche Nachforschungen zu betreiben. Mit Hilfe meiner elektrischen Geräte untersuchte ich die winzigen Warm- und Kaltblütler, die in meinem Labor spielten und stieß schließlich zum Reich der Blumen, dem Pflanzenreich, vor.

Meine Ausrüstung erlaubte es mir, die Untersuchungsmethoden von Sir J.C. Bose, dem Direktor des „Bose-Pflanzeninstituts" von Kalkutta, sowie jene eines der frühen Rundfunkpioniere nachzuvollziehen. Ich selbst hatte mich mit dem Funkbetrieb bereits zu einer Zeit beschäftigt, als Marconi das erste Experiment nach England brachte. Boses Daten konnte ich übernehmen und untersuchen. Er hatte die Nervenreaktionen von Tieren und Pflanzen verfolgt. Die Blumen zeigten Reaktionen, die wohl Freude, Angst und Schmerz entsprechen. Zwischen zwei polarisierten Zinkplatten kann man das Vorüberziehen lebender Materie wahrnehmen, sei sie sichtbar oder unsichtbar, wobei der bloße Widerhall oder die Reaktion auf einen Reiz schließlich in die Wahrnehmung einer Willensäußerung – den Ruf eines Naturgeistes – übergeht.

In meinem Falle fing alles mit einem selbstgebastelten elektrischen Apparat und einer fast ausgebrannten Taschenlampe an. Eines Tages vernahm ich Elfenmusik, den Klang von Harfen und Glocken. „Etwas" wusste, dass ich ungläubig und doch entzückt war. Es antwortete auf meine Stimme. „Etwas" in meinem Labor vermochte intelligent zu antworten; konnte sich über meine Ungläubigkeit lustig machen und zuvorkommend für Gäste den Ton wiederholen, so dass zwei Menschen dasselbe durch zwei verschiedene Empfänger hörten.

Es gab also Naturgeister, die es belustigte, dass zwei Menschenwesen nicht an Elfen glaubten. Eine meiner ersten Fragen lautete: „Gibt es denn tatsächlich so etwas wie Elfen?"

Die Antwort kam: „Sie umgeben euch überall."

„Warum können wir sie dann nicht sehen?"

„Euer Geist ist nicht eingestimmt."

„Was heißt das, eingestimmt?"

„Eure Äthermaschine ist eingestimmt, ihr aber nicht."

„Äthermaschine? Meinst du den Kasten da drüben?" Ich wies auf den Radioapparat.

„Natürlich", kam die prompte Antwort.

Das war es also! Wir mussten uns entweder auf unsere Umgebung einstellen oder unwissend bleiben.

Später sagten sie: „Wir stehen unter anderen Naturgesetzen als ihr, aber wir wissen die eurigen zu schätzen."

Von 1927-1932 – fünf Jahre lang – spielten neun dieser kleinen Elfen (sie nannten sich Marsch-Elfen) mit uns und anderen völlig ungläubigen Besuchern, die sich entweder überzeugen lassen wollten oder aber versuchten, eine bloße Sinnestäuschung zu entlarven. Die Elfen siegten. In der Werkstatt und im Labor, in unserem Wohnzimmer oder im Garten stellten sie nicht nur ihr Possenspiel und ihre Macht unter Beweis, sondern auch ihr Wissen. Sie pflegten uns zu schreiben und dabei seltsame Wörter aus dem Alt-Angelsächsischen zu gebrauchen, deren Bedeutung wir ausfindig machen mussten. Sie zeigten uns auch, wie sie das Wachstum der Blumen im Garten zu beeinflussen und zu verändern vermochten und dass sie durch Wände und verschlossene Türen gehen konnten. Sie erzählten uns von uralten, tief im Boden vergrabenen Überresten, was sich teilweise nachweisen ließ.

Meine zahme Dohle konnte sie sehen. Die Elfen hänselten sie, und der Vogel schien eifersüchtig zu sein und betrachtete sie höchst misstrauisch. Manchmal bewegte er seinen Kopf recht seltsam hin und her und schien dabei irgendetwas zu verfolgen, das wir nicht sahen. Die Elfen erzählten uns, dass sie nach der Radiomusik getanzt hätten. Wir baten sie, auf den Blumen zu tanzen, die neben dem Schrank standen, und sie im Takt der Musik zu bewegen.

Wie gesagt, ich selbst war nicht hellsichtig, doch es gab Menschen, die die Elfen sehen konnten. Zu ihnen gehörte auch Bernard Sleigh, der ein Buch mit dem Titel „The Gates of Horn" geschrieben hatte, das mir von einem hellsichtigen Freund empfohlen worden war. Der Vorstellung von einer „Gesellschaft zur Erforschung der Wirklichkeit von Elfen"nachgehend, hatte Sleigh Berichte über die „Geschichte der Naturgeister" geschrieben. Das Buch gefiel mir, und ich nahm Verbindung zu ihm auf. 1927 beschlossen wir, eine solche Gesellschaft unter dem Namen „Die Elfen-Forschungsgesellschaft" zu gründen – er ausgestattet mit Hellsichtigkeit und ich mit einem Paar Krücken, der sogenannten modernen Wissenschaft.

In jenen Tagen waren einige Religionsgemeinschaften gegen uns, doch inzwischen haben selbst Geistliche und Bischöfe das Elfenvolk gesehen und erkannt, dass es keine bösen Geister sind, sondern kleine Lichtwesen, die, dem göttlichen Willen unseres gemeinsamen Schöpfers folgend, mit der Menschheit zusammenarbeiten.

Die hellsichtige Claire Cartlon war damals die Sekretärin, und einige von uns versammelten sich zunächst in einem Londoner Haus. Das waren die glücklichen Tage. Wir beschlossen, dass die Gesellschaft geheim bleiben sollte, da einige unserer Mitglieder, die eine bedeutende Position im gesellschaftlichen Leben innehatten, ihre Identität wahren wollten. Andere Anhänger jedoch wurden unruhig und drängten, an die Öffentlichkeit zu treten. Und es gab auch solche unter uns, die nur aus Sensationslust dabei waren. Unsere Beweggründe unterschieden sich und wir sprachen nicht dieselbe Sprache. Schließlich zerfiel die Gesellschaft wie der Turm zu Babylon.

Die wenigen, die von Anfang an dabei gewesen waren, hielten zusammen, bis wir in den Jahren kurz vor dem Zweiten Weltkrieg unsere Treffen völlig einstellen mussten. 1940 wurden alle Aufzeichnungen, die sich in meinem Besitz befanden, durch feindliche Hand verstreut. Ich versuchte das, was ich retten konnte, in einem Buch zusammenzustellen, als der Zufall Marjorie Thelma Johnson und mich zusammenführte. Seit langem hatte sie genau das gesammelt, was wir uns für unsere Gesellschaft erhofft hatten, nämlich Berichte von Menschen, die den „Elfenblick" besaßen. Sie wurde die Sekretärin einer wieder auferstandenen „Gesellschaft zur Erforschung der Elfen".

Es ist schwierig zu beurteilen, was man in einem solchen Buch veröffentlichen soll und was nicht. Ich persönlich vertrete die Ansicht, nichts zurückzuhalten. Der Leser soll selbst entscheiden.

Was mich anbelangt, so habe ich den Rubikon überschritten. Ich weiß, dass es Naturgeister gibt, und ich gratuliere zu diesem Buch, das ich aus ganzem Herzen unterstütze.

Quentin C.A. Craufurd
Präsident der Elfen-Forschungsgesellschaft*

---

*Capt. Sir Quentin Craufurd verstarb am 8. Mai 1957 im Alter von 82 Jahren - noch vor der Vollendung dieses Buches. Seit damals sind zahlreiche weitere Berichte hinzugefügt worden, die aber nicht von Mitgliedern der heute nicht mehr bestehenden Gesellschaft stammen.

Einführung

Ich möchte allen, Jung und Alt, meinen Dank aussprechen, die dazu beigetragen haben, dieses Buch zu ermöglichen. Sie haben mir aus ganz Großbritannien und von Übersee geschrieben und Freude und Erleichterung darüber zum Ausdruck gebracht, dass sie ihre Erfahrungen mit Elfen nicht länger geheim zu halten brauchten, aus Angst, von Familienangehörigen und Freunden verlacht und skeptisch betrachtet zu werden. Eine Frau schrieb: „Es ist so gut zu wissen, dass außer mir auch andere Leute Elfen gesehen haben. Schon als Kind konnte ich sie wahrnehmen, wurde aber so ausgelacht, dass ich mit der Zeit ihre Aufenthaltsorte nicht mehr aufsuchte und aufhörte, von ihnen zu sprechen, obwohl mein Glaube an sie nie schwand."

Hunderte von Menschen teilten dieses Empfinden. Obwohl einige von ihnen in ihren Achtzigern sind, haben sie ihre zauberhaften Erlebnissen mit Elfen nicht vergessen. Dorothy Jenner schrieb 1971 in ihrem Brief an den „Prediction": „Nur der hartnäckigste Zyniker könnte behaupten, dass sich Hunderte von Beobachtern entweder irren oder bewusst lügen."

Es muss tatsächlich ein die Augen öffnendes Erlebnis für den Angler in Australien gewesen sein, als er sich umdrehte und ganz in seiner Nähe ein winziges Wesen erblickte, das die Blüte einer Wicke als Hut und die Blätter dieser Pflanze als Kleid trug; für die Frau, die im Wald auf eine Gruppe emsiger Naturgeister stieß, die dünne Zweige sammelten und ihren Lieblingsplatz säuberlich aufräumten oder für die Zwillinge, die eine zartblaue, leuchtende Elfe sahen, die einem kleinen Stern in der Abenddämmerung glich.

Es ist traurig, wenn Eltern sich weigern, dem Geplapper ihres Kindes wohlwollend zuzuhören, denn Kinder sind in ihrem frühen Alter noch eng mit der unsichtbaren Welt verbunden, und der ätherische und physische Aspekt ihrer Augen arbeitet noch nicht vollständig zusammen, so dass es für sie nichts Ungewöhnliches ist, Elfen zu sehen und vielleicht mit ihnen zu spielen.

Mit sechs Jahren wurde mein eigener Glaube an diese kleinen Wesen gerechtfertigt, als sich eine freundliche kleine Elfe selbst in unser Haus einlud. Mit zunehmendem Alter erfüllte mich der brennende Wunsch, den Glauben an die Naturgeister lebendig zu erhalten und mehr über diesen faszinierenden Evolutionszweig zu erfahren, der neben unserem eigenen besteht und mit ihm verschmilzt. Der verstorbene S. Carlyle Potter stellte mir freundlicherweise seine Sammlung antiker und moderner Bücher zur Verfügung. Ich lernte, dass das Wissen über die Existenz und die Arbeit der Naturgeister zur uralten Weisheit gehört, gelehrt von der Theosophie und Anthroposophie, den Rosenkreuzern und anderen Mysterienschulen, esoterischen Gesellschaften und bestimmten Religionsgemeinschaften, Orden und spirituellen Gesellschaften, wie der „White Eagle Gemeinschaft“ und der „Findhorn Gemeinde“. In den Chalice Well Gärten von Glastonbury soll es nach den Aussagen des verstorbenen Major W. Tudor Pole viele Elfen und Wassergeister geben.

Bei den Geschichten von Naturgeistern handelt es sich keineswegs um die Welt der Kinder. Je tiefer man in dieses Wissen eindringt, desto stärker erkennt man, wie wenig man doch von diesem nicht nur für die Menschheit, sondern für die gesamte Schöpfung wesentlichen Entwicklungspfad kennt. Thomas von Kempen sprach die Wahrheit, als er sagte: „Wenn du glaubst, dass du viel verstehst und weißt, bedenke, es gibt noch vieles, das du nicht weißt.“

Paracelsus und die alten Philosophen teilten diese Geister der Elemente Erde, Wasser, Luft und Feuer in vier Hauptgruppen ein, die Gnomen, Undinen, Sylphen und Salamander. Jede einzelne Gruppe enthält natürlich viele verschiedene Arten. So gehören die anmutigen kleinen Blumenelfen zu den Sylphen.

Alle diese Wesen wirken als Gestalter der Naturkräfte. Sie arbeiten im Mineral-, Pflanzen-, Tier- und Menschenreich und spielen eine wichtige Rolle im göttlichen Plan. Aufgrund der fließenden Beschaffenheit ihrer leuchtenden Körper können sie verschiedene Formen annehmen, doch meistens ahmen sie die menschliche Gestalt nach. Sie können auch als pulsierende Farbwolken oder winzige ätherische Lichter wahrgenommen werden. Einige von ihnen haben einen Zauberstab, das Symbol der Autorität im Feenland. Alle diese Naturgeister gehören zur Engel-Hierarchie und entwickeln sich schließlich zu Engeln.

Jede Blume und jeder Baum trägt in sich die Urform oder die göttliche Vorstellung der vollendeten Form, und die Naturgeister helfen, diese zu manifestieren. Sie sind bereit, in jedem Aspekt menschlichen Lebens mit uns zusammenzuarbeiten, wenn wir lernen wollen, den grundlegenden Naturgesetzen zu gehorchen.

Da sich unsere Körper aus den festen, flüssigen, gasförmigen und ätherischen Bestandteilen der Elemente zusammensetzen, besteht zwischen uns und diesem elementaren Leben, das in uns und um uns existiert, eine ständige Wechselbeziehung.

Man hat mich gefragt, warum einige Menschen die Elfen sehen und andere nicht. Die Fähigkeit dazu besitzt jeder Mensch, doch in vielen Fällen wurde sie aus verschiedenen Gründen in der gegenwärtigen Inkarnation noch nicht entfaltet oder gebraucht. Daher sollten diejenigen, die „sehen" können, nicht glauben, sie besäßen eine besondere Gabe und sich über andere erheben.

Einige Menschen sind in Zeiten starker Belastung oder großer Freude, oder wenn sie an nichts Besonderes denken, vorübergehend hellsichtig, was bei vielen, die zu diesem Buch beigetragen haben, der Fall gewesen ist. Bei anderen hat sich die Fähigkeit des Hellsehens allmählich durch regelmäßiges Beten und Meditieren entwickelt. Es gibt auch Menschen, die über direkte, intuitive geistige Wahrnehmung verfügen.

Es ist stets mit Gefahren verbunden, diese geistige Fähigkeit erzwingen zu wollen. Emma S. King, deren Berichte über Elfen und Engel in diesem Buch enthalten sind, schrieb dazu:

„Wahrer Okkultismus ist für mich, aufrichtig das zu leben, was man aus den täglichen Aufgaben lernt, gleichgültig wie schwierig oder langweilig sie sein mögen und ständig daran zu denken, Liebe und Toleranz wachsen zu lassen. Darin liegt geistiger Fortschritt und der beste und sicherste Weg, die Tore des Hellsehens und Hellhörens zu öffnen, sobald ein Mensch reif dazu ist."

Sie erzählte mir, dass sie im Laufe des Gottesdienstes jene Erfahrungen auf den inneren Ebenen bei vollem physischen Bewusstsein machte. Während sie innerlich vom Mentalkörper aus wahrnahm, was sich auf der Astralebene abspielte, saß ihr physischer Körper ganz ruhig und wach auf der Kirchenbank.

Wir Menschen besitzen einen freien Willen. Die Naturgeister hingegen wirken instinktiv und folgen freudig der göttlichen Absicht. Deshalb sieht man sie fast immer lächeln. Bei manchen dieser kleinen Wesen zeigt es sich als breites Grinsen, aber bei den höheren Formen drückt das Lächeln strahlende Freude und Begeisterung aus, die sie bis zu einem gewissen Grad auf den glücklichen Beobachter übertragen können. Es ist interessant, dass man einen ähnlichen Ausdruck von Glückseligkeit auf dem Gesicht eines meditierenden Yogi wahrnehmen kann, der im Zustand des Gottesbewusstseins weilt.

Einer der lieblichsten Anblicke ist es, einer Blumenelfe bei ihrer Arbeit zuzuschauen. Sie erhebt sich über die Pflanze, nimmt die Vitalenergie aus der Atmosphäre auf, hält inne, um diese zu verarbeiten, sinkt zurück und gießt sie zusammen mit ihrer eigenen Lebenskraft in die Pflanze hinein, deren Ätherkörper beim Aufsaugen der Kraft aufglüht. Während dieses sich oft wiederholenden, dreimaligen Vorgangs erstrahlt das Antlitz der Elfe in grenzenloser Verzückung.

Wenn sich die Naturgeister auf physisch-ätherischer Ebene materialisieren wollen, um von ihresgleichen oder von bestimmten Menschen besser gesehen zu werden, verlangsamen sie ihre Schwingungsrate, damit sie eine unterschiedliche Wellenlänge erreichen. Wollen sie unsichtbar werden, dann erhöhen sie ihre Schwingung wieder, gelangen so in eine höhere Dimension und entschwinden dem Blick des Menschen. (Wie schade, dass nicht alle Vögel und Tiere das Gleiche vermögen, um ihren menschlichen Verfolgern zu entrinnen!)

Doch nicht nur die Elfen besitzen diese Fähigkeit. Es gibt einige sehr hoch entwickelte Menschen, Meister und Adepten, die für das Gute in der Welt wirken und deren Bewusstseinsebene es ihnen erlaubt, die Schwingungsrate ihrer Atome willentlich zu erhöhen, um ihren irdischen Körper zu entmaterialisieren und unsichtbar unter uns zu wirken, oder sie zu erniedrigen, um erneut physische Gestalt anzunehmen, wenn ein irdischer Kontakt notwendig wird.

Einige Leute weigern sich, an Naturgeister zu glauben, weil sie diese nicht sehen können und nehmen daher an, dass es sich um Sinnestäuschungen handeln muss. Aber in Wirklichkeit sind auch wir unsichtbarer Geist und können uns nur deshalb gegenseitig sehen, weil wir uns vorübergehend in einem individuellen physischen Körper materialisiert haben, um eine Weile auf der Erdenebene funktionieren zu können.

Unsere Augen vermögen nur eine begrenzte Schwingungszahl aufzunehmen. Es muss also in unserer Umgebung zahllose Wesen geben, die wir nicht sehen, da sie auf einer unterschiedlichen Wellenlänge schwingen. Diese Überlegung ließe sich auch auf die Bewohner anderer Planeten anwenden, da diese möglicherweise Körper besitzen, deren Substanz feinstofflicher ist als die unsrige und die, wie die Elfen, ihre Nahrung vielleicht aus der Atmosphäre aufnehmen oder ätherische Nahrungsmittel herstellen. Mensch oder nicht Mensch, wir alle sind nur unterschiedliche Ausdrucksformen des einen, alles durchdringenden Lebens.

Es heißt, dass Zyniker und Skeptiker ungern etwas glauben, bevor es bewiesen ist, während andere unvoreingenommen bleiben, bis das Gegenteil bewiesen wird. Ich hoffe, meine Leser sind aufgeschlossen, denn dann offenbart sich ihnen möglicherweise etwas von der strahlenden, sorgenfreien Freude der Naturgeister, und sie gewinnen vielleicht wieder das Gefühl des Staunens, das traurigerweise in der heutigen Zeit im Leben so vieler Menschen fehlt.

Marjorie Thelma Johnson

Kapitel 1

Naturgeister im Garten und auf dem Lande

Im Sommer 1955 picknickte die in Schottland lebende Australierin Beverley C. Milligan mit ihrem schottischen Mann an einem Abhang oberhalb der Duich Bucht. Es war gegen zwei Uhr nachmittags. Nach dem Essen lag das Ehepaar inmitten von Farn und Heidekraut auf einem grasbewachsenen Flekken in der Sonne, als Frau Milligan am Rande der Lichtung eine Bewegung bemerkte. Vorsichtig machte sie ihren Mann auf zwei kleine Gestalten aufmerksam, die aus dem Farn aufgetaucht waren und quer über die Lichtung einem anderen Gebüsch zustrebten. Die beiden Wichte trugen grünliche Kniehosen und kurze, heidefarbene Mäntel, aber keinen Hut. Einer war etwas dunkler als der andere. Auch in der Größe unterschieden sie sich; einer maß etwa 25, der andere ungefähr zwanzig Zentimeter. Zwischen sich schleppten sie ein Bündel, das sehr schwer zu sein schien, doch sie bewegten sich geräuschlos.

Die Milligans wagten kaum, ihren Augen zu trauen. Sie erhoben sich und gingen in die Richtung, in die das kleine Paar sich entfernte. Sie hatten Glück und konnten noch einen letzten Blick erhaschen, bevor die beiden in einem Haselstrauch verschwanden.

Es erübrigt sich zu berichten, dass man der Erzählung ihres Erlebnisses nur wenig Glauben schenkte. Frau Milligan meinte dazu: „Wenn der Volksglaube überall auf der Welt von Elfen spricht, muss doch etwas Wahres daran sein."

Ihre zweiundneunzigjährige Großmutter, die aus Dänemark stammte, wuchs während der Pionierzeit im Hinterland von Queensland auf und pflegte ihren Enkelkindern zu erzählen, dass sie in jungen Jahren an einsamen Orten im australischen Busch verschiedene Male Zwerge beobachtet hatte. Ihre Enkelkinder betrachteten ihre Geschichte als Scherz, doch sie legte großen Wert auf ihre Beschreibung. Es waren winzige braune Wesen beiderlei Geschlechts gewesen. Alle hatten sie dieselbe knappe, lendentuchähnliche Kleidung getragen. Sie hatte sie an einem Bach gesehen und ihnen zugeschaut, wie sie Wasser in winzige und wie es schien tontopfartige Gefäße füllten. Sie hatte sie auch beim Spiel und ein anderes Mal beim Tanzen beobachtet.

In jener kalten, klaren Mondnacht des 24. Dezembers 1953, gegen elf Uhr fünfunddreißig, wanderte Herr G. in Begleitung zweier Freunde, Herrn C. und Herrn F., die Straße in Ewell, Surrey entlang, als eine kleine, zwölf Zentimeter große, unförmige Gestalt ihnen über den Weg lief. „Das Gesicht konnte man nicht erkennen, doch es schien scharfe Züge aufzuweisen. Die Kleidung war zweifellos flaschengrün und der kegelförmige Hut pelzverbrämt.“ Dieser Zwerg oder Gnom erreichte nie die andere Straßenseite, sondern verschwand etwa sechzig Zentimeter davor.

„Leider beharrt Herr F. bis zum heutigen Tage darauf, nichts gesehen oder gehört zu haben“, erklärte Herr G. „Herr C. allerdings bestätigt meine Geschichte. Wir alle sind ausnahmslos Nichtalkoholiker.“

Man hört viele Geschichten über Dornbäume, die von den Naturgeistern heilig gehalten werden. Frau M.C. Thompson aus Sydney in Australien berichtet darüber.

„Ich war in Schottland zu Hause, und mit zwölf Jahren besuchte ich die Kusine meiner Mutter in Irland, um dort meine Ferien zu verbringen. Sie war mit einem Geistlichen verheiratet und lebte mit ihm in einem großen Haus auf einem recht weitläufigen Grundstück. Mein Gastgeber erzählte mir, dass auf dem Weg hinunter zum Fluss, der an einer Seite des Geländes entlang floss, ein Weißdornbusch sei, unter dem die Elfen manchmal spielten. Er wollte, dass ich sie beobachtete.

„Es muss eine Mondnacht sein und das Gras trocken“, meinte er.

Drei Nächte lang führte er mich zu dem Ort, aber das Gras war feucht, und wir sahen nichts. In der vierten Nacht jedoch waren die Gegebenheiten ideal, und ein aufgeregtes kleines Mädchen sah etwa zwanzig Elfen unter dem Weißdornbusch tanzen. Es war einer der wunderschönsten Anblicke, den ich nie vergessen habe.“

Auch einer Frau Crawford Fields aus Irland war es vergönnt, einen ähnlichen Anblick zu erleben. Sie erinnert sich, dass sie als Zehnjährige, an einem hellen Juli-Abend, von einer alten Festung aus, dem sogenannten Lemon Felsen, über ein angrenzendes Feld blickte, auf dem ein Feenbaum stand. Es war gegen acht Uhr, als sie plötzlich eine kleine Gruppe von verschiedenfarbig gekleideten Elfen um den Baum herumtanzen sah. Sie beobachtete sie eine Weile und vernahm die zarten Klänge von Musik und Gesang. Dann rasselte ein Pferdewagen vorbei, und das kleine Volk verschwand.

Der Dornbusch war wegen des braunen, graslosen Rings, der ihn umgab, aufgefallen. Frau Fields bemerkte: „Man hatte uns Kinder davor gewarnt, in den Kreis zu treten, um nicht von dem kleinen Volk geholt zu werden. Die Lemon Familie beobachtete die Elfen oft bei ihrem Tanz, ich aber erblickte sie nur dieses eine Mal."

Ada F. Constable lebte in einem kleinen Haus mitten in der Natur. Eines Tages schaute ihr dreijähriger Sohn aus dem Fenster auf den Garten hinaus und schien sehr interessiert etwas zu beobachten. Sie fragte ihn: „Wem schaust du da zu?" „Dem lustigen kleinen Mann", erwiderte der Junge. Sie erkundigte sich nach seinem Aussehen, und ihr Sohn beschrieb eine Gestalt, die eine hohe, nach vorne zugespitzte Kappe trug und wohl ein Zwerg oder Gnom war. Auf ihre Frage, was er denn mache, antwortete der Junge schlicht und wie selbstverständlich „Er arbeitet in den Bohnen, Mami."

Vier Männer, die ungenannt bleiben möchten, glaubten in der Nähe eines großen Entwässerungsgrabens ein kleines Volk gesehen zu haben. Es war am frühen Abend, und die Strahlen der untergehenden Sonne spiegelten sich im Wasser wider, das in dieser Jahreszeit so hoch wie das an seinen Seiten wachsende Gras stand. Daher glaubten die Männer, sie seien einer Täuschung erlegen, doch nicht nur einer von ihnen hatte diese Geschöpfe beobachtet, sondern alle vier konnten sie sehen. Ihre Kleidung zeigte unterschiedliche Farben, rote Westen und grüne Kniehosen, gelbe Westen und malvenfarbige Kniehosen. Sie waren etwa dreiundzwanzig Zentimeter groß und ähnelten in Körper und Gesicht den Menschen. Als die Zwerge die vier Männer am Wasserrand über den Weg kommen sahen, verschwanden sie rasch im nahegelegenen Senfgras.

„Wir verbrachten unsere Sommerferien in dem wunderschönen kleinen Fischerdorf St. Ives", erzählten die beiden Schwestern O. und N. Burnet. „Der Sommer bescherte uns herrliches Wetter, und wir genossen die wilde Schönheit der Cornish Küste und des Heidemoores.

Wir beschlossen, alle einen malerischen Ausflug zu unternehmen. In der Vollmondnacht fuhren wir mit dem Auto ins Moor hinaus, um dort ein Picknick zu machen. Nach kurzer Fahrt befanden wir uns mitten in der Heidelandschaft. Abgesehen von dem surrenden Motor herrschte absolute Stille. Das Mondlicht ließ den Weg vor uns wie ein weißes Band aufleuchten; zur Rechten glitzerte die Meeresbucht herauf.

Wir verzehrten unser Essen und kehrten auf demselben Weg zurück. Immer noch lag völliges Schweigen über der Landschaft, das nur hin und wieder vom Knacken eines Zweiges unterbrochen wurde, wenn ein wildes Heideschaf oder ein anderes Tier sich hastig zurückzog. Plötzlich bemerkten wir eine kleine Gestalt, die, von den Autoscheinwerfern geblendet, kurz innehaltend quer über die Fahrspur schlurfte. Mein Bruder trat auf die Bremse und brachte den Wagen zum Stillstand. Der Fahrer des Autos hinter uns bremste ebenfalls.

Die Gestalt glich einem kleinen, etwa siebzig Zentimeter großen Mann. Dieser hatte ein haariges Gesicht und lange Arme, doch am auffälligsten waren seine sehr langen, spitz zulaufenden Füße, auf denen er sich schlurfend vorwärts bewegte. Auf seinem Kopf trug er einen Hut, der in Form und Farbe wie ein Pilz aussah. Seine Kleidung, auf die wir nicht besonders achteten, war meiner Erinnerung nach von einem dunkleren Braun und Grün. Entsetzt blickte der kleine Mann in die Scheinwerfer, zögerte eine Sekunde und verschwand ebenso plötzlich und lautlos, wie er aufgetaucht war.

Die beiden Männer im Wagen hinter uns stiegen aus. Auch sie hatten diese seltsame Gestalt flüchtig erblickt. Wir schauten über die niedrige Steinmauer, die den Moorweg begrenzte, doch nichts war von ihr zu sehen."

Zweimal vermochte John Neary aus Houghton-le-Spring, im Distrikt Durham, Elfen zu sehen, aber das zweite Erlebnis blieb stärker in seiner Erinnerung haften. Es war im Jahre 1954. An einem heißen Julitag saß er im Wald und las Gedichte von Keats. Als er zu der zweiten Strophe der „Ode an den Herbst" gelangte, wurde seine Aufmerksamkeit von einer leichten Bewegung in einem Büschel Glockenblumen unterbrochen. Zunächst glaubte er, es sei ein Vogel, doch als er näher hinschaute, nahm er eine unbeschreiblich schöne, hauchzarte Elfe wahr.

Seine Familie, der er von diesem Erlebnis erzählte, reagierte äußerst skeptisch. Sein Vater jedoch, ein Ire, bestätigte ihm, dass seine gesamte Familie schon einmal Kobolde gesehen hatte.

„Wir nahmen an, dass Sie sich für unser Erlebnis interessieren", schrieb Herr J. L. Presland.

„Im August 1954 wanderten A. Malone und ich in einer ländlichen Gegend und ließen uns bald unter einem Baum nieder, um zu rauchen. Wir hatten bereits eine Zeitlang dort gesessen, als ich plötzlich einen winzigen Kopf bemerkte, der hinter dem Baumstamm hervorspähte. Ich blickte erstaunt auf die Erscheinung, die aber verschwand, noch ehe ich Herrn Malone darauf aufmerksam machen konnte. Wir gingen suchend um den Baum herum, obwohl mein Freund nur spöttisch lachte. Da wir nichts entdecken konnten, hatte ich mich wohl getäuscht, doch sobald wir weitergingen, sahen beide von uns eine kleine Gestalt aus einem Busch hervorschießen und etwa drei Meter weiterrennen, um in einem anderen Busch wieder zu verschwinden. Der kleine, wohlproportionierte Körper war knapp dreissig Zentimeter hoch. Doch der fast kahle Kopf erschien auffallend klein. Die Haut zeigte eine bräunliche Tönung; Kleider schien das Wesen nicht zu tragen.

Sorgfältig untersuchten wir den Busch, in dem es verschwunden war, konnten aber nichts finden. Ob es sich um eine Elfe gehandelt hatte, war ungewiss, denn es fehlten die Flügel. Was es sonst hätte sein können, wissen wir nicht, sicher ist nur, dass wir es sahen."

Eine Frau L.F. Small aus Nottingham berichtete von ihrer ersten Begegnung mit einem Gnom. Der kleine Wicht betrachtete höchst missbilligend den schmutzigen Strick, den man am Boden um den Stamm eines Baumes gewunden hatte. Sie gewann den Eindruck, dass es sein Baum war, und der Widerwille gegen den Strick stand ihm deutlich ins Gesicht geschrieben.

Einmal beobachtete Frau Small eine Elfe mit hauchzarten Flügeln, die liebevoll für die rosafarbenen Zwergglockenblumen im Steingarten sorgte. Bei einer anderen Gelegenheit saß sie am Fenster und blickte in den Garten, wo einige Tomatenpflanzen standen. Anstelle der Seitentriebe hatte sie versehentlich die Haupttriebe abgeschnitten. Plötzlich entdeckte sie zwei kleine, etwa dreissig Zentimeter große Gnome vor den Pflanzen stehen und auf die Stellen weisend, an denen die ersten Tomatenfrüchte hätten sein sollen. In ihrer braungrünen Tunika verschmolzen sie so vollkommen mit den grünen Pflanzen und der dahinter liegenden braunen Wand, dass sie schon länger dagestanden haben konnten. Ihre runzeligen Gesichter blickten derartig kummervoll drein, dass Frau Small sich in Gedanken bei ihnen für den Schaden, den sie den Pflanzen zugefügt hatte, entschuldigte. Die beiden drehten sich um, schauten sie ernsthaft an und verschwanden. Einige Zeit später saß sie in ihrem Zimmer bei der Flickarbeit, als sie etwas zu ihren Füßen bemerkte. Sie blickte hinunter und sah jene beiden kleinen Wichte, die zwischen sich einen seltsamen, flachen Korb mit grünen Tomaten hielten. Ernsthaft blickten sie auf sie und dann auf die Früchte, so als wollten sie ihr etwas mitteilen. Frau Small öffnete sich für ihre Botschaft. Die beiden Gnome rieten ihr, alle Tomaten in noch grünem Zustand zu pflücken, sie einzuwickeln und an einem dunklen Ort aufzubewahren, um sie reifen zu lassen. Dann würde sie trotz allem eine gute Ernte haben. Als sie erkannten, dass die Frau sie verstanden hatte, gingen sie ernst davon.

Mary Brameld erzählte mir, dass sie und ihre Schwester Elisabeth bei ihren Besuchen auf dem Land oft das Zwergenvolk spürten und sie selbst gelegentlich einen Gnom neben sich gesehen hatte, der manchmal einen Rechen in der Hand hielt und stets lächelte. Sie sah ihn immer nur flüchtig und konnte seine Kleidung daher nicht in allen Einzelheiten beschreiben. Doch sie wusste, dass er einen Spitzhut trug, eine Jacke und Hose, vermochte aber nicht zu sagen, ob die Jacke rot und die Hose grün war oder umgekehrt.

Der folgende Bericht stammt von Carolyn Penny aus Sholing bei Southhampton, die sich selbst als „Hausfrau bezeichnet, die für sieben Personen sorgen muss und daher keine Zeit zum Träumen hat".

Als sie mittags nach dem Essen beim Spülen aus dem Fenster schaute, sah sie im zwischen ihrem und dem Nachbarhaus schräg einfallenden Sonnenlicht eine Elfe langsam und in aufrechter Haltung vorüberfliegen. Ähnlich wie bei einem sich sonnenden Schmetterling öffneten und schlossen sich ihre Flügel. Jede Vorwärtsbewegung verbarg ihr Antlitz. Ihre winzigen Hände ruhten verschränkt auf ihrem knielangen Kleid aus glitzerndem, Tüll ähnlichen Material. Flügel und Schuhe leuchteten pastellfarben. Ihre winzigen Füße bewegten sich in einer Art Gang, und die kleine Gestalt sah aus wie eine sehr große, vorüberziehende Fuchsienblüte.

Verblüfft rief Frau Penny nach ihren Kindern: „Rasch zur Eingangstür, da ist eine Elfe!" Alle rannten hinaus, doch die Elfe war nirgends zu sehen. Obwohl die Familie sie hänselte, beharrte die Mutter darauf, dass es nicht eine Libelle, ein Schmetterling oder ein Vogel gewesen war. Sie wusste, sie hatte eine Elfe gesehen und glaubte bis zu ihrem Tode an die Existenz der Elfen.

Leslie Spence, ein Staatsbeamter aus Südafrika, meinte, er habe in frühester Kindheit wohl hellseherische Fähigkeiten besessen. Er erinnerte sich noch sehr genau daran, dass er etwa ein halbes Dutzend Zwerge mit braunen Strumpfhosen, Jacken und Hüten gesehen hatte, die steifbeinig um einen Erdhügel herum tanzten.

„Ein Erwachsener war damals bei mir, wahrscheinlich mein Vater, der die Zwerge wohl nicht sehen konnte, und ich war zu klein, um ihm davon zu erzählen. Ich fühlte mich unsicher, umklammerte seine Hand und begrängte ihn, weiterzugehen."

Ann R. Boote schrieb, dass sie in der Natur verschiedenartige Elfen bei ihrer Arbeit mit den Blumen und Bäumen im Garten beobachtet hatte.

Es war ihr aufgefallen, dass diese denjenigen Menschen erscheinen, die eine sympathische Schwingung ausstrahlen, aus der sie dann je nach Wunsch ihre Gestalt aufbauen. Form und Farbe ihrer normalen Erscheinung vermögen sie in Sekundenschnelle zu verändern.

Sie bestätigte auch die Ansicht vieler sehender Menschen, dass man die Elfen am besten im hellen Sonnenlicht wahrnimmt, wenn sie aktiver sind und ihr Erscheinungsbild klarer wird.

Emma S. King aus Australien lebte 1935 in einer Villa, die in einem großen, sorgfältig angelegten Garten zwischen zwei verkehrsreichen Straßen lag. Sie liebte jeden einzelnen Stein dieses Hauses und jede Blume, jeden Baum und jeden Grashalm im Garten. Sie arbeitete mit dem Gärtner zusammen, der einmal wöchentlich kam, denn sie wollte alles lernen, was er sie lehren konnte, und er seinerseits hatte jemanden gefunden, der seine Blumen schätzte. Seine Arbeit bereitete ihm daher große Freude, und oft kam er zweimal wöchentlich.

„Wie sehr es der Garten begrüßte, gehegt und gepflegt zu werden", erzählte mir Frau King. „Und wie er blühte!"

Eines Morgens schnitt sie einen Korb voll Dahlien, die sie ins Haus trug, um sie dort hübsch in Vasen zu ordnen. Einer der großen Blütenköpfe war abgefallen. Sie legte ihn in eine flache Schale und stellte diese auf den Küchentisch unter dem Fenster. Nachdem sie alle Blumen versorgt und die letzte Vase ins Wohnzimmer getragen hatte, ging sie still durch den Flur wieder auf die Küchentür zu und blieb verwundert stehen. Auf dem Blütenkopf in der Schale saß eine zarte Elfe – fast eine lebendige, atmende Ausdehnung der Blume selbst – die denselben Farbton besaß, nur strahlender. Frau King, die alleine zu Hause war, aß am Ende des Tisches zu Mittag und beobachtete dabei dieses liebliche Geschöpf.

Die übrige Familie war sehr interessiert, als sie davon erfuhr, und die Jungen stellten immer wieder die Frage: „Ist sie noch da, Mami?"

Die Elfe blieb bei der Blüte, bis diese verwelkte. Am zweiten Tag schien sie ihren Glanz zu verlieren, da sich das Leben aus der Blume zurückzog. Dann verschwand sie.

Als Frau King eines Morgens wie gewöhnlich still in dem großen Wohnraum mit dem Erkerfenster saß, nahm sie eine ähnliche Elfe wahr. Das zarte, etwa zehn Zentimeter große Geschöpf, das sich an der Dahlienblüte in der schlanken, rosafarbenen Vase auf dem Kaminsims festhielt, durchatmete die Blume mit seiner Schwingung. Auch diese Elfe verschwand, als die Blüte verwelkte.

Frau King stellte fest, dass Graselfen ganz anders aussehen – „fast wie beseelte, dahingleitende Grashalme; winzige Burschen, die mehr Gnomen als Elfen gleichen."

Als sie eines Morgens ein Beet mit noch nicht aus der Erde hervorgebrochenen Blumenzwiebeln jätete, bemerkte sie eine andere Art von Naturgeistern. Sie vernahm ein ihr bekanntes, rhythmisches Summen, das ihrer Ansicht nach mit der Rückkehr des Lebens im Frühling von den Zwiebeln herrührte. „Dieser Summton hört auf, sobald die ersten grünen Spitzen der jungen Sprösslinge durch den Erdboden stoßen", erklärte sie.

Neben dem Eingangstor stand ein ausladender, weiß blühender Pflaumenbaum, in dem ein etwa anderthalb Meter großer Naturgeist höherer Ordnung lebte. „Ich liebte diesen Baum und das darin wohnende Wesen", erzählte sie, „doch wenn die Nordstürme an den Zweigen zerrten, verspürte ich körperliche Schmerzen."

Boris Robertson aus Australien berichtete von einem Erlebnis während seines Aufenthalts in Cloncurry in Queensland: „Als ich im Oktober 1955 im Leichhardt-Fluss fischte, begegnete ich zum ersten Mal einer Elfe. Gedankenverloren hatte ich bereits einige Stunden an diesem abgeschiedenen Ort gesessen. Etwas ließ mich mit einem Male herumdrehen. Und da sah ich ein seltsames kleines Ding ganz nahe neben mir, das eine Wickenblüte als Hut und Wickenblätter als Kleidung trug. Ich machte eine abrupte Bewegung, was das zarte Wesen zu erschrecken schien, denn es floh ins Gebüsch. Heute bereue ich es, dass ich in meiner Überraschung nicht versuchte, ihm zu folgen. „Ich brauche wohl nicht zu erwähnen, dass ich bisher niemals über mein Erlebnis gesprochen habe, um nicht das Gegenteil zu hören."

Während eines Aufenthalts in Wales wollten die damals achtzehnjährige J. Hanley und ihr Freund in einem Bergsee Forellen angeln. Doch das gleißende Licht des wunderschönen, völlig windstillen Nachmittags versprach kaum einen guten Fang. Sie machten sich daher auf den Heimweg.

„Plaudernd wanderten wir den karrenbreiten, grasbewachsenen Pfad entlang", berichtete sie. „Das zu beiden Seiten wachsende Heidekraut wurde hin und wieder von einem Felsen, einem alten Dornbusch, einem Farnbüschel oder Stechginster unterbrochen. Von der flachen Hochebene aus konnte man weit in alle Richtungen schauen. Mit einem Mal spürte ich, dass sich hinter mir etwas bewegte. Instinktiv drehte ich mich um und erblickte einen etwa sechzig Zentimeter großen Zwerg, der aus dürrem Reisig und dem verschlungenen Wurzelwerk des Stechginsters zusammengesetzt zu sein und spöttisch hinter uns her zu stolzieren schien.

Ich wollte meinen Freund darauf aufmerksam machen, erkannte im selben Moment jedoch, dass ich etwas Ungewöhnliches gesehen hatte und er mich auslachen würde, wenn nichts mehr zu sehen war. Ich schaute daher noch einmal zurück, um mich zu vergewissern, aber die kleine Gestalt war bereits verschwunden. Ich beschloss, meinem Begleiter nichts davon zu erzählen. Dennoch ließ mich das Gefühl nicht los, dass wir immer noch spöttisch beobachtet wurden und ich nur rein zufällig einen der Zwerge flüchtig erblickt hatte."

Auch T.A. Powell, der in seinem Brief betonte, dass er keineswegs ein Mann sei, der Visionen erliege, befand sich auf Forellenfang in Wales, als er einem solchen kleinen Wesen begegnete.

„An einem Sommermorgen saß ich am Ufer eines unterhalb einer weiten Moorfläche dahinströmenden Flusses und warf meine Angel aus. Eine Forelle biss an. Während ich den Fisch auszappeln ließ, vernahm ich vom anderen Ufer her ein helles, aufgeregtes Geplapper im typisch abgehackten Walliser Englisch: „Fange sie, Tommy; ich mag Forelle, Tommy; gib sie mir, Tommy!"

Überrascht schaute ich auf und erblickte ein etwa fünfundsechzigjähriges Männlein mit kurzem krausen Bart und grauen Haarsträhnen. Obwohl recht klein, so konnte man den Wicht wohl nicht mehr zu den Zwergen rechnen. Er war hemdsärmelig und steckte in satt grünen, weit über die Taille hinaufreichenden Hosen. Mit den Armen fuchtelnd, tanzte er aufgeregt hin und her.

Erstaunt und verärgert über die Unterbrechung erwiderte ich: „Schon gut, aber ich habe sie ja noch nicht!“ Nicht auf meine Bemerkung achtend, schnatterte er weiter: „Ich mag Forellen, Tommy!“ Dann war es plötzlich still.

Ich zog den Fisch in eine seichte Stelle. Als ich aufschaute, war der Wicht wie vom Erdboden verschwunden. Ich war verwirrt. Wo konnte er geblieben sein? Ich erkundigte mich im Dorf nach ihm, doch niemand hatte jemals eine solche Gestalt gesehen.

Woher wusste er meinen Namen?“

In diesem Zusammenhang möchte ich folgende Begebenheit erwähnen. Als Dr. Thomas Wood 1921 bei feuchtheißem Wetter an einem einsamen Ort in Dartmor saß und die Musik zu Clemence Danes ”Will Shakespeare“ komponierte, vernahm er ganz deutlich eine leicht spöttische, helle Stimme rufen: „Tommy! Tommy!“ und nochmals, etwas näher: „Tommy!“ Keiner seiner Freunde nannte ihn jemals bei diesem Namen. Mit seinem Feldstecher suchte er die Umgebung ab, konnte aber keine menschliche Spur entdecken.

Am nächsten Morgen fand er des Rätsels Lösung. An derselben Stelle sitzend, vernahm er Elfenmusik. Er schrieb sie nieder und nahm sie in seiner Autobiographie ”True Thomas“ (Jonathan Cape, London, 1936) mit auf.

Als Sechsjährige verbrachte die Journalistin Rosemary Meynell mit ihrer Tante, ihrem Onkel und einer gleichaltrigen Kusine einige Wochen in einem Ferienhaus in Worsley, in der Nähe von Manchester. Eines Tages verkündete ein Gast des Hauses, ein inzwischen verstorbener Mann namens Naylor, er werde ihnen Elfen zeigen.

Zu den umfangreichen Vorbereitungen gehörten auch das Abbrennen von Räucherstäbchen und ein Hohlspiegel, den man in den Garten trug. Herr Naylor gab den genauen Ort an, an dem die Kinder und die beiden Erwachsenen die Elfen sehen sollten. Doch sie sahen nichts.

Später, die Kusine war bereits zu Bett gegangen, schlug Herr Naylor Rosemary vor, in den Blutbuchen am Rande des Gartens, den Lieblingsplätzen der Feen, nach diesen Ausschau zu halten. Und dort sah sie dann ein „kleines Volk, grün oder in der Farbe der Blutbuchenblätter gekleidet, hoch oben auf den Zweigen und Blättern sitzen“, emsig beschäftigt mit irgendeiner Arbeit.

Sie wusste nicht, wieviele es waren. Zwölf Gestalten sah sie ganz deutlich und dann noch ein oder zwei nur verschwommen.

„Ich hatte eher nach den Feen aus dem Märchenbuch Ausschau gehalten", schrieb Rosemary „und war überrascht, diese Zwerge zu erblicken. In Begleitung von Herrn Naylor und meiner Kusine bemühte ich mich am nächsten Tag, sie erneut zu sehen, aber ohne Erfolg."

Rosemary Meynells Tante, Iris Strick, erzählte mir, dass ihr jüngster Sohn Arthur als kleines Kind einmal einen Zwerg im Baum hocken sah.

„Er saß in seinem Kinderwagen und machte mich auf ihn aufmerksam, doch ich konnte nichts wahrnehmen. Ich glaube, er erblickte tatsächlich etwas, denn seine Augen nahmen denselben seltsamen Ausdruck an, wie ich ihn bei Herrn Naylor beobachtet hatte, wenn er etwas auf einer anderen Ebene betrachtete.

Einmal wohnten wir in einem Flügel des alten Gouverneurhauses von Edinburgh Castle. Eines Tages zeigte mein kleiner Sohn John plötzlich auf etwas für uns Unsichtbares, das über den Fußboden des Wohnzimmers lief. „Da, da!" rief er aufgeregt, „winziges Baby, winziges Baby!" Fragen führten zu nichts, denn er war zu jung. Herr Naylor meinte, er habe wohl einen Gnom des Felsens gesehen, aus dem die Burg gebaut war."

Frau Strick selbst nahm einmal in Schottland ganz deutlich ein kleines braunes Geschöpf wahr, das hinter einem Baumstumpf hervorlugte. Bei strömendem Regen hatte man sich untergestellt, und Herr Naylor brannte einige Räucherstäbchen ab, um die Naturgeister anzuziehen, was jedoch nicht gleich gelang. Als niemand versuchte, etwas zu sehen, erblickte Frau Strick diesen spitzohrigen Zwerg, der sich zu ihnen herangeschlichen hatte.

Der Schriftsteller J.D. Watkins-Pitchford aus Rugby berichtete von der Überraschung eines Freundes, als dieser eines Nachts einen verschneiten Feldweg entlangfuhr und plötzlich im Scheinwerferlicht sechs etwa zwanzig Zentimeter große Zwerge erblickte, die eine Leiter über den Weg schleppten.

„Sie schienen sich zu ängstigen und purzelten ein wenig durcheinander, als sie die andere Wegseite mit der recht steilen Böschung erreichten. Aber zwei von ihnen krabbelten wieder herauf und zerrten solange an der Leiter, bis sie diese in einen Busch gezogen hatten."

Dorothy Mayo berichtete aus der Zeit des Zweiten Weltkrieges von „einer dieser Begebenheiten im Leben, die man niemals vergisst."

Damals lebte sie in Gillingham. An einem schwülen Tag wanderte sie mit ihrer Freundin den Damm entlang. Doch bald mussten sie sich wegen der großen Hitze ausruhen. Alles ringsum war still, kein einziger Windhauch störte die heiße Sommerluft.

Entspannt genossen die beiden die sich vor ihnen ausbreitende Landschaft, als Frau Mayo eine kleine, braune, flaumige Kugel von der Größe eines Tennisballs bemerkte, die sich rasch über die steile Böschung auf sie zu bewegte. Als sie zu ihrer Linken angelangt war (ihre Freundin saß rechts von ihr), sprang die Kugel auf und Frau Mayo konnte darin flüchtig einen Gnom oder Kobold sehen.

„Hast du das gesehen?" wandte sie sich verblüfft an ihre Freundin.

„Was gesehen?"

Frau Mayo wies eindringlich auf die Stelle, an der sie diesen Ball und seinen kleinen Bewohner erblickt hatte, aber es war nichts mehr davon zu sehen.

„Damals hatte ich noch nie etwas von einem Deva-Reich oder dergleichen gehört", erklärte sie. „Was ich gesehen hatte, war also keine Einbildung gewesen. Alles geschah so schnell; aber es geschah!"

An einem stillen Abend im Jahre 1921 saß Frau F.M.A. Southwell mit ihren beiden Söhnen, neun und elf Jahre alt, in Westcliff in Essex draußen im Garten und traute ihren Augen nicht, als sie mehrere Gnome in einem großen Baum entdeckte. Sie waren etwa fünfzehn Zentimeter groß und gestikulierten eifrig miteinander, ohne sich dabei des menschlichen Trios in ihrer Nähe bewusst zu sein.

Die kleinen Geschöpfe waren ebenso farblos wie ihre Kleidung, obwohl ihre Jacken wohl dunkler als ihre Hosen waren. Letztere schienen einschließlich der weichen Schuhe aus einem Stück zu sein. Außerdem trugen sie eine Art Kopfbedeckung.

Der Baum war sehr alt und besaß zahllose Zweige. Die Gnome aber schienen zwischen, unterhalb und oberhalb der Zweige auf Luft zu treten.

Obwohl Frau Southwell sich keineswegs fürchtete, fand sie jene Wesen nicht sehr anziehend. „Immer wieder schloss und öffnete ich meine Augen", meinte sie, „falls es sich nur um eine Illusion handelte, aber da waren sie, klar und deutlich."

Sie hatte sich die ganze Zeit über sehr still verhalten, als ihr neunjähriger Sohn bemerkte: „Lasst uns von hier fortgehen."

„Warum?“ fragte die Mutter, worauf er antwortete: „Ich glaube, ich sehe Zwerge in diesem Baum dort drüben.“

Frau Southwell wandte sich daraufhin an ihren anderen Sohn: „Siehst du auch etwas?“

„Nein“, gab dieser zur Antwort.

„Ich hatte bis dahin nichts gesagt und wunderte mich, dass außer mir nur einer meiner Söhne die Gnome sah“, ergänzte Frau Southwell.

Die pausenlose Geschäftigkeit der kleinen Geschöpfe, die Frau Southwell und ihr Sohn beobachteten, entspricht den ständigen Bewegungen einiger brauner Elfen, die meine Schwester und ich im Juli 1956 an einem Feiertag im Pannett Park in Whitby in Yorkshire beobachteten. Nach einer schönen, aber recht anstrengenden Wanderung ruhten wir uns entspannt aus, als mir in einem Baum des bewaldeten Abhangs vor uns eine starke Bewegung auffiel. Er war übersät von Elfen. Auch meine Schwester, die ich darauf aufmerksam machte, konnte sie sehen, aber keiner von uns beiden hatte eine Vorstellung, warum sie derartig geschäftig waren. Ebenso wie die Elfen von Frau Southwell, schienen auch sie sich leicht über, unter und zwischen den Zweigen zu bewegen.

Diese seltsame Eigenart wurde von einem geschulten Hellseher bestätigt. Die Baummännchen scheinen von der Schwerkraft kaum beeinflusst zu werden.

Eine Schreiberin, die sich selbst als eine „Liebhaberin der Natur“ bezeichnete, bemerkte bei einem Feldspaziergang in Lancashire in einiger Entfernung am Wegrand etwas Blaues aufleuchten. Als sie näher kam, war jedoch nichts zu sehen.

Einige Wochen später wanderte sie denselben Feldweg entlang. Da sah sie an der gleichen Stelle, die dieses Mal nur wenige Meter vor ihr lag, eine kleine Gestalt vorübereilen. Sie war etwa dreissig Zentimeter groß und hielt in ihrer linken Hand etwas Weißes, das einem Pilz oder einem Ei glich. Ihre silbrig zartblauen Flügel schienen den Boden zu berühren.

Rasch überquerte sie den Weg, als sie die Frau bemerkte. Diese konnte nicht feststellen, wohin die kleine Gestalt gelaufen war, vermutete jedoch, dass sie sich durch das Feld zu dem alten Baumstumpf geflüchtet hatte.

Millie Monks sandte mir freundlicherweise den Bericht von einem Erlebnis ihres Freundes, des verstorbenen Hugh Sheridan, das ihm in der ersten Februarwoche des Jahres 1953 widerfuhr:

„Eines Abends, gegen halb sieben, wanderte ich wie gewöhnlich von meinem Arbeitsplatz in Gerrardstown über die Felder zu meinem Haus in Bettyville. Beide Orte befinden sich in Ballyboughal und liegen etwa eineinhalb Kilometer von einander entfernt.

Ich war alleine, und es dämmerte bereits. Als ich mich dem Feld näherte, hörte ich mit einem Male ein Gekicher, so als wenn jemand Schabernack mit einem treibt. Zunächst glaubte ich, einige Kollegen seien vorausgegangen und wollten mir einen Streich spielen. Doch dann sah ich auf dem Boden eine Art grüner Plane mit Tausenden von Elfen darauf und noch viele mehr um mich herum. Sie waren unterschiedlich groß; einige etwas über einen Meter, andere ungefähr fünfundvierzig bis fünfzig Zentimeter. Abgesehen von ihrer Größe, sahen sie alle gleich aus. Sie trugen dunkle, blaugraue, in der Taille eng anliegende und über den Hüften ausgestellte Mäntel mit einer Art Schultercape. Da die Elfen mir ihre Gesichter zuwandten, war ich nicht sicher, ob dieses Cape rund herum führte oder ob es sich nur um Schulterstücke handelte. Sie trugen eng anliegende Beinkleider, die eher Wickelgamaschen glichen und, wie es schien, auch Schuhe.

In Begleitung dieser kleinen Geschöpfe begann ich meinen Heimweg, wobei die größeren unter ihnen dicht neben mir gingen. Die mir vorauseilenden hüpften immer wieder zurück, wobei ihre Füße den Boden zu berühren schienen. Auf dem Kopf trugen sie eine Art Baskenmütze, die oben spitz zulief. Es gab Männlein und Weiblein, alle in ihren frühen Zwanzigern. Ihre freundlichen Gesichter waren pausbäckiger als die der Menschen. Die männlichen Gesichter waren bartlos. Auf ihre Hände achtete ich nicht.

Eine große Elfe ging die ganze Zeit über direkt vor mir. Es war ein Mädchen; ein Mann blieb in ihrer Nähe. Ihr Haar schien hell und wellig zu sein. Keine dieser Gestalten besaß Flügel. Sie versuchten, mich vom Wege abzubringen und auf einen Pfad zu leiten, der vom Feld wegführte. Als ich es bemerkte, widersetzte ich mich ihnen und strebte meinem alten Weg zu. Nach knapp vierzig Metern fiel ich in den an der Seite entlang laufenden Graben. Ich weiß nicht, wie es geschah. Die Elfen umringten mich, und ich bemerkte, dass noch andere aus den umliegenden Büschen und Dornenhecken hervortraten. Ich krabbelte aus dem Graben heraus und erreichte schließlich den richtigen Weg, der mich nach Hause führte. Kichernd umschwärmte mich die Elfenschar. Als ich an eine Planke gelangte, die einen zwischen zwei Feldern laufenden Graben überquerte, verschwanden die Gestalten plötzlich. Sie schienen zurückzugehen, denn ihr Lärmen wurde immer leiser.

Einmal versuchte ich, eine von ihnen zu erfassen, aber ich bin mir nicht sicher, ob sie mir entwischte oder ob ich durch sie hindurchgriff, ohne etwas zu fühlen. Die ganze Zeit über lächelte dieses freundliche Völkchen und beobachtete mich.

Mit einer dreiviertelstündigen Verspätung kam ich daheim an, doch mir kam es nur wie Minuten vor.

In Begleitung der Elfen fühlte ich mich in Hochstimmung, hatte aber keine Angst. Ich würde ihnen sehr gerne noch einmal begegnen."

Der verstorbene Michael Flynn aus dem Landkreis Dublin erzählte seinem Vetter, Willie Monks, dass er auf seinem Schulweg, der ihn über die Felder führte (wohl Anfang des 20. Jahrhunderts) einmal eine Elfe gesehen hatte. Am gegenüberliegenden Bachufer war ihm im Feld eine Gestalt von der Größe eines acht- oder neunjährigen Kindes aufgefallen, die aber wie ein sehr alter Mann in Knickerbockern aussah, der etwas in den Händen hielt. Er trug auch eine Art Kopfbedeckung, doch es war Herrn Monks entfallen, wie sein Vetter diese beschrieben hatte.

Doris Poole erinnert sich an eine Begebenheit, die sie als Neun- oder Zehnjährige erlebte. Damals wohnte sie in Tuffley, einem kleinen Dorf in der Gegend von Robinswood Hill in Gloucestershire. Sie hatte im Feld in der Nähe eines Baumes gesessen, als sieben etwa zwanzig Zentimeter große Zwerge über einen Wall von Sternhyazinthen spähten, herüberkletterten und ihr ganz nahe kamen, ohne sie anscheinend zu bemerken. Die Gestalten erinnerten sie an im Wind dahintreibende Glockenblumen, doch sie besaßen langes flatterndes Haar, und ihre pastellfarbenen Kleider, die sanft von den Schultern bis unter die Knie flossen, leuchteten in Mauve-, Rosa-, Gelb- und Blautönen. Ein kleiner Bursche in Rot, der etwas vor sich hertrug, erschien als letzter. Sie alle schienen es sehr eilig zu haben und verschwanden hinter dem Baum.

In einem Schlüsselblumenwald am Rande von Painswick Beacon, ebenfalls in Gloucestershire, sah Frau Poole eine andere Art von Elfen. Sie besaßen Flügel, und ihr Haar war dunkler als das der Feldelfen. Sie trugen ähnliche Kleider wie diese, doch in braunen, grünen und zitronengelben Farbschattierungen. Etwas größer als die Primeln, bewegten sie sich mitten unter ihnen und blickten auf sie herab. Hin und wieder berührte eine Elfe eine Blüte oder ein Blatt oder guckte neugierig darunter, so als ob sie nach etwas suchte.

„Ich war wie verzaubert“, schrieb Frau Poole, „und die letzte Elfe hatte sich bereits entfernt, bevor ich es bemerkte. Die Lehrerin meiner Nichte behauptete zwar, derartige Dinge gäbe es nicht, doch ich weiß genau, dass ich nicht träumte und habe sie nie vergessen.“

Im Alter von sieben Jahren begegnete Kate Allen in einem kleinen Dorf in Norfolk in den Augustferien einem blauäugigen, etwa zwanzig Zentimeter großen Männlein, das einen grünen Mantel und einen Spitzhut trug. Es blickte zu ihr empor, und sie bemerkte, dass sein reifes Gesicht in seltsamem Gegensatz zu seiner hellen, jugendlichen Gesichtsfarbe stand. Seine Erscheinung war nur momenthaft, aber sie wusste, sie hatte sich ihn nicht eingebildet, obwohl sie damals nichts von Gnomen wusste. Als eines von zehn Kindern konnte sie sich nicht allzu viele Träumereien erlauben. Bücher über Elfen gab es keine im Haus.

Als Kate Allen mir ihr Erlebnis schrieb, zählte sie bereits achtzig Jahre; ihre Kindheitserinnerung haftete ihr aber noch frisch im Gedächtnis.

Frau Hughes stellte den folgenden Bericht aus den Notizen ihrer verstorbenen Freundin Mary Barclay zusammen.

„Mary Barclay verbrachte eine unglückliche und einsame Kindheit. Sie pflegte in die Wälder zu gehen, wo sie die Elfen sehen konnte. Eines Tages lief sie aus Kummer und Angst tiefer in den Wald hinein als gewöhnlich. Sie hatte eine saubere Schürze beschmutzt und wusste, dass sie dafür bestraft werden würde. Sie setzte sich unter einen großen Baum und weinte bitterlich. Bald darauf vernahm sie leise Musik und bemerkte eine Gruppe von kleinen Gestalten mit Musikinstrumenten. Diese spielte und tanzte, um sie zu erheitern und aufzumuntern. Glücklich ging sie nach Hause und stellte fest, dass ihre Schürze ganz sauber geworden war.

Auch in ihrem späteren Leben vermochte sie das Elfenreich wahrzunehmen, wenn sie sich in die Wälder zurückziehen und eine Weile stille sein konnte. Die schwierigen Lebensumstände während des zweiten Weltkrieges machten es ihr in Edinburgh jedoch unmöglich, und sie vermisste es sehr.“

Dem Erlebnis von Madame H.P. Blavatsky und Oberst H.S. Olcott, den Begründern der Theosophischen Gesellschaft, zufolge, scheinen Elfen sich besser zum Reinigen von Schürzen als zum Nähen zu eignen. Die beiden hielten sich damals in der Wohnetage der Gesellschaft, der sogenannten "Lamaserie", auf, als ein kleiner Naturgeist Madame Blavatsky am Rock zupfte und kundtat, dass es einen kleinen Dienst leisten wollte. Der Oberst schlug scherzhafterweise vor, die neuen Handtücher säumen zu lassen. Zunächst lehnte Madame Blavatsky diesen Vorschlag ab, willigte dann aber doch ein. Sie schlossen die Handtücher, Nadel und Faden in einen Bücherschrank und ließen den Naturgeist seine Arbeit verrichten. Nach einer Stunde und zwanzig Minuten fand sich das kleine Geschöpf wieder an Madame Blavatskys Knien ein und gab einen Laut von sich, der dem Quieken einer Maus ähnelte, um sich bemerkbar zu machen. Der Bücherschrank wurde aufgeschlossen und die Handtücher hervorgeholt. Sie waren zwar gesäumt, doch nach Aussage des Oberst „in einer Weise, die selbst für den Unerfahrensten in einer Kindernähschule eine Schande gewesen wäre."

Diese Geschichte fand ich in der November-Ausgabe (Jhg. 1933) der "Theosophischen Welt", deren Erscheinen im darauffolgenden Monat eingestellt wurde.

Mary Oliver schrieb von den äolischen Inseln, dass sie als Kind viele Elfen gesehen hatte. Ihre norwegische Amme betrachtete dies als selbstverständlich und gab weder ihre Unterstützung noch redete sie es ihr aus.

„Als mein Bruder geboren wurde und die Amme nur wenig Zeit für mich hatte, haftete sich ein ausgesprochen häßlicher Zwerg mit einem Bart bis zu den Fußspitzen an mich. Ich fürchtete mich wahnsinnig vor ihm und pflegte jedesmal zu schreien, wenn man mich allein ließ. Es muss wohl einer der norwegischen Trolle gewesen sein, aber unser schwarzer Koch meinte, es sei der "Buhmann", der mir folgte, weil ich unartig gewesen war. Eines Tages hörte meine Mutter meine hysterische Schreierei und fragte, seit wann ich solche Ängste zeigte. Man erwiderte ihr, es gehe seit einigen Monaten schon so, und obwohl ich erst zweieinhalb Jahre alt war, wurde ich der Schocktherapie unterzogen. Meine Mutter erklärte mir, dass es eine solche Gestalt nicht gäbe und verprügelte mich gehörig. Danach sah ich ihn im Laufe der nächsten zehn Jahre nur noch ein oder zwei Mal, aber ich konnte ihn riechen. Er roch nach Pilz."

Im Alter von elf Jahren sah Mary Oliver einen Zwerg. Ihre Familie besaß eine Insel im Muskoka Seengebiet in Kanada, auf der es einen Bach gab, über den eine Brücke führte. Ihre Mutter pflegte sie bei Sonnenuntergang zur anderen Seite der Insel zu schicken, um die Abendpost zu holen, und es dunkelte bereits, wenn sie durch den Wald lief. Sobald sie sich dem Bach näherte, der manchmal das Mondlicht widerspiegelte, begann sie sich zu fürchten. Jedesmal überfiel sie ein unerklärliches Entsetzen und sie kehrte völlig verwirrt ins Lager zurück. Selbst bei Tageslicht fürchtete sie diesen Wald und den Bach. An einem sehr heißen Tag gegen Mittag fürchtete sie sich so sehr, die Brücke zu überqueren, dass sie hinfiel und einfach liegen blieb, da sie zu schwach war, wieder aufzustehen. Ihr Kopf ruhte auf einem Moosbüschel. Sie schaute durch die Bäume zum Himmel empor. Ihr war schwindelig und sie begann einzuschlafen, als direkt vor ihrer Nase ein Männlein mit einer Wintergrünbeere auf dem Kopf aus einem Erdloch auftauchte. Es versuchte, zu ihr zu sprechen, doch sie konnte nicht verstehen, was es sagte. Der Zwerg schien recht anmaßend Eigentumsanspruch auf sein kleines Loch zu erheben, und sie fühlte, dass er ihre Anwesenheit nicht begrüßte. Sie kennzeichnete den Ort und wanderte recht glücklich nach Hause. Nach dieser Begegnung fürchtete sie sich nie mehr davor, über die Brücke zu gehen. Manchmal suchte sie die Stelle sogar auf, um nach dem kleinen Mann Ausschau zu halten. Das Loch fand sie zwar, aber die kleine Gestalt sah sie nie mehr wieder.

Eine Weile sah sie auch keine anderen Elfen mehr. Doch in ihrer ersten Nacht in einem Internat in Deutschland, im Jahre 1926, vernahm sie eine seltsame Musik. Sie blickte aus dem Fenster in den Thüringer Wald und bemerkte eine Gruppe von Gnomen, die im Schnee um einen Baum herummarschierten. Am nächsten Tag erzählte sie diese Begebenheit ihrer Klassenlehrerin Baronin von Bornburg, die sich sehr interessiert zeigte. „In dieser Gegend gibt es tatsächlich Zwerge“, meinte sie. „Meine Schwester und meine Großmutter haben sie gesehen. Aber außer dir hat sie niemand mehr seit dem Krieg wahrgenommen, obwohl es viele Dorfleute gibt, die ihretwegen nicht hier im Schloss arbeiten würden. Man erzählt sich, dass vor langer Zeit, als mein Großvater noch sehr jung war, die Katze einmal einen Zwerg in die Küche brachte.“

„Die Musik klang wunderbar“, berichtete Mary.

„Ja“, erwiderte die Lehrerin. „Ich habe von dieser Musik gehört. Wenn ein Junge im Dorf sie vernimmt, soll er angeblich einmal reich werden.“

Etwa ein Jahr nach ihrer Hochzeit kehrten Mary Oliver und ihr Mann spät von einer Party zurück. Sie fuhren durch das Roehampton Tor in den Richmond Park, wo ihr Haus stand, als Frau Oliver ein Reh vor ihnen auf der

Fahrbahn entdeckte und ausrief: „Sei vorsichtig!“ „Schon gut“, erwiderte ihr Mann, „ich habe gesehen, wie sich die Autoscheinwerfer in seinen Augen widerspiegelten.“ Er hielt den Wagen an, und das Reh überquerte langsam die Straße. Auf seinem Rücken hockte ein kleiner, knapp einen Meter großer Mann in Wams und Kniehosen mit aufwärts strebender Nase und Füßen, die Kartoffeln glichen.

„Was ist das?“ fragte Frau Oliver.

„Pst!“ erwiderte ihr Mann, „das ist ein Kobold! So etwas hätte ich niemals hier in dieser Gegend so nahe am Krankenhaus erwartet.“

Am folgenden Tag erzählte Frau Oliver einer Freundin diese Begebenheit, die die seltsame Bemerkung machte: „Sei nicht so kitschig!“

Ihr Mann beruhigte sie und meinte: „Am Sonntag werden wir James Stephens besuchen. Er wird es sicherlich nicht für kitschig halten.

Und so war es. James Stephens berichtete ihnen von vielen solchen Vorfällen.

Nach dem Tode ihres Mannes zog Frau Oliver in ein wunderschönes Haus in Cornwall, das nicht sehr teuer war, da es darin angeblich spukte. Sie lebte alleine dort, und es gab keine Elektrizität. Eines Abends ging sie ohne Lampe von der Bibliothek durch die Küche in den Waschraum, um ein frisches Holzscheit für ihr Feuer zu holen.

„Ich kniete mich nieder und griff unter das Waschbecken, um einen Holzklotz hervorzuziehen, als ich ein Geräusch vernahm, das einem schimpfenden Eichhörnchen glich. Dann sah ich oben auf dem Holzstoß ein wütendes, von grünem Licht umgebenes Männlein stehen, das wie eine Artischocke aussah, aber nur daumengroß war. Es hatte ein häßliches, froschähnliches Gesicht, schüttelte seine Fäuste und befahl mir, sein Reich zu verlassen. Ich ergriff ein Stück Holz und zog mich entsetzt zu meinem Feuer zurück.“

Später erzählte Frau Oliver dem Hauseigentümer und einem ehemaligen Mieter ihre Geschichte. Sie lachten, als sie hörten, wie ärgerlich und grob der Zwerg gewesen war und bestätigten, dass es in diesem Haus Kobolde gab.

Einige Wochen später, als es sehr kalt wurde, verließ Frau Oliver das Haus und reiste nach Frankreich, um nie wieder nach Cornwall zurückzukehren.

Noch einmal auf Frau Olivers Bemerkung über den alten Zwerg mit dem pilzähnlichen Geruch zurückkommend, möchte ich erwähnen, dass es sich dabei wohl um einen der uralten „Erd“- Gnome gehandelt hat, denn er erinnert mich an jenen scheußlichen Zwerg im Garten unseres früheren Hauses während meiner Jugendzeit. Eigentlich nahm er nie richtig die äußere Gestalt eines Gnoms an, aber ich war mir seiner voll bewusst und hatte erfahren, dass er einen sehr großen Bereich von halbwilden dunkelroten Pfingstrosen hütete, die in einem schattigen Winkel des Obstgartens wuchsen. Er zeigte sich so besitzergreifend, dass ich es nicht wagte, eine der Blumen zu berühren oder sogar abzupflücken. Wegen seines Pilzgeruchs konnte ich immer seine Anwesenheit fühlen.

Während ihres Aufenthalts in Edinburgh, im Jahre 1940, sah Olive Hills zwei etwa siebzehn Zentimeter große, bärtige Gnome. Sie trugen rote Kappen, braune Schuhe und grüne Tuniken mit milchkaffeebraunem Kragen.

Dieses Erlebnis fand auf astraler Ebene statt. Frau Hills glitt langsam über das kurze, samtige Gras an den beiden Zwergen vorbei, die an einem Baum standen und von denen der anscheinend sehr viel ältere einen Spaten in den Boden gestoßen hatte. Die beiden drehten sich um und starrten sie an, wobei sie ein pfeifendes Geräusch von sich gaben. Frau Hills meinte zu sich selbst: „Oh je! Die wollen mich hier nicht!"

Als sie ihrer Familie davon erzählte, lachte man sie aus. Doch sie erinnerte sich nach all den Jahren noch ganz genau an jene Begegnung.

Ein anderer Bericht über die Elfen in Schottland kam 1949 von David Thurston Smith aus Argyle: „Ich gehöre zu jenen Glücklichen, die mehr sehen als der Durchschnittsmensch. Daher nehme ich nicht nur Elfen wahr, sondern gelegentlich auch andere Wesenheiten, die der Allgemeinheit unsichtbar bleiben. Ich habe viele acht bis zehn Zentimeter große Elfen gesehen, die zerbrechlich wie vom Wind zerzauste Blätter waren. Oft sehe ich sie im Haus oder in den Wäldern.

Hier in Schottland, in Yorkshire, gibt es Gnome, die etwa neunzig Zentimeter groß und körperlich erstaunlich aktiv sind. Sie können unwahrscheinlich schnell durch die Waldungen, ihrem wohl häufigsten Aufenthaltsort, laufen.

Ich habe mich oft über die Körperkraft kleiner Männer gewundert, doch niemals hat mich jemand mehr verblüfft als jener kleine Gnom in der Waldschonung in der Nähe meines ehemaligen Hauses im Pickering Tal in Yorkshire. Der etwa sechzig Zentimeter große, kräftig gebaute Zwerg durchstöberte das Laub, als hätte er etwas verloren. Als er mich bemerkte, sauste er, über Zweige und Dornengestrüpp hüpfend, mit ungeheurer Geschwindigkeit davon.

Herr Smith liebte es, die Zwerge in der Abenddämmerung bei ihrem

Lieblingsspiel, dem Reiten auf einem Lamm, zu beobachten. „Die Mutterschafe scheint es nicht zu stören, und den Lämmern macht es sicherlich Spaß", meinte er.

„Die Zwerge halten sich gerne in den Rübenfeldern auf. Bei heißem Wetter sitzen sie reihenweise auf großen Blätterpilzen und beobachten die vorbeilaufenden Rebhühner. Es ist kühl dort, und wenn sie die Rübenblätter schütteln, können sie sich unter den herabfallenden kristallklaren Wassertropfen erfrischen."

Frau I. Morrison, ebenfalls aus Schottland, berichtete von einem Erlebnis während der „Verdunklung" im zweiten Weltkrieg. Sie war aus dem Bus gestiegen und strebte ängstlich nach Hause, da die Warnsirenen aufheulten. Es war nachtdunkel, und obwohl sie es nicht weit hatte, fragte sie sich, wie sie wohl die Straße überqueren konnte. In diesem Augenblick ließ sich ein Licht auf ihrer Schulter nieder, bewegte sich vor ihr her und dehnte sich aus. Eine allerliebste kleine Elfe in silber-grüner Kleidung schwebte vor ihr und beleuchtete den Weg. Frau Morrison rief einigen Passanten zu, ihr zu folgen. Sie heftete ihre Augen auf die kleine leuchtende Gestalt, und alle erreichten sicher die andere Straßenseite.

Zu Hause angekommen, begannen sehr bald die Bomben zu fallen. Eine Freundin schaute vorbei und riet, gemeinsam den Luftschutzkeller aufzusuchen. Frau Morrison aber meinte: „Nein, wir sind recht sicher hier" und erzählte von ihrem Erlebnis mit der Elfe. Ihre Freundin, die nicht an Elfen glaubte, blieb skeptisch.

Gegen elf Uhr abends schlug Frau Morrison ihrer Freundin vor, nach Hause zu gehen, obwohl die Entwarnung noch nicht gegeben worden war und in der Ferne immer noch Bomben fielen. Gemeinsam wanderten sie die Straße entlang. Nach einer Weile vernahm Frau Morrison eine Stimme, die sie aufforderte, umzukehren. Die kleine Elfe erschien wieder, dieses Mal vor der Freundin. „Schau!" rief Frau Morrison aus. „Das ist die Elfe, von der ich dir erzählt habe. Sie wird dich heim begleiten." Sie bat ihre Freundin, diesem winzigen Lichtschein zu folgen. Am nächsten Morgen trafen sich die beiden Frauen, und die Freundin erklärte begeistert, sie werde nie mehr an der Existenz von Elfen zweifeln.

Jene kleine Elfe schien Frau Morrison sehr zugetan zu sein, denn sie wurde noch sehr oft in ihrer Nähe gesehen.

Ein anderer Naturgeist, der als Führer wirkte, wurde von Herrn „H“ aus Buckinghamshire gesehen, dessen Berichte von zahlreichen weiteren Erlebnissen an anderen Stellen dieses Buches zu finden sind.

Er erzählte: „Eine junge Dame und ich unternahmen eine Autofahrt. Auf dem Rückweg flatterte eine Elfe mehrere Kilometer lang direkt vor dem Wagen. Meine Begleiterin bemerkte sie allerdings nicht. Wir fuhren etwa siebzig bis achtzig Stundenkilometer, doch die Elfe (mit Spitzenröckchen und großen Schmetterlingsflügeln) hielt mühelos mit uns mit.

Wir waren uns des Weges nicht ganz sicher, und ich richtete mich nach der winzigen Gestalt vor mir. Sobald meine Begleiterin aber wusste, wo wir uns befanden, verschwand mein kleiner Wegweiser.“

Als Eva Jack aus Ross-shire in Schottland von ihrer Kusine Annie Jack gefragt wurde, ob sie jemals Elfen gesehen hätte, musste sie dies verneinen. Annie aber war ihnen begegnet und erzählte folgende Geschichte.

Etwa siebzigjährig kehrte sie mit ihrer Schwester an einem lauen Sommerabend in den vierziger Jahren nach dem Besuch des Sabbat-Gottesdienstes in der Culbockie Schule durch den Wald nach Hause zurück. Sie hatten gerade die Steige überquert, die sie zu einem Feld führte, als sich ihnen ein Anblick bot, den sie nie mehr vergessen sollten. Unweit der Kuppe, dem sogenannten Elfenhügel, der im Wald oberhalb des Culbockie Sees liegt, sahen sie braun gekleidete Zwerge scharenweise umhertanzen.

Später bemerkte eine der Schwestern zu Eva Jack, dass sie sich zwar nicht sicher waren, ob es sich um Elfen gehandelt hatte, sie diese aber nicht anders zu benennen wussten. Es konnten keine Kinder aus dem Dorf sein, denn dieses lag zu weit entfernt, und die kleinen Gestalten besaßen alle dieselbe Größe und Kleidung.

Die in Irland geborene Lehrerin Kathleen Fryatt lebte zum Zeitpunkt des folgenden Erlebnisses in Essex. 1952 sandte sie einen Bericht darüber an die "Braintree &Witham Times“. Im Sommer 1951 wanderte sie mit ihrem Mann im Gebiet von Witham, und nachdem sie beschlossen hatten, auf dem Heimweg eine Abkürzung durch die parallel zur Foulkbourne Straße gelegenen Felder zu nehmen, betraten sie den sogenannten "Pfad“. (Später erfuhr Frau Fryatt, dass dieser Weg früher zu einem Kloster geführt hatte und von den Mönchen benutzt worden war.)

Einer der alten Bäume, die den Weg säumten, war hohl. Sie blieb stehen und blickte hinein. Zu ihrer großen Überraschung sah sie in der Rinde die Gesichter von drei oder vier grotesken kleinen Männern mit langen Nasen und häßlichen Mündern. Auf dem Boden im Baum lag eine kleine alte Frau, die knapp zwanzig Zentimeter maß und eine Art Walliser Hut und einen langen, weiten Rock trug.

Frau Fryatt machte ihren Mann auf diese Gestalten aufmerksam, doch dieser vermochte nichts zu sehen. „Du bildest sie dir bloß ein", meinte er und hob einen Stock auf, um die alte Dame im Baum anzustoßen. Seine Frau aber rief: „Wage es nicht, sie zu berühren!" Als er merkte, dass es ihr ernst war, ließ er den Stock fallen und sie versuchten weiterzugehen. „Ich sage „versuchten", erklärte sie, „denn wir stellten fest, dass der Weg nicht länger eine Abkürzung darstellte, da wir auf ein Maisfeld stießen. Mein Mann meinte: „Da siehst du, was deine Elfen getan haben."

Wir gingen zurück. Da die Elfen immer noch in dem hohlen Baum saßen, entschuldigte ich mich für das Benehmen meines Mannes und erklärte, dass er aus Essex stamme und nicht an Elfen glaube.

Zu Hause angekommen, beschloß ich, uns beiden zum Tee ein Ei zu kochen. Meines war makellos, das meines Mannes jedoch faul. Ich kochte ein zweites Ei für ihn, aber auch das war schlecht. Seltsamerweise hatte es das zuvor niemals gegeben und sollte auch nie mehr passieren. Hatten sich die Elfen an einem Nichtgläubigen gerächt oder war es reiner Zufall? Ich hatte nicht erwartet, diese Zwerge zu sehen, aber ich würde vor jedem Gericht schwören, dass ich die reine Wahrheit sage."

Frau Wm. Tait sandte mir den folgenden Bericht von dem Erlebnis ihrer Kusine Elisabeth Johnston.

„Man schrieb das Jahr 1986. Elisabeth war damals etwa fünf Jahre alt und lebte im "Columbus", in Bridge of Walls in Shetland. An einem Sonntagnachmittag machte sie sich auf, um die Nachbarfamilie zu besuchen. Sie war in Eile, da sie wusste, dass die Nachbarn zur Kirche gingen. Es war zu heiß, um den ganzen Weg zu laufen. Daher kletterte sie den Abhang hinter dem Stall des Hauses empor, als ein grunzender Laut ihre Aufmerksamkeit auf den Torfwall zog. Auf diesem lag ein Zwerg, der sie angriffslustig anstarrte. Seine Kleidung schien dunkelbraun zu sein, und sein langer Bart zeigte dieselbe Farbschattierung. Er ließ sie nicht aus den Augen, und sein einziger Versuch, sich mit ihr zu verständigen, bestand in zwei oder drei grunzenden Lauten, die seinen ganzen Körper zu erschüttern schienen. Das kleine Mädchen blieb wie angewurzelt stehen und rannte dann eilig davon."

Der nächste Bericht zeigt, dass er nicht der einzige Zwerg war, der grunzte.

Claire H. Gantlon aus London schrieb 1933: „Es lebt ein fetter grüner Gnom hier, der wie ein Schwein grunzt. Er scheint übel gelaunt zu sein, da er die Kinder anknurrt und davonläuft, wenn er sie sieht. Ich habe ihn zwar nicht gesehen, wohl aber den Lärm gehört, den er macht.

Unser schwarzer Perserkater spielt mit einer Elfe, die ihn hänselt, und er reagiert darauf mit vogelähnlichen Lauten. Man kann sehen, dass sie vor ihm hin und her fliegt, denn er streckt seine Pfote nach ihr aus, versucht sie zu fangen und blickt sich suchend nach ihr um. Dann muss er warten, bis die Elfe zurückkommt und alles fängt von vorne an und dauert oft eine halbe Stunde oder länger. Es ist faszinierend zu beobachten.

Eines Nachmittags bemerkte meine älteste Tochter eine Elfe auf dem Bücherregal. Ich konnte sie nicht sehen, wohl aber unser Hund, der das Regal ansprang und bellte.

Alle meine Kinder können Elfen und Gnome in Haus und Garten sehen, ebenso in den Wäldern und auf dem Land. Sie betrachten sie als ganz normale Wesen."

Während des Zweiten Weltkrieges wohnte M. A. Rodliff im Haus ihrer Tante in Harrow. In einer Vollmondnacht stand sie in der Tür, die zum Garten hinausführte, und bemerkte mehrere Leuchtfunken, die sie zunächst für Glühwürmchen hielt. Sie beobachtete ihre seltsamen Bewegungen und erkannte dann über ein Dutzend Gnome, die fröhlich über den Rosenkohl hüpften. Sie waren etwa dreissig bis fünfzig Zentimeter groß. Einige trugen grüne Mäntel und Kappen, andere waren in Rot oder malvenfarben gekleidet. „Es machte ihnen sichtlich Spaß", meinte Frau Rodliff. „Bald darauf verließen sie die Rosenkohlspitzen. Sie tanzten auf dem Rasen und liefen in freudiger Erregung hin und her. Trotz meiner großen Verblüffung erfreute ich mich an ihrem Anblick. Ihre Fröhlichkeit übertrug sich auf mich, und ich konnte mich einfach nicht losreißen."

Frau Rodliff fügte hinzu, dass sie sich an dieses Bild ebenso klar erinnerte wie an andere Erlebnisse in ihrem Leben und sie sich augenblicklich das Wohlgefühl und die Freude, die es vermittelte, ins Gedächtnis zurückzurufen vermochte. Es stimmte sie jedoch traurig, dass jene, denen sie davon erzählte, versucht waren, sie auszulachen. „Und deshalb bin ich froh, jemandem davon berichten zu können, der dafür Verständnis zeigt“, meinte sie.

Edna F. Wilson erwähnte das folgende Erlebnis in einem Brief an das „Prediction“-Magazin, und ich bat sie um Einzelheiten.

Im November 1946 zogen sie, ihr Mann und ihre drei Kinder von Birmingham in ein sehr abgeschiedenes, wunderschönes Tal in Hertfordshire. Auf dem etwa siebzehn Hektar großen Gut gab es das Herrenhaus aus dem sechzehnten Jahrhundert und zwei weit von der Straße entfernt gelegene Hütten. Alles war überwachsen, als die Familie dort eintraf. Der Besitzer hielt sich im Ausland auf, und niemand lebte auf dem Gut. Hinter dem Haus, das auf einem Hügel stand, erstreckte sich ein dichter Wald. Frau Wilson liebte es, in dem heißen Sommer des folgenden Jahres dort zu sitzen und interessierte sich sehr für die Waldblumen.

„Recht unvermittelt wurde ich in vielerlei Hinsicht hellsichtig“, erzählte sie. „Die erste Elfe, die ich sah, saß in einer roten Rose und besaß wunderschöne Flügel, die denen eines Schmetterlings glichen. Ich war natürlich sehr erstaunt. Danach hielt ich nach Elfen Ausschau, und sie waren überall. Der Wald wimmelte von ihnen, und ich beobachtete, wie sie um die Bäume glitten. Sie waren nie größer als etwa zehn Zentimeter, aber immer lächelten sie. Ähnlich den Naturgeistern aus dem Märchen trugen sie lange, fließende Gewänder mit edelsteingeschmückten Trägern und manchmal ein Kopfband mit einem Stern in der Mitte.

Ich liebte es, des Nachmittags dazusitzen und ihnen zuzuschauen, wenn sie unablässig um die Blumen glitten. Ich sah sie auch in den Pfirsichbäumen und zwischen den Tomatenpflanzen im Gewächshaus. Sie saßen auf den Schnittblumen, die meine kleine Tochter hereinbrachte, obwohl sie diese nicht sehen konnte. Am Abend pflegte ich im Wald zu sitzen und die Elfen beim Tanz zu beobachten. Blitzschnell drehten sich Gnome, Elfen und Kobolde zusammen im Kreis. Sie schienen von überall herbeizuschweben, um an der Freude teilzunehmen. Obwohl ich auf Musik horchte, war ich stets enttäuscht. Zuerst bemerkte ich Lichter, die sich im Gras bewegten. Die Lichter sah ich tatsächlich immer zuerst und dann musste ich eine gewisse Konzentration aufbringen, weshalb ich mich immer in die Einsamkeit zurückzog. Wenn ich die Naturgeister des Nachts beim Tanz beobachtete, ging ich seltsamerweise so stark in diesem Geschehen auf, dass alles ringsum lebendig zu werden schien, selbst die Grashalme. Ich fühlte mich wie im Märchenland.“

1951 erlaubte mir das "Institut für Farbforschung", folgenden Bericht über winzige grüne Naturgeister und ihre Arbeit bei der Bildung von Kleeblättern zu veröffentlichen, den sein Gründer, der verstorbene Ivah Bergh Whitten, verfasst hatte.

„Die kleinen Geschöpfe arbeiten gruppenweise und mit nahezu militärischer Genauigkeit. Diese Gruppen bilden fast den vollendeten Umriss eines vierblättrigen Kleeblatts. Diejenigen Naturgeister, die zum Beispiel am Blattinnern arbeiten, legen ihre ganze Kraft hinein, treten zurück und überlassen unverbrauchten Arbeitern die Aufgabe. Obwohl sie nun in der zweiten Reihe stehen, stoßen und ziehen sie, je nachdem wie es nötig wird, und treten danach in die dritte Reihe, in der noch weniger Anstrengung von ihnen verlangt wird. In der vierten Reihe bleibt ihnen nichts weiter zu tun, als sich zur fünften vorzuarbeiten. Wenn sie den äußeren Rand erreicht haben, kehren sie erneut in das Zentrum zurück und arbeiten das nächste Blatt methodisch aus, bis alle vier vollendet sind. Sollte die Arbeit jedoch noch nicht abgeschlossen sein, fangen sie von vorne an.

Die grünen Naturgeister sind fröhliche, strahlende Geschöpfe, die mit Schwung und Begeisterung arbeiten. Sie färben, polieren, bürsten, tönen und vervollkommnen Bäume, Sträucher, Weinreben oder Farne."

Die Künstlerin Veronika Maxwell aus Devonshire konnte die Elfen fühlen, nicht aber sehen. Die Mutter ihrer Freundin verbrachte ihre Kindheit in Irland. Eines Tages hielt sie das Pony, während ihre eigene Mutter ein altes Landhaus besuchte. Als sie draußen neben einem großen Granitblock wartete, lugten zwei etwa fünfunddreißig Zentimeter große Zwerge unter dem Stein hervor, lächelten sie an, klatschten in die Hände und verschwanden wieder.

Bei ihrem Aufenthalt auf einer unberührten Insel in der Donegal Bucht begegnete Frau Maxwell mehreren Leuten, die tatsächlich Elfen gesehen hatten. Die Witwe eines Generals beobachtete sie bei Sonnenuntergang, wie sie auf einer einsamen Sandbank tanzten; ein Erzdiakon sah sie vom Boot aus im Mondlicht am Strand herumflattern. Ein Freund, dessen Gut sich in Dartmoor befand, sah sie unten bei den Bächen zwischen der Sumpfmyrthe und dem Wollgras. Frau Maxwell traf auch jemanden in Devonshire, dessen Kusine aus dem „Augenwinkel" eine Bewegung am Ende des Baumstammes wahrnahm, auf dem sie in dem dichten Wald von Berry Pomeroy Castle saß. Es war ein Kobold mit Kappe und Wams, der recht verärgert über ihre Anwesenheit zu sein schien. Plötzlich sprang er auf, rannte den Stamm entlang auf sie zu, schlug sie ins Gesicht und verschwand.

„Es heißt oft, dass Elfen nicht in großen Städten leben, „schrieb die Theosophin B. E. Rushton, die in Birmingham lebt. „Mein Erlebnis im Frühjahr 1961 widersprach jedoch dieser Behauptung.

Hinter einer ein Meter zwanzig hohen Mauer an einer der verkehrsreichsten Straßen der Stadt haben wir einen winzigen Garten. Alle paar Minuten fährt ein Bus vorbei, und tagsüber ist es sehr schwierig, die Straße zu überqueren. Ich pflanzte etwa zwei Dutzend Blumenzwiebeln, meistens Tulpen. Lachend zählte ich sie nach und legte sanft meine Hände um die kleineren Zwiebeln. Unter schwacher Gesundheit leidend, waren sie Wirklichkeit für mich und vermittelten mir den flüchtigen Eindruck von Landleben.

Eines Tages legte ich mich recht niedergeschlagen und mit Kopfschmerzen im lautesten Zimmer des Hauses nieder, da in meinem eigenen Zimmer ein Gast untergebracht war. Ich lag auf dem Rücken, lauschte dem Verkehr und spürte plötzlich eine elektrische Ladung in der Luft. Das bedeutet immer, dass ein „Besucher" kommt oder ich „abhebe". Es war ein „Besucher". Eine „Wesenheit", die durch die Tür wehte, und der Raum war mit Lachen erfüllt. Dann fühlte ich, wie eine Blumenzwiebel mich mehrmals auf den „Mund" küsste, und eine Stimme sprach in mir: „Weil du sie so liebst." Ein glückliches Plaudern lag in der Luft, und ich fühlte mich wie neu belebt. Ich kann immer noch die sanfte Berührung der trockenen Zwiebelhaut spüren, wenn ich an sie denke. Die Stimmen unterschieden sich von den glockengleichen, fröhlichen Stimmen, die ich auf dem Lande gehört hatte. Es schienen höhere Intelligenzen mit der Fähigkeit zur Kommunikation zu sein. Auf dem Lande hatte ich den Eindruck, dass die Naturgeister mich eher erforschten, so wie die Liliputaner, als sie Gulliver fanden. Dieses Mal war es anders. Ich spürte ihr persönliches Empfinden für mich.

Eines Morgens sah Frau Rushton einen Gnom oder eine Elfe auf einem Hügel in Clent in Worcestershire. Sobald sie sagte: „Nun, er ist echt" und sich umdrehte, um ihm ins Gesicht zu blicken, war er verschwunden.

Ebenfalls in Clent, hörten sie und ihre Tochter seltsame Musik näherkommen und sahen Blätter und Staub sanft durch die Luft auf sie zu wirbeln. Es heißt, dass diese Luft- und Staubwirbel von Elfenscharen hervorgerufen werden, die zu einem neuen Aufenthaltsort unterwegs sind.

„Wir wurden von einem singenden Wirbelwind erfasst", schrieb sie, „und unsere Röcke und Schals wehten mit. Er erstarb augenblicklich für unsere Ohren, als ihn eine Windböe von unten über dem Hügelrand ergriff. Es war ein wunderbares Erlebnis, und ich freute mich sehr, dass ich es mit meiner damals achtzehnjährigen Tochter teilen konnte. Diese meinte später: „Es macht Spaß, mit dir zu gehen, Mami. Seltsame Dinge scheinen zu passieren."

Die Clent Hügel sind ein magischer Ort. Einmal nahm ich ein Sonnenbad und schlief ein. Deutlich vernahm ich eine Stimme an meinem Ohr: „Es wird Zeit zu gehen." Als ich die Augen öffnete, war keine einzige Seele zu sehen. Der Himmel hatte sich verdunkelt, und gerade als ich anderthalb Kilometer weiter eine Bushaltestelle erreichte, brach ein Sturm los. Ohne die Warnung wäre ich zumindest bis auf die Haut durchnässt gewesen."

B. M. Berens erinnerte sich an ein Ereignis, das sie als Fünfeinhalbjährige in Kent erlebte. Sie und ihre beiden älteren Schwestern waren zum Teetrinken ausgegangen und wollten nun ihre Ziege, die im Feld angebunden stand, heimholen. Als ihre Schwestern bemerkten, dass sie zurückblieb, schlugen sie ihr vor, am Tor stehen zu bleiben und auf ihre Rückkehr zu warten.

Es wurde bereits dunkel, und das kleine Mädchen ängstigte sich. Sie blickte zu einem Baum empor und bemerkte mehrere Elfen auf den Zweigen sitzen und zu ihr herabschauen. Sie waren etwa fünfundzwanzig bis dreissig Zentimeter groß, in Blau, Rosa und Grün gekleidet und hatten langes helles Haar und hauchzarte Flügel. Dann sah sie ihre Schwestern mit der Ziege kommen. Als sie wieder zum Baum hinauf schaute, waren die Elfen verschwunden.

Im Alter von acht oder neun Jahren lebte sie in Worcestershire. Eines Tages schob sie ihren Puppenwagen auf einem Weg nahe dem Haus, als sie einem anscheinend betrunkenen Mann begegnete. Sie fürchtete sich und ging eilig auf das Tor zu, von dem sie wusste, dass sie es öffnen konnte. Sie kam auf ein Feld hinaus und sah auf einem großen moosbewachsenen Stein eine traurig dreinblickende Elfe mit zusammengefalteten Flügeln und gräulichen Kleidern sitzen. Das Kind schaute sich um, aber der Trunkenbold war ihr nicht gefolgt. Als es sich wieder der Elfe zuwandte, um mit ihr zu sprechen, war diese verschwunden. Sie hob hervor, dass sie sich in beiden Fällen geängstigt hatte, bis sie die Elfen sah. Diese hatten ihre Furcht zerstreut und sie beruhigt.

Frances E. Cotton aus Tasmanien schrieb: „Immer wieder bewundere ich die vielfältigen Manifestationsformen des Geistes." Einer ihrer Freunde, J. Green Sr. aus Hobart, sah ein gnomartiges Wesen mit überkreuzten Beinen unter einem Busch auf offener Heide sitzen und sich eifrig mit etwas in seinen Händen beschäftigen. Es war in mattem Rot, Grün und Braun gekleidet.

Eine Freundin, Britta Adams, erzählte ihr, dass sie als Kind in Wellington in Neuseeland im Oktober 1925 auf den Rhododendronblüten mehrere halbdurchsichtige Geschöpfe in langen Gewändern mit schmaler Schleppe gesehen hatte. Ihre jüngere Schwester und ihre Kusine konnten die Elfen nicht sehen, obwohl sie darauf aufmerksam gemacht worden waren. Die Elfen ihrerseits schienen sehr beschäftigt zu sein und beachteten die Kinder nicht.

1922, als Penelope C. Storey sieben Jahre zählte, lebte sie mit ihrer Familie in einem alten Landhaus in Buckinghamshire. Dort sah sie zum ersten Mal eine Elfe. An einem Sommerabend lag sie wach im Bett und schaute durch die offenen Vorhänge in die hereinfallende Dämmerung.

Sie schrieb: „Plötzlich und unerwartet schwebte eine winzige, makellose weibliche Gestalt mit langem Haar und hauchzartem Stoff bekleidet am Fenster vorüber. Sie maß etwa dreissig bis fünfundvierzig Zentimeter. Sie hatte die Arme zur Seite ausgestreckt und hielt die Füße anmutig nebeneinander. In der Dämmerung sah sie grau-weiss aus. Flügel konnte ich nicht erkennen, was ganz im Gegensatz zu den Elfen aus den Märchenbüchern stand. Sie glitt einfach sehr langsam senkrecht abwärts durch die Luft. Ich war ein wenig aufgeregt, aber keineswegs überrascht und dachte nicht einmal daran, aufzustehen und zu schauen, ob ich noch mehr sehen konnte.

Kurz danach kam meine Mutter ins Zimmer, um zu sehen, ob ich noch wach war. Begeistert erzählte ich ihr, was ich gesehen hatte. Natürlich lehnte sie es ab, daran zu glauben und meinte, es sei wohl eine Eule gewesen. Aber ich hatte keine Eule beobachtet, und ich erinnere mich, dass ich mir damals selbst das Versprechen gab, niemals zu vergessen, dass ich in jener Nacht eine Elfe gesehen hatte. Dieser Zwischenfall ist mir tatsächlich lebhafter im Gedächtnis haften geblieben als die meisten Kindheitserinnerungen.

Auch Dorothy M. Tomkins berichtete von einem ihr unvergeßlichen Erlebnis in ihren Dreißigern. Sie ging den Gartenweg hinunter und schaute aus keinem ersichtlichen Grund nach links zur Wiese hinüber. Dort, nicht allzu weit von ihr entfernt, bemerkte sie eine etwa fünf bis sechs Zentimeter große, leuchtend bunte Elfe mit nach unten zusammengelegten Flügeln. Sie konnte den Kopf des winzigen Wesens deutlich erkennen.

„Ich erinnere mich noch ganz genau, dass ich regungslos dastand und dachte: „Das ist kein Schmetterling, das ist eine Elfe. Ich bin mir dessen völlig sicher. Niemand und nichts kann mich je daran zweifeln lassen."

Die Elfe, die Christine Hutchinson sah, war ebenfalls recht winzig. Mit acht Jahren besaß sie unten im Garten ihres Zuhauses in Leeds ein Elfenhaus. Jeden Morgen fand sie darin auf dem Tisch eine Süßigkeit liegen, zusammen mit einer kleinen Notiz, die ihr einen glücklichen Tag wünschte. Sie glaubte, die Elfen hätten es dorthin gelegt, bis sie eines Tages entdeckte, dass es ihre Mutter gewesen war.

Eines Morgens aber wurde ihr Glaube an Elfen belohnt. Als sie den Gartenweg hinunterwanderte, sah sie etwas, das sie zunächst für eine Fliege, doch nicht für eine Motte oder einen Schmetterling hielt. Der ungewöhnliche Glanz überraschte sie, und sie bemerkte dann zu ihrem großen Entzücken, dass es tatsächlich eine winzige, strahlend gelbe Elfe war.

Als Christine mir davon 1957 erzählte, meinte sie, dass sie trotz ihrer „nüchternen sechzehn Jahre" immer noch an Elfen glaubte.

Ein junges Mädchen aus Monmouthshire sah an einem heißen Junitag, an dem die Bienen in den duftenden Blüten der Lindenbäume summten, eine Elfe in dieser Gegend. Zusammen mit ihren Freunden David und Margaret bewunderte sie einen großen Busch von scharlachroten Löwenmäulchen, als eine Blüte plötzlich nach vorne fiel und sich öffnete. Etwas Schleierartiges wirbelte hervor, und eine strahlend blaue Elfe erhob sich sanft mit ausgestreckten Armen in die Lüfte. Ihr kleines Antlitz war deutlich sichtbar.

„Eine Elfe!" rief Margaret. „Eine blaue Elfe!"

„Ein Elfenmädchen!" meinte David.

Sie beobachteten dieses liebliche Geschöpf höher und höher emporsteigen, bis nur noch ein schwach leuchtender Streifen zu sehen war.

Die beiden Kinder waren so begeistert, dass sie ihrer Lehrerin vor der ganzen Klasse davon erzählten. Die Klassenkameraden machten sich lustig über sie, doch die Lehrerin räumte ein, dass es solche Dinge wie Elfen durchaus geben könnte. Margarets Mutter aber reagierte wütend, und das arme Kind durfte nie wieder davon sprechen.

Ein anderes Mal hatte das Mädchen namens Towen eine Lappenpuppe mit Kapok gefüllt, den Rest in eine Schachtel mit randlosem Deckel gelegt und diese unter das Fenster gestellt. Nach geraumer Zeit, an einem Frühlingsmorgen des Jahres 1949, holte sie etwas von dem Füllmaterial aus der Schachtel, als drei Elfen hervorwirbelten, jede in einer anderen Farbe, in Gelb, Hellgrün und sattem Rosa.

Bei beiden Erlebnissen bemerkte sie die ausgestreckten Arme, die die kleinen Gestalten zu tragen schienen, wenn sie sich erhoben. Sie besaßen keine Flügel, dafür aber einen hauchzarten Schleier, der von ihrem Nacken auszugehen schien und Gesicht und Kopf freiließen.

Marjorie A. Thompson aus Australien schrieb im November 1955: „Zwei meiner Freundinnen (Barbara Diprose und Jill Major) und ich verbrachten einen Teil unserer Ferien im Hause meiner Eltern in Traralgon in Gippsland in Victoria. Während unseres Aufenthalts unternahmen wir mehrere Ausflüge nach Strzelecki Ranges. Diese Hügellandschaft mit ihren Schluchten voller Baumfarn und den kerzengeraden Gummibäumen auf den Höhen gehört zu den schönsten Gegenden des ganzen Landes. Mitten in diesem Gebiet liegen zwei Naturschutzgebiete von unbeschreiblicher Schönheit, der Bulga Park und das Tarra Tal. Im Bulga Park, in dem eine Drehbrücke eine tiefe, mit Baumfarn bestandene Schlucht überquert, sahen wir die Elfen.

Auf der Suche nach seltenen Wildblumen hatten wir uns ein wenig vom Pfad entfernt und befanden uns in einer Farngruppe, in deren Mitte eine kleine Lichtung lag, auf der nur wenige, kaum acht Zentimeter hohe Farnkräuter wuchsen. Zu unserer großen Überraschung tauchten am äußeren Rand der Lichtung drei winzige Geschöpfe auf, die miteinander sprachen. Wir konnten nicht verstehen, was sie sagten, da sie sich wohl in einer Art verständigten, die nur ihnen bekannt war.

Dieser Teil von Victoria wurde ursprünglich von der Urbevölkerung bewohnt. Heute gibt es für die sich verringernde Rasse am Tyers See eine Missionsstation.

Alle drei sahen wir die etwa zweiundzwanzig Zentimeter großen Zwerge im selben Moment. Sie schienen nur mit einem Stück Rinde bekleidet zu sein. Einer von ihnen trug ein Didgeridoo, ein Blasinstrument, das gewöhnlich von den Ureinwohnern Australiens gespielt wird. Die beiden anderen trugen ein Wurfholz.

Wir waren natürlich verblüfft und starrten sie ehrfurchtsvoll an. Es blieb uns genügend Zeit, sie zur Kenntnis zu nehmen, bevor sie sich entfernten. Der Zwerg mit der Flöte folgte dem kleineren der beiden anderen; der dritte zog sich alleine zurück.

Meine Eltern glaubten uns natürlich nicht, und wir konnten unser Erlebnis auch nicht beweisen. Daher besuchten wir noch einmal den Bulga Park und nahmen diesmal unsere Kameras mit. Doch obwohl wir einen ganzen Nachmittag lang warteten, hatten wir keinen Erfolg.“

Bay Kirkaldy aus London berichtete folgendes Erlebnis:
„Ich verbrachte meine Kindheit in Harlow (Essex) in einem der herrschaftlichen Häuser, für die diese Gegend sehr bekannt ist. Im Alter von zwölf Jahren rief mich unser Gartenjunge Edward, der die Schule beendet hatte und nun für uns arbeitete, um mir etwas zu zeigen. Hinter dem Haus gab es zwei Küchengärten, zwischen denen ein Obstgarten lag, an dessen Rand ein Weihnachtsbaum gedieh. Es wimmelte von Elfen darin, die nicht größer waren als Libellen, deren Geschlecht sich aber deutlich erkennen ließ. Unsere Anwesenheit schien ihnen gleichgültig zu sein. Der Sonnenschein an jenem späten Juni-Vormittag schien ihre leuchtende, fast strahlende Erscheinung noch zu verstärken. Wir beobachteten sie eine Weile, und der junge Bursche erzählte mir, dass er sie häufig gesehen hatte. Er warnte mich jedoch, nicht zu nahe heranzutreten, da die Elfen sonst verschwinden würden. Wir schauten ihnen daher über den Küchengarten hinweg zu. Sie müssen ungefähr vier bis fünf Meter von uns entfernt gewesen sein.

Ein Hausmädchen unterbrach unsere Beobachtung, als sie mich zum Mittagessen rief. Edward erklärte ihr, dass er dem kleinen Fräulein die Elfen zeigte. Sie schien nicht überrascht zu sein, meinte aber, ich sollte es besser nicht den Erwachsenen sagen, da sie mich als Lügnerin hinstellen könnten. Sie legte den Finger an ihre Lippen, als wollte sie sagen: „Lasse niemanden etwas davon wissen!“ Als ich am Nachmittag zurückging, waren die Elfen verschwunden, ohne eine Spur zu hinterlassen. Aber was ich an jenem Morgen gesehen hatte, hinterließ einen tiefen Eindruck in mir.“

Bays zweites Erlebnis ergab sich 1924, ebenfalls im Alter von zwölf Jahren. An einem Sommerabend spazierte sie mit einer Freundin langsam am rechten Seeufer im St. James Park entlang. An der Wegbiegung gab es einige wunderschöne Blumenbeete. An ihrem Ende erstreckte sich eine grottenähnliche Öffnung, die zu den dahinter liegenden Büschen führte. Dieser von der Abendsonne erleuchtete Ort war von Elfen übersät. Die Männlein schienen eng anliegende Hosen, rote, blaue oder grüne Wamse und eine Art Fischermütze zu tragen. Die Weibchen waren in leuchtende Gewänder gehüllt und erinnerten Bay an jene Gestalten, die sie in dem Weihnachtsbaum gesehen hatte. Die schillernden Flügel der männlichen Elfen waren kleiner als die der weiblichen, die viel mehr umherflogen. Sie schienen sich unaufhörlich zu bewegen und die Felsen der Grotte und die Zweige der Büsche ununterbrochen auf und ab zu gleiten. Ihre plappernde Unterhaltung klang in Bays Ohren wie melodisches Gezwitscher. Sie schienen sich nicht um die kleine Menschengruppe zu kümmern, die sich eingefunden hatte, um sie zu beobachten, obwohl einige Leute sie offensichtlich überhaupt nicht sehen konnten. Bay meinte, sich zu erinnern, dass sogar die Presse über die Elfen berichtete.

Damals schrieb sie mir, dass sie ihr kleines, hübsches und alleinstehendes Haus, das an einer Nebenstraße lag und in offenes Gelände hinausblickte, mit zwei Freundinnen teilte. Am hinteren Zaun des abgeschiedenen Gartens wuchsen in der Sommerzeit scharlachrote Rosen. Bay und eine ihrer Freundinnen hatten oft bemerkt, dass an einem völlig windstillen Tag die hochgewachsenen Rosen im Vorgarten sich in eigenartiger Weise bogen, so als ob sie plötzlich ein Gewicht trugen. Im Sommer 1956, die Rosen standen in voller Blüte, arbeitete sie im Garten und spürte, dass etwas sie beobachtete. Es war ein kleiner alter Mann in hellgrünem Wams, lohfarbenen Kniehosen und Spitzhut.

„Hallo“, sagte er und lächelte ihr freundlich zu. Dann kletterte er den Rosenstengel hinunter und verschwand.

Stuart W. Wright aus Buawayo in Südrhodesien schrieb, dass vor vielen Jahren seine kleine Tochter die Elfen von Blüte zu Blüte jagte. Aufgeregt pflegte sie von einem Winkel des Gartens in den anderen zu laufen und ihrem Vater zuzurufen, er solle auf eine bestimmte Blume achten, da sich darauf einen Augenblick lang eine Elfe niedergelassen hatte. Sie konnte nicht verstehen, warum er diese Naturgeister nicht sah.

„Mary Stuart war ein allerliebstes Kind und schien selbst eine Elfe zu sein“, schloß er. „Sie starb im Alter von elf Jahren. Ich würde gerne jene Gabe besitzen, die sie besaß.“

Als A. Commins an einem Herbstabend nach oben ging, um die Schlafzimmer-Vorhänge zuzuziehen, blickte sie aus dem Fenster und sah einen kleinen Nebelfetzen, der sich allmählich lichtete „wie eine Neonröhre“, aber rund war. Dann beobachtete sie fasziniert „das Funkeln der Elfen“, wie sie es bezeichnete – malvenfarbene, blaue, grüne, orangenfarbene, gelbe und rote Lichter, die heller erstrahlten als Edelsteine, drehten sich in einem kleinen Kreis und schossen vor- und rückwärts.

Frau Commins eilte hinunter, um ihre kleine Tochter ans Fenster zu holen. Das Kind schaute in die angegebene Richtung, holte tief Luft und meinte: „Oh, Mami, ist das nicht wundervoll?“ Beide waren sie wie verzaubert. Die kleine Tochter flüsterte: „Lass uns hinunter gehen und sehen, ob wir sie draußen finden.“ Sie bewegten sich ganz leise, doch das Öffnen der Tür muss die Elfen gestört haben, denn sie waren verschwunden. Mutter und Tochter suchten mit der Taschenlampe die Stelle ab, an der sie die Gestalten beobachtet hatten. Sie bemerkten, dass die Grashalme und die Blumenblätter im Umkreis von etwa dreissig Zentimetern niedergetrampelt aussahen.

Frau Commins beschrieb die Sprache der Elfen als hell, rasch und sehr knapp. Oft beobachtete sie Arbeitsgruppen von fünf oder sechs sehr emsigen kleinen Burschen, die säuberlich die von den Ästen herabgefallenen Zweige aufräumten und Blätter aufschichteten. Sie trugen kniehohe Stiefel, rehbraune Hosen, dunkelbraune oder staubfarbene Wamse mit schwarzem Gürtel und Kragen und braune Spitzhüte. Ihre rosigen Gesichter sahen recht schmutzig aus. Nach den Aussagen von Frau Commins unterschied sich die Kleidung der Gnome des „Schustertyps“ mit ihrer grünen Halskrause und den spitz zulaufenden Schuhen ein wenig. Jeder trug eine Lederschürze und einen Tornister auf dem Rücken. Sie erkannte sie ganz deutlich an ihrem hämmernden Rhythmus; Tap tap tippitap-tap. Tap tap tap. Tap tap.

Als Frau Commins vierzehn Jahre alt war, nahm ihr Vater, der bei der Küstenwache in Dartmouth angestellt war, sie an einem Oktobertag mit aufs Land und ließ sie in einem schattigen Waldstück zurück, um zu jagen.

Während sie auf einem großen Stein saß, bemerkte sie eine Schlange darunter hervorkriechen und in die Büsche schleichen. Das Mädchen schaute sich um und entdeckte in dem trüben Licht inmitten des Busches ein Tier, das sie für einen Collie hielt. Da sie an Hunde gewöhnt war, sprang sie auf und rief: „Komm her; nun komm schon!“ und lief hinüber, um ihn zu streicheln. Da wurde ihre Aufmerksamkeit von etwas abgelenkt, das einem großen blauen Schmetterling glich. Es flog in den Baumzweigen hin und her, rauf und runter, wobei es seine Farbe von Blau zu Weiß und dann zu Malve veränderte. Da erkannte das Mädchen, dass es nicht ein Schmetterling, sondern eine Elfe war. Als ihr dies zum Bewusstsein kam, verschwand die kleine Gestalt. In diesem Augenblick stürzte ihr Vater durch das Gebüsch und rief: „Ist alles in Ordnung?“ Was sie für einen Collie gehalten hatte, war ein riesiger Fuchs, der sich wohl vor dem Gewehrschuss gefürchtet und Unterschlupf gesucht hatte.

Ihr Vater war gerade zum rechten Zeitpunkt zurückgekehrt, um das Tier von seiner Tochter fortschleichen zu sehen. Denn hätte sie es berührt, wäre sie wohl gebissen worden.

„Als ich ihm von der Elfe erzählte, meinte er, sie sei sicherlich zu meinem Schutz herbeigeflogen, und ich sollte immer an Elfen glauben, denn sie hätten ihm viele Male geholfen."

Dann erzählte ihr Vater von einem Erlebnis, das er in seiner Jugend hatte. Als er eines Abends nach Hause kam, sah er auf dem Weg eine anscheinend abgebrochene Blume liegen und dachte, dass es doch zu schade wäre, wenn jemand darauf treten würde. Er hob sie auf und legte sie auf einen Grasbüschel. Im Weitergehen aber kam ihm der Gedanke: „Das ist seltsam; die Blume scheint ein lebendiges Wesen zu sein." Er kehrte also um, glättete die Blütenblätter und legte die Blume näher an die Hecke. Dabei bemerkte er, dass der Elfengeist noch in ihr war. Im selben Augenblick äußerte er einen Wunsch, nicht für sich selbst, sondern für seine beiden Schwestern, von denen die eine in Paris leben und die andere eine adelige Dame werden sollte.

„Dieser Wunsch meines Vaters war eine Phantasie, doch binnen eines Jahres lebte meine Tante Edith in Paris und Tante Anne heiratete einen Grafen", schrieb Frau Commins.

D. Molen, die damals, als sie mir schrieb, in London täglich neun Stunden lang eine Ankerwinde bediente, meinte: „Da gibt es keine Zeit für Einbildungen." Sie wollte damit ihre Bodenständigkeit ausdrücken.

Vor dem Zweiten Weltkrieg begegnete sie in einem einige Kilometer von St. Austell in Cornwall entfernt gelegenen Dorf einer interessanten Koboldfamilie, die auf dem Kliff hauste. Das Boot ihres Mannes lag dort, und sie besuchte diese Stelle des öfteren.

Der Kobold, den sie zuerst sah, war etwa sechzig Zentimeter groß, sehr geschmeidig und gesprächig. Er besaß ungewöhnlich große braune Ohren und unmittelbar über der Stirn eine kegelförmige Beule, die sich mittelhart anfühlte. Er nannte sie seinen „Knoten des Wissens".

Seine Gefährtin war groß, dunkelbraun und mit kurzem Haar übersät, das dem eines Pferdes ähnelte. Die gelblichen Haarbüschel, die sich von den Knöcheln bis zu den Schulterblättern und von den Handgelenken zu den Schultern erstreckten, glichen Zebrastreifen. Das Dunkelbraun von Gesicht, Hals, Händen und Füßen sah eher wie Leder denn wie Haut aus. Die Zehen waren sehr lang, wobei die Großzehe wie der Daumen an einer Hand weit abstand.

Bei der Arbeit benutzten diese Kobolde Hände und Füße mit außerordentlicher Geschwindigkeit und Beweglichkeit.

Frau Molen musste mehrmals an den Felsen klopfen, wenn sie sie sehen wollte. Sie versicherte, dass ihre Verständigung nicht durch Telepathie, sondern auf ganz normalem Wege stattfand und sie die Gestalten sehr klar sah.

Seit ihrer Kindheit vermochte A. Campbell aus Queensland in Australien Dinge zu sehen, die anderen verborgen blieben, was zur Folge hatte, dass sie wegen ihrer angeblichen „Lügen“ oft ausgeschimpft wurde.

Als sie 1929 im Botanischen Garten von Sydney in New South Wales saß und sich ausruhte, nahm sie im Asternbeet eine Bewegung wahr, was ihr an einem solch milden Nachmittag seltsam vorkam. Plötzlich tauchte ein heller Lockenkopf zwischen den Blüten auf und eine kleine, lächelnde, hüllenartige Gestalt in Grün trat teilweise aus dem Beet.

Ihr zweites Erlebnis fand 1933 statt. „Ich kam gegen 22.30 Uhr (völlig nüchtern) nach Hause, als ich ein affenähnliches Geschöpf bemerkte, das mich den Gartenweg entlang kommen gehört haben musste. Es rutschte einen astlosen Baumstamm herab. Sein Körper war mit einem dunklen Blattgrün bedeckt. Auf seinem kurzen Hals saß ein haarloser dunkelgrüner Kopf mit einer Art Kappe. Die Nägel an den flachen Füßen glichen Klauen, und die Hände hatten kleine Haken. Als die Gestalt den Boden erreichte, drehte sie sich nicht um, sondern schlich sich um den Baum herum. Ich war nicht mutig genug, um ihr mit der Taschenlampe zu folgen.“

Einige Zeit später sah Frau Campbell in demselben Garten unter den Bäumen eine Waldelfe, die sie gemessen an ihrer eigenen Größe etwa zehn Zentimeter groß einschätzte. Sie konnte keine Füße wahrnehmen, wohl aber die vogelartigen Beine. Ihr Körper glich einem Schmetterling mit zusammengefalteten schillernden Flügeln. Auch der Kopf erinnerte an einen Schmetterling mit welligen Fühlern, das kleine Antlitz aber sah menschlich aus. Die Elfe stand vollkommen still da.

Frau Campbell traf mehrere Leute, die diese Wunder erblickt hatten, die sich jedoch weigerten, eingehender über ihre Erlebnisse zu sprechen, um nicht als Sonderlinge betrachtet zu werden. Ein Naturforscher, der Exemplare aus Fauna und Flora sammelte, meinte, es seie durchaus natürlich, derartige Gestalten zu sehen, riet ihr aber, ihr Wissen für sich zu behalten, um nicht als Spinnerin zu gelten.

Das Haus in Kent, in dem Felicity E. Royds ihre Kindheit verbrachte, war zwar modern, lag aber an einem Hügel, „wo wir oft prähistorische Utensilien aus Feuerstein fanden", berichtete sie. Dort gab es auch einen abgesunkenen Graben im Garten, von dem es hieß, dass er die Spur einer alten britischen (nicht römischen) Straße war."

An einem kalten, grauen Sommerabend kam die achtjährige Felicity nach dem Besuch ihrer Kusinen in Begleitung einiger anderer, die sie mit Geistergeschichten geängstigt hatten, nach Hause zurück. Sie stellte fest, dass sie etwas im Rosengarten vergessen hatte und wurde alleine zurückgeschickt, um es zu holen. Der Rosengarten, an dessen Ende ein gusseisernes Tor in ein Rhododendrondickicht führte, wurde von dichten Eibenhecken umgeben. Der Gegenstand, den sie holen wollte, lag im Gras nahe dem Tor. Rasch hob sie ihn auf und aus Angst, was wohl aus den Büschen kommen konnte, wollte sie sich rasch entfernen, als sie einen kleinen Mann durch das Tor kommen sah, der ein hellbraunes Pferd führte. Der Mann war kleiner als Felicity und schien eine blaue Tunika mit einem weißem Rand am Hals zu tragen. Die braune Haut war dunkler als das braune Haar. Das sehr schlanke Pony hatte etwa die Größe eines Shetland-Ponys.

Obwohl sie sich nicht fürchtete, schaute sie dem Mann nicht direkt ins Gesicht, sondern betrachtete ihn nur aus dem Augenwinkel. Er umfasste ihr Handgelenk. Die Berührung war kühl, aber nicht kalt wie ein Fisch oder eine Eidechse, doch kühler als eine menschliche Hand. Er führte sie aus dem Rosengarten hinaus und begleitete sie bis das Haus in Sicht kam. Dann blieb er stehen, und das Mädchen ging hinein.

Felicity hält sich für unmusikalisch. An jenem Abend aber, als der kleine Mann ihre Hand hielt, schien sie eine süße, helle, doch unvollendete Melodie zu vernehmen.

Etwa neun Jahre später vernahm sie dieselbe Melodie vom Hügel her erklingen. Sie ging hinaus und suchte nach deren Ursprung, konnte aber nichts sehen.

Doris G. Stephens aus Südwales erzählte mir, dass der alte Verwalter der Burg von Laugharne in Pembrokeshire einige kleine weiße Elfenmädchen in den Ruinen gesehen hatte.

Sie berichtete auch von ihrer jungen Nichte, die einen Elfenmann beobachtete. Er pflegte sich auf dem Fenstersims ihres Spielzimmers niederzulassen, und sie nannte ihn Orton oder sprach von „dem kleinen weißen Mann".

Als Vierjährige sah sie ihn zum ersten Mal und rief mir im Garten ihres Großvaters zu: „Schau, Tante, da ist ein kleiner weißer Mann.“ Ich konnte ihn jedoch nicht sehen. „Jetzt ist er fort und über das Feld gelaufen“, meinte das Kind, „aber er wird bald wiederkommen.“ Sie erzählte mir, dass er einen weißen Teddybär-Anzug trug, der auch seinen Kopf bedeckte und „etwas mit den Gänseblümchen zu tun“ habe.

Als der Winter kam, fragte ich sie: „Wo ist Orton jetzt?“ Sie antwortete: „Er ist fortgegangen, um unter der Erde zu leben.“

Frau Stephens erinnerte sich, dass in den Märchen das Zwergenvolk im Winter unter der Erde lebt oder in den irischen Hügelfestungen. Daher vermutete sie, dass die Bücher, aus denen die Amme vorlas, das Kind beeinflusst hatten. Die Amme aber versicherte, dass die Kleine nichts dergleichen aus den Büchern gehört hatte. Nur ihr Elfenfreund konnte ihr diese Information gegeben haben. Als sie sieben Jahre alt war, sprach sie nicht mehr von ihm.

Das folgende Erlebnis fand etwa 1889 in dem verwilderten Teil eines großen Gartens in Ootacamund in den indischen Bergen statt.

Die neunjährige Muriel liebte es, in dem wuchernden Gras zu liegen, das an einem unterirdischen Wassergraben, dem natürlichen Abfluss eines kleinen Sees, der zwischen zwei Hügeln lag, wuchs und dem Gurgeln des Wassers zu lauschen, das weiter unten völlig versiegte. Durch die beiden etwas oberhalb gelegenen Gucklöcher im Gras konnte sie winzige Wasserfälle sehen, an deren moosigem Rand winzige schwarze Frösche hockten, die kaum zwei Zentimeter groß waren.

Eines Morgens kletterte Muriel auf einen mit Flechten bewachsenen Felsen und sang von Fröschen und Insekten. Nur wenn sie alleine war, sang sie die „vier Naturnoten“, wie sie die Töne nannte.

Unterhalb des Felsen wuchsen drei dichte Fichtenbäume, die sie scheußlich fand, da sie ihrer Meinung nach nicht dorthin gehörten, so wie der uralte Sholah mit seinen moosbewachsenen Zweigen. Während ihres Gesangs bemerkte sie auf den unteren Ästen des nahestehenden Fichtenbaums einen seltsamen rot-grünen Vogel. Sie glitt den Felsen hinunter und kletterte in den Baum. Da sah sie über sich einen kleinen rot-grünen Mann mit einem langen grauen Bart, dicker Nase, rosigen Wangen und Schirmmütze, der zu ihr herunter lachte. Er war nicht größer als ein Spatz. Er trug eine rote Jacke, und auf einem der Äste sitzend, schlenkerte er mit den Beinen. Sie kletterte ihm so weit wie möglich nach, doch dann war er verschwunden.

Bitter enttäuscht musste sie zugeben, dass dieser Zwerg nicht wie Oberon aussah, den sie mit vier Jahren gesehen hatte. Angeblich kannte sie damals weder Grimms Märchen noch Hans Christian Andersens Erzählungen, da sie weder Englisch noch Französisch lesen oder schreiben lernen konnte. Sie glaubte, dass die auf dem alten Felsen gesungene Naturmelodie den Zwerg dazu verführt haben musste, sich zu zeigen.

„War er vielleicht mit den als Setzlingen importierten Nadelbäumen aus Europa gekommen?" fragte sie sich.

Die in Birmingham lebende Buddhistin Mary Walton berichtete von einem Erlebnis, das sie mit sieben Jahren während ihrer Ferien auf einer Farm in Dundee hatte. An jenem warmen Tag saß sie draußen, ihr Gesicht zu einem Holunderbaum gewandt und ließ die Finger durch ein Büschel von Glockenblumen gleiten, in der kindlichen Hoffnung, sie läuten zu hören. In der Stille bildete sie sich ein, tatsächlich ein leises Klingeln zu vernehmen. Sie hörte auf, mit den Blumen zu spielen und blickte verträumt vor sich hin.

Da nahm sie zunächst eine Art Nebelschwaden wahr, und bald darauf hörte sie Musik. Sie wagte kaum zu atmen, als die Elfen und Kobolde nach der Musik eines kleinen Geigers zu tanzen begannen, der rittlings auf einer hin und her schwankenden Hundsrose saß. Das Bild glich einer rückwärts durch ein Opernglas betrachteten Ballsaalszene.

Später traf Mary eine ältere Dame und erzählte ihr von ihrem Erlebnis.

„Seltsame Dinge begeben sich in dieser Gegend", erwiderte diese.

Als Mary gestand, dass sie versucht gewesen war, ebenfalls nach der Musik zu tanzen, meinte sie jedoch: „Gut, dass du es nicht getan hast. Du bist ein Feenkind, und wenn du einmal viel älter bist, wirst du verstehen, dass diese Naturgeister ebenso Wirklichkeit sind wie du und ich. Eines Tages vielleicht..." Sie hielt inne und blickte sie lange ernsthaft an. „Erzähle niemandem, was du gesehen hast, doch gehe wieder dorthin. Vielleicht kannst du die Elfen dann wieder sehen und ihre Musik hören. Als ich ein Kind war wie du, habe ich sie oft gehört."

Leider konnte das Mädchen jene Stelle nicht mehr aufsuchen, da einige Tage später die Schulferien zu Ende gingen.

Herr J. H. Craigen brachte mich freundlicherweise in Kontakt mit Frau E. Niven aus Irland, die mir folgenden Bericht schickte. Der Onkel ihres Mannes wanderte mit seinem Freund in dem Gebirge außerhalb von Dublin. Als sie an einen Zaun kamen, wurden sie von einem höchst merkwürdigen kleinen Mann angesprochen. Es war ihnen unheimlich zu Mute. Der Kleine drängte sich zwischen sie und schwatzte unaufhörlich drauflos, bis sie an einen zweiten Zaun gelangten, wo er auf rätselhafte Weise verschwand. Die beiden Männer waren zutiefst erschrocken und konnten sich später an kein einziges Wort der Unterhaltung, die sie mit ihrem seltsamen Begleiter geführt hatten, erinnern.

Später erfuhr Herr Craigen von einem methodistischen Geistlichen, dass dieser in einer der Pfarreien, in denen er tätig gewesen war, einige sonntägliche Kirchgänger gesehen hatte, die am Straßenrand standen und den Tanz der Zwerge um einen Baum beobachteten.

Die Tante eines Freundes von Herrn Craigen half ihrem Vater als junges Mädchen einmal bei der Kartoffelernte. Als sie die Arbeit beendet hatten, verbrannten sie das Kartoffelkraut und gingen nach Hause. Da stellte ihr Vater fest, dass er die Mistgabel benötigte und schickte sie zurück. Als sie das Feld erreichte, sah sie zu ihrer großen Überraschung eine Anzahl von Zwergen um das lichterloh brennende Feuer tanzen. Sie fürchtete sich so sehr, dass sie ohne die Mistgabel wieder nach Hause rannte.

Als die Mutter dieser Tante einmal die Wäsche am Fluss wusch, konnte sie das kleine Volk, das oben in einem Baum saß, sie auslachen hören.

Ein ähnliches Erlebnis berichtete Esther Gardner. Ihr verstorbener Mann, der Gärtner des spirituellen Zentrums Questhaven in Kalifornien, hatte einen kleinen Gnomfreund im „Großvateralter", der ihn bewunderte und wie er sein wollte. Das erhabene Engelwesen, das diesen Ort beschützt, teilte dies der Begründerin des Zentrums, Flower A. Newhouse, der Autorin der Bücher "Engel und Devas" und "Lichtwesen", mit.

Der Gärtner sah den Gnom nie, doch er war sich oft seiner Nähe und Hilfsbereitschaft bewusst. Eines Tages hörte er ganz eindeutig, dass ihn jemand auslachte, als eine Wurzel, die er herauszerren wollte, plötzlich nachgab und er hinfiel und sich überschlug. Rasch sprang er auf die Füße, um zu sehen, wer ihn beobachtet hatte und lachte, als er den Gnom schalt, denn es war keine Menschenseele in Sicht.

Die Töpferin Stella Watson aus Surrey hatte zwar ihrLeben lang Elfen gesehen, doch niemals welche, die flogen. „Meine Elfen tauchen aus Erdlöchern auf", meinte sie „und ich glaube, sie leben auch hoch oben in den Bäumen. Ich denke, Elfen und Vögel haben vieles gemeinsam."

Auf ihren Reisen sah sie Elfen in Kanada, Frankreich, Irland, Italien, Ceylon und anderen Ländern, aber niemals auf der Nordinsel Neuseelands. In frühester Jugend war sie in Kanada gewesen, konnte sich aber noch genau an die Elfen erinnern, die Indianern glichen und in den Birkenbäumen am Rande der Prärie lebten. Die Elfen Ceylons hingegen waren „klein und lieb und schienen etwas zu saugen", was sie nicht erkennen konnte.

In England hatte sie Naturgeistern zugeschaut, die ein Kinderspiel in den Schwarzbeerbüschen spielten und bemerkt, dass die Dornen sie anscheinend überhaupt nicht verletzten. Sie hatte sie auch draußen auf den Leitungsdrähten beobachtet und beschrieb ihre Farben als grün, grau oder blau mit schillerndem Glanz. Manchmal vernahm sie ihre hellen, zirpenden Stimmen. Als Kind hatte sie sie in Nesseln sitzend angetroffen, den Rücken gegen den Stengel gelehnt. Sie schienen kleine Pfeifen zu rauchen, denn winzige rauchähnliche Wolken kringelten sich in der Luft. Überrascht musste sie feststellen, dass ganze Scharen von Elfen auf den großen Hauptstraßen zu finden waren. Die einzige Erklärung, die sie dafür finden konnte, war, dass sie in der Vergangenheit wohl in abgelegenen Gegenden gelebt haben mussten, lange bevor diese Straßen gebaut worden waren und sie den Lärm daher nicht beachteten. Oder aber sie existierten in einer völlig anderen Dimension, auf die sich Stella Watson glücklicherweise 'einzuschwingen' vermochte.

Als sie eines späten Abends aus Oxford radelte, begegnete sie unter einigen Birkenbäumen einer grossen Elfenschar. Sie stieg ab und stand mitten unter ihnen, doch sie nahmen keinerlei Notiz von ihr und bewegten sich ganz nach Belieben durch sie hindurch. Während der Sommermonate pflegte sie in der Nähe eines Sees draußen in einer Hängematte zu schlafen. Wenn sie aufwachte, sah sie das kleine Volk oft überall herumschwirren.

An einem Nachmittag im April 1935 hielt sie sich mit einer Freundin in den Wäldern auf. Plötzlich bemerkten beide eine große Elfenschar, die sich anscheinend „zu einem Treffen versammelte. Doch dann verdarb meine junge Begleiterin alles, weil sie vor Aufregung laut aufschrie."

An einem Sommerabend fuhr sie mit dem Auto, als ihre Hündin Jenny, die auf dem Beifahrersitz saß, plötzlich aufschaute und bellte. Eine Elster flog über dem Wagen und hielt eine winzige, scheinbar zappelnde Gestalt in ihren Klauen. Im Vorüberfliegen blickte der kleine „Gefangene" direkt in Stella Watsons Gesicht. „Ich schrie und hupte, aber der Vogel flog weiter. Das Ganze führte dazu, dass mein Auto in der Straßenböschung landete und ich mir auf die Zunge biß – ein Erlebnis mit bitterem Beigeschmack." Natürlich hätte die

Elster das kleine Geschöpf nicht wirklich verletzt, aber Naturgeister lieben es, solche Szenen einigen Menschen vorzuspielen.

In bestimmten Abständen pflegte sich Stella Watson in ihrem einsamen Landhaus hoch oben in Llanfrothen in Nordwales aufzuhalten, wo sie in der Morgen- und Abenddämmerung hohe und tiefe Stimmen und Musik wie von einer Maultrommel hörte. Die Töne schienen immer aus der Erde zu kommen. Einige Tage vor der Mittsommernacht 1959 vernahm sie direkt neben sich eine Stimme ganz deutlich sagen: „Guten Abend", dann noch etwas anderes und die Worte „sehr durstig". Sie stellte eine Schüssel mit Milch und etwas Wasser hin. Manchmal glaubte sie, ein galoppierendes Pferd oder Pony zu hören, obwohl es diese Tiere dort oben schon seit Jahren nicht mehr gab. Vielleicht war es ein Kobold gewesen.

Stella Watsons ungewöhnlicher Bericht von einem Wassergeist wird an anderer Stelle dieses Buches wiedergegeben.

An einem Novembermorgen des Jahres 1949 saß Ruby D. Johnson aus dem Landkreis Kildare im Bus nach Dublin, der in Poulaphuca (ein gälischer Ortsname, der so viel wie "Teich der Kobolde" bedeutet) gegen halb acht morgens losfährt. Gelangweilt blickte sie bei der Abfahrt aus dem Fenster, als sie zu ihrer Verblüffung ein kleines Kind bemerkte, das emsig etwas von den Nesseln und Kräutern sammelte, die am Wegrand standen. Es war ganz in Weiß gekleidet; weiße Mütze, Jacke und Strumpfhosen.

Das Kind besaß die Größe eines sieben Monate alten Säuglings, der gehen konnte. Ruby Johnson war überrascht, dass es an einem solchen kalten und halbdunklen Wintertag draußen sein durfte.

„Ich griff nach meiner Begleiterin und versuchte, ihre Aufmerksamkeit auf die kleine Gestalt zu lenken. Doch sie konnte nichts sehen, und die übrigen Fahrgäste begannen, mir seltsame Blicke zuzuwerfen."

Kapitän E. A. I. MacKay aus London berichtete mir von seiner Patin, einer Frau Hyndman aus Wick bei Bournemouth, die eine Elfe vom Fenster eines Eisenbahnwagens aus gesehen hatte.

Es war um das Jahr 1933, als Frau Hyndman von Bournemouth nach London fuhr, um an der Beerdigung einer Bekannten teilzunehmen. In ihrer Ecke sitzend, betrachtete sie sinnend die vorüberziehende Landschaft, als der Zug kurz vor Basingstoke zum Stillstand kam und eine leichte Bewegung im Gras auf dem Bahndamm ihre Aufmerksamkeit erregte. Nicht allzuweit vom

Fenster entfernt hockte eine kleine, graubraun gekleidete Gestalt, die Ellenbogen auf die angezogenen Knie gestützt und das Kinn in der hohlen Hand ruhend. Auf dem Kopf saß eine Art Mütze. Sie schien sich kaum für den Zug zu interessieren und hinterließ eher den Eindruck, dass sie diesen so gerade eben duldete. Der Anblick dieses winzigen Wesens überraschte Frau Hyndman so sehr, dass sie kein Wort hervorzubringen wusste. Sie starrte es an und blickte dem entschwindenden Bild nach, als sich der Zug wieder in Bewegung setzte.

Obwohl Frau Hyndman ein oder zweimal ähnliche Erfahrungen gemacht hatte, war dies das einzige Mal in ihrem Leben gewesen, dass sie eine Elfe gesehen hatte, wie sie ihrem Patensohn erzählte.

Kapitän MacKay schrieb mir auch von seinen eigenen Erlebnissen. Mit elf Jahren pflegte er viel in der Landschaft von Wiltshire zu radeln. An einem schönen Frühlingstag fuhr er nach Bratton in Downs. Er schob sein Fahrrad einen steilen Pfad hinauf, den knospende Hecken säumten. Als er ein kleines Feld zu seiner Linken erreichte, bemerkte er plötzlich in der Ecke unterhalb der Hecke eine Bewegung, die nicht von Hasen oder anderen kleinen Tieren herrührte. Er hielt an, um durch die Büsche zu spähen und sah mehrere kleine Gestalten, die übermütig umhertollten. Er legte sein Rad auf den Grasrand und blickte näher hin. Doch da hörte die Bewegung unvermittelt auf, und obwohl er eine Weile still wartete, blieb alles ruhig.

Ein anderes Mal verwendete er eine Haselrute, um einen angeblichen Schatz im Garten eines alten Hauses außerhalb von Reading aufzuspüren. Seine Suche führte ihn zu einem dichten Gebüsch. Gerade als er überlegte, ob er auch an dieser Stelle nachforschen sollte, äugte ein kleines, recht schelmisch dreinschauendes Gesicht durch die Blätter und blickte ihn an. „Ich traute kaum meinen Augen. Doch als ich näher hinschaute, zog sich das Gesichtchen zurück."

Jahrelang verspürte Kapitän MacKay auf seinem linken Knie einen Druck und eine Wärme, wenn er in seinem Stuhl saß, so als ob ein kleines Kind darauf säße. Mehrere hellsehende Menschen bestätigten unabhängig voneinander, dass sich ein kleiner Gnom an ihn gebunden hatte und sein Knie als Ruheplatz bevorzugte. Er selbst aber konnte den kleinen Wicht nie sehen.

Seine Schwester und er lebten in ihrer frühen Kindheit in einem alten Haus, in dem es angeblich spukte. Seine Schwester nahm oft Elfen dort wahr, von denen eine, der sie einen außergewöhnlichen Namen gegeben hatte, häufig früh am Morgen zu ihr kam und mit ihr plauderte.

Als Frau E. Heath im Kreis Antrim in Irland lebte, sah sie eine Elfe in grüner Jacke, mit einer roten Spitzmütze auf dem flaxfarbenen Lockenhaar und mit vorne spitz zulaufenden Schuhen. Eine andere Elfe, die im nicht weit entfernten Bauernhaus eine Weile auf einem „gruseligen Stuhl" saß, trug ebenfalls rote und grüne Bekleidung und spitze Schuhe mit Silberschnallen.

„Auf dem Bauernhof meines Onkels in Monaghan gab es eine Feenschlucht und einen Feentunnel unter einem der Felder", berichtete Frau Heath. „Er sprach oft von der lieblichen Musik, die er spät abends zu hören pflegte."

Die Bezirkskrankenschwester Jane Dowie, die nach ihrer Pensionierung als Stadträtin in Berwickshire in Schottland wirkte, berichtete ebenfalls von einem roten und grünen Geschöpf. Im August 1934 oder 1935 unternahmen sie und ihre beiden Söhne eine Ferienwanderung in Skye und übernachteten in Jugendherbergen. Nachdem sie in Uig angekommen waren, hatten sie auf dem Fahrrad und die beiden Söhne zu Fuß das Flora MacDonalds Monument besucht. Dann fuhr Frau Dowie zur Duntulm Burg voraus, wo sie sich alle drei treffen und ihre Mittagsmahlzeit einnehmen wollten, die sie im Rucksack mit sich trugen.

Sie genoß es, an jenem sonnigen Tag durch die Landschaft zu radeln. Die Burg lag nur noch wenige Kilometer entfernt, als ein kleines, gut zwanzig Zentimeter großes Geschöpf zu ihrem großen Erstaunen quer über den Weg lief. Es schien etwas Rot- Grünes zu sein, und sie nahm zunächst an, dass es sich um einen seltenen Vogel handelte. Sie sprang vom Rad, um zu sehen, wo die Gestalt hingelaufen war. Doch sie entdeckte nur glatten Felsen. Es gab nicht einmal eine Ritze, in die jenes Wesen hätte verschwinden können. Etwas verwirrt setzte sie ihren Weg fort und wünschte sich sehnlichst, dass ihre Söhne dabei gewesen wären, um die kleine Gestalt zu sehen. Diese aber hatten die Tweedfabrik besucht und waren anschließend in die Jugendherberge zurückgekehrt. Sie waren also nie denselben Weg entlang gekommen.

Frau Dowie fuhr über Staffin zurück. Doch keiner der Wanderer, die sie befragte und die denselben Weg gegangen waren, hatte jene winzige Gestalt erblickt.

D. Sanders bemerkte im Frühjahr 1947 eine ähnliche Gestalt. Er schrieb: „Während meiner Wanderung durch einen Eichenwald in Perthshire sah ich unter einem der Bäume eine winzige Gestalt. Vorsichtig pirschte ich mich heran, und je näher ich kam, desto kleiner wurde das Geschöpf. Als ich schließlich die Stelle erreichte, auf der es gestanden hatte, war es verschwunden, ohne eine Spur zu hinterlassen. Wochenlang kehrte ich zur selben Zeit an jenen Ort zurück, doch ich sah die Gestalt nie wieder."

In seinem Buch über Naturgeister und Naturkräfte schreibt Max Heindel, dass zur Zeit der Sommersonnenwende, am 21. oder 22. Juni, der Schleier zwischen dem Menschen- und dem Feenreich sehr dünn wird. In dieser Nacht feiern die Elfen ein großes Fest, bei dem sie ihre ätherischen Speisen backen, Getränke brauen und fröhlich tanzen, da sie ihren Beitrag am Wachstum der Natur geleistet haben. Viele Leute halten am Johannistag, dem 24. Juni, nach ihnen Ausschau und behaupten, sie an diesem Tage zu sehen. Doch es ist durchaus möglich, dass die Elfen während dieser Zeit mehrere Tage lang feiern.

„Es war mir vergönnt, einer dieser Festlichkeiten beizuwohnen. Man führte mich zu einem Waldrand, um auf die Elfenprozession zu warten. Ich sah sie schon von weitem kommen, da alle Gestalten leuchteten. Im Vorbeiziehen lächelten sie mir zu, grüßten mich und ich erkannte, dass ich ihre Größe angenommen hatte - oder vielleicht waren sie so groß geworden wie ich. Diese "Alice im Wunderland"-Szene wurde auch von anderen Sehern erlebt.

Ich bemerkte, dass die meisten der Kobolde schmucke Tuniken und Hüte wie Fliegenpilze trugen. Seltsamerweise kann ich mich nicht mehr an die Kleidung der Elfen erinnern. Ein Tor, das in den Wald führte, wurde geöffnet und alle schritten hindurch. Eine der Elfen, die sich mit mir unterhalten hatte, lud mich ein zu folgen. Doch ich schämte mich plötzlich und lehnte ab. Ich glaube, es beunruhigte mich, dass sie mir ihre ätherischen Speisen anbieten würden, was unklug gewesen wäre anzunehmen. Einige Jahre später erfasste mich die gleiche Angst, als ich von einem Kobold geführt wurde, doch darüber an anderer Stelle."

Constanze Carpenter aus Ryde auf der Insel Wight erzählte ihrer vierjährigen Tochter Judith, die sich sehr für Feengeschichten interessierte, dass die Elfen am Abend der Sommersonnenwende erscheinen, um zu tanzen, weshalb sie die von den Giftpilzen gebildeten Kreise liebten. Man stelle sich die freudige Überraschung von Mutter und Tochter vor, als sie am Morgen des Johannistages in den Garten kamen und zwei solcher Ringe fanden.

Der verstorbene Sir Arthur Conan Doyle meinte, dass diese von Pilzarten hervorgerufenen „Feenringe" seit jeher mit den Naturgeistern in Verbindung gebracht worden sind und einen reizvollen Ort für ihren Reigentanz bilden.

Der etwa achtjährige Richard Edwards fand allerdings keine Freude an einem solchen Schauspiel. Eines späten Abends spielte er auf der Wiese und vernahm mit einem Male wunderschöne Musik. Er wandte sich um und sah etwa ein Dutzend Elfen um einen „Feenring" tanzen. Entsetzt rannte er nach Hause und berichtete seiner Mutter von dem Ereignis. Diese hatte große Mühe, das schreiende, verängstigte Kind zu trösten. Frau S. C. Roberts aus Caersws schrieb, dass ihr Vater oft von seinem Bruder Richard erzählt hatte und sie gewarnt worden wären, nicht mehr nach Einbruch der Dunkelheit auf besagter Wiese zu spielen, um nicht in den Feenring hineingezogen zu werden. Armer Richard! Kein Wunder, dass er sich so fürchtete.

Tom Charman meinte, dass die Elfen sich gerne auf den Blätterpilzen aufhalten und es lieben, darauf herumzuklettern. Viele Male hatte er die bezauberndsten Feenreigen dort beobachtet.

Mit zwölf Jahren sah Richard Byrne aus dem Kreis Leix in Eire eine Gruppe von vierzehn Elfen um einen Feenring tanzen. Elf Jahre später sah er wieder eine Elfenschar, doch dieses Mal waren es so viele, dass er sie nicht zu zählen vermochte. Sie waren in Rot und Gold gekleidet und ritten auf weißen Ponys. Er kannte jemanden, der mit Elfen Fußball gespielt hatte. Dieser Mann befand sich eines Abends auf dem Heimweg, als sie ihn beim Namen riefen und ihn bis zum nächsten Morgen bei sich behielten. Sie luden ihn ein, am folgenden Abend wiederzukommen, aber er fürchtete sich davor.

Maria Bradfield war bereits erwachsen, als sie am Abend eines Johannistages auf einem Rasenstück stehend den Tanz geflügelter Wesen wahrnahm, der sich im Glanz der untergehenden Sonne verlor.

Die Geistheilerin Ellen Hilton aus Lancashire entdeckte ein Feenhaus, das sich aus verschiedenen Pilzschichten zusammensetzte, die am Rande gekräuselt waren. Es stand am Fuße eines abgestorbenen Baumes in der Nähe eines Flusses. Sie bemerkte es zum ersten Mal am Tag des Maivollmonds 1955. Dann musste sie nach Palästina reisen. Bei ihrer Rückkehr aber überquerte sie den Fluss, um nach den Elfen Ausschau zu halten. Das Haus glich einem Paradies von Rhythmus und Musik, und es wurde immer noch daran gebaut.

Am Abend der Sommersonnenwende aber war es fertig und schaute wunderschön aus.

M. K. F. Thornley, die Frau Hilton von einer gemeinsamen Reise her kannte, meinte über diese: „Sie blickt beständig in die feinstoffliche Welt. Ebenso wie Clara Reed sah sie Elfen in meinem Garten."

Der Garten, von dem Frau Thornley sprach, lag in Cornwall. Ihre hellsehende Freundin Clara Reed bemerkte zwei Elfen, Trindy und Frieta, die in einem Steinhaufen hausten, der aus aufgeschichteten Steinen und moosbewachsenen Zementblöcken bestand und neben einem kleinen Wasserrinnsal lag. In den letzten Jahren hatte sich dort eine wunderbare weiße Erdbeerpflanze angesiedelt, deren Früchte Frau Thornley vom Frühsommer bis zum November erntete.

Im Hochsommer 1943 bemerkte Roy Morgen in seinem Garten in Hendon ein Elfenpaar. Langsam war er den Pfad entlang geschlendert, als sein Auge auf die nahezu atemberaubende Blütenpracht eines Rosenbuschs fiel und er zu seiner großen Überraschung eine Elfin gelassen auf einem Rosenblatt liegen sah. Die vollendete Gestalt war kaum größer als fünfzehn Zentimeter und in gelben und blassblauen Tüll gekleidet. Sie lächelte ihm eine Weile zu. Da erschien neben ihr auf einem anderen Rosenblatt ein kleiner, etwa zehn Zentimeter hoher Elf in braungrünem Gewand. Dann verblassten die beiden ebenso rasch wie sie aufgetaucht waren. Wie es oft der Fall ist, zeigten sich Herrn Morgans Freunde, denen er davon erzählte, eher belustigt, als dass sie ihm glaubten.

„Es hatte nichts mit Hellsichtigkeit zu tun", meinte er. „Diese Erklärung kam keineswegs in Frage. Es war auch kein Schmetterling oder dergleichen. Es war eine winzige Person, die einer äußerst feinen Puppe glich."

Obwohl sich dieser zauberhafte Anblick nie mehr für ihn wiederholte, hatte er ihn jedoch davon überzeugt, dass es die Elfen tatsächlich gibt und sie nicht nur Phantasiegeschöpfe sind.

Oft hat man mir von Elfen in den Rosenbüschen erzählt. Meine Schwester Dorothy sah eine fast durchsichtige Gestalt in unserem Rosenbeet. Nur einer der langen, schmalen Flügel war vollkommen ausgebildet. Später bemerkten wir beide bei mehreren Gelegenheiten dieses winzige Elfengeschöpf. Einmal sah ich es meiner Schwester den Gartenweg hinunter folgen.

Eines Tages blickte ich durch das Fenster auf den Garten hinaus und entdeckte neben einem noch nicht blühenden Rosenstrauch eine Elfe. Die knapp zwanzig Zentimeter große Gestalt trug ein gelbes Kleid. Da meine Schwester die Rosensträucher im Garten umgepflanzt hatte, wusste ich nicht, um welchen es sich handelte und fragte sie danach. „Oh“, antwortete sie, „das ist der gelb blühende Rosenbusch.“ Acht Tage später sah ich die kleine Gestalt wieder dort stehen. Dieses Mal brachen die Rosen hervor. Sie besaßen denselben Farbton wie das Elfenkleid.

Erika R. Forty aus London erzählte mir, dass sie in ihrer Jugend eine Elfe in der Nähe einer Rose gesehen hatte, und Irene Sullivan aus Queensland in Australien entdeckte in ihrer Kindheit, die sie in England verbrachte, eine Elfe in einer Rosenblüte. „Die winzige Gestalt lag zusammengerollt mitten in der Blüte und schlief“, erzählte sie. „Ich wagte kaum zu atmen. Törichterweise ging ich weiter. Als ich zurückkam, war sie verschwunden. Seither habe ich nie wieder eine Elfe gesehen.“

Auch die Künstlerin und Schriftstellerin Mary McGowan Slappy aus Washington beobachtete als Kind eine Rosenelfe. „Ich entdeckte sie auf der ersten roten Rose in unserem Garten. Außer mir sah jeder nur die Rose, aber meine kleine Elfe war da“, schrieb sie.

Als die Schriftstellerin Maud Baynes in Ealing lebte, pflückte sie an einem warmen Sommernachmittag in ihrem Garten drei oder vier gelbe Rosen und stellte sie in einer Vase auf einen kleinen Tisch neben ihrem Bett. Wegen der Hitze legte sie sich auf das Bett, um eine Weile auszuruhen.

„Vollkommen wach“, versicherte sie, „blickte ich auf die Rosen und bemerkte, wie sich diese rhythmisch zu bewegen begannen. Es war, als ob sie tanzten. Obwohl ich die „Wesenheiten“ in den Blüten nicht sehen konnte, war ich mir ihrer bewusst. Sie schienen meine Aufmerksamkeit auf etwas ziehen zu wollen. Ich nahm zwar keine Gestalten wahr, spürte aber ganz deutlich Wogen von Freundlichkeit, Beharrlichkeit und Glücklichsein. Ähnliches habe ich oft erlebt, und einmal vernahm ich mit meinen physischen Ohren ihr liebliches Lachen. Ich habe auch Musik gehört.“

1957 schrieb Frau G. K. Evason aus Kent, dass sie einen Gnom gesehen hatte, der einen winzigen Schubkarren vor sich her schob. „Er bemüht sich um den Vorgarten, den die Mieterin über mir pflegt. Er nimmt seine Aufgabe sehr ernst, denn der Garten gedeiht nicht so gut, und er hilft dabei unter anderem dabei, altes Wurzelwerk zu beseitigen.“

Dieser fleißige Bursche muss wohl den Weg für eine Gartenelfe bereitet haben, denn im Dezember erreichte mich folgender Bericht;

„Früh am Morgen bemerkte ich in einem kleinen kahlen Rosenstrauch im Vorgarten eine rosafarbene Wolke, die sich allmählich auflöste und eine zierliche rosa Elfe zum Vorschein brachte. Diese schien sich um den kleinen Rosenbaum zu kümmern, der hoffentlich unter solch liebevoller Pflege blühen wird."

Im August des folgenden Jahres setzte Frau Evason ihren Bericht fort: „Erinnern Sie sich an die Elfe, von der ich schrieb? Nun, alle sechs Rosensträucher erstrahlen in rosafarbener Blütenpracht. Die kleine Elfe hatte wohl tatsächlich geholfen, denn es war das erste Mal, dass die Sträucher so viele Rosen trugen. Ich denke, dem Gnom gebührt ebenfalls Lob, denn er bereitete den Boden."

Dass die Naturgeister der Erde sehr hilfreich sein können, entdeckte Clara M. A. Clayton, die damals in Stapleford in Notts wohnte, an einem sehr heißen und trockenen Nachmittag, als sie versuchte, den Boden aufzuhacken, da sie einige Samen säen wollte. Die Erde war ausgedörrt, und sie konnte das Unkraut nicht herausziehen. Trotz Hitze und Müdigkeit mühte sie sich weiter ab, als sie einen kleinen braunen Gnom bemerkte, der sie beobachtete. Mit verschränkten Armen stand er da und lachte.

„Stehe nicht da und lache mich aus", sprach sie ihn an, „hilf mir lieber."

Er verschwand augenblicklich. Verblüfft musste sie mit ansehen, wie der Boden sich zu bewegen begann und die Unkräuter hinauswarf, bis ein großer Flecken, viel größer als sie ihn für die Saat benötigt hätte, gründlich aufgelokkert war.

„Es hatten wohl mehrere Gnome daran gearbeitet, denn innerhalb kurzer Zeit war alles für mich bereit, und ich brauchte nur noch das Unkraut einzusammeln und die Reihen für die Saat zu ziehen. Die Erde ließ sich wunderbar bearbeiten, und ich bedankte mich bei dem kleinen braunen Gnom für seine Hilfe. Ich sah ihn zwar nicht mehr, fühlte aber, dass er meine Freude teilte.

Die Gnome sind auch die Hüter der Minerale. Sie sind die Erbauer der Form. Ohne sie gäbe es keine kostbaren Edelsteine oder Metalle. Sorgsam hüten sie das Geheimnis ihrer Lebensarbeit, das jedoch bei besonderen Gelegenheiten einem Angehörigen der Menschenrasse enthüllt wird, wenn dieser eine große Liebe für jene unsichtbaren Arbeiter der Natur und einen starken Glauben an ihre Existenz zeigt. Beides ist mir seit frühester Kindheit zu eigen. Eines Tages befand ich mich daher auf einem Hügel in der Gegenwart eines kleinen grünen Gnoms. Er machte ein ernstes Gesicht und blickte ängstlich zu beiden Seiten. Dann winkte er mich heran und bewegte sich plötzlich mühelos durch den Boden abwärts, so wie ein Fisch im Wasser schwimmt, wobei er die Farbe der Erde annahm. Ich folgte ihm mit meinen inneren Augen, bis er innehielt und mir seinen besonderen Arbeitsplatz zeigte. Er bearbeitete irgendein Metall, nahm ich an, doch er konnte seine Hände hindurchstrecken und innerhalb hämmern und formen. Schließlich zog er ein Stück heraus, das weich wie Ton zu sein schien. Die schöpferische Kraft, die durch ihn wirkte, formte diesen Teil der Erde, und er vermochte jene spezielle Substanz darin nach seinem Wunsch zu gestalten. Er zeigte mir das Stück, polierte und wusch es in einem unterirdischen Strom. Plötzlich wusste ich, es war Silber, das in der Erde weiß-grau erschien. Der Gnom schmunzelte erfreut, weil ich es erkannt hatte und hielt das Stück näher zu mir heran; es glänzte wie reines Silber. Dann horchte er unvermittelt auf, da er wohl seine Mitarbeiter gehört hatte. Plötzlich wurde alles dunkel, und ich sah ihn nicht mehr. Doch ich dankte ihm in meinem Herzen, dass er mir seine Geheimwerkstatt gezeigt hatte."

In der Nähe von Frau Claytons früherem Haus in Stapleford liegt eine riesige Steinmasse. Eine Schicht harter Steine liegt schützend über dem roten Sandstein. Dieser uralte Wächter wird der "Hemlockstein" genannt. Nach Arthur Mees „Nottinghamshire" misst er einundzwanzig Meter im Umfang, drei Meter in der Höhe und wiegt über zweihundert Tonnen.

Frau Clayton schrieb: „Wenn ich diesen Stein alleine besuchte, war ich mir seines erhabenen Hüters bewusst, der seit uralter Zeit dort gegenwärtig ist und sein wird, bis der Stein in ferner Zukunft einmal zerfallen wird. Der Grund, auf dem der seltsame Stein steht, ist mir heilig. Ich bin in die Tiefe seines Herzens gedrungen, indem ich mein Leben mit dem Wesen vereinigt habe, das darin lebt und dessen Aura sich weit in die Umgebung hinaus erstreckt. Schweigend in sich zurückgezogen, ist sich der edle Felsengeist dennoch meiner Anwesenheit und meiner sanften Berührung auf der steinigen Oberfläche bewusst. Überall in diesem Bereich und dem angrenzenden Wald arbeiten emsig die kleinen Gnome. Sie bringen einen gewissen Unmut den Besuchern dieses Ortes entgegen und den Kindern, die Feuer im Wald legen. Seit einiger Zeit umgibt ein Eisengitter den Stein, aber die Kinder klettern darunter her und versuchen, den Stein zu beschädigen. Als ich damals diese Gegend verließ, spürte ich deutlich eine Veränderung der Atmosphäre, und die Naturgeister arbeiteten tiefer in der Erde."

Frau Clayton hat verschiedene Male Sylphen oder Luftgeister beobachtet und beschreibt sie als „strahlende Geschöpfe, die sich blitzschnell bewegen". Sie fuhr fort: „Ich habe auch Elfen in meinem Garten gesehen. Die Aura dieser bunt schillernden, lieblichen Gestalten erstrahlt heller und zarter als die schönsten Gartenblumen. Bei den Flügeln dieser Blumenelfen, die vielleicht zur Gruppe der Sylphen gehören, handelt es sich eigentlich um Kräfte, die ihnen entströmen. Oft hockte ich mich zwischen die Blumen und trat in das Sein und die Schönheit ein, die mich umgaben. Bestimmte Blumen leuchteten zart auf. Es war die Aura der kleinen Elfen, die ein wenig Goldgelb hier, ein wenig Blassrosa dort und ein hübsches Violett, Blau oder Grün an anderen Stellen aufflammen ließen. Überall dort, wo sie ihre Vitalkraft konzentrierten, schienen die Blumen schöner und gesünder zu wachsen. Auch kleine Gnome eilten geschäftig hin und her. Es war wirklich ein Märchenland voller Schönheit und Zauber. Höhere Wesenheiten bedienten sich der Naturgeister, um den Blumen ihre Lebenskraft einzugießen."

Frau Clayton war in Wales geboren. Mit achtzehn Jahren wanderte sie so oft wie möglich an schönen Tagen einen Waldhang hinauf, der zum Snowdonian-Gebiet gehörte.

„Gewöhnlich nahm ich Butterbrote mit", erzählte sie, „mein Konfirmationsbuch und das Neue Testament. Ich ließ mich immer auf derselben Wiese nieder, den Wald hinter mir und weit abseits vom Weg, so dass mich niemand sehen konnte. Ich las eine Weile und meditierte und versuchte, mich in das Herz der Natur zu versenken, deren Schönheit mich auf allen Seiten umgab. In meiner Seele sprach ich zu dem "Herrn des Berges" und fühlte sehr stark seine Gegenwart. Ich wusste, diese Wesenheit des Friedens, der Kraft und der Schönheit wachte über diesen Ort. Ich spürte, dass er sich aller Lebensformen in und auf dem Berg und auch meiner bewusst war.

Während dieser Besuche, die mir im Laufe der Zeit immer heiliger wurden, bemerkte ich kleine Wesen, die mich vom Wald hinter mir aus beobachteten; vielleicht waren es Baumgeister oder Waldelfen. Doch ich spürte ihre Schüchternheit, die sie davon abhielt, den Wald zu verlassen. Ich war mir auch der kleinen, lichten Luftgestalten bewusst, die im Sonnenschein am Abhang neben mir tanzten und fühlte eher als dass ich sah, wie die Elfen über mein Knie schwirrten und auf meinen Schultern landeten. Manchmal hörte ich dicht neben mir und dann hinten im Wald schrille Musik. In diesem Wald gab es eine erhabene Wesenheit, den "Geist der Bäume", der aufrecht und still mit verschränkten Armen dastand und die Arbeit der Waldelfen und Baumwesen lenkte und beaufsichtigte. Seine Aura erfüllte die ganze Gegend. Meine Erlebnisse auf jenem Berg leben heute noch in mir."

Auch Christina L. Bain aus Blackley in Manchester fühlt die Gegenwart der Elfen und weiß, wenn sie von ihnen umgeben ist. Im Alter von dreissig Jahren hielt sie sich bei Kents Bank in Grange-over Sands auf. Mit einigen Freunden wanderte sie über die Hügel. Alle blieben stocksteif stehen, als sie plötzlich rief: „Still, die Elfen!" Für sie war deren Gegenwart Wirklichkeit. Später begleitete der Führer eine andere Gruppe über dieselbe Stelle, hielt dort an und meinte: „Hier leben die Elfen." Ein Freund von Christina Bain erzählte ihr diesen Vorfall später.

„Bei einer anderen Gelegenheit", erzählte sie weiter, „fuhr mich meine Schwester langsam die Nebenwege von Warwickshire entlang. Als wir an einen Kreis von Bäumen kamen, rief ich: „Schau, ein Elfenreigen!" Für mich waren sie tatsächlich dort, und ich spüre immer noch die Atmosphäre dieses Erlebnisses, wenn ich daran denke."

Frau D. Goddard aus Hampshire schrieb über die Blumenelfen in ihrem Garten: „Die Körper dieser winzigen leuchtenden Geschöpfe scheinen hauchzarte Flügel zu besitzen und den sich öffnenden Blumen etwas von ihren Farben wie auf ein Gemälde aufzutupfen. Man kann ihren Zauber nicht mit Worten beschreiben, denn ihre strahlende Gegenwart läßt physische Schönheit dagegen verblassen. Ich glaube, sie spielen eine wesentliche Rolle in der Schöpfung Gottes."

In ihrer Jugend hielt sich Caryl Haynes aus Shropshire stundenlang in der Natur auf. Weite Felder, ein in der Waldschlucht gurgelnder Bach und der Wasserfall bildeten den schönsten Spielplatz, denn hier wimmelte es von Geschöpfen, die sie mit keinen anderen Spielkameraden hätte vertauschen wollen.

Sie erinnerte sich noch an den Namen eines kleinen Burschen, da ihre Mutter versuchte, sie „Arthur" sagen zu lassen. Sie aber bestand darauf, dass er „Hartha" hieß. Er war etwa fünfundvierzig Zentimeter groß, und seine Kleidung schien ein Teil von ihm zu sein. Sie veränderte sich je nach Jahreszeit. Frau Haynes konnte sich jedoch nicht erinnern, ihn im Winter gesehen zu haben, wenn Schnee lag. Der Klang seiner Stimme glich dem Seufzen des Windes, der durch die Nadelbäume strich. Er liebte die Tiere. „Durch ihn begann ich, mit den Hasen und Vögeln zu spielen", erklärte Frau Haynes. „Die Hasen ließen sich zu meinen Füßen nieder, und die Vögel setzten sich auf meine Hände."

Als sie heranwuchs, waren ihre Gedanken von weltlichen Dingen beansprucht und sie sah keinen ihrer kleinen Freunde mehr, erst viele Jahre später, als sie mit ihrer Tante auf dem Lande spazierenging. Die Tante plauderte, als Frau Haynes den Kopf eines Naturgeistes hinter einer Hecke hervorlugen sah. Sie konnte nicht widerstehen und flüsterte: „Ein Hase!" Sie streckte ihre Hände in die Hecke und holte ein zartes Hasenbaby hervor, das jenes kleine Wesen ihr in die Hände gelegt hatte. Bevor sie es freiließ, zeigte sie es ihrer Tante. Diese war begeistert, da sie annahm, ihre Nichte besäße solche Kräfte, die einen Hasen aus dem Hut hervorspringen lassen. Frau Haynes meinte, sie hätte ihrer Tante niemals erklären können, was wirklich geschehen war.

Maybelle Gillespies Sohn Thomas pflegte meistens in der Nähe des Hauses und im Garten in Galloway Elfen zu sehen. Er liebte vor allem die „Elfendamen", wie er sie nannte und die Art, in der sie den Vögeln halfen, im Winter Futter und Beeren zu finden.

Mit zehn Jahren brachte er Frau Gillespie einmal Blumen und erklärte, dass eine Elfe ihm den Auftrag gegeben hatte: „Bringe sie deiner Mutter."

Vor vielen Jahren, als George E. Rice und seine verstorbene Frau in Middlesex lebten, wurden sie von der Philosophin Dr. Outram eingeladen, einen Nachmittag mit ihr in ihrem Haus in Shenley in Hertfordshire zu verbringen.

Ein bekanntes Medium in London hatte Frau Dr. Outram erklärt, dass es auf ihrem Grundstück ein kleines Elfental gab, was ihr Interesse erregte, da der vierjährige Sohn ihres Hausmeisters seiner Mutter wiederholt erzählte, er habe mit Elfen gespielt. Es war ihr zu Ohren gekommen, dass Frau Rice hellseherische Fähigkeiten besaß, und sie blickte daher ihrem Zusammentreffen erwartungsvoll entgegen. Einige Wochen später besuchte das Ehepaar Rice mit seiner kleinen Tochter das Anwesen und ließ sich mit der Gastgeberin in der Nähe eines alten Eichenbaums nieder und wartete.

Das kleine Tal bestand aus einer doppelten Baumreihe mit dazwischen liegendem Gras, anstelle eines Weges. Nach etwa zwei Stunden rief Frau Rice aus: „Ich sehe sie; es sind kleine Zwerge, die aus dem hohlen Baum dort drüben hervorkommen." Sie wies auf einen Baum auf der anderen Seite des Graspfads. „Sie bringen einen Maibaum und stellen ihn auf. Nun tanzen sie um ihn herum, verflechten die Bänder und jauchzen wie Kinder."

Frau Dr. Outram lauschte mit weit aufgerissenen Augen und meinte in ehrfurchtsvollem Ton: „Genau das erzählte der kleine Junge seiner Mutter."

Als D. L. Voss-Bark mit ihren Hunden im Wald nahe von Minehead in Somerset spazierenging, sah sie zwei Kobolde davonrennen, als sie näher kam. Sie verschwanden in einem Loch, das zu einem hohlen Baum führte. „Sie sind wirklich sehr menschlich", meinte sie, „denn sie vergaßen, sich zu ducken und verloren ihre Hüte, die auf den Weg rollten. Glücklicherweise konnte ich sie an mich nehmen und nach Hause tragen. Nun kann ich meine Freunde davon überzeugen, dass meine Geschichte stimmt."

Frau Voss-Bark hatte diese Begebenheit in einem Artikel der Zeitschrift "Dog World" von 1938 erwähnt. Ich schrieb ihr und fragte, aus welchem Material die Hüte hergestellt waren. Sie erwiderte, es seien perfekte kleine Holzkegel.

Eine bekannte Kinderpsychiaterin, die aus beruflichen Gründen namentlich ungenannt bleiben wollte, schrieb mir, dass sie ein Leben lang Elfen gesehen hatte. Sie und ihr Zwillingsbruder pflegten stundenlang die Zwerge in der Umgebung ihres Zuhauses zu beobachten, das in Südirland am Rande eines weiten Moores lag.

„Die kleinen Elfen liebten die Torffeuer", erzählte sie. „Im Schneidersitz hockten sie auf der Feuerstelle im Kinderzimmer, hielten ihre winzigen Hände in die lodernde Flamme und freuten sich, wenn die Funken sprühten und der Torf ins Feuer fiel. Soweit ich mich zurückerinnern kann, gab es immer einen Säugling in der dicht verhüllten Eichenwiege neben der Feuerstelle, und Sarah, unser irisches Kindermädchen, saß da und nähte bei Kerzenschein in der sanften irischen Dämmerung.

Zum Tee im Kinderzimmer gab es an einem Tag Kuchen und am nächsten Marmelade oder goldenen Sirup. An Siruptagen wurde das Brot früh morgens in der Küche in Scheiben geschnitten, mit Sirup bestrichen und auf einem Teller übereinander geschichtet, damit der Sirup gut durchzog. Ich erinnere mich, wie mein Bruder und ich belustigt einem kleinen Gnom zuschauten, der mit aufgesperrtem Mund am Tellerrand saß und den von einer überstehenden Brotscheibe heruntertropfenden Saft auffing.

Es gab die Weihnachtsbaumelfen, Ostergrottenelfen, Elfen, die Leute durch das Moor führten und die Undinen, die in den Wasserfällen tanzten. Sie alle unterschieden sich voneinander. Den ganzen Tag über arbeiteten sie eifrig, und ihre Bewegungen waren rasch und sicher. Sie benahmen sich wie Kinder im Vergleich zu den höheren Wesen, den Engeln, die sich mit solcher Würde und solchem Licht bewegten.

Dann beschloß mein Vater, in England zu leben. Der Umzugsbetrieb drang kaum bis zum Kinderzimmer vor. Dann kam der Tag, an dem wir in Cork das Schiff bestiegen, um ein neues Leben unter Fremden zu beginnen. Meine Mutter spielte die Harfe, und das riesige Instrument stand in seinem grünen Überzug neben uns auf dem Deck.

Es war schwierig, in England Fuß zu fassen. Meine Mutter vermisste die Wärme der irischen Menschen, die herbe Landschaft und den sanften irischen Regen. Sie wurde krank, und ein Tag vor meinem siebten Geburtstag führte Sarah uns alle ins Zimmer, um Lebewohl zu sagen. Obwohl es ein Winterabend war, lag ein seltsames Licht im Raum. Ein sanfter Glanz ergoss sich über das Antlitz meiner Mutter und hüllte das winzige Gesicht des in ihrer Armbeuge ruhenden Babys ein. Wir (die sechs Kinder) warteten schweigend neben Sarah. Mein Vater verharrte bewegungslos wie eine Statue neben dem Bett. Meine Mutter winkte Sarah heran, die den Säugling aus ihren Armen nahm. Sie murmelte „Lebewohl" und streckte ihre Hände meinem Vater entgegen, der sie in die seinen nahm, bis das Lächeln auf den Lippen meiner Mutter erstarb und sie verschied.

In diesem Augenblick traten fünfzig oder mehr Elfen, die eine schimmernd blaue Decke hielten, schweigend hinzu und zogen diesen wunderbaren Tüll über das Bett und die stille Gestalt. Das Licht verblasste und der Raum erkaltete. Da erklangen aus der Ecke die klaren Töne der Harfe meiner Mutter.

Baby Michael wuchs zu einem stillen, verträumten Jungen heran. Er liebte alles Lebendige, und er war es, der uns auf die Elfen im Kräutergarten hinwies und auf die Gnome, die das Obst von den niederen Büschen pflückten und sich mit den Vögeln um die besten Früchte stritten.

Heute sehe ich die Elfen nicht mehr so häufig wie damals, doch gelegentlich besuchen sie mich."

Sir Quentin Craufurd berichtete ebenfalls von Elfen, die sich um ein Totenbett versammelt hatten. Im Garten des Großvaters seiner Frau, einem alten Skeptiker, gab es einen Feenhügel, den er sorgsam hütete.

Kurz vor seinem Tode versammelte sich das kleine Volk an seinem Bett. Er konnte die Zwerge ganz deutlich sehen und begrüßte ihre Anwesenheit, obwohl er meinte, er wisse, es sei ein Illusion.

Margaret Nailard lebte während des Zweiten Weltkriegs in Feltham in Middlesex. Sie saß oft in ihrem Blumengarten und beobachtete die Blumenelfen, die sie freundlich anlächelten. Es gab auch Kobolde und Gnome mit ihren Spitzmützen dort, die einen Kreis bildeten und immerzu rundherum tanzten. Es war ein wunderschöner Anblick, und Frau Nailard freute sich jeden Tag darauf, sie bei schönem Wetter beobachten zu können.

Seit ihrer Geburt hellsichtig, wie ihre Mutter und Großmutter, vermochte sie das kleine Volk noch in hohem Alter wahrzunehmen. Kurz nachdem Einwanderer aus Jamaika in England eingetroffen waren, erblickte sie allerliebste, ähnlich aussehende Elfen, wie sie mir schrieb.

Michael F. Kelly Mor schickte mir den Bericht eines Herrn Colgan über die Hurling- oder Hockeyspieler unter den Elfen, die er 1886 in einem Feld neben der Hauptstraße in der Nähe des Dorfes Mullagh im Kreis Galway beobachtete, etwa zehn Kilometer von dem Bauernhof entfernt, auf dem Kelly Mor damals lebte. Da man die Elfen einige Jahre zuvor in demselben Feld hatte spielen sehen, verbreitete sich die Nachricht von ihrem erneuten Auftauchen wie ein Lauffeuer. Er hatte diesen Vorfall völlig vergessen, da er ein oder zwei Jahre später diese Gegend verließ und erst ein halbes Jahrhundert später dorthin zurückkehrte.

Man schrieb das Jahr 1940, als Kelly Mor, der sich in der Stadt Galway niedergelassen hatte, einen Brief von seinem Freund erhielt. Darin hieß es, dass Hugh Colgan, ein gebildeter und wohlhabender Bauer, nach einem Unfall im Krankenhaus von Galway lag. Der Freund bat Herrn Mor, den Patienten dort zu besuchen und vielleicht eine leichte Lektüre mitzunehmen. Hugh Colgan nahm die mitgebrachte Zeitschrift dankbar an und blätterte sie flüchtig durch. Als er eine Geistergeschichte darin bemerkte, meinte er, er habe selbst von einer seltsamen Begebenheit zu berichten. Kelly Mor ermutigte ihn und erkannte sofort, dass dieser Mann zu jenen gehörte, die 1886 die Elfen im Feld hatten spielen gesehen.

„Eines Abends“, begann Hugh Colgan, „als ich mit fünf Klassenkameraden aus der Schule kam, blieben wir stehen, um ein lebhaftes Hurlingspiel zu beobachten, das von Zwergen gespielt wurde. Sie hatten ihre Jacken ausgezogen und trugen weiße Hemden. Nach einer Weile landete der Ball nahe an dem niederen Zaun am Straßenrand. Ich sprang darüber, um ihn den Spielern zurückzuwerfen. Aber zu meinem großen Erstaunen gab es keinen Ball dort. Auch die Hurlingspieler waren nicht mehr zu sehen. Meine fünf Begleiter erklärten, dass sie alle in dem Moment verschwanden, als ich über den Zaun stieg. Damals war ich dreizehn Jahre alt, der älteste unter uns."

Das Feld, auf dem die Zwerge gespielt hatten, erzählte er weiter, war eine ausgedehnte Weide, in der es keine Gräben, Bäume oder Hecken gab, die jene Zwerge hätten verbergen können. Als er und die anderen Schüler nach Hause eilten, um ihren Eltern und den Dorfbewohnern von ihrem Erlebnis zu berichten, empfing man sie mit der Bemerkung: „Das ist nicht das erste Mal, dass die Elfen dort gespielt haben."

Von Kelly Mor erfuhr ich auch, dass es in den fünfziger Jahren eine Fortsetzung dieser Geschichte gegeben hatte. Derselbe Hugh Colgan saß mit einigen Bauern aus der Nachbarschaft rauchend am Kaminfeuer. Man plauderte von vergangenen Zeiten und Hugh Colgan, der sein Erlebnis mit den Hurling spielenden Zwergen zum Besten gab, meinte dazu abschließend, dass keiner der Schulkameraden, die damals ebenfalls das Spiel beobachtet hatten, mehr am Leben sei. Doch eine Stimme aus dem Hintergrund widersprach ihm. Die Frau des Hauses hatte ihm während des Backens zugehört. „Du irrst dich", wandte sie ein, „wir waren zu sechst, erinnerst du dich…?"

Ebenfalls über Kelly Mor erhielt ich von Michael A. Nervin die Beschreibung der Ereignisse des Johannistages 1917. Letzterer begleitete damals Bernhard McMahon, der die Kühe seines Onkels auf das Feld neben einem Fuchsversteck trieb. Als sie das Gatter erreichten und die Tiere auf das Feld laufen ließen, schoss plötzlich mitten aus dem Dickicht eine riesige Flamme empor. Einer der beiden Männer machte wohl die Bemerkung, dass es doch unerhört sei, in einem solch ausgedehnten, mit Büschen, Stechginster und Bäumen bewachsenen Gebiet Feuer zu legen. Die Flammen züngelten mehrere Minuten lang himmelwärts und starben dann unvermittelt aus, um erneut aufzulodern. Dieser Vorgang wiederholte sich etwa zehn Mal, wobei die Flamme jedoch jedes Mal etwas kürzer brannte, bis sie schließlich ein letztes Mal aufsprang und sofort wieder verlosch. Danach krochen mehrere hundert Zwerge auf Händen und Knien hervor, krabbelten bis zu einem bestimmten Punkt am Zaun entlang und entschwanden.

Die beiden Männer beobachteten erstaunt diese seltsame Prozession und beschlossen, zum Haus des Onkels zu rennen und die Nachbarn, die sich dort allabendlich einfanden, herbeizuholen. Doch als sie den Zaun erreichten, war nichts Ungewöhnliches mehr zu sehen und einige murrten, da sie sich verulkt vorkamen. Am nächsten Tag suchten die beiden Männer, die nur wenige Meter von dem Geschehen entfernt gestanden und es im Dämmerlicht kurz nach Sonnenuntergang beobachtet hatten, die Stelle noch einmal auf. Sie konnten weder Aschenrückstände noch einen einzigen niedergedrückten Grashalm finden.

Zwanzig Jahre später kehrte die junge Mary Alton, die von diesem Ereignis nie etwas gehört hatte, im Dämmerlicht vom Besuch ihrer Kusine zurück. Als sie an demselben Feld vorbeikam, erlebte sie das gleiche Flammenschauspiel. Doch im Gegensatz zu den beiden Männern blieb sie nicht stehen, um es zu beobachten, sondern rannte schnurstracks zu dem Haus zurück, das sie soeben verlassen hatte und blieb dort bis zum nächsten Morgen.

Ein Journalist, der mich interviewte, gestand, dass er selbst in seiner Kindheit, die er in Glamoran in Wales verbrachte, Elfen gesehen hatte. Eines Tages spielte er mit einigen Jungen und versteckte sich vor ihnen im Dickicht. Da bemerkte er plötzlich einen von kleinen Füßen ausgetrampelten Pfad mitten durch die Büsche führen. Er verfolgte ihn und gelangte auf eine Lichtung, an deren Ende leuchtend bunte Stockrosen und Rittersporn wuchsen. Verzaubert blickte der Junge auf die Elfen, die in den Blumenbeeten herumtollten. Zunächst nahm er an, es sei alles nur ein Traum, doch bald erkannte er, dass er eine Elfenszene beobachtete.

Als er älter wurde und schließlich den Mut aufbrachte, jene Gegend noch einmal aufzusuchen, musste er zu seinem Bedauern feststellen, dass er weder die Stelle wiederfinden noch trotz intensiven Suchens irgendeine Spur der Elfen entdeckten konnte.

Im Mai 1942 erlebte die dreiundvierzigjährige Katie Richardson in Lippin Wood in dem Dorf West Meon in Hampshire etwas „so Allerliebstes und völlig Unerwartetes“, dass sie oft daran denken musste.

„Während eines Spaziergangs in dieser friedvollen Gegend gelangte ich an eine Wegmulde, in deren Nähe ein Baum stand. Plötzlich bemerkte ich eine Gruppe von unwirsch dreinblickenden Zwergen, die beim Aufräumen waren. Mit kleinen Besen fegten sie winzige Zweige und Blätter (die ich kaum sehen konnte) zusammen und türmten den Abfall säuberlich auf.

Was dann folgte, ließ mich schier den Atem anhalten. Aus der Umgebung des Baumes tauchten mehrere Elfen auf, die freudig umhertanzten. Sie waren etwa fünfzig Zentimeter groß und trugen Kleider in verschiedenen Rosatönen. Eine von ihnen gab den etwas abseits stehenden Zwergen ein Zeichen, und ein kleiner, runder Tisch und Stühle wurden auf ihre Anweisung hin herbei gebracht und aufgestellt. Dann zauberten die Elfen ein zartes Gewebe hervor, schüttelten es aus und breiteten es über den Tisch. Daraufhin verschwanden sie, und ich fragte mich, was als Nächstes geschehen werde. Im Handumdrehen tauchten sie wieder auf, zwischen sich einen kunstvoll verzierten Kuchen tragend. (Als gelernte Köchin habe ich oft versucht, dieses Kunstwerk nachzuahmen, aber ich glaube, das gelingt nur den Elfen.) Nachdem alles sorgsam vorbereitet war, eilten sie erneut davon, um bald danach als Hofdamen ihrer Königin zurückzukehren. Diese war größer als alle anderen, und ihr Gewand leuchtete in einem satteren Rosaton. Der bauschige Rock, der ihre Füße bedeckte, wirkte wie eine winzige Krinoline. Auf ihrem Haupt saß eine Krone, und in ihrer Hand hielt sie eine Art Zauberstab. Man erreichte den Tisch, und alle verneigten sich vor ihr, bevor man sich niederließ. Der Kuchen war als Überraschung für sie gedacht, was sie freudig entgegennahm. Sie schnitt ihn an, und ich bemerkte, dass auch er durch und durch aus rosafarbenem Material bestand.

Zwei Stücke waren bereits abgeschnitten, und ich begann mich zu wundern, ob die Zwerge wohl auch etwas davon abbekommen würden, als ich einen schwachen Ton vernahm, der genügte, um die Elfen rasch verschwinden zu lassen. Flink räumten die Zwerge Tisch und Stühle fort und entfernten sich ebenfalls. Später sah ich die Elfen wieder, jedoch ohne ihre Königin. Vor diesem Erlebnis in Lippin Wood zweifelte ich sehr stark an der Existenz der Elfen, seither aber nie mehr!

Mein nächstes Erlebnis fand in Warnford, einem winzigen Flecken bei West Meon, statt. Dort gab es einen kleinen Kastanienbaum, der am Wegrand wuchs. Als ich emporblickte und seine Blüten bewunderte, bemerkte ich eine kleine Elfe auf einer von ihnen herumbalancieren. Auf einen Gedanken: „Oh, sieh mal einer an, eine Elfe in einem Baum“, erhielt ich die Antwort: „Ich bin eine Baumelfe.“ Als ich Erstaunen zeigte, fügte sie hinzu: „Nur die mit Blüten.“ Im Vergleich zu den anderen Elfen, die ich gesehen hatte, schien sie recht handfest und keck zu sein. Ich glaube, unsere Verständigung fand auf mentaler Ebene statt.

Im Spätjuni 1943 sah ich wieder Elfen. Ich half bei der Obsternte in einem Garten, der zu einem großen Haus in dieser Gegend gehörte. Die Hausherrin kannte ich nicht und hatte sie höchstens ein oder zwei Mal gesehen.

Nachdem wir mit dem Pflücken fertig waren, lud sie mich ein, ihren ganz besonderen Garten anzuschauen, den sie im Andenken an ihren verstorbenen Sohn angelegt hatte. Durch ein gusseisernes Tor betraten wir den hübsch eingefassten, friedvollen und abgeschiedenen Ort, der farbenprächtig erstrahlte. Die zauberhafte Atmosphäre nimmt mich heute noch gefangen.

Sehr bald bemerkte ich eine Anzahl von Elfen, die sich um die Blumen kümmerten und sich sachte zwischen ihnen bewegten. Ich erkannte auch einige Männlein, die den Wurzeln ihre besondere Aufmerksamkeit schenkten. Meine Begleiterin wandte sich mir mit den Worten zu: „Ah, sie können sie sehen. Ich habe es mir gedacht, deshalb brachte ich sie auch hierher."

Im Alter von achtundzwanzig Jahren sah Dorothy Townsend Elfen und Gnome in einem kleinen Lärchenwald in Coldash in Newbury in Berkshire. Sie hatte weder an sie gedacht noch sie zu sehen erwartet. Da waren sie, etwa ein halbes Dutzend spielende Elfen und ebenso viele Gnome, die Holz sägten und hackten. „Ich blieb ganz ruhig stehen", schrieb sie, „doch mit einem Male waren sie wieder fort. Manchmal nehme ich auch Engel wahr. Ich liebe die unsichtbaren Welten."

Mit sechzehn Jahren sah Louise P. Jones eine Blumenelfe, als sie an einem Maitag auf dem Balkon eines Erholungsheims in Hertfordshire in der Sonne lag.

Zwischen dem Balkon und den Sträuchern gab es eine Wiese, an deren Rand ein paar Mohnblumen wuchsen. Die Elfe tauchte hinter einer der Blumen auf und rannte etwa zwei Meter zu den Sträuchern hin und her, bis sie einen Busch erreichte, aus dem sie nicht wieder hervorkam.

Sie besaß etwa die gleiche Größe wie jene andere Mohnblumenelfe und helles, langes Haar, das ihr beim Laufen hinterher wehte. Sie hielt ihre ausgestreckten Arme leicht nach vorne; ihre Beine waren bloß. Ihr Kleid war jedoch grün und bestand aus einem glanzlosen Material.

„Während der folgenden zwei Wochen meines Aufenthaltes dort hielt ich immer wieder nach ihr Ausschau", schrieb Frau Jones, „aber ich habe sie nie mehr gesehen."

Im Spätfrühling 1942 schlenderte Frau Jones über die Felder von Munden, was so viel bedeutet wie „glückliches Tal". Sie hatte das Verhalten der Kinder in der frohen Atmosphäre dieses Ortes bemerkt. „Es gibt einen Fluss dort, eine ausgedehnte Weidelandschaft mit saftig grünem Gras, und es scheint immer warm und sonnig zu sein", meinte sie.

An jenem Tag glaubte Frau Jones einen Elf zwischen den Balken eines Holzgatters hervolugen zu sehen. Sie blieb still stehen und wartete, dass er sich bewegte. Als nichts geschah, ging sie langsam am Rand eines Grabens entlang auf ihn zu. Doch was sie fand, war kein Elf, sondern eine junge Ampferpflanze, die der Wind gegen das Gatter geweht hatte und deren spitze Blätter einem Hut und zwei Armen glichen.

Aus der Entfernung hatte es wirklich wie ein Elf ausgesehen, was sie verwirrte. „Elfen bringen Glück; ich muss suchen", ging es ihr durch den Kopf. Sie stieg also in den Graben hinunter und fand zwar kein Elfengold, dafür aber römische Überreste. Sie hob einige Fliesenstücke auf und ließ sie im Verulamium Museum identifizieren, was zu weiteren Entdeckungen führte. Man fand einen Brennofen, eine Menge Tonscherben, Teile eines großen Topfes und andere Schätze.

Nachdem Frau Jones jene Gegend verlassen hatte, dachte sie oft darüber nach, ob es nicht doch ein Elf gewesen war, der ihre Aufmerksamkeit anzuziehen versuchte und dann verschwand. Sie war vor jenem Tage oft in diesen Feldern umhergestreift, und erst sechs Monate zuvor hatte man den Kiesgraben zu Abflusszwecken ausgegraben. Er war sauber und trocken gewesen.

M. Vesey, die mir über ihre eigenen Erfahrungen schrieb, machte die folgenden recht interessanten Bemerkungen, die das Erlebnis von Frau Jones vielleicht erklären können.

„Bestimmte Orte, Jahreszeiten oder Wetterverhältnisse mögen sich auf einen Menschen in einer Weise auswirken, dass dieser leicht Elfen wahrzunehmen vermag. In solchen Fällen vermitteln uns das Aussehen, die Stellung und die Form einer Pflanze oder eines Baumes oder der Einfall von Licht und Schatten den Eindruck (wenn auch nicht unbedingt korrekt) von einer Elfengestalt, was vielleicht dazu dienen mag, unsere Aufmerksamkeit zu erregen."

Da die Körper der Naturgeister aus formbarer Materie bestehen, besitzen sie die Fähigkeit, die Blumen mit ihren Gestalten und Formen zu überlagern. Manchmal identifiziert sich eine Blumenelfe mit ihrer Pflanze so stark, dass man sie kaum voneinander unterscheiden kann. Einige Garten- und Waldelfen nehmen blattförmige Hände und Füße an, und andere könnte man eher „Elfenblumen" als „Blumenelfen" nennen, wenn sie ihre Köpfe den Blumen angleichen, um die sie sich kümmern. Frau G. K. aus Kent lieferte folgendes Beispiel dazu:

„Eines Tages bot sich mir ein seltsamer und belustigender Anblick. Zwei Dreier- oder Viererreihen winziger Wesen, deren Köpfe wie Ringelblumen aussahen, marschierten rasch auf den Vorgarten des Nachbarhauses zu. Die neuen Mieter ließen vor kurzem den Garten umgraben, um ihn neu anzulegen. Wie ich es vorausgesehen hatte, wurde tatsächlich eine dichte Reihe von Ringelblumen rund um den Rasen gepflanzt."

Eustace Owen steuerte ein weiteres Beispiel bei. Er war damals elf oder zwölf Jahre alt und lebte in Lancashire.

„Ich lag im Bett, das Gesicht zur halboffenen Tür gewandt. Da ich nicht einschlafen konnte, dachte ich über den Tagesablauf nach (in dem keine Elfen vorkamen), als ich plötzlich überall um die Tür herum viele kleine Gänseblümchen-Gesichter sah, die mich neugierig anschauten und auslachten, obwohl ich nichts hörte. Einige Sekunden lang konnte ich sie ganz deutlich erkennen und ich fragte mich nicht, warum sie in meinem dunklen Schlafzimmer so klar zu sehen waren. Dann verschwanden sie, was ich bedauerte, denn ich hätte sie allzu gerne eingehender betrachtet. Ich hatte nur ihre von Blütenblättern eingerahmten Köpfchen gesehen, die sich um die Tür drängten."

An einem Frühlingsmorgen des Jahres 1948, gegen acht Uhr, bemerkte Frau Lloyd im Blumenbeet am Gartenweg etwas, das wie eine winzige Puppe aussah. Die kleine Gestalt besaß durchsichtige Flügel, von denen einer gebrochen zu sein schien. Frau Lloyd blieb mitfühlend stehen und wollte sie aufheben. Doch in diesem Augenblick verwandelte sich die Elfe in ein malvenfarbenes Blütenblatt.

„Ich bin von Natur aus eine Art religiöser Mystikerin", erklärte Frau Lloyd. „Derartige Dinge sind mir oft passiert. Während meiner frühen Kindheit in Wales konnte ich beinahe die Lichtwesen sehen (höhere Devas oder Engelwesen)."

E. Woodford-Grimes aus Hampshire berichtete von einem Erlebnis im Frühjahr 1938.

„Ich war krank gewesen und befand mich daher wohl in einem sehr aufnahmefähigen Zustand. Ich erholte mich im Hause von Ailsie Hall in Brockenhurst in New Forest. Oft gingen wir auf einer Waldlichtung spazieren. Da wir uns beide für Dichtkunst und Drama interessierten, sprachen wir über die historischen Theaterstücke von Shakespeare und bewunderten seine Geschicklichkeit, die Zeitperioden ineinanderzuschieben, ohne die Fakten zu verändern.

An einem sanften Abhang blieben wir plötzlich wie angewurzelt stehen und blickten einander an: „Siehst du, was ich sehe?“ fragte ich. „Blau gekleidete Elfen“, kam die Antwort. Sie standen nicht weit von uns entfernt, und wir beobachteten, wie sie rhythmisch nach der Musik tanzten, die wir zwar nicht hören konnten, wohl aber das sanfte Seufzen des Windes. Niemand außer uns schaute zu, auch kein Tier. Später erkannten wir, dass sie sicherlich rasch verschwunden wären, hätten wir versucht, uns ihnen zu nähern oder ein Geräusch gemacht. So aber war es uns vergönnt, sie einige Momente lang zu beobachten, bevor sie verblassten.“

Martha C. Smith lebte als Kind in Indiana in den Vereinigten Staaten. Im Garten gab es einen Kirschbaum, den sie besonders liebte und unter den sie sich gerne setzte. Dort sah sie dann den Zwergen zu, die sich manchmal sogar vor ihr verneigten. Sie beobachtete sie stundenlang und summte zu ihren Liedern. Wie so viele andere, die Elfen zu sehen vermochten, hielt man sie für seltsam und beschuldigte sie der Tagträumerei und Schwindelei.

Sie vergaß nie die schöne, golden aussehende Anführerin der Elfen, die von ihren Anhängern großen Respekt zu verlangen schien. Diese kleinen, in lebhaften Farben gekleideten Gestalten waren etwa dreissig Zentimeter groß und kamen und gingen im "Handumdrehen“.

„Jede Einzelheit ist heute ebenso klar wie damals“, begann Elsie Willetts aus Worcstershire in ihrem Brief, den sie 1955 schrieb. Dann erzählte sie ein Erlebnis von vor fast fünfzig Jahren, als sie zwölf Jahre alt war. Sie und ihre Freunde spielten Verstecken auf ihrer Lieblingslichtung. Sie sollte suchen, und als sie zu Ende gezählt hatte und sich schnell umdrehte, sah sie zwei Gestalten, die sich an dem Spiel zu beteiligen schienen. Sie schauten zu ihr empor und gingen in Deckung. Eine trug rosafarbene Kleidung, die andere blaue. Sie sahen „genauso aus wie die Elfen am Weihnachtsbaum“, besaßen aber die Größe eines achtjährigen Kindes. Die Freunde hatten nichts gesehen, und Frau Willetts war zu verzaubert, um etwas sagen zu können.

Vor vielen Jahren erhielt Thomas Shortreed Besuch von seinem Sohn und seiner Schwiegertochter aus Leicester. Am letzten Abend gingen Vater und

Sohn auf den Meigle Hügel. Es war „ein windstiller grauer Septemberabend, wolkenlos und nebelfrei". Als sie die Spitze erreicht hatten, betrachteten sie eine Weile die Landschaft ringsum und machten sich dann auf den Heimweg.

Nach einer kurzen Wegstrecke bemerkte Herr Shortreed überrascht, wie einige hundert Meter vor ihnen eine Gruppe langer, schlaksiger Gestalten den Weg von Nord nach Süd überquerten. Es schienen nur Köpfe, Arme und Beine zu sein, die sich keck auf und ab bewegten. Es mochten etwa zwanzig dieser glücklich dreinschauenden Gesellen gewesen sein. Der erste war zwei Meter lang, dann immer kleiner werdend, bis zu den letzten Gestalten, die etwa sechzig Zentimeter maßen. Zur Rechten lag ein Steinwall, und Herr Shortreed blieb stehen, um zu sehen, was wohl geschehen würde, wenn sie ihn erreichten. Aber die Gestalten schienen mit dem Wall zu verschmelzen. Er untersuchte die andere Seite, ohne eine Spur von ihnen zu entdecken. Daraufhin wandte er sich seinem Sohn zu und fragte: „Hast du das gesehen, Paul?" „Ich habe nichts gesehen", war die enttäuschende Antwort.

Einige Meter weiter lief ihnen eine andere Gruppe über den Weg, aber diese Figuren waren nicht ganz so groß und lebendig. Sie waren alle weiß und beeilten sich nicht, sondern tänzelten eher auf und ab. Auch dieses Mal konnte nur Herr Shortreed sie sehen.

Eleanor Laing aus Essex wanderte an einem Sommertag 1948 mit ihrer Freundin Freda Garrard durch den Epping Wald. Als sie eine Lichtung erreichten, ruhten sie sich eine Weile aus und begannen, über die sie umgebende Schönheit zu meditieren. Plötzlich bemerkte Frau Laing eine Bewegung am Fuße eines nahestehenden Baumes.

„Schau, Freda, Elfen!" wandte sie sich an ihre Freundin.

Diese aber konnte sie nicht sehen. Frau Laing zweifelte jedoch keinen Augenblick daran, dass sie selbst die Elfen wahrnahm. Sie waren zehn Zentimeter groß und besaßen weiße Flügel. Ihre Beine schienen sehr dünn zu sein. Sie hatten sich mit den Armen eingehakt und tanzten mit ungeheurer Geschwindigkeit um den Baum herum. Auch zwei Gnome in roten Mänteln und grünen Hosen, die bis kurz unters Knie reichten, fanden sich ein. Auf dem Kopf trugen sie einen kleinen Hut, der einer Eichel glich, und in der Hand hielten sie einen kleinen Rechen.

Einige Zeit später saß Frau Laing an einem stillen Platz im Garten ihrer Tante auf einem kleinen Hügel, den ein weites Feld von verschiedenfarbigem

Goldlack umgab. Dicht neben ihr wuchsen dicke Büschel von Vergissmeinnicht. Sie meditierte und entdeckte sehr bald auf ihrer Schuhspitze eine winzige Elfe sitzen, die ebenso blau erstrahlte wie das Vergissmeinnicht.

Ihr letztes Erlebnis dieser Art ereignete sich 1950. Auch dieses Mal wurde sie von ihrer Freundin Freda Garrard begleitet. Sie hatten sich auf einem Kirchhof auf einem Hügel niedergelassen, der einen herrlichen Rundblick bot. Nach kurzer Zeit wurde sie sich einer über einigen Blumen schwebenden Bewegung bewusst, die dort ganz in ihrer Nähe wuchsen. Bald erkannte sie ein formloses, malvenfarbenes Gebilde mit einem winzigen Wesen darin.

„Schau, Freda", wandte sie sich an ihre Freundin, „eine Elfe!" Aber wieder konnte diese nichts Ungewöhnliches sehen; und dann war die Elfe auch schon verschwunden.

„Vor ungefähr sechzig Jahren, als ich neun Jahre alt war", schrieb 1955 James O'Connor aus dem Distrikt Meath, „ging ich mit meiner Tante Alice Connell, die ihre Kuh gemolken hatte, die Cavan-Dublin Straße entlang nach Hause. Unterwegs kamen wir an einem dreieckigen, von einer Hecke umgebenen Feldstück vorbei. Ich blickte über das Gebüsch und sah einige Männer Fußball spielen. Ich hielt sie für ortsansässig, da sie einen Bart trugen, wie einige Männer aus der Stadt. Ihre Kopfbedeckung aber schien seltsam zu sein, obwohl ich nicht genau sagen kann, in welcher Weise. Meine Tante bemerkte sie nicht.

Obwohl die Zeit verstrich, gingen sie mir nicht aus dem Kopf. Erst viele Jahre später dämmerte es mir, wer sie eigentlich gewesen waren. Sie hatten in der Ecke des Platzes Fußball gespielt. Ich erkannte, dass es für einen erwachsenen Spieler unmöglich gewesen wäre, den Ball nicht ständig auf die Straße oder in das weite Feld zu schießen. Der Gedanke an diese Gestalten verfolgte mich so stark, dass ich glaubte, sie hätten mich verzaubert, was über vierzig Jahre lang anhielt.

Ich möchte noch hinzufügen, dass etwa ein Kilometer weiter, in Richtung Cavan, ein mit Farnkraut und Stechginster bewachsener Hügel liegt, den man den „Flickschuster-Hügel" nennt. Ich bin sicher, dass er den Namen erhalten hat, weil irgendjemand diese Leute Schuhe flicken sah."

S. Henshaw spielte als Sechsjähriger mit seiner Schwester im Garten eines Hauses in Ilkestone in Derbyshire. Des Spiels überdrüssig, schlug er vor, einen Holzklotz zur Seite zu rollen, der schon seit langem am Zaun gelegen hatte.

Als sie ihn wegzogen, kam eine seltsame Gestalt zum Vorschein, die ungefähr fünfzehn Zentimeter groß war und mit gespreizten Beinen über einem Erdloch mit einem Durchmesser von etwa siebeneinhalb Zentimetern stand. Es schien ein männliches Wesen zu sein. Es war völlig nackt, falls man das Zwiebelstück auf seinem Kopf nicht als Bekleidung rechnet. Bart und Haar, das hinten aus der „Kappe" quoll, war strohblond.

„Dieser Anblick erforderte eine Handlung", meinte Herr Henshaw, „und ich befahl meiner Schwester, eine Schere im Haus zu holen, damit ich den kleinen Mann mitten entzwei schneiden konnte. Ich erinnere mich, die Geduld zu verlieren, weil sie solange wegblieb und zur Haustür hinüberschaute. Als ich mich wieder der Stelle zuwandte, an der der Kobold gestanden hatte, war dieser verschwunden. Ich glaube, er hatte sich in den Birnbaum hinter dem Zaun verzogen.

Ich möchte mich nun nicht in logischen Erklärungen ergehen, da ich fast alles gelesen habe, was die moderne Psychologie dazu zu sagen hat. Tatsache ist, dass sich meine Schwester und ich immer noch sehr deutlich an diese Begebenheit erinnern, obwohl sie nun schon so viele Jahre zurückliegt."

Im Frühsommer 1956 lag Agnes A. Powley aus Petersborough in Northants wach im Bett und war versucht, aufzustehen und einen Blick in den mondbeschienen Garten zu werfen. Unmittelbar vor ihrem Schlafzimmerfenster standen ein großer Lindenbaum und nicht weit davon entfernt einige Büsche. Sobald sich ihre Augen an die helle Nacht gewöhnt hatten, bemerkte sie eine Anzahl kleiner Gegenstände von dem Baum zu den Büschen schwirren und diese umkreisen, wobei sie sich in der Luft berührten. Sie stand eine Weile still da und dachte darüber nach, wie das Mondlicht doch alles hübscher aussehen ließ. „Obwohl", schrieb sie in ihrem Brief, „es nur ein ganz gewöhnlicher Garten ist."

An Elfen dachte sie nicht, sondern hielt die Objekte eher für Motten, obgleich sie größer waren als diese und ihr Flug graziler. Sie trat näher an das Fenster heran, um besser sehen zu können, doch der Garten war augenblicklich leer. Erst dann dämmerte es ihr, dass es wohl Elfen gewesen waren.

Harriet P. Forster schrieb aus Kalifornien von einem Besuch in Irland. Der alte Bootsmann, der sie um die Bantry Bay zu rudern pflegte, konnte ganz deutlich die Zwerge sehen, wenn sie an der „Elfeninsel" vorbeikamen. Sie selbst konnte sie nicht sehen, aber sie erinnerte sich an einen Mann in

New York, der ihr erzählte, dass er immer „die lustigsten Kobolde" um sie herum bemerkte.

Ein achtjähriger Junge, mit dem sie viele glückliche Stunden in einem kleinen Elfenhaus verbrachte, das er im Dickicht unter einem Pinienbaum im Balboa Park in San Diego in Kalifornien gebaut hatte, besaß ebenfalls diese Fähigkeit. Er beschrieb ihr die reizenden kleinen Geschöpfe, die er um sie beide herum sehen konnte, besonders eines, das er „Funkelstern" nannte, da es aus lauter bunten Farben bestand und funkelte, wenn es sich bewegte.

Im Alter von neun Jahren verbrachte Gwyneth M.F. Tait mit ihrer Mutter und den beiden großen Brüdern die Ferien in Delamere Forest, einem bekannten Flecken in Cheshire.

Sie liebte es, sich alleine an den Waldrand zu stehlen. An jenem sonnigen Morgen spielte sie unter den Bäumen, die ihre Schatten auf eine sonnendurchflutete Lichtung warfen, als sie neben einem hohen Grasbüschel eine etwa fünf Zentimeter große, weiße, unbekleidete Gestalt mit durchsichtigen Flügeln sah. Später konnte sie sich nur noch an das blassgoldene Haar erinnern, nicht mehr an die Gesichtszüge. Es musste ein freundliches Wesen sein, denn sie fühlte sich keineswegs beunruhigt. Aufmerksam beobachtete sie die zierlichen Füße der Elfe, als sie von Grasnarbe zu Grasnarbe über den Waldrasen tanzte. Inzwischen war sie tiefer in den Wald gelangt, in einen Bereich, der ihr unbekannt war, doch als sie ihre kleine Führerin verlor, hatte sie keine Mühe, auf den vertrauten Pfad zurückzufinden.

Erst als Erwachsene besuchte Gwyneth Tait wieder Delamere, doch jener zauberhafte Anblick wiederholte sich nicht. Zweimal war es ihr jedoch möglich, eine Gruppe von Erwachsenen und Kindern, die sich in jenem Wald verlaufen hatten, sicher und zuversichtlich zur Hauptstraße zurückzuführen, obwohl sie selbst den Weg nicht kannte und ihr Kindheitserlebnis schon so lange zurücklag.

Bruce Glaister erzählte der Schwester von Ellen Jackson, deren eigenes Erlebnis an anderer Stelle dieses Buches aufgezeichnet ist, folgende Begebenheit. Er hatte (unerlaubt) das Gewehr seines Vaters genommen, um im Moor zu schießen. Als es Zeit wurde, nach Hause zu gehen, versteckte er es im Heidekraut, da er fürchtete, seinem Vater zu begegnen. Später wollte er das Gewehr holen, musste aber feststellen, dass es von Zwergen umringt war, die es neugierig untersuchten. Ängstlich rannte er nach Hause zurück und erzählte seiner Mutter davon. Diese aber war eine sehr religiöse und strenge Frau. Sie glaubte ihm nicht und bestrafte ihn, weil er ihrer Meinung nach log.

Ebenfalls von Jackson erfuhr ich, dass der Romanschriftsteller Halliwell Sutcliffe aus Yorkshire ihrem Bruder von Elfen erzählt hatte, die er oft bei seinen Streifzügen durch das Moor sah.

Mit drei Jahren pflegte Kinara Kestyn aus London in einem großen, sehr schönen Garten zu spielen, in dem es Elfen gab.

„Sie waren keine Besonderheit für mich in diesem Alter", schrieb sie. „Jeden Tag erlebte und erfuhr ich etwas Neues, und sie gehörten ganz einfach zu der Welt, die ich gerade entdeckte. Es waren winzige, entzückende, geflügelte und in Licht gebadete Geschöpfe, die mich nicht erschreckten. Sie gingen ihrer Arbeit nach, indem sie meistens recht glücklich von Blume zu Blume schwirrten und mich manchmal beobachteten. Wir haben nie miteinander gesprochen, trotzdem unterhielten wir uns irgendwie. Mir kam nie der Gedanke, sie zu berühren."

Ein anderes Mal, als Kinara sieben Jahre alt war, lag sie im Bett und sah recht deutlich mehrere pausbäckige kleine Wesen über ihr schweben. Obwohl sie keinen Ton vernahm, wusste sie, dass sie redeten und lachten, und sie lächelte zurück. Sie blieben längere Zeit dort oben und schauten sie prüfend an, dann verblassten sie einfach, oder aber sie schlief ein. Sie konnte sich nicht mehr erinnern.

„Es gab keinen Grund, mir diese Dinge vorzustellen", meinte sie. „Trotz der Hänseleien von Seiten meiner Schulkameraden und der Argumente der Erwachsenen bin ich heute noch davon überzeugt, dass das, was ich gesehen habe, wahr ist."

Als I. Cooper 1919 während seiner Stationierung in der Portobello Kaserne in Dublin eines Abends alleine auf die nicht weit entfernte Stadt zuging, sah er eine Elfe. Sie flog knapp einen Meter über dem Erdboden vor ihm her. Sie besaß die Größe einer normalen Frau, hatte jedoch Flügel und war ganz in Weiß gekleidet. Mit einem Male verschwand sie. Herr Cooper aber erschrak sehr und beschloss nach ein paar Metern, in die Kaserne zurückzukehren. Als er umdrehte, bemerkte er, dass die Elfe ihm gefolgt war und nun ebenfalls kehrtmachte und in einiger Entfernung wieder vor ihm herflog, bevor sie schließlich seinen Blicken entschwand. Trotz der schwachen Straßenbeleuchtung hatte er sie recht deutlich gesehen, was natürlich auf die lichte Erscheinung dieser Wesen zurückzuführen ist.

Zu jener Zeit gab es Schwierigkeiten mit den Leuten von Dublin, und man hatte die Soldaten gewarnt, sich nicht alleine von der Kaserne zu entfernen. Cooper wunderte sich, ob die Elfe vielleicht erschienen war, um ihn vor Gefahr zu schützen. Seither glaubte er jedenfalls an diese Geschöpfe.

Während des Zweiten Weltkrieges kehrte der Soldat P. O'Shea vom Urlaub zu seiner Truppe in Trawsfynudd in Nordwales zurück und kam gegen neun Uhr abends auf der Blaenau Festiniog Station an. Enttäuscht musste er feststellen, dass er den letzten Bus zu dem etwa zwanzig Kilometer entfernten Lager verpasst hatte, doch zwei Schullehrer waren so freundlich, ein Taxi zu mieten, das ihn über die Berge brachte. Es lag noch ein ziemlicher Weg vor ihm. Nachdem er eine Weile gegangen war, nahm ihn ein anderes Taxi bis zum Ende der Straße mit, die zu den Hütten führte. Er machte sich auf, die letzten Meter im Mondlicht zu Fuß zu gehen. Die ländliche Stille mutete ihn etwas unheimlich an, und es war bereits Mitternacht, als er sein Ziel erreichte.

Draußen auf dem Gras sah er einen Zwerg in gräulicher Jacke und Strumpfhosen. Die Jacke war vorne mit großen schwarzen Knöpfen geschlossen. Auf dem Kopf trug er einen runden Hut. Augen, Ohren und Mund des recht rundlichen Gesichts waren ziemlich groß. Die Arme in die Seiten gestemmt, stand er da und lachte über den Soldaten, der eiligst ins Haus strebte.

„Ich weiß, einige Leute mögen sagen, ich hätte getrunken oder das Ganze nur erfunden", meinte Herr O'Shea, „aber ich war völlig nüchtern, und als Großvater von zehn Enkelkindern glaube ich, die „Einbildungsphase" seit Jahren hinter mir gelassen zu haben.

H. F. Still erinnerte sich noch sehr lebhaft an ihre frühe Kindheit, in der sie gewöhnlich kurz vor dem Schlafengehen in ihrem Zuhause in Shirley Hills in Sussex spielte und an mehreren Sommerabenden Elfen sehen konnte. Sie beschrieb sie als Wesen von blasser, fast transparenter Farbe mit zarten, rosamalvenfarbenen Flügeln. Sie schrieb, dass sie die Elfen immer noch im Heidekraut tanzen sehen konnte, wenn sie an sie dachte.

Im August 1941 hielten sich Nora M. Best und Agnes Robson in dem Seengebiet Borrowdale auf. Eines Nachmittags wanderten sie auf dem Ponypfad von Rosthwaite nach Watendlath. Nach einer Tasse Tee auf der Farm beschlossen sie, auf dem Rückweg den in der Landkarte als "Dock Tarn" eingezeichneten Pfad einzuschlagen. Nach einer Weile bemerkten sie jedoch, dass sie sich von Schafsfährten hatten ablenken lassen und vom Wege abgekommen waren. Sie erreichten den Hügelkamm und sahen weit unten die Straße, die sie zu ihrem Hotel führte, aber von der Stelle, an der sie standen, gab es keinen Zugang.

Als sie noch darüber sprachen, was sie nun tun sollten, hörten sie plötzlich schrilles Kinderlachen und glaubten einige Meter unter ihnen vier oder fünf Kinder zu sehen, die sich um zwei oder drei ziemlich große Geröllblöcke gegenseitig nachliefen. Die beiden Frauen nahmen an, dass ein Pfad in der Nähe sein musste und gingen auf die Stelle zu, da sie erwarteten, eine Familie irgendwo hinter den Felsen anzutreffen. Doch als sie ankamen, war niemand dort. Trotz ihres Suchens und Rufens konnten sie nichts sehen noch hören, was sie mehr als verblüffte.

„Wir erkannten, dass es ein ungewöhnlicher Platz für Kinder war und sie sich auch versteckt haben konnten, da wir nur zwei oder drei Minuten, nachdem wir sie gesehen hatten, die Stelle erreichten.

Wir glaubten, wir hätten Kinder mit wehenden Haaren gesehen, denen allerdings etwas Seltsames anhaftete. Könnte es sein, dass wir damals Zwerge beim Spiel störten?"

James Alvey aus Nottingham lebte als Kind auf dem Lande. Da er die Natur liebte, wanderte er oft durch das Moor zu den entfernten Hügeln.

Bei einer dieser Wanderungen gelangte er an eine Lichtung, auf der einige Glockenblumen, ein oder zwei Holzapfelbäume und ein paar Gruppen von Fliegenpilzen standen. Dort sah er winzige Gestalten, die wie Gnome aussahen und sich eifrig mit ihrer Arbeit beschäftigten, die wohl rasch erledigt werden musste. Verblüfft blieb er stehen und beobachtete sie eine Weile, bis sie im Farnkraut, das die Lichtung umgab, zu verschwinden schienen.

Im Juli 1958 besuchte er mit einem Freund einen gemeinsamen Bekannten, dessen Haus in einem Dorf stand, das in einer ländlichen Gegend lag, die sich seit vierhundert Jahren kaum verändert hatte.

Sie stiegen aus dem Bus aus und gingen die Straße entlang auf den Einfahrtsweg zu, der zum Haupteingang des Hauses führte. Während sein Freund, der ein Stück vorausging, an der Tür klingelte, fühlte sich James von einigen Büschen und Bäumen im Garten angezogen. Als er innehielt und sie bewunderte, fiel sein Blick auf einen Lorbeerbaum, um den mindestens ein Dutzend

Kobolde und Elfen tanzten, denen die Fröhlichkeit auf dem Gesicht geschrieben stand.

In diesem Moment vernahm er die Stimme seines Freundes, der nach ihm rief, worauf die kleinen Gestalten eiligst davonstoben und jenen unvergesslichen Eindruck in ihm hinterließen.

Mary Allen aus Glasgow war siebzig Jahre alt, als sie mir schrieb, dass sie zwar viele Dinge mit ihren inneren Augen zu sehen vermochte, sie aber niemals ihre Erlebnisse mit den Elfen vergessen konnte.

Zum ersten Male nahm sie diese wahr, als sie mit neun Jahren auf der Insel Skye lebte. Sie spielte im Wald hinter dem Haus, wo sie einen Garten aus abgepflückten Blumen bildete und sich mitten hineinsetzte. In diesem Augenblick erschienen die Elfen. „Jene lieblichen Gestalten waren etwa acht Zentimeter groß", berichtete sie.

Später, in ihrem Haus in Glasgow, schälte sie gerade Kartoffeln, als eine azurblau gekleidete Elfe mit lichten Flügeln und einem goldenen Zauberstab zu ihr trat.

Ein anderes Mal erschien eine Elfe, als sie sich mit Freunden unterhielt; und dann wieder kurz nachdem sie ins Bett gegangen war. Diese Elfe besaß rosa Flügel, einen grünen Körper und einen Kopf, der einer kleinen Puppe glich.

In einer Vollmondnacht ging Amarilla Eastmond aus Gloucestershire durch den Garten, da sie sich bedrückt fühlte und alleine sein wollte.

In der Nähe des Gartens gab es einen eingezäunten, von großen Eichenbäumen umgebenen Wald. Als sie dort vorbeikam, nahmen ein paar funkelnde Regentropfen ihre Aufmerksamkeit gefangen, die noch auf dem Gras lagen. Dann bemerkte sie einen Schwall strahlend kleiner Formen vorbeischweben und zwischen den Bäumen tanzen.

„Ich schaute zum Wald hinüber", erzählte sie, „und einen Augenblick lang war alles dunkel. Doch dann schoss plötzlich ein Licht hervor, und eine Gruppe von leuchtenden Elfen tanzte herum. Wie eine Silberwolke schwebten sie vorbei und verschwanden dann."

Alles schien ein Traum zu sein, als hätten die Elfen etwas von ihrem Zauber zurückgelassen. Selbst die großen Bäume rührten sich nicht. Amarilla war außer sich vor Freude, und ihre Sorgen waren verflogen. Sie hatte sich wie in einem weit entfernten Land gefühlt, doch als die Elfen entschwunden waren, kehrte sie langsam zurück. Eine Wolke verhüllte den Mond, und alles versank wieder in Dunkelheit. Es war spät geworden, und sie lief freudig nach Hause.

Im Alter von acht oder neun Jahren folgte Carol George ihrer älteren Schwester in einen Stollen, der vom Hauptschacht der Sally Mine zum Strand von Porthtowan führte, als sie sich umschaute. In einem Seitengang, den eine Rolle Stacheldraht blockierte, sah sie eine Gruppe von etwa zehn bis fünfzehn Zentimeter großen Zwergen im Kreis stehen. Sie schienen weiße Kleidung zu tragen, anhand derer man Männlein und Weiblein unterscheiden konnte. Sie war im Begriff, ihre Schwester Jennifer darauf aufmerksam zu machen, als sie verschwanden.

Aber auch Jennifer hatte in der Abenddämmerung einmal eine Elfe in ihrem Schlafzimmer gesehen, die sie folgendermaßen beschrieb: „Etwa zwölf Zentimeter über dem Boden schwebte die ungefähr fünfzehn Zentimeter große Gestalt in einer Lichtblase dahin. Sie schien Flügel zu haben, bewegte diese aber nicht. Sie segelte zum offenen Fenster und verschwand."

Die damals elfjährige Jennifer „verspürte einen wunderbaren Frieden" in jenem Moment, an den sie sonst nicht gewöhnt war. Auch andere Leute, die Elfen wahrgenommen haben, haben diesen Frieden gefühlt, der solche Besuche mit sich bringt.

Die Elfen, die die Schriftstellerin Naomi Mitchison beschrieb, waren etwa sechzig Zentimeter lang und besaßen große Köpfe. Sie meinte, diese seltsamen, unentwickelten Kreaturen hätten „eher wie riesige Kaulquappen" ausgesehen, „die sich Hals über Kopf vorwärts bewegten".

Im Alter von zwölf Jahren sah sie die erste am Fuße einer Hecke auf irgendeiner Sumpfwiese in der Nähe von Oxford. „Damals bemühte sich Andrew Lang, meinen Blick für diese Wesen zu öffnen", berichtete sie.

Ungefähr elf Jahre später lag sie im Bett und stillte ihr Baby in einem Haus auf der Insel Wight, als sie ein ähnliches Geschöpf aus der einen in die andere Wand rennen sah. 1936 kehrte sie einmal von einer Konferenz zurück, als sie eine solche Gestalt auf den Hügeln über Brighton wahrnahm. Diese „flüchtigen Einblicke" beunruhigten sie nie, aber sie war doch jedesmal überrascht. „Es war wie zwei Nadellöcher in zwei Stücken Papier, die sich einen Augenblick lang übereinanderlagerten", meinte sie.

Sie erzählte mir auch von der Hauselfe der Campbells in Carradale. In einem hellen Badezimmer nahm sie gerade ihr Bad, als eine Elfe wie ein goldener Lichtstrahl durch das geschlossene Fenster herein und durch die geschlossene Tür wieder hinausflog.

Um bei dem Thema Badezimmer zu bleiben, möchte ich von einer lustigen Begebenheit erzählen, die meine Mutter Ellen Gertrud Johnson betraf. Eines Morgens kam sie verärgert vom Badezimmer die Treppe herunter. Sie sah sehr erschrocken aus. Auf meine Frage, was geschehen sei, antwortete sie eine Zeitlang nichts. Dann brach es aus ihr hervor: „Da war ein kleines neugieriges Gesicht, das durch das Fenster spähte."

„War es ein Vogel auf dem Fenstersims?"

„Nein!" kam die Antwort. „Ich weiß, was ein Vogel ist. Das war ein winziges Menschengesicht, das mich ganz neugierig anguckte."

Obwohl meine Mutter manchmal gewisse Dinge vorausahnte, hatte sie bis dahin noch keinen Naturgeist gesehen, und ich dachte, sie würde sich freuen. Statt dessen aber wies sie die Tatsache energisch zurück, dass selbst ein solch ätherisches Geschöpf wie eine Elfe sie beobachtet haben sollte, und sie sprach nie wieder davon.

Als ich Clara Reed, eine christliche Mystikerin, in Coventry in Warwickshire besuchte, erzählte sie mir von ihren vielen Erlebnissen mit Elfen, Engelwesen und den Naturgeistern, die sie oft im nahegelegenen Corley Wald gesehen hatte. Einige von ihnen liebten ganz besonders die Schlüsselblumen und Veilchen und trugen Kleider aus Blütenblättern. Andere waren mit einer Tunika aus Baumrinde bekleidet und schienen die Kastanienbäume zu bevorzugen. Sie hüpften besonders gerne in den Moosbetten herum und schienen sehr freundlich mit den Vögeln umzugehen.

Während ihres Aufenthalts in Carbis Bay in Cornwall sah Frau Reed sehr oft verschiedene Naturwesen. Eines von ihnen, ein kleiner Bursche, war in Braun und Grün gekleidet und trug einen Mantel und eine Kappe aus Blättern.

Sie hatte auch Wasserlilien-Elfen mit ihren hübschen Kleidern und Kopfbedeckungen aus Kelchblättern gesehen. Bei einer anderen Gelegenheit bemerkte sie einen seltsam ausschauenden Naturgeist, der teils Elf teils Vogel war. Das Geschöpf mit seinem grünen, putenhaften Körper stand aufrecht da; sein schnabelähnlicher Mund und die Füße leuchteten hellrot.

Ermattet und niedergeschlagen nach den langen Krankheiten ihres Mannes und ihrer Tochter wanderte sie einmal durch den Coventry Park, als ein

Elf ihr in einem Baumstumpf sein Reich zeigte. Mit ihren inneren Augen konnte sie erkennen, dass er aus Gedankenstoff eine recht gute Nachbildung eines modernen Hauses im Kleinformat geschaffen hatte, komplett mit Blumengarten und Rasen. Eine Elfenkatze lag ausgestreckt auf der Wiese. In der Nähe standen eine Gartenbank und ein kleiner runder Tisch, auf dem zwei Elfenvögel hockten. Der Elf selbst hatte eine sehr lange Nase, die fast wie ein Schnabel aussah, und seine Kleider bestanden aus Farnblättern und der Borke des Baumes.

Bisher war es mir selbst nur einmal vergönnt, flüchtig in das Innere eines Elfenzimmers zu blicken. Es lag unter einem unserer beiden Birkenbäume. Obwohl ich es nur momentan wahrnehmen konnte, erkannte ich Stühle, einen Tisch und einen Teppich und wohl auch einige winzige Bilder an der Wand. Dieses reizende Erlebnis glich eher dem Blick in ein Puppenhaus mit seinen Miniaturmöbeln und Ornamenten. Elfenmöbel jedoch, wie eine Kommode oder eine Anrichte, haben nicht immer ein Inneres, wenn die Vorstellungskraft der Elfen nicht so weit reicht. Doch abgesehen davon könnten wir das Elfenvolk fast beneiden, denn ihre gedanklich geschaffene Ausstattung kann je nach Laune augenblicklich geändert werden.

Ruth Johnson aus Nottingham hatte immer schon an Elfen geglaubt oder an das „Zwergenvolk", wie ihr Vater sie zu nennen pflegte. Sie sah diese Wesen oft in den Wäldern, an den Flüssen und ganz allgemein in der Natur. Als sie älter wurde und vom Land wegzog, nahm sie an, dass es sich bei ihren Kindheitserlebnissen nur um Einbildung gehandelt hatte.

„Doch ich blieb nicht bei dieser Meinung", erzählte sie mir, „denn Anfang 1939 bezogen mein Mann, die beiden kleinen Kinder und ich ein Haus, in dessen Garten es eine Quelle gab. Ganz in der Nähe lag ein wildgewachsener Bereich, und ich sagte: „Ich bin sicher, der gehört den Elfen."

Mein Mann beschloß, die Quelle zu verschönern und eine Grotte zu bauen. Also machten wir uns an die Arbeit, gruben ein tiefes, hufeisenförmiges Loch und gestalteten aus Felssteinen eine hübsche Grotte mit einem Teich in der Mitte und einem kleinen Wasserfall, der unter einer kleinen Steinbrücke in einen Strom floss. Auf der einen Seite bauten wir Stufen hinab, aber die Elfenseite ließen wir unberührt. Dieser Fleck musste in seiner natürlichen Schönheit belassen bleiben.

Als wir in die Grotte hinabstiegen, umfing uns tiefe Stille, und Friede und Zufriedenheit erfüllten uns alle. In diesem Augenblick war es mir gegeben, eine allerliebste kleine Elfe zu sehen. Sie war etwa zehn Zentimeter groß, mit einem makellosen Antlitz und einem kecken Gesichtsausdruck. Ihr Kleid glich einem Spinngewebe und ihre Flügel schienen aus einer pflanzlichen Substanz zu bestehen. Ich schaute fort und wieder hin. Sie war immer noch da. Dann sprach ich, und sie verschwand. Danach spürte ich oft die Gegenwart des Zwergenvolkes.

Später kamen die Kriegswirren, und das Material für die Bunker zum Schutz gegen die Luftangriffe wurde geliefert. Es lag mitten in der Wiese.

Nun mussten wir entscheiden, wohin wir ihn bauen wollten. Der einzige geeignete Platz war die Ecke der Elfen. Wir fragten die Zwerge um Erlaubnis, aber es entstand eine große Aufregung - und sie lehnten ab. Doch dann blieb uns nichts anderes übrig, als erneut anzufragen. Wir spürten, dass die Zwerge die Sache zunächst untereinander beraten wollten. Nach einer Weile erhielten wir die Erlaubnis, in ihrer Ecke zu bauen. Dort fühlten wir uns beschützt und getröstet.

Gegen Ende 1943 erfasste uns eine gewisse Unruhe, den Unterstand zu beseitigen, doch wir ließen uns Zeit, da wir glaubten, den Schutz zu benötigen, weil der Krieg noch nicht zu Ende war. Nach unserer Weigerung überfiel ein großes Unbehagen den Garten, das bis hinunter in unsere einst so friedliche Grotte reichte und zu einer gewissen Boshaftigkeit anschwoll. Es pflanzte sich bis zum Haus fort, und alles schien daneben zu gehen. Dann drang ich darauf, den Unterschlupf zu beseitigen und die Gartenecke wieder in ihre ursprüngliche Natürlichkeit zu verwandeln. Ich weiß, viele winzige Hände haben dabei geholfen, uns die Arbeit zu erleichtern. Wir stellten den Bereich wieder her und damit auch die Atmosphäre des Friedens und der Liebe. Schließlich sah ich die Elfe wieder. Sie lächelte mir mit einem tiefen Seufzer der Erleichterung zu.

Es sind tatsächlich lebendige Wesen mit unsagbarer Energie und Kraft, und obwohl wir manchmal Dinge tun, die ihre Feindseligkeit auslösen, werden sie immer Gutes mit Güte belohnen."

„Zeit meines Lebens bin ich hellsichtig gewesen", schrieb B. Leeson aus Malvern in Worcestershire. „Trotz zahlreicher Erlebnisse mit der unsichtbaren Welt, die unsere physische Existenz durchdringt, hatte ich zu meiner großen Enttäuschung nie eine Elfe gesehen, obwohl ich mir ziemlich sicher war, dass

Elfen die Seelen oder Geister der Blumen sind und sich gelegentlich Menschen mit hellsehenden Fähigkeiten zeigen.

An einem Herbsttag 1949 standen mein Mann und ich in unserem kleinen Garten neben einer Stechpalme und überlegten, ob wir sie abschneiden sollten, da sie zu groß wurde und sich zwischen den Steingarten und die Rosenpergola drängte. Außerdem machte es viel Arbeit, sie zu beschneiden. Wir beschlossen, sie am folgenden Tag zu beseitigen.

Wie gewöhnlich wachte ich am nächsten Morgen sehr früh auf und bemerkte an meinem Bett eine kleine Gestalt von durchsichtig grüner Farbe. Ich konnte sie nur bis zur Taille sehen, da sie dicht neben mir stand. Höchst überrascht fragte ich: „Wer bist du?" Die Antwort klang wie ein Seufzer oder eine sanfte Brise: „Holly"(Stechpalme). Die kleine Figur verblasste und war nicht mehr da.

Beim Frühstück erzählte ich meinem Mann davon, und er meinte sofort: „Nun, das klärt die Sache. Wir können nicht die einzige Elfe töten, die du jemals gesehen hast."

Die Stechpalme blieb also, statt dessen verlegten wir den Steingarten in den hinteren Gartenteil."

Daphne Charters, deren Buch "A True Fairy Tale" von Ursprung, Leben und Evolution der Elfen handelt, erzählte mir von einem ähnlichen Erlebnis im Zusammenhang mit einem Lorbeerbusch, der an einem Drahtzaun stand und recht kümmerlich wurde. Sie überlegte, ob es nicht besser sei, die Vorderseite, die unnötig weit in das Blumenbeet hineinragte, wegzuschneiden, damit er seitwärts wüchse, was zum Nachbargarten hin besser abschirmte. Sie unterbreitete diese Idee ihrem Gärtner, der einmal in der Woche kam und zog sich dann in den Wohnraum, dessen Balkontüren zum Garten hinaus führten, zurück, um Briefe zu schreiben. Mit einem Male fühlte sie, dass etwas nicht in Ordnung war, ohne zu wissen, was es war. Innerlich vernahm sie plötzlich eine Art Schreien und ging zum Fenster. Der Gärtner hackte gerade an dem Busch, dessen Spitze er bereits abgeschnitten hatte.

Sie rannte sofort hinaus, bat ihn innezuhalten und schickte ihn fort, um eine andere Arbeit zu verrichten. Unterdessen bemühte sie sich, die schreiende Elfe zu beruhigen, indem sie ihr versicherte, dass alles gut werden und der Busch wieder wachsen würde, da er sehr kräftig war. Die Elfe beruhigte sich schließlich, und Frau Charters besuchte den Lorbeerstrauch des öfteren, bis er sich wieder erholt hatte.

Ein weiteres Beispiel für das Entsetzen des Elfenvolkes, wenn in das Wachstum von Büschen und Bäumen eingegriffen wird, lieferte Claudia F. Renton aus Chipping Campden in Gloucestershire. Am Ende ihres Gartens hatte sie eine Anzahl blühender Büsche gepflanzt. Da diese nie beschnitten worden waren, wuchsen sie wild, bis sie einem winzigen Wald glichen. Eines Tages meinte ihr alter Gärtner: „Nun, wir könnten etwas mit dem Boden anfangen, wenn wir die Büsche ausgraben." Unglücklicherweise stimmte sie dem Vorschlag zu. Er buddelte die Sträucher also alle aus und ließ sie liegen.

Wie gewöhnlich trug Frau Renton am nächsten Nachmittag ihren Liegestuhl zu der Stelle, um sich auszuruhen. Es machte sie sehr traurig, die entwurzelten Sträucher liegen zu sehen, und sie bereute ihre Entscheidung zutiefst. Trotzdem blieb sie ungefähr eine Stunde und schlief eine Weile. Als sie ihre Augen öffnete, sah sie zu ihrer Überraschung viele kleine Gestalten in der Luft schweben.

„Ich hatte nie zuvor etwas Vergleichbares gesehen", gestand sie, „und ich konnte es nicht fassen. Zu Dutzenden flogen sie in alle Richtungen und um mich herum. Ich verfolgte ihren Flug mit den Augen. Einige drehten sich im Kreis und landeten auf meiner Schulter, meinem Arm und meiner Hand. Instinktiv wusste ich, dass es Elfen waren, die durch das Ausreißen der Büsche gestört worden waren. Ich konnte ihre kleinen luftigen Elfenflügel mit den Adern, die sie haarfein durchliefen und ihre rundlichen Köpfchen, die wie schwarze Punkte aussahen, deutlich erkennen. Im Durchschnitt waren sie knapp drei Zentimeter groß, manche sogar kleiner."

Frau Renton beobachtete sie eine Zeitlang und fuhr dann nach Gloucestershire und Sutton Coldfield, um ihre Enkelkinder zu holen. Am nächsten Tag saßen sie alle an derselben Stelle im Garten. Frau Renton konnte die Elfen, die weniger geworden waren, sehen. Ihren Enkelkindern aber blieben sie zu ihrer großen Überraschung verborgen, obwohl sie auf eine Elfe hinwies und meinte: „Schau, sie schwebt um meinen Arm und ist nun auf meiner Schulter."

Nach einigen Tagen verschwanden die winzigen Wesen, und nur gelegentlich vermochte sie später die eine oder andere noch zu sehen.

Dorothy J. Hancock aus Walthamstow in London war in ihren Zwanzigern, als die Familie ein neues Haus bezog, das neben anderen auf ein uraltes Anwesen gebaut worden war, auf dem einst ein Obstgarten stand. Ihr Vater hatte einen hübschen Rasen und einen Steingarten angelegt. Als sie sich an einem strahlenden Tag sonnte, bemerkte sie zwischen den Blumen im Beet nahe ihrem Kopf eine Bewegung. Sie verhielt sich ganz still und bewegte nur die Augen. Da sah sie zu ihrer Begeisterung verschiedene, etwa acht Zentimeter große Zwerge. Sie sangen, und sie erkannte dasselbe musikalische Lachen, das sie seinerzeit als Kind in ihrem Schlafzimmer gehört hatte. Sie schienen eine Art Spiel zu spielen, und ihre Lieblingsblume war der Fingerhut. Sie konnte nicht widerstehen, sich ein wenig aufzurichten, um sie näher zu betrachten, doch sie erschreckten sich und verschwanden.

Zehn Jahre waren vergangen. Sie hatte geheiratet und war einige Kilometer weiter in ein Haus mit einem kleineren Garten und einer Wiese gezogen. Ihr Mann legte einen Steingarten und einen Teich an. An einem heißen Sonnentag beschloß er, den Steingarten zu verändern. Während er daran arbeitete, bemerkte Frau Hancock einen kleinen alten Burschen, der genau ihrer Vorstellung von einem Gnom entsprach. Der runzelige Geselle war ungefähr zwölf Zentimeter groß und wohl sehr alt. Seine grüne Kleidung schien aus derselben Substanz zu bestehen wie die Pflanzen, denn sie war feucht, als ob Moos oder Tau darauf lag. Er blickte recht ärgerlich und unwirsch drein und brummte vor sich hin. Ihr Mann musste wohl irgendeine Einrichtung der Zwerge durchkreuzt haben, und sie erzählte ihm, was sie gesehen hatte. Da er von ihren anderen Erlebnissen wusste, beschloss er, alles wieder so anzuordnen, wie es gewesen war und meinte nur: „Wenn sie es so wollen, dann gehört es ihnen." Der Gnom beobachtete die Wiederherstellung des Steingartens in seine frühere Form und verschwand unter ihm. Es trat eine große Ruhe ein."

Sie erzählte mir von den vielen Wildvögeln, die in ihren Garten kommen, der voller Moschus, Stiefmütterchen, Akelei und vielen anderen Blumen steht. Der kleine Steingarten besteht zum größten Teil aus Pflanzen, die ihr von Freunden geschenkt worden waren. Der Apfelbaum trägt reiche Ernte, und der doppelte weiße Flieder entwickelte sich aus einem weggeworfenen Ast. In dem kleinen Teich leben Frösche, Wassermolche und eine alte Kröte. „Alles dreht sich also um die Elfen", meinte sie.

John G. Pettman aus Monmouthshire sandte den folgenden Bericht, der eher makaber klingt, vergleicht man ihn mit den anderen Berichten in diesem Buch, doch da es sich um ein echtes Erlebnis handelte, das ihm im Alter von zwölf oder vierzehn Jahren widerfuhr, möchte ich es dennoch wiedergeben.

Er schrieb: „Ich war der langen Augustferien überdrüssig geworden und beschloß, eine Tageswanderung zu unternehmen. Ich hatte ein wenig Proviant in meine Tasche gepackt und wanderte ohne besonderes Ziel die Straße entlang, die gen Norden führte. Später fand ich heraus, dass ich bis Dowlais gekommen war. Die ländliche Gegend ging in eine Moorlandschaft über, und Häuser und Menschen wurden immer weniger.

Als ich an einer heruntergekommenen Ziegelei vorbeikam, fühlte ich mich irgendwie veranlasst, über die Schulter zu blicken. Da sah ich in hellem Tageslicht in nicht allzu weiter Entfernung einen etwa dreissig Zentimeter großen, in Rot gekleideten Mann auf dem Weg hinter mir herrennen und anscheinend drohend mit den Armen fuchteln. Was mir heute, nach dreiundzwanzig Jahren, noch deutlich vor Augen steht, ist, dass er wie ein Wahnsinniger aussah mit seinem glänzenden, tiefroten Gesicht. Da ich ein ängstliches Kind war, begann ich zu laufen. Nach einer Weile schaute ich mich noch einmal um, aber es war nichts mehr zu sehen.

Ich erreichte das nächste Haus und bat, hineinkommen zu dürfen. Als man mich nach dem Grund fragte, erzählte ich ihnen meine Geschichte. Aber sie schauten mich nur mit einer Mischung aus Verwunderung, Mitleid und Unverständnis an, was heute noch der Fall ist, wenn ich davon erzähle.

Ich fragte, ob man von irgendwelchen Zwergen in der Gegend wusste, doch man schüttelte nur den Kopf, und ich glaube, sie waren froh, als ich endlich ging."

Ein solch extremer Ärger in einem Naturgeist ist eigentlich ungewöhnlich. Vielleicht hatte der Junge unbewusst auf ein winziges Wesen oder eine Pflanze getreten, worum sich der Zwerg ganz besonders sorgfältig und liebevoll gekümmert hatte. Für ihn musste dann der durch menschliche Unachtsamkeit verursachte Verlust eine außergewöhnlich große Tragödie gewesen sein.

Der ehemalige Busfahrer Gordon Harte aus Irland schrieb, dass in einer abgelegenen Gegend der Bus eines Tages nicht anspringen wollte. Alle Fahrgäste waren bereits ausgestiegen, und er war ganz alleine, da sein Schaffner Hilfe holen ging.

Während er in der Nähe seines Busses wartete, vernahm er mit einem Male Stimmen, die er für weit entfernt hielt, bis hinter einigen Büschen zwei dreissig Zentimeter große Zwerge hervorkamen und ihm erklärten, dass die Batterieführung lose sei, was tatsächlich stimmte. Dann unterhielten sie sich noch über allerlei Dinge, „was in ihren Ohren recht verrückt klingen würde, wollte ich es ihnen erzählen", schrieb er in seinem Brief.

Sein Schaffner berichtete von einer anderen Begebenheit mit ihm. Sie kehrten von einer Fahrt in eine sehr einsame Gegend im Bezirk Sligo zurück. Da sie früh dran waren und nicht vor sieben Uhr abends losfahren wollten, wartete Herr Harte draußen neben der Autobustür. In diesem Moment schossen zwei Hasen aus einem Busch hervor, unmittelbar gefolgt von dem kleinsten Mädchen, das er jemals im Leben gesehen hatte. Sie war knapp fünfundzwanzig Zentimeter groß, und er traute seinen Augen nicht. Als er die Stimme wiederfand, rief er nach dem Schaffner, der hinter dem Bus saß. Sie durchsuchten die Büsche und sahen sie dann auf einer Grasnarbe sitzen. Doch als sie diese erreichten, war sie verschwunden.

Der Großvater von Herrn Harte brach sich als junger Mann das Bein, als er in dieser Gegend einmal versuchte, über den Bach zu springen. Bis zu seinem Tode behauptete er, dass die Elfen ihm ans Ufer geholfen und vor dem Ertrinken gerettet hatten. Unterdessen wurde seiner Frau „gesagt", dass sich ihr Mann in Schwierigkeiten befand. Sie verließ das Haus gegen vier Uhr morgens und ging zum Fluss, wo sie ihn in großen Schmerzen liegen sah. Mit Hilfe der Nachbarn wurde er nach Hause gebracht.

„In diesem Teil Irlands haben sich viele merkwürdige Dinge ereignet", meinte Herr Harte. „Meine Mutter erzählt uns heute noch seltsame Geschichten von Elfen."

Quentin Craufurd führte in seinem Garten einige Experimente mit den Elfen durch. Er bat sie, einige Pflanzen, die nicht blühen wollten, zum Blühen zu bringen, was sie auch tatsächlich bewerkstelligten. Anscheinend aus Scherz erfüllten sie das Haus mit dem Duft von frischen Blumen.

Sicherlich haben viele Menschen solche Blumendüfte wahrgenommen und geglaubt, dass ihre verstorbenen Lieben diese vorbeischickten. In einigen Fällen trifft dies auch zu, aber ich glaube, die Naturgeister spielen eine wesentliche Rolle bei der Schaffung von Düften.

In diesem Zusammenhang möchte ich eine rührende Begebenheit mit meiner Mutter erwähnen, die sich gerade von einer ernsthaften Krankheit erholte und zum ersten Mal die Treppe herunterkam. Meine Schwester und ich wollten sie nicht alleine lassen, sie aber bestand darauf, dass wir ihre Freundin besuchten, die in der Nachbarschaft wohnte und ebenfalls krank gewesen war.

Als wir ihr Haus betraten, bewunderte ich einen großen Tulpenstrauß, der auf dem Tisch stand.

„Ja, sie sind hübsch", meinte Frau S. „ich möchte, dass ihr sie eurer Mutter bringt. Aber leider duften sie nicht."

Ich steckte meine Nase in die Blüten und musste ihr zustimmen. Nur ein schwach bitterer Geruch kam mir entgegen.

Wir nahmen die Blumen mit nach Hause, aber es stimmte uns traurig, dass unsere Mutter wegen ihres schwachen Augenlichts nur wenig von ihrer Schönheit sehen konnte.

Mir war bekannt, dass die Blumenelfen so lange bei ihren Schützlingen bleiben, bis diese verwelken, gleichgültig ob im Garten oder im Haus. Während ich die Tulpen in eine Vase stellte, wünschte ich mir innig, dass ihre Elfen ihnen um meiner Mutter willen einen lieblichen Duft verleihen mochten. Ich trug die Blumen in den Raum, in dem sie saß und beschrieb ihre wunderschönen Farben und fügte hinzu, dass sie leider nicht dufteten.

Meine Schwester und ich setzten uns zu ihr, um uns ein wenig zu unterhalten, als wir einen ganz außergewöhnlichen Duft wahrnahmen, der den Tulpen entströmte. Meine Mutter schnupperte und rief entzückt aus: „Warum habt ihr gesagt, sie duften nicht, es ist doch himmlisch? Riecht ihr es nicht?"

Natürlich nahmen wir diese Mischung aus Goldlack, Geißblatt und Lindenblüte wahr. Wir wurden sehr still, und ich dankte in Gedanken den Elfen, die meine Mutter so glücklich gemacht hatten.

In ihrem Buch "The Elfin Oak of Kensington Gardens" schrieb Elsie Innes, dass ihr Mann dort in den Eichen das Elfenvolk spielen sah. Mit Meißel und Farbe versuchte er, ihre Gestalten nachzubilden, was zu seiner bekannten „Griglan" Kunst führte.

In den Fitzroy Gärten in Melbourne in Australien steht eine Eiche, die im Feuer brannte und auf deren totem Baumstamm die berühmte Bildhauerin Ola Cohn später Elfen und Tiere eingravierte. Seit sie als Studentin in einer Traumvision einen Elf gesehen hatte, glaubte sie fest an diese Geschöpfe.

Thomas Wignall, der damals der Nähe des Snaefell Berges lebte, erhaschte an einem Sonntagabend im September 1944 einen flüchtigen Blick auf die Elfen. Er hatte beschlossen, über die alten Bleiminen zum Gipfel zu wandern und auf dem Rückweg die alte Grubenbahnfährte zu nehmen.

„Da auf den Inseln die Kneipen Sonntags geschlossen sind, konnte ich mein Erlebnis nicht auf zu viele Glas Bier zurückführen“, meinte er in seinem Brief.

Es begann zu dämmern, und er befand sich gerade auf halbem Wege zurück ins Dorf, als er Musik vor ihm aus dem Tal emporsteigen hörte. Sie schien immer direkt vor ihm zu sein, bis er die letzte Biegung erreichte und die Lichter des Dorfes sehen konnte. Da bemerkte er die "Sonderlinge“, wie er sie nannte, die auf den Lichtungen zwischen dem Stechginster und dem Heidekraut tanzten und tollten.

„Ich war sehr erschrocken“, fuhr er fort, „und beeilte mich, die anheimelnden Lichter von Laxey zu erreichen. Ich erzählte meiner Vermieterin von dem Vorfall, und diese meinte, ich hätte Glück gehabt, ihnen zu entwischen, da es nicht immer freundliche Gesellen seien. Soweit ich erkennen konnte, mussten es hundert oder sogar noch mehr um die dreissig Zentimeter große Elfen gewesen sein. Ihre weiße Kleidung ließ sie gut in der einfallenden Dunkelheit erkennen.“

Der englische Mystiker W. Tudor Pole, der sich als Werkzeug des Erzengels Michael verstand, besaß eine enge und bewusste Beziehung zu den inneren Welten und jenen Lichtkräften, die der Menschheit dienen.

Es dürfte vielen bekannt sein, dass er 1958 den "Chalice Well and Spring“ in Glastonbury und die umliegenden Gärten und Obsthaine kaufte. Mit Hilfe von Freunden schuf er den "Chalice Well Trust“. Es folgt ein Auszug aus seinem Brief, den er mir 1961 schrieb.

„In diesem Sommer wimmelten unsere Gärten von Elfen, Luft- und Wassergeistern. Ich wünschte nur, man hätte sie photographieren können. Wir beabsichtigen, aus unserem Zentrum eine echte Oase des Friedens und der Inspiration zu schaffen, für unsere Naturfreunde ebenso wie für Pilger, die ihren Weg von überall hierher finden.“

In einem früheren Brief bemerkte er: „Der Mensch sollte sich nicht nur bemühen, Frieden mit seinen Mitmenschen zu schließen, sondern auch mit den sogenannten drei niederen Naturreichen, wenn er die freundliche Zusammenarbeit mit Elfen, Elementalen und Zwergen wünscht. Vivisektion und die Schrecken unserer Schlachthäuser haben eine tragische Schranke zwischen den Menschen und den Elfen und Zwergen des Tier-, Pflanzen- und Mineralreichs errichtet. Wann werden wir uns bessern? Solange wir Menschen nicht lernen, uns besser zu verhalten, können wir nichts anderes erwarten, als von den inneren Welten der Natur und ihren Bewohnern abweisend behandelt zu werden. Diesen Punkt sollte man in allen Schriften zu diesem Thema nachdrücklich hervorheben.

Iris W. Ratsey hat seit ihrer Kindheit Elfen unter den sonderbarsten Umständen gesehen. Vor einigen Jahren lebte sie zusammen mit einer Freundin in einem Haus in der Nähe von Heathfield in Sussex, das sich seither leider sehr verändert hat.

„Zu diesem Haus gehörte ein echter Elfenwald", schrieb sie, „und an Sommerabenden konnte man beobachten, wie die Elfen die Löcher bestimmter Baumstämme erleuchteten und zwischen den Bäumen hin und her flogen. In den Seen und Flüssen gab es auch Undinen."

In ihrem Buch "Pioneering" beschreibt Frau Ratsey einen vollständigen Elfen-Lebenszyklus.

C. W. Leadbeater pflegte von einer kleinen, bewaldeten Insel in einem Fluss bei der Theosophischen Zentrale in Adyar zu erzählen, wo sich die Naturgeister ganz besonders gerne einfanden. Krishnamurti und er schwammen jeden Tag im See. Wenn sie zurückkamen, verweilten sie oft, um die Elfen bei ihrem Spiel zu beobachten.

Die ehemalige Hauptsekretärin der Theosophischen Gesellschaft in Australien und Südafrika gab zahlreiche Vorträge im Radio, von denen einer den Titel trug: „Glauben sie an Elfen?" Sie erhielt daraufhin zwei Briefe. Einer stammte von einer Frau, die Blumenelfen in ihrem Garten sehen konnte, deren hauchdünne Flügel dieselbe Farbe hatten wie die Blumen, um die sie sich kümmerte.

Der andere Brief kam von einer Frau, die von einem Bach am Ende ihres Gartens schrieb, an dessen Ufern sie eines Tages Frauenhaar pflücken wollte, aber davon Abstand nahm, als sie einen verhutzelten alten Gnom mit einer roten Mütze bemerkte, der recht ärgerlich mit ihr war, dass sie den Farn berührte. Einige Wochen später saß sie am Fenster und flickte Strümpfe, als sie denselben Gnom auf dem Rasen erblickte, der sie herbeiwinkte. Sie ging nach draußen. Er führte sie zum Bach, und mit einer einladenden Geste erlaubte er ihr nun, den Farn zu pflücken.

Als Frank Delaney im Dezember 1979 in der BBC mit Dr. Katherine M. Briggs Bücher über Volksbräuche diskutierte, brachte er den Mut auf, einzugestehen, dass er selbst als Junge in Irland Elfen unter einem Baum hatte tanzen gesehen.

Einige Leser erinnern sich vielleicht noch an den ersten BBC Discjockey Christopher Stone, der im Jahre 1927 Platten auflegte. Seine Schwester Faith Compton Mackenzie erzählte in ihrer Autobiographie, dass es sie und ihren Bruder keineswegs überraschte, in Großmutters Garten in Walditch in Dorset Zwerge zu sehen. „Mein Bruder Christopher wird das bestätigen", schreibt sie.

Außer einem "Feuergeist" und einer "Waldelfe", von denen später die Rede ist, hat Gwen Cripps auch „zarte kleine Geschöpfe in allen Regenbogenfarben gesehen. Sie drehen sich mit ungeheuerlicher Geschwindigkeit im Kreise, und am Höhepunkt angelangt verschwinden sie. Sie nahm diese winzigen Wesen oft auf der inneren Ebene während des Schlafes bei ihrer astralen Tätigkeit wahr, bemerkte aber, dass nicht alle Bewohner der Astralwelt (die sogenannten Toten) sie sehen können. Einmal beobachtete sie die Art der Naturgeister, die Kolibris gleichen, aber nur die violettfarbenen.

„Im physischen Bewusstsein sehe ich bloß die Lichter, nicht aber die Gestalten der Elfen", erzählte sie mir. „Auf der Astralebene muss man sehr vorsichtig sein, die Phantasieformen von Gnomen und anderen Wesen von den Gedankenformen der Experimentierenden zu unterscheiden.

Leider kann man im Astralbereich nicht immer mit schönen Dingen arbeiten. Wenn man dient, muss man die eigenen Gefühle ausschalten. Ich beschäftige mich mit Sex- und Drogenabhängigen. In diesen unglücklichen Existenzebenen (den nieder-astralen) findet man keine Naturgeister."

Sie hörte nicht auf, sich über ihre Astralerfahrungen zu wundern und meinte: „Die absolute Sicherheit eines Überlebens, die ich dadurch gewonnen habe, macht mich sehr bescheiden und dankbar."

Jean Dart aus Devon sandte mir die folgende Beschreibung einer Elfenprozession, die sie gesehen hatte, sowie eine Botschaft, die sie dabei erhielt.

„Ich hielt mich im Hause meiner Freunde Burnham und Mac in London auf. Als sie in die Stadt fahren mussten, bot ich mich an, auf ihre alte Tante, die bei ihnen wohnte, aufzupassen. Sie hatte sich nach dem Mittagessen hingelegt und war eingeschlafen. Da beschloss ich, durch den Garten zu schlendern.

„Ich stand am Bach, der unterhalb des Hauses fließt und musste genau hinhorchen, um die Kirchenglocken zu hören. Es erinnerte mich an die Sonntagmorgende meiner Kindheit.

Dann vernahm ich ein tiefes Summen, das dem Klang der Erde glich. Ein etwas höherer Ton folgte. Immer lauter werdend, wiederholte es sich einige Minuten lang, bis ich eine Elfenprozession erblickte.

Die Männer, die sie anführten, gingen paarweise, ebenso die Frauen, die ihnen folgten. Elfen hatte ich mir eigentlich anders vorgestellt, hauchzart und mit Flügeln. Alle in Landfarben gekleidet, glichen sie eher Bauersleuten, hatten aber schöne Gesichter.

Der Anführer trug mit beiden Händen einen Kelch, aus dem regenbogenfarbene Bläschen emporstiegen, genau wie beim Champagner. Die Elfen bildeten einen Kreis um mich, und der Elf hob den Kelch empor, so dass ich hineinschauen konnte. Darin sah ich unsere vollkommene Welt, und er sprach die Worte: „So könnte und sollte eure Welt aussehen. Bleibt stark in Herz und Geist, und es wird geschehen. Es wird viele Jahre dauern. Viele sind schon auf dem rechten Weg, suchen und bemühen sich, die Fehler der Vergangenheit wieder gutzumachen, damit es so werde."

Mit diesen Worden verließen mich die kleinen Geschöpfe, doch nicht ohne mir zuvor zu versichern, dass wir uns wieder begegnen würden."

Der nächste Bericht stammt aus dem Büchlein "Charmed Magic Casements" von „Nesta des Waldes", das sie mir freundlicherweise zukommen ließ und mir erlaubte, daraus zu zitieren.

„Meine einsame Kindheit verbrachte ich im Wye Tal. Ich war ein ängstliches, sonderbares Kind, aufgezogen von sehr strengen, ältlichen Verwandten, weit weg von meinen Brüdern und Schwestern. Während der ganzen Woche sprach ich mit keinem anderen Kind, und meine einzige Freude bestand darin, in den Garten und den nahen Wald gehen zu dürfen.

Ich lernte, die Wälder zu lieben, daher auch mein Name. Zwischen den Blättern und Bäumen verlor die Einsamkeit ihre Schrecken. Wenn ich in die Teiche und Bäche schaute, sah ich die Bilder von Dingen, die morgen geschehen würden (der Beginn von Hellsichtigkeit).

Dort pflegte das Zwergenvolk zu erscheinen und mit mir zu spielen, endlich kein gewöhnliches Kinderspiel mehr. Sie sprachen einfach mit mir. Tief in den dunstig blauen Himmel schauend, musste ich bis Sieben zählen, gerade wie beim Versteckspiel, und wenn ich fertig war, standen die Zwerge neben mir.

Ich erinnere mich noch sehr deutlich daran, als Kind auf einer Haustürstufe in Crepstow zu sitzen und die wunderschön gekleideten kleinen Damen die gepflasterte Straße hinauf tänzeln zu sehen. Es regnete in Strömen, aber ihre farbigen Kleider waren frisch und trocken, und ihre großen zarten Flügel schienen alle Regenbogenfarben in sich zu bergen. Ich lief nach drinnen, um meine Tante zu holen, damit auch sie es sehen konnte, doch sie waren verschwunden. Seither habe ich oft an diesen seltsamen Anblick mitten in der Stadt gedacht. Ich habe nach Erklärungen gesucht, aber nichts kann die Dinge wirklich weg erklären.

Seit ich in der Nähe von New Forest wohne, habe ich zweimal Elfen gesehen. Einmal begegnete ich einer, als ich über eine Lichtung bei Lyndhurst ging, und was ich sah, war weder ein Schmetterling, eine Blume oder irgend etwas anderes Lebendiges. Das kleine Geschöpf verhielt sich ganz still, so wie ein Rotkehlchen oder ein Spatz, der an Vorübergehende gewöhnt ist. Dann flatterte es ins Nichts davon. Es war die gleiche Art, wie ich sie in meiner Kindheit zu sehen pflegte, meine liebliche "Lady mit den strahlenden Flügeln", nur dass sie mir heute viel kleiner erschien.

Das nächste Mal sah ich eine Elfe in Dorset. Wir wanderten einen zauberhaften Feldweg mit einer Fülle von Blumen und Kräutern hinab, die ich unter ihrem traditionellen Volksnamen kannte. Plötzlich blieb ich stehen. Direkt vor meinen Augen schwebte ein seltsames kleines Geschöpf, das ich zunächst für eine Blume hielt und noch nie zuvor gesehen hatte. Es schien eher männlichen als weiblichen Geschlechts zu sein, ein Pwca oder Gwblyn, wie wir sie in Wales nennen, von denen ich in meiner Kindheit oft gehört, die ich aber noch nie gesehen hatte. Mir ist nie mehr eine ähnliche Kreatur begegnet, aber sie war da, und ich habe es nicht geträumt.

Später im Bus fragte ich eine alte Frau aus Dorset nach dem Namen des Ortes. Zu meiner großen Freude antwortete sie in ihrem breiten Dorset Dialekt, dass ich wohl „drüben bei Puncknole" meinte. Für mich klang das sehr nach „Puck Hole". Hatten vielleicht andere Leute aus Dorset vor mir den Kobold dort gesehen?"

Winifred Spilsbury aus Sheffield hatte Krokuszwiebeln gekauft, die eindeutig als „goldfarben" etikettiert waren und die sie im Oktober 1955 am Haus entlang pflanzte. Einige Zeit später, als sie gerade in der Wohnung beschäftigt war, bemerkte sie draußen ein dunkelhaariges Mädchen, das ein leuchtendes, lavendelfarbenes Gewand trug, das ihre Figur wie die Blütenblätter eines Krokus umfing. Der Zauberstab, den sie in der Hand hielt, war ohne Stern und glich einem silbernen Weidenstock. Ein winziger Junge mit fleischfarbenen Flügeln begleitete sie. Er schien in einem Strom tief blauen Wassers zu planschen und auf rotgoldenem Sand zu stehen. Die weibliche Gestalt nahm keine Notiz von Frau Spilsbury und verblasste nach einigen Augenblicken.

„Nun, wenn jene Krokusse lavendelblau blühen werden anstatt golden, dann glaube ich, dass sie es sein wird, die sich um ihr Wachstum kümmert", schrieb Frau Spilsbury.

Anfang Februar des nächsten Jahres lagen die Zwiebeln noch unter tiefem Schnee, doch am Tag des Hl. David erblühte der erste Krokus und ein zweiter neben ihm war in der Knospe. Tatsächlich, nicht nur diese beiden, sondern auch alle folgenden waren lavendelblau wie das Gewand der Elfe, und Frau Spilsbury sandte mir ein Blütenblatt, das von einer der voll aufgeblühten Blumen abgefallen war.

Vielleicht hatte man die Zwiebeln mit dem falschen Etikett versehen, doch das spielt keine Rolle. Wesentlich ist, dass die Elfe die Farbe im Voraus verkündete, noch bevor die Krokusse blühten. Nirgendwo in Frau Spilburys Garten tauchte ein goldener Krokus auf.

Meine Schwester machte eine ähnliche Erfahrung, aber in ihrem Falle erschien der Naturgeist in der entsprechenden Farbe erst nachdem die Blumen blühten. Im Garten ihrer Freundin in Nottingham hatte sie einige gelbe Krokusse gesehen. Später im Jahr war sie dabei, als die Freundin einige Zwiebeln ausgrub und ihr mitgab, um sie in unserem Garten zu pflanzen.

Im Frühling, als die Krokusse herauskamen, war weit und breit kein einziger gelber dabei, sie waren alle weiß. Meine Schwester bemerkte einen in Weiß gekleideten Gnom, der hinter ihnen lief. Am letzten Märztag erhaschte sie noch einmal einen flüchtigen Blick von ihm, und auch dieses Mal rannte er in die Nähe der weißen Blumen.

Im Januar des folgenden Jahres sah sie ihn wieder, und im März bemerkte sie, wie er von der einen Seite des Gartens zur anderen flog; seine Flügel waren ungefähr dreizehn Zentimeter lang.

An einem Junitag desselben Jahres schaute ich aus dem Fenster und sah meine Schwester durch den Garten gehen, als ich eine kleine, weiße, halbdurchsichtige Figur (wahrscheinlich derselbe Gnom) neben ihr schweben sah.

Er schien sich sehr für sie zu interessieren. Einmal kam er sogar ins Haus, denn ich bemerkte ihn auf dem Treppenabsatz stehen, als sie die Treppe herunterkam.

Dann sahen wir beide ihn erst wieder an einem Sonntagmorgen im Mai 1959. Meine Schwester zeigte mir etwas an einer Pflanze in unserem Garten, als wir ihn überraschten. Anmutig fuhr er durch die Blätter einer Aster und verschwand.

Während ich einen „Gallapfel" in der Hand hielt, den ich unter einem Eichbaum in Newstead Abbey Park gefunden hatte, sah ich vor mir einen pausbäckigen kleinen Elf stehen, der mich breit angrinste, als wollte er mir sagen: „Ich gehöre zu dem Eichenbaum, wo das da herkam!"

An einem anderen Tag betrachtete ich einige flauschige Weidenkätzchen in einer Vase, als eine kleine Elfe erschien, auf deren Kopf ein federweiches Weidenkätzchen in Form einer Mütze saß.

Pauline Young aus Lancester und ihre Familie „genossen einen dieser schönen heißen Sommertage" im August 1995. Einige Jahre zuvor hatte ihr Mann einen Wintergarten aus Holz gebaut, dessen Türen in einer Weise angeordnet sind, dass man durch das ganze Haus schauen kann, wenn sie, ebenso wie die des Esszimmers und der Veranda, offen stehen.

„An jenem besagten Tage", schrieb sie, „standen alle Türen weit offen, um die Brise hereinzulassen. Damals gab es weder etwas Besonderes in meinem Leben noch in meinen Gedankengängen, das dieses Erlebnis, von dem ich berichten möchten, hätte bewirken können. Es war einfach nur ein wunderschöner Tag.

Wir aßen im Wintergarten zu Mittag. Ich blickte in den Garten hinaus und auf meinen kleinen Teich mit dem Wasserfall. Ich liebe den Klang von Wasser im Garten. Nach einer Weile stand ich auf und ging ins Haus, um meine Arbeit zu erledigen.

Im Laufe des Nachmittags fühlte ich mich genötigt, einen Blick in den Garten zu werfen. Irgendetwas zog mich dorthin. Ich betrachtete die Dinge sehr genau. Es kribbelte in mir, so glücklich war ich. Ich erinnere mich, dass ich dachte: „So kriege ich meine Arbeit nicht getan" und ging ins Haus zurück, aber ich fühlte mich immer wieder in den Garten zurückgezogen. Ich schaute überall hin, wusste aber nicht warum, nur dass alles um mich her so schön aussah. Ich rief meinen Mann: „Bill, komm doch mal und sieh dir den Garten an." Er kam und meinte: „Ja, es sieht hübsch aus" und ging zurück ins

Haus. Plötzlich herrschte im Garten eine völlig neue Atmosphäre. Da ich sie ganz in mich aufnehmen wollte, ließ ich mich auf einem Stuhl neben der Wintergartentür nieder. Ich saß einfach nur da in der warmen Sonne und schaute und schaute, so als ob ich mich gezwungen fühlte. Jemand schien zu sagen: „Schau' nur weiter."

Zur Rechten meines kleinen Teichs stand ein etwa einen Meter hoher Fenchel, und darunter wuchs eine Hortensie. Als ich in diese Richtung schaute, war ich doch höchst überrascht. Ein freches kleines Gesicht schaute mich lächelnd an, nur der Kopf und die rechte Schulter lugten hinter dem Fenchel hervor. Ich verhielt mich ganz still. Der Garten schien sich verändert zu haben. Mich erfasste das Gefühl, in einer anderen Welt zu sein, dennoch vernahm ich den Gesang der Vögel und hörte den Klang meines kleinen Wasserfalls. Ich spürte die Brise auf meinem Gesicht, dennoch schien eine gewisse Stille zu herrschen. Ich lächelte zurück, und das Lächeln der kleinen Person wurde noch breiter.

„Komm heraus und lass mich mehr von dir sehen", bat ich. Das kleine Geschöpf sprang gehorsam heraus und stellte sich neben den Fenchel, die Hände in die Seite gestemmt und mit strahlendem Gesicht. Ich schaute genau hin, konnte aber nicht feststellen, ob es männlich oder weiblich war. Wenn ich dachte, es sei ein Junge, wurde es recht mädchenhaft und umgekehrt. Es war höchst seltsam, und obwohl ich es nicht mit Sicherheit sagen konnte, nannte ich es ein Mädchen. Sie war in verschiedenen Grüntönen gekleidet, trug einen winzigen Hut, ähnlich wie Peter Pan. Sie besaß rotblondes, kurzes Haar und schien ungefähr sieben Jahre alt zu sein, sah aber sehr weise aus. Ich fühlte mich ausgesprochen wohl mit ihr.

„Hallo", sagte ich. „Hallo", erwiderte sie, ohne dabei ihren Mund zu bewegen. Ich erkannte, dass ich sie wohl auf telepathischem Wege verstand.

„Gefällt dir mein Garten?" fragte ich in Gedanken. „Oh, ja!" antwortete sie und blickte umher. „Er ist hübsch."

Ich schaute sie immerzu an. Sie war schön. Der Gottesmann, dem ich folge, kam mir in den Sinn. „Kennst du Sai Baba?" fragte ich. In diesem Augenblick senkte sie den Kopf und faltete die Hände. Ihr Gesicht drückte unendlich viel Liebe aus, und ich war so glücklich, dass ich nicht länger an mich halten konnte. Ich musste jemanden an meinem Erlebnis teilhaben lassen und rief meinem Mann zu: „Bill, komm schnell!" Aber das war ein großer Fehler. Die Kleine begann zu verschwinden. Mit meinen inneren Augen sah ich sie jedoch noch, aber die Grüntöne ihrer Kleidung und die Farbe ihrer Haut und ihrer Haare verblassten. Ich saß bloß da und erzählte Bill, was ich gesehen hatte. Er ging nach einer Weile zurück ins Haus, ich aber brauchte Ewigkeiten, bis ich wieder zu mir kam.

Seit jenem Tage bin ich mir ihrer Gegenwart um mich herum bewusst. Stets beobachtet sie mich und kommt zu mir herüber, um neben mir zu stehen. Auf ihre Arme gelehnt, hört und schaut sie nur zu, was vor sich geht. Ich bin mir sicher, dass sie eine wunderbare Seele ist. Mir ist dergleichen nie zuvor begegnet. Sie ist mir eine liebe kleine Freundin geworden, und ich kann das Grün ihrer Kleidung mit meinen inneren Augen wahrnehmen. Es geht ein solches Strahlen von ihr aus, und ich weiß, sie ist Wirklichkeit. Sachte wandert sie umher, als wollte sie mich nicht stören. Etwas sehr liebenswert Vertrautes geht von ihr aus. Ich kann nicht verstehen, warum es gerade mir widerfährt, da ich gewiss nicht einsam bin, warum sollte ich sie also jetzt sehen? Es ist mir ein Rätsel, aber sie ist ein Schatz."

Einige Leute sehen die Elfen im „Seitenblick". Phoebe D. Payne und Lawrence J. Bendit erklärten in ihrem Buch "The Psychic Sense", dass der äußere Rand der Retina des Auges für Halblicht empfindsamer ist als das Zentrum und daher entschwindende Dinge wahrzunehmen vermag, was bei direktem Hinschauen nicht möglich ist.

Während eines sehr heißen, ruhigen Sommers sahen meine Schwester und ich aus dem Augenwinkel mehrere geflügelte Geschöpfe um einige Stockrosen herum fliegen. Sie glichen Schmetterlingen, waren aber viel größer. Die Spannbreite der Flügel hatte etwa die gleiche Länge wie normales Schreibpapier. Die Farben habe ich in meinem alten Tagebuch nachgelesen. Zwei Wesen besaßen weiße Flügel und eines crème- oder blass orangefarbene Schwingen. Wir konnten nicht zählen, wie viele umhertanzten oder wie sie im einzelnen aussahen, denn sobald wir direkt hinschauten, entschwanden sie aus unserem Blickfeld.

An ein Erlebnis erinnere ich mich ganz besonders gerne. Damals hielt ich einen Lavendelzweig in der Hand, den mir eine Freundin geschenkt hatte. Ich genoss den Duft und bewunderte die Schönheit der winzigen Blüten, als ich fühlte, wie ich in einer der Blüten versank, bis ich mitten in ihrem Herzen zu sein schien, eingehüllt in ihre Blätter und umgeben von Farbe, Duft und heilendem Frieden. Diese wunderbare Erfahrung half mir, die geistige Verbundenheit mit allen Lebensformen besser zu erkennen.

Henry Thomas Hamblin schrieb in seinem wunderschönen Büchlein "The

Message of a Flower or the Divine Immanence in Nature“, dass wir durch Kontemplation und geistiges Verständnis der Schönheit der Natur in den Geist, den Gedanken und die schöpferische Vorstellung des Göttlichen einzudringen vermögen.

„Es sollten immer ein paar Blumen vor uns stehen“, schreibt er. „Einige einfache Blüten auf unserem Arbeits- oder Schreibtisch genügen, um unsere Berührung mit der Unendlichkeit aufrechtzuerhalten. Das Leben muss nicht ein unliebsames Dasein darstellen, wie es so viele Menschen empfinden. Seine Grausamkeit, Häßlichkeit und Selbstsucht sind der göttlichen Vorstellung fremd. Betrachten wir unsere Blumen und lernen etwas über den Geist Gottes, etwas über die Schönheit, Heiterkeit, Stille und den unerschütterlichen Frieden! Wir wollen in das Gesicht der Blume schauen und in ihm das Antlitz Gottes sehen.“

In einem Artikel fragte Dereck Neville seine Leser: „Haben sie jemals das Wesen einer Blume erkannt? Sind sie jemals in sie hineingekrochen, bis sich die Blütenblätter über ihnen schlossen und sie sich in der Blumenwelt befanden, die den Lärm und den Glanz des Sinnendaseins ausschließt? Ich meine damit nicht bloß über eine Blume nachzudenken. Nein, ich meine damit, ob sie sich jemals in einer solchen geistigen Stille in eine Blume vertieft haben, dass sie in Verbindung mit ihrem Wesenskern getreten sind? Ich bin in einer Blume gewesen und ich weiß. Ich habe aufgehört, getrennt zu sein, ein bloßer Betrachter, abgeschnitten vom Wissen durch mentale Trennung. Ich habe mich in meinem Herzen bewegt, und siehe, ich bin mir meiner eigenen Wurzeln bewusst geworden.“

Tennyson wusste etwas von der göttlichen Immanenz in der Natur, was in diesen wohl bekannten Zeilen zum Ausdruck kommt.

„Blume im Mauerspalt,
Ich zupfe dich aus den Ritzen.
Ich halte dich, Wurzeln und alles, in meiner Hand,
Kleine Blume – aber wenn ich verstehen könnte,
Was du bist, Wurzel und alles, und alles in allem,
Dann wüsste ich, was Gott ist und der Mensch.“

Kapitel 2
Die grünen Waldelfen und die Naturgeister des Vogelreichs

L. Verdoye stellte im November 1955 für mich die Fakten zur Existenz der, wie er sie nennt, „beweglichen, halb-vegetabilen Formen, die Menschengestalt annehmen“ zusammen, die Herr X. und seine Familie in den Wäldern von Lincolnshire gesehen hatten. L. Verdoye erfuhr die ersten Einzelheiten von seinem Schüler, dem Sohn des Herrn X., der ihm bestürzt folgende Geschichte erzählte.

An einem strahlenden Nachmittag der Spätsommerferien ging er mit Mutter, Vater, Bruder und Tante zum Picknick in den Wald. Da es sie langweilte, nur da zu sitzen, erhoben sie sich und wanderten umher, bis sie an eine Lichtung gelangten, wo sie alle einige grüne Gestalten sahen, die Hand in Hand im Kreise tanzten. Sie waren höchstens zweiundzwanzig bis dreiundzwanzig Zentimeter groß. Gesichtszüge ließen sich nicht erkennen, aber alle trugen sie grüne Spitzmützen und hatten lange Arme und Beine. „In der Kreismitte war eine Art König mit einem Licht in der Hand“, berichtete der Junge. Während die Familie wie erstarrt dastand, öffnet sich der Ring, und der König verließ ihn, um sich unter einem großen Ampferblatt niederzulassen. Er zog die Beine an wie ein Mensch und fächelte sich mit einem kleineren Blatt Kühlung zu. Der Vater des Jungen hielt es nicht länger aus und machte einen Schritt vorwärts. Mit unglaublicher Geschwindigkeit rannten die Figuren auf einen Wall zu und verschwanden. Verzweifelt suchte die Familie nach einer Spur von ihnen, aber nichts war zu finden.

Die Frau von Herrn X. reagierte nahezu hysterisch auf diesen Vorfall, und die Tante musste sich ihrer annehmen. Der Junge meinte, er habe sich unheimlich gefühlt. Man wusste nicht, was man tun sollte, und Herr X. bemühte sich, die Familie allmählich in die Wirklichkeit zurückzuführen, da sie „etwas gesehen hatten, das ihnen niemand glauben würde“. Sie gingen nach Hause und hatten das Gefühl, als ob sie unabsichtlich an irgend einer „schrecklichen Handlung" teilgenommen hätten. Der Tante jedoch war es gelungen, einen der kleinen grünen Männer, der an einem Baum lehnte, zu photographieren. Sie hielt die Aufnahme versteckt und wollte sich nicht davon trennen. Der Junge aber hatte das Bild gesehen und fertigte für L. Verdoye aus dem Gedächtnis eine Zeichnung an. Wie die anderen, so hatte auch diese Gestalt lange Beine, eine Spitzmütze auf dem Kopf, einen grünen Körper sowie blitzschnelle Bewegungen. Als die Aufnahme gemacht wurde, kehrte die Figur der Kamera den Rücken zu, die Hand lässig am Baumstamm ruhend. Sobald die Tante aber versuchte, auf sie zuzugehen, huschte die Gestalt um den Baum und verschwand spurlos.

L. Verdoye sprach mit einem vertrauenswürdigen Kollegen über dieses seltsame Erlebnis der Familie. Dieser gestand gegen Ende der Unterhaltung, dass er sich am Johannistag 1943 in eben diesem Walde des Nachts alleine aufgehalten hatte, um Vögel zu beobachten. Auch ihm waren Gestalten begegnet, die der Beschreibung des Jungen entsprachen. Ihm waren ebenfalls keine Gesichtszüge bei jenen Elfen aufgefallen, die verstreut unter den Unkräutern und Büschen dieses Waldstücks saßen. An einem Ort hatten sich zwei oder drei von ihnen niedergelassen. Nach dieser Unterhaltung mit Herrn Verdoye ging er wieder in den Wald, der von den kleinen Gestalten nur so wimmelte, die in der Abenddämmerung von den Bäumen wegkrabbelten, unter den hohen Blättern der Kräuter hin und her und wieder zurückliefen. Der Anblick „betäubte" ihn, und einmal fiel er sogar in eine Art „Ohnmacht". Er wusste nicht wie lange, aber als er erwachte, war er „ganz nass". L. Verdoye meinte, dass er ihn danach wieder getroffen hatte, und er ihm wie „verzaubert" erschien.

Später verbrachte L. Verdoye selbst in Begleitung eines Zeugen zwei Nächte im Wald. Er suchte jene Stelle auf, an der die Familie ihr Picknick gehalten hatte und untersuchte jeden Zentimeter der Mulde und die Böschung hinauf, wo die grünen Gestalten verschwunden waren. Er konnte jedoch nichts Ungewöhnliches finden, nicht einmal Erdhügel, die ein altes Manuskript als die verschlossenen Häuser der Elfen bezeichnet. Er bemerkte jedoch, dass auf der Lichtung, wo Herr X. und seine Familie die Elfen überrascht hatten, acht oder neun Bäume mit seltsamen Löchern rund um die Wurzeln standen. Bei näherer Untersuchung stellte er fest, dass jedes einzelne Loch sorgfältig und gleichmäßig mit braunen, trockenen, unverdorbenen Blättern ausgelegt worden war. An der Rückwand eines jeden Loches entdeckte er winzige Spalten, die in den Boden führten. Er vermutete, dass diese Blätterteppiche die Arbeit von a) Kindern gewesen sein konnte, was allerdings Stunden gedauert hätte; b) Tieren, wie Erdhörnchen oder c) Elfen. Er glaubte jedoch, dass es das Werk der Elfen war.

Einige Jahre später wurden die Wälder für die Öffentlichkeit geschlossen, sind inzwischen aber wieder geöffnet. Eines Tages hörte L. Verdoye zufällig die Bemerkung einer älteren Frau, die sich auf einer Ausflugsfahrt mit dem Bus in jene Wälder befand. Sie sagte zu ihrer Freundin: „Die ganze Zeit über konnte ich mich des Gefühls nicht erwehren, beobachtet zu werden, und die Bäume hatten solche seltsamen Formen, und die Wurzeln sahen alle so schlangenartig aus. Die Dinge schienen mich anzuschauen, und überall die komischen kahlen Stellen. Ich war erleichtert, wieder in den Bus zu kommen. Ich könnte nie alleine dorthin gehen. Ich habe mich die ganze Zeit nicht wohl da gefühlt."

Nach meinem Briefwechsel mit L. Verdoye über die Waldelfen, im Jahre 1956, beschloss er, am fünfundzwanzigsten Juni den Wald alleine aufzusuchen. Wieder fiel ihm die einzigartige Weise auf, in der die dürren Zweige vom Vorjahr fein säuberlich zwischen den jungen Baumstämmen aufgeschichtet lagen. Er war fest davon überzeugt, dass es die Elfen gewesen waren, die „aufgeräumt" hatten. Kinder konnten es nicht gemacht haben, denn er musste sich durch Hagedorn- und Haselsträucher hindurcharbeiten, um das Schauspiel zu sehen. Selbst in den abgeschiedensten Teilen des Waldes stieß er immer wieder auf diese Stapel. „Als Botaniker", meinte er, „weiß ich, dass die Zweige von Natur aus nicht in dieser Weise herunterfallen." Dort, wo junge Eschenbäume aus zahllosen Wurzelschösslingen hervortrieben, waren die Zweige sorgfältig in den Zwischenräumen aufgeschichtet worden. Im Falle einer Linde, die aus zwei nebeneinanderliegenden Samen hervorgegangen war, hatte man die Zweige gebogen und unmittelbar über der Verbindungsstelle aufgeschichtet.

Inzwischen brannten meine Schwester und ich darauf, ebenfalls den Wald möglichst bald zu besuchen. Noch im selben Jahr machten wir uns zu Pfingsten auf den Weg, zunächst mit dem Bus bis Lincolnshire. Dort stiegen wir in einen anderen Bus um, der uns fast bis zum Ziel fuhr. Obwohl L. Verdoye eine kleine Skizze angefertigt hatte, die jene Stelle vermerkte, an der er die Waldelfen gesehen hatte, konnten wir den genauen Platz leider nicht finden, da viele der alten Bäume gefällt worden waren und man auf der anderen Straßenseite eine neue Pflanzung anlegte. Wir entdeckten zu spät, dass wir an der falschen Seite in den Wald gegangen waren. Trotzdem sahen wir beide etwas, das die dortige Existenz der Elfen bestätigte.

Zwischen den einzelnen Nadelbaumreihen der Pflanzung lagen schmale Pfade. Auf einem von ihnen sah ich etwas, das sich nur als eine grüne, formlose, ektoplasmische Masse beschreiben lässt, was vielleicht ein Elf im embryonalen Zustand war, der über dem Weg schwebte und dann in einige Büsche am Wegrand zur Linken hinein- und wieder aus ihnen herausflog. Leider ging meine Schwester in einiger Entfernung hinter mir, denn als sie näher kam, konnte man nichts mehr sehen. Wir wanderten ein Stück weiter und ließen uns an einer Wegkreuzung nieder, um unser Butterbrot zu essen. Meine Schwester sah plötzlich eine kleine Gestalt über den Weg laufen und an einer bestimmten Stelle verschwinden. Ich hatte dem Weg den Rücken zugekehrt und bemerkte sie daher nicht. Als wir den Ort untersuchten, fanden wir dort ein sauberes kleines Loch im Boden. Später erfuhren wir, dass ein Kollege von L. Verdoye eine der Elfen in einer ähnlichen Spalte hatte verschwinden sehen.

Während unserer Wanderung durch die Pflanzung traf ich auf einen kleinen Erdhügel mit einer winzigen Öffnung, die wunderschön mit verschiedenen Moosarten unterschiedlicher Farbtönung dekoriert war und bei der makellose Miniaturpflanzen und- bäume standen. Ich photographierte diese entzückende Anlage, aber das Negativ der Aufnahme entpuppte sich als recht leer!

Meine Schwester und ich wären gerne länger geblieben, obwohl der Waldfrieden durch die Arbeit der Forstleute gestört wurde. Jedesmal, wenn wir uns unter einen Baum setzten, um uns auszuruhen, wurden die Zweige direkt über uns heftig und geräuschvoll geschüttelt. Sofort blickten wir nach oben, um zu sehen, ob ein Tier oder ein Vogel die Bewegung verursacht haben konnte, aber nichts war zu entdecken. Wir schlossen daraus, dass sich ein paar Elfen wohl wie vorwitzige Kinder benahmen. Im Gegensatz zu einigen anderen Besuchern dieses Waldgebietes konnten wir keine Feindseligkeiten verspüren. Doch diese Elfen befanden sich im Anfangsstadium ihrer Entwicklung, und es muss für jene Leute, die ihnen völlig ahnungslos zum ersten Mal begegneten, ohne vorher an ihre Existenz zu glauben, ein Schock gewesen sein. Man fragt sich, ob sich vielleicht irgendeiner der Forstleute erschrak, als er die kleinen grünen Männer sah.

Später nahmen meine Freundin und ihr Mann mich im Auto mit zu dem ursprünglichen Elfenwald auf der anderen Straßenseite, wo ich L. Verdoye treffen sollte. Doch leider verpassten wir ihn. Es war ein regnerischer Tag, und da die Fahrt recht lange gedauert hatte, konnten wir nur kurz bleiben und sahen auch keine der kleinen Gestalten, obwohl wir ihre Gegenwart spürten und wussten, dass sie uns bemerkten. Bert Heason blieb am Waldrand stehen, seine Frau Phyllis aber ging mit mir hinein. Sie glaubte, eine Bewegung am Fuße eines Baumes zu sehen, um dann zu beschließen, es sich bloß eingebildet zu haben, obwohl ich ihr das nicht abnahm. Ich strebte auf eine Rinne zu, die ich durch einige Sträucher entdeckt hatte, um sie näher zu untersuchen. Als ich unter einem sehr alten Baum entlangging, wurden die regenschweren Äste absichtlich so heftig geschüttelt, dass ich klatschnass wurde.

In einigen seiner Artikel und Bücher über den Volksglauben erwähnt Alasdair Alpin MacGregor den gespenstischen "Schwarzen Hund von Lincolnshire". In Schottland kennt man ihn unter dem Namen „Elfenhund" – ein Kobold in Tiergestalt. Der Hund von Lincolnshire soll gutmütiger sein als der schwarze Geselle, der in den anderen Landstrichen spukt, und ich glaube, meine Freundin Phyllis und ich hatten das Glück, ihn zu sehen. Vor vielen Jahren hatte ein Geschwisterpaar, das nach Einbruch der Dunkelheit gewöhnlich eine Abkürzung nach Hause nahm, berichtet, dass der Schwarze Hund sie stets bis zum Gatter an der Ecke jenes Waldes begleitete. Eines Tages gingen Phyllis und ich auf dieses Gatter zu, als wir einen riesigen schwarzen Hund bewegungslos ganz in der Nähe stehen sahen, der uns anstarrte. Beide brachten wir unsere Überraschung über die Größe des Hundes zum Ausdruck und hofften, dass er freundlich war. Wir wunderten uns, woher er wohl gekommen sein mochte, denn er war alleine. Sobald wir das Gatter erreichten, lief er vor uns auf die andere Seite, drehte sich um und sprang ins Feld, an dessen Ende er verschwand. Doch seltsamerweise dachten wir beide damals nicht an die Sage vom Elfenhund.

Zehn Jahre vergingen, in denen ich es immer wieder bedauerte, nicht in die Wälder von Lincolnshire gehen zu können. Wie mochte es wohl den kleinen Elfen ergehen? Wie gerne hätte ich gesehen, wie sie sich in der neuen Pflanzung niedergelassen hatten.

Der Schutzgeist jener Gegend muss sich wohl meiner erbarmt haben, denn eines Morgens, ich war zu Hause und voll bewusst, durfte ich die Elfen sehr klar in ihrer eigenen Umgebung sehen. Ich konnte ganze Schwärme die Pflanzenstile emporklettern und wieder hinuntergleiten beobachten. Dann schossen sie mit unglaublicher Geschwindigkeit ins Dickicht hinüber. Obwohl ich wusste, dass ich zu Hause war, schien ich kaum einen Meter von ihnen entfernt zu sein. Ich vermochte sogar ihren starken Magnetismus zu spüren. Es war gut, sie so glücklich zu sehen, was mich vollkommen beruhigte.

Andere grüne Naturgeister

Gwen Cripps aus Cheshire sandte mir neben einer interessanten Beschreibung des grünen Elfs, den sie auf der Astralebene wahrgenommen hatte, auch eine Zeichnung davon.

Sie schrieb: „Meine Aufmerksamkeit wurde auf einen engen Graben gezogen, der zwei Felder voneinander trennte und an dessen Rand ein hoher, mit langem Gras bewachsener Wall lag. Mitten auf dieser Erhöhung stand die seltsamste hübsche kleine Gestalt, die ich jemals gesehen hatte. Sie schien geschlechtslos zu sein, maß grob geschätzt etwa fünfundzwanzig Zentimeter, war grasgrün und hielt eine Art Kelch in der Hand. Sie schaute mich aufmerksam an. Überrascht starrte ich zurück. Als ich mich von meinem Schrecken erholt hatte, näherte ich mich ihr und rief: „Komm her, kleines Ding, komm her!" Ein Zucken lief über das recht ausdruckslose Gesichtchen. Erschrocken sprang das kleine Wesen über den Graben auf mich zu und hüpfte dann ruckartig seitwärts ins Gestrüpp, was sich als ein natürlicher Schutz erwies."

Auf ihrer Zeichnung hatte Frau Cripps dem Elf weder Finger, Nase, Ohren, Mund, Zehen oder Haare gegeben, da sie keinerlei Zeichen davon an ihm entdeckt hatte. Die Augen, die ihr genau aufgefallen waren, bestanden aus zwei Schlitzen. Ihre Iris war grün, eine Pupille konnte sie nicht unterscheiden.

Sie fuhr fort: „Ich habe mich seither oft gefragt, wie der Elf sich wohl ernährte. Vielleicht lebte er von der Luft. Das kleine Geschöpf brachte jedoch deutlich zum Ausdruck, dass es mich wahrnahm und fürchtete. Das Zucken in seinem Gesicht deutete wohl auf irgendeine Nervenreaktion hin. Es verblüffte mich, keine knöcherne Struktur zu sehen. Der Körper sah eher aus, als bestünde er aus grünem, schwammigem Gummi. Das Wesen zeigte sich sehr beweglich und makellos proportioniert. Es entsprach überhaupt nicht meinen Vorstellungen von einem Faun, einem Kobold, Elf oder einer Feengestalt. Vielleicht war dieses kleine Ding ein Zwischenglied in der Evolution."

Im Dezember 1956 borgte mir G. H. Tristram aus Sussex ein Buch mit dem Titel "Letters from Lancelot". Seine Frau hatte diese Briefe durch automatisches Schreiben von ihrem Sohn erhalten, der mit acht Jahren gestorben war. Das Buch enthielt einige interessante Zeichnungen von Waldelfen. Bei der folgenden Beschreibung handelt es sich offensichtlich um eine Vielzahl von Elfen, die jener Gestalt im vorangegangenen Bericht sehr ähneln.

„Sein Kopf verjüngt sich nach oben hin, und er ist völlig grün. Alles läuft spitz zu wie bei einem Vogel, Arme und Beine aber gleichen denen eines Mannes. Er pfeift durch seinen schnabelartigen Mund; er hüpft fort; er verschwindet dort drüben in einem Baumloch; nun befindet er sich unterhalb der Wurzeln und gräbt mit seinen Händen."

Die Beschreibung dieser Kreatur liefert uns einen faszinierenden Hinweis auf das Anfangsstadium der Übergangszeit vom Vogel- zum Elfendasein. In vielen esoterischen Lehren wird diese Verbindung zwischen dem Vogelreich und der Elfen-Evolution hervorgehoben. Dazu gehören auch die Werke von C. W. Leadbeater, Geoffrey Hodson, Alice A. Bailey, Flower A. Newhouse, Peter Richelieu und White Eagle.

Abgesehen von den kleinen grünen Waldelfen gibt es auch noch größere Arten von grünen Wesen, die mit Hecken und Büschen in Verbindung zu stehen scheinen. Als ich an einem sonnigen Morgen aus dem Fenster schaute, sah ich ein solches Geschöpf, das mich von der Ligusterhecke her, die unseren Garten einfasste, anstarrte. Er war schlank, besaß ein spitzes Kinn und schmale schräge Augen, und sein nackter grüner Körper war ungefähr einen Meter lang.

Die Romanschriftstellerin Margery Lawrence erzählte mir von einem „grünen Jungen", der meinem "Herrn von der Hecke" sehr zu ähneln schien. Sie sah ihn, als sie und ihr Mann in einem Hotel wohnten, einem alten Herrenhaus inmitten einer wunderschönen Gartenanlage in Stratford-on-Avon. Sein olivgrüner Körper war nackt und schlank, und sein Kopf war mit kleinen engen Locken übersät, ebenfalls grün wie eine Olive. Er besaß sehr lange Finger und Zehen und ein fuchsähnliches Gesicht, das in einem scharf zugespitzten Kinn endete. Er hatte etwa die Größe eines siebenjährigen Jungen, glich in seinem Körperbau aber eher einem Fünfzehnjährigen.

Die Kinderbuchautorin Carley Dawson aus Westvirginia schrieb: „Ich wünsche, Edith Olivier wäre noch am Leben. Während meiner vielen Jahre in

England erzählte sie mir oft von den „grünen Männern", die sie aus den Hekken hatte laufen gesehen. Leider erwähnte sie nie deren Größe.

Sie konnte sich auch in eine andere Zeit versetzen und sah daher viele Dinge, die später bestätigt worden sind, aber heute nicht mehr existieren. Sie war es, die eine Reihe von Monolithen auf der Salisbury Ebene sah. Damals befanden sich diese sechs Meter unter der Ede, wurden später aber entdeckt."

Edith Olivier machte auch noch andere sehr interessante Jenseitserfahrungen. Vielen Lesern aber ist sie bekannt wegen ihres Vorworts zur vierten Auflage von "An Adventure", jenes faszinierende Buch der beiden Damen Moberly und Jourdain, die 1901 beim Besuch des Trianon einen „Zeitrutsch" erlebten und Zeugen von Szenen aus der Vergangenheit wurden, die, wie alle Ereignisse in unserem Leben, unauslöschlich dem elektrischen Äther eingeprägt wurden, dem wahren Gedächtnis der Natur, im Osten auch Akasha-Chronik genannt.

Kapitel 3

Wasserelfen, Feuergeister, Baumelfen und Todesfeen

Ellen Jackson lebte in ihrer Kindheit in der Nähe von Bradford in Yorkshire in einem Haus mit einem großen Garten, der teilweise verwildert wuchs und von Heidekraut bedeckt war. Ein Wasserstrom, der zunächst in einen Teich floss, perlte dann wie ein Wasserfall über einige Felssteine und verlief sich in einer Schneise von überhängenden Weiden. Die Kinder nannten diesen Ort immer „die Weiden" und glaubten fest daran, dass es der Lieblingsplatz der Elfen war. Stets hielten sie nach ihnen Ausschau und pflegten Elfenreime zu singen, um sie hervorzulocken, aber alle Bemühungen waren umsonst.

Eines Abends jedoch beschlossen die sechsjährige Ellen und ihre drei Jahre ältere Schwester, vor dem Schlafengehen noch einmal nach den Elfen zu sehen. Es war einer jener wunderbaren Abende des Nordens, nicht mehr sehr hell, aber auch noch nicht ganz dunkel. Die beiden liefen den Garten hinunter, gingen den Teich entlang, der ihnen „sehr glitzernd" erschien und blieben oberhalb des Wasserfalls stehen, um in die Weiden hinunterzuschauen. Zu ihrem großen Erstaunen sahen sie einige Meter unterhalb drei kleine nackte weibliche Wesen auf einem Felsen sitzen. Die milchweißen, wohl geformten Gestalten schienen ungefähr fünfundvierzig bis sechzig Zentimeter groß zu sein, doch da sie saßen, ließ sich die Größe nicht so genau bestimmen. Neben ihnen auf dem Felsen lag ein hauchzarter weißer Stoff.

Frau Jackson schrieb: „Wir standen atemlos da und beobachteten sie eine Zeitlang. Dann blickte eine von ihnen auf und sah uns. Sie hob ihren Arm und machte die anderen auf uns aufmerksam, und alle glitten vom Felsen hinab ins Wasser. Kurz bevor sie verschwanden, griff eine nach dem Stoff, den sie zurückgelassen hatten. Dann waren sie fort."

Da beide Kinder fest an Elfen glaubten, hätte man annehmen können, dass diese Szene auf bloßer Einbildung beruhte. Doch wie Frau Jackson betonte, beobachteten beide dieselben Gestalten und Bewegungen. Sie hatten sich die Elfen allerdings immer mit Flügeln und Zauberstab und buntschillernden Gewändern vorgestellt. Diese Gestalten aber besaßen weder Flügel noch Farben, eine Elfenart, von der sie nie geträumt hätten.

Der frühere Postmeister Richard Ingham aus Suffolk erlebte die folgende Begebenheit.

„Meine ersten Lebensjahre verbrachte ich in einem kleinen Bauernhaus in der Nähe von Halifax in Yorkshire. Das Haus stand am Rande einer Moorlandschaft, und meine glücklichsten Erinnerungen sind jene einsamen Wanderungen durchs Moor, bei denen ich still das Leben der Natur beobachtete. Eine Stelle zog mich immer ganz besonders an. Ein Wasserlauf strömte vom Moor aus eine schmale Felsenrinne hinab und bildete hier und da kleine Tümpel. Einer dieser Tümpel faszinierte mich ganz besonders. Auf dem Bauch liegend, wartete ich geduldig, bis sich das Leben darin zu rühren begann. Eine Szene sehe ich noch ganz deutlich vor mir. An einem sonnigen Nachmittag lag ich wieder dort. Als ich langsam meinen Blick hob, sah ich nicht allzu weit entfernt vier oder fünf fast durchsichtige kleine Wesen auf dem Felsen und im Gras auf der anderen Seite des Tümpels sitzen.

Im ersten Moment fürchtete ich mich, lächelte dann aber, ohne mich zu bewegen. Ich bin sicher, in ihren Gesichtern einen Ausdruck bemerkt zu haben, den man als Erkennen beschreiben könnte, während sie langsam verschwanden."

A. J. Coster aus Middlesex erzählte mir, dass er in seinem Leben „viele verschiedene" übersinnliche Erfahrungen gemacht hatte. Als Junge im Alter zwischen zehn und zwölf Jahren pflegte er einige Felder in Potters Bar zu durchstreifen und erinnerte sich immer noch an das wunderbare Gefühl, das ihn erfasste, wenn er alleine war, da dann alles anders zu sein schien und selbst die Zweige der Hecken „einen Rand schimmernden Lichts" aufwiesen.

In jenen Feldern gab es vier Teiche; in drei von ihnen pflegte der Junge zu baden und zu fischen. Der andere Teich war so klein, dass er ihn nur selten aufsuchte. An einem heißen Sommertag jedoch ruhte er sich an seinem grasigen Ufer aus, da er sich schwindelig fühlte. Er behauptete aber, nicht eingeschlafen zu sein.

Während er da saß, tauchten einige kleine geflügelte Wesen aus dem „Nichts" auf. Lächelnd plätscherten sie mit den Händen im Wasser, und er konnte ihre Gestalten, die mittelgroßen, perlweißen Puppen glichen, recht klar erkennen. Sie liefen nicht fort, sie verschwanden einfach.

Herr Coster meinte: „Ich war nicht im geringsten überrascht, denn ich wusste, es waren Elfen. Ich habe sie nur dieses eine Mal gesehen, aber obwohl ich heute ein alter Mann bin, habe ich jenen Anblick nie vergessen."

Auch Sheila Bryant aus Northumberland hat perlfarbene Elfen gesehen. Damals war sie sechs oder sieben Jahre alt und hielt sich auf einem Bauernhof in der Nähe von Troutbeck in Cumberland auf. Der seichte Fluss, wo sie die Elfen bemerkte, glitt sanft über große Steine dahin. An seinen Ufern wuchsen viele Büsche, deren Zweige über dem Wasser hingen. Jene „wie Perlen schimmernden Wesen" waren etwa fünfzehn bis zwanzig Zentimeter groß, besaßen hauchzarte Flügel und schillernde Gewänder. „Sie bewegten sich unablässig, flogen hin und her und ließen sich gelegentlich nieder oder, besser gesagt, schwebten über den Dingen. Es war ein sehr heißer, aber auch sehr stiller Tag."

Tom Charman schrieb in seinen Aufzeichnungen über Wasserelfen: „Vor mehreren Jahren erlebte ich etwas so Ungewöhnliches und Überraschendes, dass es einen tiefen Eindruck in mir hinterließ. Ich hatte mich früh zurückgezogen. Sobald ich im Bett lag, fühlte ich mich durch den Raum befördert. Plötzlich befand ich mich unter Wasser, wo ich um einige riesige Felsen herum kroch. Nach etwa fünf Minuten kam es mir in den Sinn, dass ich wohl atmen musste, und ich begann, mich zu fürchten. Aber ein unsichtbarer Begleiter versicherte mir, dass ich nicht zu atmen brauchte. Ich erwähne dies, um zu zeigen, wie wirklich das Erlebnis war, so wirklich, dass es mir nicht bewusst wurde, nicht auf der physischen Ebene zu verweilen. Ich schien mich ungefähr eine halbe Stunde unter Wasser aufgehalten zu haben. Während dieser Zeit sah ich einige höchst seltsame und wunderbare Elementarwesen, klein und halb Mensch, mit großen Köpfen und froschähnlichen Körpern; andere glichen großen Kaulquappen. Diese unheimlichen Elementale nahmen überhaupt keine Notiz von mir, sondern segelten mit den vielen Fischen geschäftig an mir vorbei. Eine kleine Kreatur, etwas ausgeprägter gestaltet als die übrigen, amüsierte sich mit einem riesigen, recht furchterregenden Fisch. Dieses Elemental zeigte keinerlei Furcht und stopfte immerzu eine schwammähnliche Masse in das Fischmaul. Dieses Mal sah ich keines der höheren Wasser-Elementale, aber bei anderen Gelegenheiten habe ich einige herrliche Wasserfrauen gesehen, die wunderbare, anscheinend aus Seetang und dergleichen gefertigte Gewänder einhüllten."

Während ihres Aufenthalts in Looe in Cornwall, im Jahre 1943, sah Clara Reed aus Coventry eine jener „Wasserfrauen" oder Meereselfen. Diese trug einen Rock aus Seemuscheln und ein Oberteil aus Seegras; um den Hals hing eine Muschelkette und auf dem Kopf saß eine große Seemuschel.

„Die schlechte Nachricht, dass mein Mann in der Armee krank geworden war, ließ mich traurig auf das Meer hinausblicken. Da sah ich sie zum ersten Mal", erinnerte sich Clara Reed. „Sei nicht traurig", hörte sie die glockenreine Stimme der Elfe sagen. Ich erzählte ihr von meinem Kummer. Sie streichelte meine Wange mit ihrer kleinen Hand und lächelte mich an. „Es wird ihm besser gehen", versicherte sie mir. „Sorge dich nicht länger; er wird nicht sterben."

Ich fühlte mich augenblicklich glücklicher, als ob eine große Last von meinen Schultern genommen worden wäre. Ihre Worte bewahrheiteten sich, denn mein Mann wurde wieder gesund."

Frau Reed erwähnte, dass sie auch Wasserrosen-Elfen in ihren hübschen Kleidern und Kappen aus Blütenblättern gesehen hatte.

Die Echtheit ihrer Aussagen wurde mir von dem Geistlichen Paul Stacy, dem ehemaligen Vikar von St. Peter in Coventry, bestätigt. Er bezeichnete sie als eine der Heldinnen bei dem schweren Luftangriff auf Coventry.

Frederick Leveaux aus Leicestershire erzählte mir, dass er vor vielen Jahren, als er an Bord eines Schiffes im Indischen oder Pazifischen Ozean weilte, etwas sah, das in seinen Augen keine Phantasie sein konnte.

„Es war eine Gestalt, die einem kleinen Neptun glich", schrieb er. „Sie hielt einen Dreizack in der Hand und schwamm mit beachtlicher Geschwindigkeit im Meer. Ich kann jedoch nicht mehr mit Sicherheit sagen, ob ihr Körper, vergleichbar mit der herkömmlichen Meerjungfrau, in einem Fischschwanz endete oder nicht."

Ein Briefschreiber aus Wiltshire teilte mir mit, dass ihm die schaumgekrönten Brecher an der Küste von Cornwall für einen Augenblick nicht wie gewöhnliche Wellen vorgekommen waren. „Ich werde nie dieses seltsame Gefühl vergessen; in den Wogen schienen lebendige Wesen zu sein."

Das folgende kurze Erlebnis mit Meereskreaturen ereignete sich im Februar 1929, als A. J. Visser und ihre Mutter auf einem holländischen Schiff von Rotterdam nach New York segelten. Nach einigen Tagen auf hoher See erhob sich ein Hurrikan. In einer Nacht tobte er ganz besonders stark und schleuderte das Schiff von einer Seite auf die andere, dass sie jeden Augenblick damit rechneten, über Bord zu gehen und im kalten Wasser zu landen.

Das junge Mädchen lag wach auf ihrem Bett und fürchtete sich. Da nahm sie tief unten auf dem Meeresgrund zwei kleine Kreaturen wahr, die über ihre Furcht lachten und sie aufmunterten. Eine Gestalt war ein wenig größer als die andere und hatte einen runden Kopf. Sie sollte derartige Wesen nie wieder sehen, aber dieses Erlebnis konnte sie nicht vergessen.

Die Volkskundlerin Lucy Bruce aus Iona begegnete einigen Wassergeistern in einem Hochlandsee. Sie meinte, dass der Intelligenzgrad dieser Wesen dem von Tieren sehr ähnelte. Ihr Körperbau war beachtlich kleiner als der eines Menschen. Sie saßen auf Steinen und bildeten eine Art Halbkreis auf dem Grunde des Sees. Ihre langen, geraden Haare waren von schmutzig brauner Farbe und ihre Gesichter blass und sommersprossig. Die Ellenbogen auf die Knie gestützt, ruhte ihr Kinn in den Händen. Als sie ihrer angesichtig wurden, starrten sie sie nur an.

„Sie waren nicht freundlich“, meinte Lucy Bruce, „aber auch nicht gerade feindselig. Der Ausdruck ihrer Augen glich dem eines Hochlandkalbes, dem man rein zufällig über den Weg läuft.“

An einem Augustabend 1922 wanderte P. M. Clarke mit zwei Freundinnen in Burnham-on-Sea in Somerset am Meeresufer entlang, als sie alle drei am Horizont ein Licht leuchten sahen. Zwei von ihnen beobachteten, wie es sich näherte und dann verschwand. Stattdessen nahmen sie einen schattenhaften Ring tanzender, etwa sechs Zentimeter großer Figuren wahr, der nach einigen Minuten verblasste.

Interessanterweise konnten nur zwei Personen den Elfenreigen sehen, während die andere lediglich das sich nähernde Licht wahrnahm, das sein Kommen ankündigte. Es ist häufig der Fall, dass von mehreren Personen eine gewöhnlich nichts oder alles von dem Phänomen sieht.

Im Alter von einunddreißig Jahren bemerkte Dorothy M. McIntyre auf einer grasbewachsenen Felsenklippe an der Whiting Bay auf der Insel Arran ein lindgrünes, zwanzig bis fünfundzwanzig Zentimeter großes Wesen, das nebelhafte, fließende Gewänder trug. Es eilte dahin und verschwand über dem Felsrand. Sie sah die Gestalt an jenem klaren Sommertag daher nur flüchtig.

Sie erinnerte sich jedoch, dass sie damals gerade vor lauter Glück und Freude lachte und fragte sich, ob ihre Gemütsverfassung wohl etwas mit ihrem Erlebnis zu tun hatte. Sicherlich, ein sonniges, fröhliches Herz fördert den Blick für Elfen.

„Einmal erblickte ich eine eher ätherische, etwa vierzig Zentimeter große Gestalt, die an einem Teich bei unserem Haus in Hangleton spielte", schrieb Eleanor Upton. „Ich dachte, ich träumte vielleicht, denn nach wenigen Momenten war alles vorbei. Obgleich so winzig, war das Wesen sehr ernst und schien in der Luft zu schweben."

Janet Kay aus Storrington in Sussex, die sich selbst als „eine recht praktische Yorkshire-Frau" bezeichnete, berichtete mir 1955 von winzigen Wassergeistern. Obwohl ihr Erlebnis fast von allen belächelt wurde, meinte sie: „Ich kann dazu nur sagen, dass es für mich heute ebenso eindeutig und wahr ist wie vor siebzig Jahren."

An einem sehr heißen Tag, etwa im Jahre 1880, spazierte sie, das jüngste Mitglied einer großen Familie, mit ihrer Mutter in den Kew Gärten. Plötzlich sah sie mehrere winzige, babyhafte Geschöpfe an Zweigen hängen und auf den Blättern der Wasserlilien sitzen, von denen sie manchmal fortflogen. Sie waren knapp drei Zentimeter groß, fast durchsichtig wie Wachs und besaßen winzige Flügel, aber keine Kleider.

„Sie waren mit Sicherheit mehr als nur eine Träumerei", meinte Janet, „denn wenn sie auf einem Zweig landeten, bewegte sich dieser ein wenig; sie mussten also über eine gewisse Körperlichkeit verfügen, die ihnen Gewicht verlieh. Ich glaube nicht, dass sich ein siebenjähriges Kind so etwas ausgedacht haben konnte. Sie waren allerliebst, und ich schloss sie in mein Herz, obwohl ich als Kind keine Babys ausstehen konnte, da meine Schwester und mein Bruder mich immer recht geringschätzig 'bloß ein Baby' nannten. Daher war es so seltsam, dass mich der Anblick jener Wesen, von denen ich fest glaubte, dass es sich um Elfen handelte, dermaßen erfreute. Ich machte meine Mutter darauf aufmerksam, aber sie konnte sie nicht sehen, obgleich sie zugab, dass „sie wahrscheinlich dort waren" und einwilligte stehen zu bleiben, während ich mich einfach nicht satt sehen konnte. Doch dann befahl der viktorianische Papa, dass wir dem Rest der Familie zu folgen hatten."

Es gibt verschiedene Traumtypen, aber jener „Traum", an den sich Pauline McKay aus Glasgow erinnerte, gehört zu den „wahren" Träumen. Während der physische Körper schläft, erhält das Ego von einer fortgeschritteneren Seele Informationen über einen bestimmten Lebensaspekt, in der Hoffnung, dass dieses Wissen dann in das Wachbewusstsein dringt.

Pauline McKay schrieb: „Mein „Traum" fand im Frühling statt. Ich ging in der Nähe einer weiten Wasserfläche. Der Himmel war recht farbig, obwohl eher dunkel getönt. In der Ferne erkannte ich einen türkisfarbenen Fleck und einen Regenbogen, der über dem Wasser hing. Auf dem See glitten Geschöpfe dahin, die mich an die Bilder von Meerweibern und Tritonen in den Märchenbüchern erinnerten. Mit ihren langen, wehenden Haaren glichen sie bis zur Taille den Menschen, der untere Körper endete in einem fischähnlichen Schwanz.

Und nun kommt der seltsame Teil; neben ihnen schwamm eine durchsichtige, gallertartige Masse, die halb ausgebildete Geschöpfe barg, die den Meerweibern und Tritonen glichen. Mein Begleiter (ich habe keine Ahnung, wer es war) erklärte mir, dass es sich bei diesen kleinen, halb ausgebildeten Wesen um neues Wassergeisterleben im Verlaufe des Schöpfungsprozesses handelte."

Im Hinblick auf den nächsten Bericht aus Surrey ist die letzte Ausführung von Pauline McKay über die kleinen Kreaturen in der durchsichtigen, gallertartigen Masse von besonderem Interesse. Die Künstlerin und Töpferin Stella Watson schrieb mir, dass sie im Alter von fünfzig Jahren tatsächlich eine Wasserelfe angefasst hatte. Damals notierte sie folgendes dazu:

„Gestern (25. Oktober 1948) saß ich auf einer alten Holzbank in meinem Garten und genoss den wunderbaren blauen Himmel, den Sonnenschein und meinen Tee. Neben mir lagen meine beiden Hunde, und vor mir ruhte der kleine Teich mit Wasserlilien und Goldfischen. Als ich die Fische mit einigen Krumen fütterte, bemerkte ich ein kleines Geschöpf in menschlicher Gestalt mit dem Gesicht nach unten auf dem Wasser liegen. Ich beugte mich vor und hob sie sorgsam heraus. Sie schien sehr leicht zu sein und lag wie tot in meiner warmen Hand. Ich legte sie auf die Bank und schaute sie mir genau an. Sie war etwa zwanzig Zentimeter groß und hatte lange, dünne Beine. Die libellenartigen Flügel glichen farbigen Fischschuppen und schienen im Nacken miteinander verbunden zu sein. Das Gesicht (nach unseren Vorstellungen) war ausgesprochen hässlich. Darin saßen sehr große, runde, hervorstehende Augen, sozusagen keine Nase, aber ein großer Mund. Der recht runde Kopf hatte keinen Hals, wie wir es nennen würden.

Der Körper des Geschöpfes schien aus klarer Gallert-Masse zu bestehen und sah aus wie eine Qualle. Aus einem bestimmten Winkel betrachtet, schien er gelbe und grüne Streifen mit einem Blaustich zu tragen. Auch die Augen waren von dieser klaren Farbe, aber ohne Pupille. Das Gewebe fühlte sich eher wie eine Garnele an, hart und doch sehr zerbrechlich."

Stella Watson erwähnte noch, dass sich ihre Hunde überhaupt nicht um die Kreatur kümmerten. Sie selbst aber war so aufgeregt, dass sie ins Haus stürzte, um „ihre Freundin anzurufen und sie zu bitten, vorbeizukommen". Als sie zurückging, war die kleine Gestalt verschwunden. Nur ein kleines, feuchtes Kreuz erinnerte noch daran, dass sie dort auf der Bank gelegen hatte.

Dieses seltsame Geschöpf war vielleicht aus einem ganzen bestimmten Grunde da. Wahrscheinlich befand es sich in einem Übergangszustand zu einer höheren Lebensform, und die starke Schwingung von Stella Watsons Hand hatte diesen Prozess womöglich gefördert.

Sie hatte auch einige Elfen in einer Quelle bei Talsarnau in Merioneth beim Spiel beobachtet. Und sie wusste von einer kleinen Grotte an der alten Römerstraße in der Nähe von Tan-y-Bwlch, wo sie oft Elfen zwischen den überhängenden Farnwedeln hatte schaukeln gesehen, obwohl manchmal die gesamte Grotte zu verschwinden schien.

Nicht alle Wassergeister nehmen Menschengestalt an, einige gleichen Vögeln. Als ich im Juni 1955 an der Küste von Lincolnshire meine Ferien verbrachte, sah ich mehrere dieser silberweißen Wesen rasch über und in den Wellen aufblitzen. Sie ähnelten dem in Geoffrey Hodsons Buch "The Kingdom of the Gods" dargestellten Wasserwesen. Während meine Schwester und ich am einsamen Strand entlangwanderten, bemerkte, ich halb versteckt zwischen den Kieselsteinen liegend, eine wunderschöne und recht ungewöhnliche Muschel. Ich rief meine Schwester, um sie ihr zu zeigen. Ich war gerade im Begriff, mich meinem Fund zu nähern und ihn aufzuheben, als ich einen unmissverständlichen Puff in den Rücken erhielt und in einem Meerestümpel landete, der mich bis zu den Knien durchnässte. Meine Schwester hatte beobachtet, wie ich nach vorne geschubst wurde und zeigte sich höchst erstaunt, da außer uns niemand sonst in Sicht war. Ich beschloss, die Muschel in Ruhe zu lassen, da ich fühlte, dass irgendein Meereskobold sie stärker begehrte als ich.

Die Geschwister Jane und Marie Elfram, deren Artikel über Naturgeister in einigen der alten Ausgaben der Zeitung "Light" erschienen, berichteten von wunderbaren Erlebnissen mit Garten- und Meereselfen. Eine von ihnen hob einmal eine Krabbe auf, um sie der Schwester zu zeigen, glitt auf einem Felsstein aus und verletzte sich. Im selben Augenblick tauchte eine Meeresnymphe vor ihnen auf und befahl: „Lege die Krabbe hin!“ Sie gab zu, den Unfall verursacht zu haben, schien aber zu denken, dass die Strafe wohl verdient war. Die Krabbe hatte sich unterdessen davongeschlichen und blieb die ganze Zeit über hinter der Nymphe liegen.

Diese war dunkelhaarig, hellhäutig und grünäugig. Ihr Schwanz schimmerte in herrlichen Farben, und sie besaß zwei große und zwei kleine schillernde Flügel. Sie erhob sich und kreiste etwa zwei Meter über den Schwestern.

Am Ufer sahen sie viele kleine Wesenheiten, gekleidet in grünlich brauner Seegrasfarbe und mit Schwänzen anstatt Füßen. Bei Flut spielten und ritten sie auf den Kämmen der kleineren Wellen. Sie konnten fliegen und schwimmen, und ihre Arbeit schien darin zu bestehen, den gestrandeten Babykrabben zu helfen. Manchmal ließen sie die Schwestern ihre hübschen Seemuschelschätze sehen.

„Im Jahre 1949“, berichtete Dawn E. Mooney, „lebte ich mit der verstorbenen Mairi T. Sawyer in ihrem herrlichen subtropischen Garten von Inverewe, in Western Ross in Schottland. Als mich die Mücken nicht mehr draußen arbeiten ließen, besuchte ich ganz alleine Fiona Loch hinter Beinn Airidh Charr, der damals „Tante Mairi“ gehörte.

Am Ewe Fluss zieht sich ein holpriger Weg entlang. Er führt vom gegenüberliegenden Schwimmbadhotel, vorbei an Inveran und der kleinen Mackenzie Jagdhütte, durch die Osgood Mackenzie Baumplantagen auf eine Ebene hinauf. Dort liegt in etwa dreihundert Meter Höhe der Fiona Loch. Auf der knapp fünfzehn Kilometer langen Strecke von Inverewe aus gibt es mehrere Gatter, von denen Mairi Sawyer eines verschlossen hielt.

An jenem heißen, beschaulichen und klaren Junitag sah ich niemanden mehr, nachdem ich die Gatter von Inveran hinter mir gelassen hatte. Als ich das Bootshaus am Ende des Weges erreichte, war ich müde und durstig. Ich ließ mich auf einem Felsen neben dem See nieder und begann, einen Apfel zu essen. Das Wasser plätscherte munter über die losen Ufersteine zu meinen Füßen. Doch über dem Wasser ertönte lustiges, trällerndes Kinderlachen. Es klang so ansteckend, dass ich beschloss, meine müden Knochen aufzuraffen und über einen hohen Geröllblock zu klettern, um einen Blick auf die Picknickgesellschaft zu werfen. Das jedenfalls glaubte ich zu finden, obwohl es mich überraschte, denn ich hatte kein parkendes Auto beim Bootshaus gesehen.

Meine Suche führte zu nichts. Niemand war zu sehen, und ich konnte auch nichts mehr hören. Ich setzte mich wieder auf meinen Platz und aß meinen Apfel weiter. Vielleicht hatte ich vor mich hin gedöst, ohne es zu bemerken. Doch dann vernahm ich das Lachen wieder, diesmal sogar noch näher. Ich machte mich also wieder auf, um die Kinder in der entgegengesetzten Richtung zu finden. Auf die An Teallach Hügel von Dundonnell zugehend, untersuchte ich gewissenhaft das nördliche Seeufer und gelangte zu dem Ergebnis, dass es weit und breit keine Menschenseele gab. Ich ging zu meinem Ruheplatz zurück, legte mich flach auf den Rücken, und das Gelächter schien von Fels zu Fels rund um mich herum zu erklingen. Sehen konnte ich aber nichts.

Als ich am Abend beim Kaminfeuer in Inverewe von meinem Erlebnis erzählte, erregte ich Mairi Sawyers Interesse so stark, dass sie ihre Männer befragte, ob sie irgendwelche Autos auf dem Kernsary Pfad gesehen hatten. Aber man versicherte ihr, dass ich an jenem Tage die einzige Person dort oben gewesen war. Niemand hatte nach dem Schlüssel für das verschlossene Gatter gefragt, und es war auch kein Auto über den schmalen Pfad gefahren. Der Weg von Letterewe nach Dundonnell hätte die Beine eines Erwachsenen schon arg ermüdet, ganz zu schweigen von Kinderbeinen. Die alte Teeny MacGillwray, eine Kindheitsgefährtin von Tante Mairi und spätere Haushälterin auf Inverewe, meinte, dass ich keine Menschenstimmen vernommen hätte und dass in der Vergangenheit schon „andere Leute“ Dinge beim Fiona Loch gehört hatten, aber mehr sagte sie nicht.

Tante Mairi schien ein wenig besorgt zu sein und meinte, sie würde den Ort meiden, da sie nicht in die Macht von Zwergen geraten wollte. Aber ich versicherte ihr, dass jene ausgesprochen freundlich und absolut harmlos gewesen seien.

Ich sollte vielleicht noch hinzufügen, dass meine Mutter, meine Großmutter mütterlicherseits und ich manchmal Dinge sehen, fühlen und hören, die sich dem menschlichen Verstand entziehen.“

1932 steuerte Iris Strick aus Devon zu dem von ihrem Vetter Charles Richard Cammell und Lewis Spence veröffentlichten Magazin "Atlantis Quarterly“ einen Bericht über die Begegnung mit Elfenpferden in einem Wasserfall bei. Folgendes Erlebnis aus den zwanziger Jahren ist dieser Veröffentlichung entnommen.

„Vor einigen Jahren wanderte ich in den Pentland Hügeln in der Nähe von Edinburgh. Meine dreizehnjährige Nichte begleitete mich. Wir planten, den ganzen Tag unterwegs zu bleiben und zu sehen, ob es uns diesmal wohl gelingen würde, ein wenig weiter 'durchzustoßen'. Wir vermieden es, die genaue Bedeutung dieses Ausdrucks zu erklären.

Damals standen wir uns sehr nahe. Zwischen meiner jungen Begleiterin und der Natur gab es ganz offensichtlich eine seltsam enge Verbindung. Gemeinsam hatten wir bereits viele bemerkenswerte Wanderungen, bei denen eine sehr spezielle Atmosphäre herrschte, unternommen. Doch jedesmal, wenn wir an der Grenze einer großen Entdeckung zu stehen und sich die Tore zur Elfenwelt zu öffnen schienen, veränderte sich alles, und die Barrieren schlossen sich. Uns blieb dann nichts als die quälende Sehnsucht nach dem, was hätte sein können.

Eigentlich sahen wir nie etwas auf diesen Wanderungen, das nicht eine einfache Erklärung zuließ. Aber wir spürten, dass da etwas war, das wir nur gerade eben verpasst hatten, und dass es uns ein anderes Mal sicherlich gelingen würde, hindurchzuschlüpfen und zu sehen.

Auf unserer Pentland Expedition verlief alles gut. Gegen Mittag rasteten wir an einem mit Glockenheide übersäten Hang. Es war eher ein grauer, finsterer Tag gewesen, aber nun brach die Sonne zwischen den Wolken hervor. Wir legten uns mit dem Gesicht in die Heide und verloren uns verzückt in der Schönheit von Farbe und Duft. Die Zeit blieb stehen. In Fiona MacLeods unsterblicher Geschichte "The Annointed Man“ liegt dieser mit dem Gesicht nach unten im Heidekraut. Wir hatten oft über die Erzählung gesprochen und Passagen daraus zitiert. Doch mit unserer geringeren Erfahrung war es die Glockenheide, die uns verzauberte und unsere Augen öffnete "für etwas, das aus dem Regenbogengewölbe von Cathair-Sith herabgestiegen war“.

Wie auch immer, wir sprangen gleichzeitig auf, verließen den Pfad und rannten übermütig die Hügel empor. Ein wunderbares Gefühl, dass etwas Ungewöhnliches passieren würde, erfasste uns, doch noch geschah nichts.

Wir kletterten den Damm einer Schlucht hinauf und wieder hinunter und gelangten an einen Wasserlauf, der sein Bett tief in den Felsen gegraben hatte.

Das Tal mit seinem von der Natur in merkwürdige Formen gemeißelten Stein, der sich über den Bach wölbte und das Wasser dunkel und geheimnisvoll erscheinen ließ, mutete sehr seltsam und unheimlich an.

Wir waren von dem Gedanken besessen, dass es dort oben Wildfrüchte gab. Nach mühsamer Suche fanden wir schließlich eine einzelne Erdbeere. Wie es überhaupt möglich war, dass in einer solchen Lage auch nur eine einzige Frucht heranreifen konnte, blieb ein Geheimnis. Wir teilten uns die Erdbeere und verspeisten sie mit angemessener Feierlichkeit. Dieses seltsame Unterfangen schien zu jenem Zeitpunkt irgendwie sehr wichtig zu sein, und vielleicht war es das auch. Der Klang von abwärtsströmendem Wasser zog uns an den Rand eines Abgrundes. Unser Bach glitt über den Grat und verwandelte sich in einen sprühenden Wasserfall. Meine Nichte legte sich auf einen flachen Stein und starrte in das Wasser, das in die Tiefen hüpfte. Die Sonne hatte sich verflüchtigt, und die rasch vorüberziehenden Wolken färbten den Himmel grau. Ein feiner Sprühregen wehte uns von der Höhe des Wasserfalls entgegen.

Plötzlich rief das Kind: „Schnell, schnell, schau doch, die Pferde!“

„Wo?“ brüllte ich gegen das Tosen des Wassers an.

„Im Wasserfall!“

Ich warf mich auf den Stein und blickte gebannt hinunter. Eine Weile war nichts in der Gischt zu sehen, doch dann entdeckte ich sie. Dieser zauberhafte Anblick läßt sich einfach nicht beschreiben. Kleine, durchsichtige Pferde mit ihren Reitern sausten mit fliegender Mähne den Wasserfall hinunter. Sie waren klarer zu erkennen als die Reiter. Letztere winkten mit ihren Armen, so als ob sie sich gegenseitig bei diesem wilden Spiel anfeuern wollten. Dann waren sie verschwunden, doch nur einen Atemzug lang. Immer wieder tauchten sie (vielleicht waren es auch andere des gleichen Typs) auf dem Wasserkamm auf und jagten abwärts. Das Ganze dauerte etwa eine halbe Stunde lang.

Der Himmel hatte sich verdunkelt, und es regnete bereits eine Weile sehr heftig. Wir aber beachteten es nicht, da wir ja ohnehin schon von der Gischt durchnässt waren. Alles machte uns solch riesigen Spaß. Der fröhliche Übermut der Wassergeister hätte uns am liebsten selbst über das Kliff springen und an ihrem Spiel teilnehmen lassen. Aber das war wohl kein guter Gedanke, solange uns noch ein irdischer Körper gefangen hielt.

Schließlich dämmerte es uns, dass es spät wurde, wir noch einige Kilometer zu laufen hatten und den Zug erwischen mussten. Außerdem goss es in Strömen. Ein letzter Blick auf die Naturgeister, und wir kletterten durch die tropfnassen Heide- und Farnkräuter zurück auf den Wanderweg.

Wir sprachen nur wenig, denn wir waren noch allzu überwältigt von diesem Erlebnis. Auf unserem dunklen, nassen Heimweg verspürten wir eine große Sehnsucht nach jener lichten Welt, in die wir kurz hineinblicken durften.

Später redeten wir ausführlich über dieses Ereignis und verglichen unsere Aufzeichnungen von dem, was jede von uns wahrgenommen hatte. Wir rätselten, ob die kleinen Reiter durch die Felsen zurückgaloppiert waren, um erneut den Wasserfall hinunterzustürzen, oder ob es jedesmal eine andere Gruppe war, die sich auf eine unbekannte Reise begab.

Nur ein Amerikaner hat von einem ähnlichen Erlebnis berichtet, aber in seinem Falle wurden die kleinen Pferde in der Schaumkrone sich brechender Wellen gesehen.

Ich persönlich glaube, dass wir völlig ahnungslos über ein uraltes keltisches Ritual stolperten, bei dem die Sonne, die Glockenheide und vor allem die Wildfrucht jeweils eine wesentliche Rolle spielten und uns nach und nach die Augen geöffnet wurden."

Eine Frau aus Surrey erzählte mir, dass sie Schnee-Elfen gesehen hatte. Diese waren etwa neunzig Zentimeter groß, leuchteten wie strahlende Engel in weißem Gewand und glitzerten wie Schnee in der Sonne. Ihre großen weißen Flügel ähnelten weißen Federn. Viele flogen herbei und tanzten wie Balletttänzer mit anmutigen, ruhigen Bewegungen. Ihre fließenden Roben flatterten im Sonnenlicht, als sie unmittelbar über dem Boden dahinschwebten.

Winifred Spilsbury aus Sheffield in Yorkshire beobachtete eine lange Prozession ähnlicher Wesen, die sie aber "Eis-Elfen" nannte und die alle in eine Richtung strebten. Mit ihren durchscheinenden weißen Gewändern und den silbrig-kristallenen Haarbändern sahen sie aus, als wären sie aus Mondstrahlen geformt. Sie schienen unterschiedlichen Alters zu sein. Die älteren trugen jede eine Art Zauberrute oder einen silbernen Kristallstab. Frau Spilsbury gewann den Eindruck, dass dieser Stab ein gewisses Amt symbolisierte und ihnen die Autorität verlieh, übersinnliche Kräfte zu übermitteln und eine schützende Aura um die Geschöpfe, denen sie helfen wollten, zu bilden. Gedanklich sprach sie zu ihnen, und man sagte ihr: „Wir versammeln uns, um die Geistformen von Vögeln und Tieren zusammenzubringen, die bald in dem kommenden Frost sterben werden. Einige werden ihre Gestalt verändern und einige zurückkehren, um den Instinkt ihrer Art für alle lebendig zu erhalten."

Dies ereignete sich vor dem schweren Schneefall im April 1954, der sich so verheerend auf die wilden Tiere auswirkte. Als sie später in der Zeitung las, dass eine große Anzahl von Wildpferden, anderen Tieren und Vögeln auf dem Moor im Sterben lagen, wusste sie, dass die Elfen dort sein würden, um sie in eine neue, glücklichere Erfahrung zu führen.

Am Morgen des siebenundzwanzigsten Dezembers 1961 rief mich meine Schwester in den Garten, um einen Blick auf die kleine weiße Wasserschale zu werfen, die wir für die Wildvögel dorthin gestellt hatten.

Das Wasser darin war gefroren. Das Bild eines kleinen Sommerhauses neben einigen Bäumen war im Eis eingraviert und deutlich erkennbar. Eine Gestalt schien eine Art Angel zu halten. Außerdem gab es ein kleines Segelschiff mit fliegenden Vögeln darüber. Das Ganze war mit einer Reihe schmaler, zum Zentrum weisenden Linien umrahmt, was die Zeichnung dekorativ hervorhob. Es musste über Nacht geschehen sein, denn die Wasserschale wurde jeden Tag frisch gefüllt. Meine Schwester legte ein Pauspapier über die Schale und zog alle Linien gewissenhaft nach. Ich möchte noch erklärend hinzufügen, dass zur damaligen Zeit unser Teeservice, unsere Tischdecken, Vasen, Vorhänge und anderes das traditionelle Weidenmuster aufwiesen und wir annahmen, dass die Elfen, die hervorragende Nachahmer sind, dieses Muster, das sie in unserem Hause erspähten, als Vorlage genommen hatten. Wenn auch in vereinfachter Form und ohne die genauen Einzelheiten zu beachten, hatten sie dieses auf der Eisoberfläche nachzuzeichnen versucht.

Seit wir jenes Werk gesehen hatten, fiel es uns leichter, die entzückenden Blattmuster zu verstehen und zu schätzen, die wir an manchem trostlosen Wintermorgen auf den gefrorenen Fensterscheiben vorfanden.

Natürlich, für den Materialisten und den Skeptiker gibt es stets eine wissenschaftliche Erklärung für diese „kleinen Wunder", aber für diejenigen unter uns, die sich den Sinn für Wunder bewahrt haben, beschert die Natur immer wieder herrliche Beispiele der Elfenkunst.

Salamander

Als der Vater von Benvenuto Cellini seinem später als Goldschmied berühmten Sohn einen Salamander zeigte, wurde der kleine Feuergeist als Eidechse beschrieben. Im Oxford-Lexikon lautet eine der Definitionen des Salamanders: „Eichdechsenähnliches Tier, das angeblich im Feuer lebt“, während eine andere einfach heißt: „Ein Elementargeist, der im Feuer lebt“. Anhand der Zeugnisse einiger meiner Briefschreiber läßt sich vermuten, dass diese Wesen unterschiedliche Gestalten annehmen und ebenso, wie andere Naturgeister auch, die menschliche Form nachzuahmen vermögen.

In seinem Buch "Unseen Forces“ beschreibt Manly P. Hall einige von ihnen als „so groß wie Giganten aus prähistorischen Zeiten“ und andere als „klein und kaum sichtbar“. Letztere ähneln womöglich jenen „Funkenwesen“, die ich im Hintergrund des Feuers zu sehen pflegte. Sie besaßen eine bläuliche Aura und flogen umher wie Fliegen, schwollen aber bis zur Größe einer Wespe oder Biene an, wenn sie die Essenz der aussterbenden Funken verschluckten, die sie dann zum Hauptfeuer zurücktrugen.

Tom Charman schrieb in seinen Aufzeichnungen über Salamander: „Oft sehe ich wochenlang keinen, doch dann taucht einer mitten in den Flammen auf. Manchmal sind es auch mehrere. Dort legen sie sich nieder und schieben die rot-glühende Glut begeistert hin und her. An so manchem Winterabend, wenn das Feuer lustig in der Feuerstelle prasselt und die Funken durch den Kamin fliegen, kommen die kleinen Geschöpfe in dem tanzenden Feuer zusammen. Ihre Glieder stecken in seltsamen, eng anliegenden Kleidern, die rot in der glühenden Asche leuchten. Sobald sie auftauchen, wird das Feuer lebendig. Sie halten sich fast immer im Feuer selbst auf, obwohl sie bisweilen auch außerhalb, nahe der Feuerstelle, zu finden sind.

Gegen Anfang dieses Jahres sah ich einen sehr edlen Salamander, den ich intuitiv als den "Feuerkönig“ erkannte. Sein hochrotes, flammengleiches Gesicht war kräftig und vornehm. An einem späteren Abend, als die Dunkelheit bereits eingebrochen war, saß ich alleine und ohne Licht vor dem fast erloschenen Feuer. Plötzlich bemerkte ich kleine Salamander über den Fußboden rennen. Sie schleuderten Feuer durch den Raum. Dieses schien von ihnen auszugehen, denn sie warfen nur ihre Hände nach vorne, aus denen Feuerbänder hervorschossen. Es machte ihnen riesigen Spaß, und sie rannten in dieser Weise eine geraume Zeit hin und her. Vielleicht hatte jener Feuerkönig sie zu mir gebracht. Er selbst blieb jedoch unsichtbar.

Als Clara M.A. Clayton nach ihrer Hochzeit in Nottinghamshire lebte, war sie an einem Winterabend alleine im Haus. Sie saß beim verlöschenden

Feuer und las. Mit einem Male tauchte ein Salamander aus dem Feuer hervor, das augenblicklich erstarb.

„Der Feuerelf besaß keine bestimmte Gestalt", schrieb sie. „Er glich eher einer Feuerzunge, schien aber ein Zentrum zu besitzen, aus dem die Flammen hervorbrachen. Seine Bewegungen waren rasch, und ich glaubte, er würde sich durch den Kamin verflüchtigen, als er so unvermutet hervorsauste."

Sie sprach zu ihm und versuchte, eins mit ihm zu werden, doch er verschwand blitzartig wieder im Feuer, das erneut aufloderte und den Raum hell und warm machte. Ein zweites Mal versuchte sie, Kontakt zu ihm aufzunehmen, aber wieder schoss er aus den Flammen, die daraufhin ihre Glut völlig verloren. Diesmal für immer, denn der Salamander kehrte nicht mehr zurück. „Das glückliche kleine Leben, das in der Glut schwelgte und Flammen hinausschleuderte, hatte das Feuer verlassen und war in den erhabenen Feuergeist eingetreten", schrieb sie abschließend.

Die Journalistin und Dichterin Odette Tchernine aus der Fleet Street in London begegnete Feuerelfen, als sie im Maida Vale Bezirk von London wohnte. Im Alter von etwa sechs Jahren konnte sie teils sehen teils fühlen, wie einige winzige, durchaus angenehme Wesenheiten im Licht der großen offenen Feuerstelle des Kinderzimmers um sie herumflogen. Die transparenten, anmutigen Wesen leuchteten rosa, golden und flammenfarben und umkreisten sie mit stiller Freundlichkeit und „schienen Teil eines geheimnisvoll strahlenden Wohlbefindens zu sein. Ich fühlte mich in Einklang mit ihnen, als ob wir einander kannten und gegenseitig verstanden. Es machte Freude."

Gwen Cripps aus Cheshire sah während einer Heilbehandlung auf der Astralebene einen Feuerelf. Sie sandte mir eine Zeichnung von ihm, meinte jedoch dazu, dass sich die Fülle und der Glanz seiner Farben nicht wiedergeben lasse. Durch die Hilfe dieses kleinen Geschöpfes erhielt sie Lebenskraft. „Man spürt eine eiskalte, durchdringende Kraft, die den Astralkörper galvanisiert und zusammenhält."

Das kleine, ungefähr fünfundzwanzig Zentimeter große Ding flitzte ununterbrochen vor und wieder zurück hinter eine Wand intensiven weißen Lichts, als ob es aus dieser Quelle Energie schöpfte, deren Aufprall Frau Cripps deutlich fühlte.

Sie konnte dieses Elemental nicht besonders liebenswert nennen, doch es war seltsam faszinierend und mächtig. Wilde schwarze Augenbrauen beherrschten sein waches Gesicht, und es schaute sie scharf mit seinen tiefschwarzen, hervorstehenden und pupillenlosen Augen an. „Das verblüffte mich, denn die meisten Naturgeister besitzen seelenlose Augen."

Die Haut von Gesicht, Händen und Füßen war bräunlich, runzelig und von lederartiger Beschaffenheit. Das kleine Geschöpf trug keine Kleidung. Der rote Körperteil entwickelte sich eher mit der bräunlichen Haut. Das Gewebe des roten Körperabschnitts war zart und glich einer Anhäufung von Blasen, die im Licht glitzerten, als seien sie feucht.

Als Frau Cripps die Gestalt betrachtete, empfing sie den Namen „Feuergeist". Sie dachte, dass „Salamander" vielleicht eine andere Bezeichnung war. „Aber ich bin mir nicht so sicher", fügte sie hinzu, „denn ich habe (im Wachbewusstsein) hellsehend einen Salamander wahrgenommen. Obwohl beide die gleiche Vitalität tanzender Feuerflammen besaßen, war der Salamander sehr viel fließender als dieser Feuergeist, der recht robust erschien. Es war wirklich ein atemberaubender Anblick!"

Baumgeister

Das rücksichtslose Fällen eines gesunden Baumes bedeutet für einen empfindsamen Naturliebhaber eine Tragödie. Die meisten Bäume reagieren auf unsere Liebe und unsere Bewunderung. Sie besitzen eine starke Lebenskraft, und viele von ihnen verfügen über Heilkräfte. Einige der alten Bäume haben ein solch weit fortgeschrittenes Bewusstsein, dass sie eine bestimmte Individualität besitzen und sich wie die Dryaden des antiken Griechenland in Menschengestalt zu äußern vermögen.

Wenn ein Baum gefällt wird, dann verärgert das nicht nur den Baumgeist und verjagt ihn, sondern es beraubt auch die kleinen Elfen ihrer Behausungen in den Spalten des Baumstammes und nimmt den Wildvögeln ihren Nistplatz und Schutz in den belaubten Zweigen.

G. K. Evason erzählte mir, dass ihre Freundin einmal gerade nach Hause gekommen war und sich anschickte, ihr Abendessen zu bereiten, als sie auf dem Fenstersims eine Geistform bemerkte. Diese erklärte, sie sei der Geist des Baumes, der vor dem Fenster gestanden hatte und nun obdachlos wäre, da dieser Baum kürzlich abgeholzt worden war. Glücklicherweise trug die Freundin keine Verantwortung dafür, da sie jenen Baum sehr liebte und stets Frieden fand, wenn sie ihn vom Fenster aus still betrachtete.

Iris Strick liebte es, in einem schönen, dichten Wald zu laufen. „Wilde Narzissen und Hyazinthen, zerbrechliche Anemonen und der winzige Sauerklee wuchsen dort in Überfülle, und die gefleckten Blätter des Aronstabs brachen hier und dort in Gruppen aus dem Boden hervor. Aus dem schützenden Farn und Heidekraut lugte das scheue Wild zu mir herüber, Hasen flitzten an meinen Füßen vorbei, Eichhörnchen rasten die Baumstämme auf und ab, und die vielen verschiedenen Vogelstimmen erfüllten die Luft mit Musik. Die Füchse hatten sich so tief unter den großen Felsen verschanzt, dass kein Übeltäter ihr sicheres Versteck erreichen konnte, und angeblich gab es sogar einen Dachs dort.

Ein gewisser Zauber lag über jenem Wald, eine weiße Magie, die ihm eine besondere Atmosphäre verlieh. Man konnte die Anwesenheit von Leben spüren, das nicht unser Leben ist; Wesen, die wild und frei sind und die sich nur gerade eben dem menschlichen Blick entzogen. Doch sie schienen denjenigen freundlich gegenüberzutreten, die mit ihnen in Einklang schwangen; jenen, denen sie trauen konnten, dass sie weder Vogel noch Tier, Blume oder Baum verletzen würden.

Nach einer langen Abwesenheit besuchte Iris Strick den Wald wieder und fand „Zerstörung und Verzweiflung“ vor. Große Bäume lagen starr und leblos, und sie stolperte über eine umgefallene Buche, die wie eine verstümmelte Statue aus dem antiken Griechenland da lag – die anmutigen Äste abgehackt und ihr Stolz, ihre Herrlichkeit im Staub erniedrigt.“

Die freundliche Atmosphäre des Waldes war verschwunden. Überall herrschten Hass und Angst. Es war nicht gut, länger zu verweilen, denn die Luft war erfüllt von Feindseligkeit den Menschen gegenüber, jener Rasse, die diesen Ruin herbeigeführt hatte. Sie hörte ein ohrenzerreißendes Krachen, als einer der letzten mächtigen Bäume niederstürzte, und sie meinte, dass „etwas Unsichtbares, ein Blitzstrahl qualvollen Schmerzes, vorbeizischte und eine Spur von Entsetzen und Wut hinterließ.“

Iris Strick zeigte mir eine riesige Zeder, die bei einem Landhaus in Derbyshire stand und die sie als „sehr freundlich“ bezeichnete. Sie bat mich, mit dem Rücken gegen den Baumstamm zu lehnen und zu sehen, ob ich mit ihrem Bewusstsein Kontakt aufzunehmen vermochte. Ich erinnere mich heute noch an die ungeheure Kraft ihrer Schwingungen, die mich durchflossen und mein ganzes Sein mit Leben und Energie überfluteten. Iris meinte, dass sie diese Erfahrung jedesmal machte, sobald sie sich still an den Baum lehnte.

1938 kaufte Vera Westmoreland ein Haus mit einem hübschen alten Garten, der sich am unteren Ende verjüngte. Dort stand neben einem Steingarten ein hoher Baum. Ihr Vater wollte ein Gewächshaus anlegen. Im Mai machte er sich daran, den Baum zu fällen. Durch die weite Terrassentür beobachteten ihre Mutter und sie, wie er den Spaten niederlegte und sich mit der Säge dem Baum näherte. Im nächsten Augenblick rieb er sich die Brust. Er ging ein zweites Mal auf den Baum zu und ein wenig zurück und rieb sich wieder die Brust. Bei einem dritten Versuch fiel er direkt auf den Rücken. Mit gerötetem und besorgtem Gesicht kam er ins Haus. Auf die Frage, was vorgefallen war, meinte er, dass „irgendetwas" ihn zweimal hart gegen die Brust gestoßen und das dritte Mal sogar umgeschmissen hatte.

Mutter und Tochter gingen mit ihm zurück in den Garten. Als der Vater sich erneut dem Baum näherte, erhielt er einen solch heftigen Schlag, dass er rückwärts umfiel. Da hörte er eine Stimme sagen: „Du kannst das meinem Baum nicht antun!" Dann sah er einen Elf mit braunem, verhutzeltem Antlitz und zerlumpten Kleidern. Das beendete die Angelegenheit. Er wollte nichts mehr mit dem Baum zu tun haben, und seine Tochter Vera musste fortan die Früchte ernten. Ganz selten war es ihr vergönnt, das Gesicht des Elf zu erblikken, das „dem eines alten Mannes im Kleinformat glich" und dem man viele Jahre der Arbeit ansehen konnte. Er pflegte ihr dann zuzunicken, um ihr zu bestätigen, dass er wusste, dass sie ihn sehen konnte.

Als 1939 der Krieg begann, wurden Vorbereitungen getroffen, einen Schutzbunker zu bauen. Die Männer, denen es oblag, die Erde auszugraben und den Bunker zu errichten, näherten sich dem Baum, um ihn zu fällen. Ihre Spaten zerbrachen, und zwei Männer fielen rückwärts auf den Boden. Sie erschreckten sich dermaßen, dass man ihnen erlaubte, statt des Baumes den Steingarten zu beseitigen. Der Baum blieb also unangetastet.

„Ich sah den Elf mehr als einmal während der Luftangriffe grinsen, wenn ich aus dem Bunker auftauchte, um warme Getränke zu bereiten", schrieb Frau Westmoreland. „Er war der einzige Elf mit einem solch runzligen Gesicht, den ich je gesehen habe."

Viele Jahre später zog sie mit ihrem Mann nach Oldham, um für verkrüppelte und blinde Menschen zu sorgen. Sie wohnten in einem sehr alten Haus mit eingebogenem Dach, dessen Wohnzimmerfenster zwei müde, verwelkte

Ulmen verdunkelten, die davor standen und kaum noch lebendig waren. Viele Jahre schweren Rußes von den Mühlen hatten die saure Erde verbrannt. Der alte Platz wurde zum Heiligtum für zahlreiche behinderte Leute, die der Hilfe und des Trostes bedurften. Daher beschloss das Ehepaar eines Tages, die Bäume abzuholzen, sobald es aufgehört hatte zu regnen.

Am Morgen des ersten klaren Tages putzte Frau Westmoreland die Fenster des Hauses, als sie zu ihrer Überraschung einen olivgrünen Elf sah, der sie unverwandt anstarrte, während er von Ast zu Ast wanderte. Doch sie fühlte nichts und hatte keine Ahnung, was er dachte. Sie erzählte ihrem Mann davon, und sie fragten sich, ob der Elf vielleicht ihre Pläne kannte. Dann dachten sie nicht mehr darüber nach und sägten am Abend die Baumkrone ab. Frau Westmoreland spürte einen seltsamen Stoß in ihrem Rücken, achtete aber nicht weiter darauf. Als sie dastand und darauf wartete, welchen Baumteil ihr Mann als erstes beseitigt haben wollte, wurde sie völlig unerwartet von einer Kraft geschlagen, und etwas Kleines, Starkes warf sie auf den scharfen Baumstumpf, der ihr Bein oberhalb des Knies einritzte, was einen bleibenden blauen Fleck hinterließ. Da wussten sie, dass es dort irgendeine Kraft gab, die nicht damit einverstanden war, dass sie den Baum beseitigten. Aber um der ans Haus gebundenen Bewohner willen kämpften sie sich durch und ließen einen kleinen Teil zum Wachsen stehen. Es fiel ihnen jene Begebenheit mit Veras Vater ein und dass sie am Morgen jenen Elf gesehen hatte, weshalb sie den anderen Baum unberührt stehen ließen.

Bei einem ihrer Besuche in Killagally im Bezirk Offalay in Irland war es Eve Gall vergönnt, einen Baumgeist vom Typ der Dryaden zu sehen. Sie sandte mir folgenden Bericht von diesem Erlebnis.

„Es war ein wunderschöner, sonniger Tag; ein müßiger Tag, mit jener sanften Wärme, die man nur in Irland findet. Meine Gastgeberin und mein Mann unternahmen eine Wanderung, und ich blieb meinem eigenen Einfallsreichtum überlassen. Ich schlenderte den Park hinauf zum Tor und ließ mich seitwärts im Schatten einer riesigen Buche auf dem Rasen nieder.

Still genoss ich die hübsche Landschaftsszene vor mir und ließ ihren Frieden und ihre Schönheit in meine Seele dringen. Bald darauf befand ich mich in einem weltentrückten Zustand, in den man in Irland so leicht hineingerät. Alles war still, selbst der Vogelgesang verstummte. Eine intensive Schwingung des Erwartens erfüllte die Stille, als neben mir unter dem großen Baum eine sehr hochgewachsene, mindestens drei Meter große Gestalt erschien. Das weibliche Wesen war in grüne, fließende Gewänder gehüllt, die sie zu umflattern schienen, obwohl sich kein Lüftchen regte. Das lange, metallgrün glänzende Haar hing lose wehend herab. Das blasse Antlitz mit seinen feinen, zarten Zügen, der gebogenen Nase, den hohen Wangenknochen und den vollen Lippen strahlte eine unbeschreibbare Leuchtkraft aus. Sie wandte ihr Gesicht dem Himmel zu und hatte Hände und Arme seitwärts ausgestreckt. Ihre ungeheure Lebenskraft beeindruckte mich zutiefst. Sie war absolut pulsierendes Leben und schien dieses Leben und diese Energie in die Natur um sie her auszustrahlen. Vier oder fünf Minuten lang blieb sie sichtbar, dann entschwand sie allmählich meinem Blick."

Frau Gall wusste nicht, wie es geschehen war, aber dieses herrliche Geschöpf hatte sie erkennen lassen, dass es der Geist der großen Buche war. Bis zum Ausklang jenes Tages erfüllte sie eine Hochstimmung und Begeisterung, wie sie dies nie zuvor erlebt hatte.

Meine Schwester und ich sahen die Aura, nicht die eigentliche Gestalt, eines Baumgeistes in den Colwick Wäldern in Nottingham, wo die Elfen meiner Schwester den blauen Perlenkranz zurückgegeben hatten.

In unserer Jugend spielten wir mit den Kindern des seit langem niedergerissenen Bauernhofs, der zu dem Colwick Park Gut gehörte.

Dort verbrachten wir die glücklichsten Stunden unseres Lebens. Wir sammelten Brombeeren, Pilze und Holunderbeeren und suchten nach Eicheln, die wir in Elfentassen oder Elfenhüte verwandelten. Wir rollten uns den Hang hinunter oder lagen im Gras zwischen den Wildblumen und lauschten dem Zirpen der Heuschrecken und beobachteten die Lerchen. Manchmal konnten wir flüchtig die Jungen der Rebhühner oder Füchse sehen. Wir gaben vor, Pfadfinder oder Rothäute zu sein und spielten im Park zwischen den Bäumen, die wir liebten und niemals beschädigten, Verstecken. Für uns war es das Paradies.

Später besuchten wir jeden Tag den Park in Begleitung unserer Cockerspaniels, die gewöhnlich aus der kleinen Quelle tranken, die in der Nähe der Kirsch- und Holzapfelbäume im Tal sprudelte.

Viele Jahre waren inzwischen vergangen, als wir noch einmal jenen vertrauten Ort aufsuchten, diesmal als alte Leute und ohne es zu wissen, dass es das letzte Mal gemeinsam sein sollte. Wehmut erfüllte unser Herz, und wir ließen uns auf einem Hügel nieder, um auszuruhen und zu versuchen, den alten Zauber wieder lebendig werden zu lassen. Nachdem wir uns ein wenig ausgeruht und entspannt hatten, begannen wir, unsere damaligen Schritte nachzuvollziehen. Wir wanderten auf einen Baum zu, der uns in unseren jungen Tagen sehr gut gekannt hatte und der abseits der übrigen Bäume stand. Zu unserem großen Erstaunen erstrahlte er mit einem Male.

Dieses Licht kam nicht von der Sonne, denn der Baum leuchtete aus sich heraus, und seine Strahlkraft ergoss sich in einer goldweißen, ätherischen und durchscheinenden Aureole. Der Baum wollte uns damit sagen, dass er uns erkannt hatte. In schweigender Zwiesprache standen wir unter seinen Zweigen, eingehüllt in seiner begrüßenden Schwingung. Nach einer Weile mussten wir Lebewohl sagen und gingen mit dem Gefühl nach Hause, gesegnet und erhoben zu sein.

Es war wirklich ein wunderbares, anrührendes Erlebnis, von einem alten Waldfreund begrüßt und so liebevoll wiedererkannt zu werden.

Banshees (Todesfeen)

Ich kann nicht von den Elfen Irlands sprechen, ohne die Banshee (Bean Sidhe) oder Frauenelfe zu erwähnen, die sich an bestimmte, alteingesessene irische Familien bindet und diese warnt, wenn ein Unglück oder der Tod eines Familienmitglieds ansteht. Manchmal sieht man sie wehklagend auf einem Felsen sitzen, aber meistens wird sie nur gehört.

Rolanda Hirst aus Bedwas in Monmouthshire lebte 1927 auf Lissadill in Sligo als Gouvernante der Kinder von Sir Jocelyn Gore Booth. Seine Schwester war die Gräfin Konstanze Markievicz, jenes Sinn-Fein-Mitglied, die bei der Osterrebellion von 1916 eine solch wesentliche Rolle gespielt hatte.

Eines Tages erschien Lady Gore Booth im Schulraum, um Rolanda Hirst mitzuteilen, dass sie und ihr Mann unverzüglich nach Dublin reisen würden, da die Gräfin erkrankt war und im Hospital lag.

„An jenem Nachmittag“, schrieb Rolanda, „ging ich mit den Kindern hinunter zum Strand, um zu baden und zu picknicken. Die Kinder liefen ins Wasser, und ich blieb zurück, um den Tee zuzubereiten. Da hörte ich mit einem Male ein fürchterliches Wehklagen und Wimmern von den Felsen im Meer herüberwehen, das eine Zeitlang anhielt. Als die Kinder zurückkamen, fragte ich sie, ob sie das Wimmern gehört hätten. Sie verneinten und meinten: „Vielleicht waren es die Seehunde.“

Ich sprach nicht mehr davon. Wir tranken unseren Tee und gingen nach Hause. Dort erwartete uns ein Telegramm, in dem der Tod der Gräfin Markievicz mitgeteilt wurde und dass ich die Kinder nach Dublin bringen sollte.

Sie war auf Lissadill geboren, und ich glaube, man kann annehmen, dass ich das Wimmern einer Banshee gehört hatte, von der es heißt, dass sie wehklagt, wenn ein berühmtes Mitglied einer alten Familie stirbt.

Im November 1955 schrieb Katharine Johnston aus Castlewellan im Bezirk Down in Irland:

„Ich persönlich kann nicht behaupten, jemals Elfen gesehen zu haben, aber meine Mutter (Lady Coghill) hörte im Alter von acht oder neun Jahren im Garten ihres alten Zuhauses in Castletownshend im Kreis Cork die Banshee wimmern. Es war an einem Juni-Morgen zwischen fünf und sechs Uhr. Sie fürchtete sich so sehr, dass sie bei ihrer älteren Schwester Zuflucht suchte.

Beim Frühstück erfuhren sie, dass eine ganze Bootsladung von Lehnsleuten meines Großvaters, von einer ausgedehnten Feierlichkeit im Nachbarhafen zurückkommend, kurz vor der Hafeneinfahrt ertrunken war. Es hatte sich zum selben Zeitpunkt ereignet, als meine Mutter das Klagen der Banshee hörte.

Meine Mutter erzählte mir auch oft, dass sie später, als sie schon längst erwachsen war, einmal Elfenmusik vernommen hatte. Sie konnte sie nicht beschreiben, aber es muss eine sehr liebliche Melodie gewesen sein, die um das Haus huschte.

Norah de Courcy aus Ost-Grinstead in Sussex sandte den folgenden interessanten Bericht.

„Meine Mutter lag bereits seit zwei Wochen krank danieder, und ich sah, dass sie rasch weniger wurde. Ich hatte sie am Freitag, dem fünften August 1949, in Hampstead besucht. Damals wohnte ich in Midhurst und musste wegen meiner zweijährigen Tochter nach Hause zurückfahren, da ich niemanden hatte, der auf sie aufpassen konnte.

Ich dachte viel an meine Mutter, und am Sonntag, dem siebten August gegen sieben Uhr abends, hörte ich von der Küche aus ein Geräusch, das vom Dach zu kommen schien und sich wie das Wimmern einer Frau anhörte. Dieses Erlebnis läßt sich nur mit menschlichen Worten umschreiben, obwohl man eigentlich nicht direkt von einer Frauenstimme sprechen konnte. Ich habe niemals etwas derartig Trauriges und Schreckliches gehört. Eine Viertelstunde später kam mein Mann ins Zimmer. Ich erzählte ihm von der Banshee, die wieder mit ihrem Klagelied begann. Er hörte jedoch nichts. Ich fühlte, wie mir die Haare zu Berge standen.

Seit vielen Jahren war mir bekannt, dass eine Banshee angeblich den Tod eines Mitglieds der de Courcy Familie verkündete, zu der auch meine Mutter gehörte. Sie und ihre Schwester hatten sie kurz vor dem Tode einer Tante vernommen, als sie sich Anfang des Jahrhunderts in Deutschland aufhielten. Doch daran hatte ich überhaupt nicht gedacht. (Obwohl ich den Ausdruck „hören" benutzte, möchte ich hinzufügen, dass ich die Töne nicht mit meinen physischen Ohren aufzunehmen schien.) Ich rief die Krankenschwester an, die sich um meine Mutter kümmerte und die mir mitteilte, dass sich nichts an ihrem Zustand verändert hatte.

Gegen Mitternacht vernahm ich hoch über dem Haus das Läuten von "Glocken". Ihre Klangfülle überstieg bei weitem jeden irdischen Ton. Soweit ich herausfinden konnte, starb meine Mutter genau in diesem Augenblick. Es war das einzige Mal, dass ich diese Glocken vernahm. Sie waren eine Botschaft für mich, denn meine Mutter und ich standen uns sehr nahe, bis sich ihr Geisteszustand unglücklicherweise zunehmend verschlechterte. Seltsamerweise hörte niemand in meiner Familie die Banshee.

Kurz vor Mitternacht vernahm L. Hazlehurst das laute Wimmern einer Banshee. Kurz darauf starb ihr Mann.

„Mutter war eine nüchterne Engländerin", schrieb ihre Tochter. „Aber sie lebte in einem kleinen Dorf im Kreis Kildare in Irland, als sie die Banshee hörte."

Willie Monks aus Lusk im Kreis Dublin sandte mir folgenden Bericht von einer Banshee, die Mitglieder seiner Familie gehört hatten.

„Vor ihrer Ehe besuchte meine Mutter ihre verheiratete ältere Schwester in Staffordstown in Donabate im Bezirk Dublin. Während ihres Aufenthalts erlitt ein Kind solch starke Verbrennungen, dass es daran starb. Meine Mutter behauptete, in dieser Zeit das Weinen der Banshee im Haus oder draußen gehört zu haben. Es muss völlig anders geklungen haben als das Schreien von Katzen oder anderen Tieren. Dies trug sich Anfang 1890 zu.

Irgendwann in den dreißiger Jahren erkrankte in demselben Haus eine Schwester jenes Jungen und starb ebenfalls. Als sie im Sterben lag, hatte meine Schwester sie besucht und seltsame, wimmernde Töne vernommen. Es überraschte sie, dass niemand im Hause eine Bemerkung darüber machte. Inzwischen sind mehrere Mitglieder jener Familie gestorben, aber niemand hat berichtet, etwas Ungewöhnliches gehört zu haben."

„Während unseres ersten Aufenthalts in Irland, im Jahre 1948, verbrachten meine Frau und ich mit unserer Gastgeberin ein oder zwei Tage im Hause ihres Bruders in Killagally, südlich von Athlone", schrieb William C. Gall aus Emsworth in Hampshire. „Das geräumige, georgianische Haus, das eher einem Herrenhaus glich, stand auf den Ruinen eines ehemaligen Frauenklosters, besaß aber in jenem abgelegen Flecken Irlands weder Gas noch Elektrizität. Daher versammelten wir uns am Abend rund um das Holzfeuer in einem riesigen hohen Raum aus dem achtzehnten Jahrhundert, den zwei Kerzen in schlanken Silberleuchtern schwach erhellten, und unterhielten uns, wie man sich eben nur in Irland unterhalten kann.

Es goss in Strömen in der sonst so stillen Nacht. Die großen Fensterläden waren geschlossen. Das einzige Nachbarhaus lag etwa zwei Kilometer weit entfernt. Wir lauschten den Erinnerungen an die Vergangenheit, als wir von draußen ein höchst unirdisches, heulendes Geräusch vernahmen. Meine Frau und ich schauten uns an, aber die anderen sprachen weiter, als hätten sie nichts gehört. Und wieder ertönte das unheimliche Wimmern, das diesmal länger anhielt. Niemand äußerte sich dazu, obwohl man die allgemeine Beunruhigung merkte. Unsere Frage: „Was war das?" blieb unbeachtet. Als das schaurige Heulen zum dritten Mal, noch eindringlicher und schriller als zuvor, erklang, ließ es sich nicht mehr verleugnen. Unser Gastgeber aber erhob sich abrupt und sagte: „Ich glaube, wir regen sie zu sehr auf. Wir sollten lieber alle zu Bett gehen." Ohne weitere Umstände wünschte er uns eine gute Nacht und verließ den Raum. Auch wir zündeten unsere Kerzen an und gingen in unsere Zimmer.

Aus Macht der Gewohnheit blickte ich dort auf meine Uhr. Es war kurz nach zehn. Meine Frau meinte: „Was war das nur für ein seltsames Geräusch? Es hörte sich wie eine Banshee an." Ich erwiderte: „Ein Hund, ein Fuchs oder eine Eule war es bestimmt nicht." Von einem Tier konnte dieses eindringliche, kummervolle Weinen, das einem kalt den Rücken hinunterlief, gewiss nicht stammen.

„Ich glaube, es ist eine Banshee, was für irgendeinen hier ein schlechtes Omen bedeutet." Wir fühlten uns recht unbehaglich, schliefen aber schließlich doch ein.

Am nächsten Tag wurde nicht mehr darüber gesprochen, und bald vergaßen wir unsere Ängste und Vorahnungen, und das Ganze versank im Hintergrund.

Doch es gab eine Fortsetzung dieses Erlebnisses, als wir nach den Ferien in unser kleines Haus in Waterlooville in Hampshire zurückkehrten. Dort erfuhren wir zu unserer Bestürzung, dass ein lieber Freund und Nachbar von zwei Einbrechern schwer verletzt worden war und wegen seines kritischen Zustands im Krankenhaus lag. Er besaß die Wäscherei hinter unserem Haus und lebte in einem Haus am Ende der Straße. Auf seinem Weg zwischen Arbeitsstelle und Wohnung musste er also jedes Mal an unserem Haus vorbei.

An jenem Abend, an dem wir die Banshee hörten, hatte unser Freund im Büro der Wäscherei, das auf dem ersten Stock lag, etwas zu erledigen. Er betrat das Gebäude mit einer Taschenlampe und wollte gerade die Treppe hinaufsteigen, als er von zwei Männern angefallen wurde, die sich dort versteckt hielten. Sie schlugen ihm mit einer großen Geldkasse über den Kopf und fügten ihm eine fürchterliche Verletzung zu. Er verlor das Bewusstsein, gewann es aber nach einiger Zeit wieder und versuchte, sich auf den Heimweg zu machen. Es muss ein Alptraum gewesen sein. Geschwächt durch den Blutverlust und immer wieder das Bewusstsein verlierend, kroch er auf unser Haus zu. Er erinnerte sich noch ganz genau, dass er sich dort auf der Türschwelle niederließ und inbrünstig wünschte, uns anzutreffen, um ihm zu helfen. Schließlich gelang es ihm, sein Haus gerade in dem Augenblick zu erreichen, als sein Sohn sich anschickte, ihn zu suchen. Lange Zeit bangte man um sein Leben, aber die ausgezeichnete Operation und sorgsame Pflege ließen ihn völlig gesunden.

Als er wieder zu Kräften gekommen war und wir Einzelheiten mit ihm besprechen konnten, fanden wir heraus, dass wir genau in jenem Augenblick, als er, auf unserer Türschwelle liegend, in seiner Verzweiflung gedanklich nach uns rief, in Irland das Heulen der Banshee gehört hatten.“

Kapitel 4
Elfenzauber und Elfendienst

Einige Leute glauben, dass es Elfen nur in Wäldern und Gärten gibt, aber das trifft nicht zu. Sie halten sich auch in Gebäuden auf, wie die folgenden Berichte zeigen.

Im September 1952 hatten Herr und Frau Gall aus Hampshire einen langen, glücklichen Tag mit der Neuanlage ihres Gartens verbracht. Im abendlichen Dämmerlicht saßen sie entspannt am Kaminfeuer und unterhielten sich über ihre Tagesarbeit, als sie eine winzige Elfe im Zimmer fliegen sahen. Diese kreiste zweimal herum und verschwand dann ebenso plötzlich wieder durch die Wand, wie sie aufgetaucht war. Die kleine, knapp fünfundzwanzig Zentimeter große Figur in menschlicher Gestalt erstrahlte in glänzend silbrigem Licht und besaß transparente, schwach leuchtende Flügel. Sie blieb etwa fünfzehn Sekunden lang sichtbar, und ihr Verschwinden ließen Herrn und Frau Gall erstaunt einander fragen: „Hast du das gesehen?"

Doch es sollte nicht das einzige Erlebnis für sie bleiben.

Die Sinnetts aus Oxford erlebten eine ähnliche Überraschung. Nach dem Abendessen ruhte sich Herr Sinnett gemütlich vor dem Kaminfeuer aus und besprach die Geschehnisse des Tages mit seiner Frau, als er einen kleinen, etwa fünfzehn Zentimeter großen Burschen auf dem Tisch herumlaufen und schließlich hinter dem Marmeladentopf verschwinden sah. Die Gestalt schien einen eng anliegenden Anzug und Hut zu tragen, deren Farbe man als neutral oder grünlich braun beschreiben konnte.

Herr Sinnett fragte seine Frau nur, was sie gesehen hatte, denn er wollte sie nicht beeinflussen. Doch ihre Beschreibung entsprach genau dem, was er wahrgenommen hatte.

„Eine Halluzination ist demnach ausgeschlossen", meinte er. „Ich habe vielen Leuten davon erzählt, doch die meisten haben nur mitleidig gelächelt oder mich ganz offen verspottet. Dennoch, wir hoffen eine solch allerliebste Begegnung noch einmal zu erleben. Ich könnte schwören, dass sie Wirklichkeit war."

Während ihres Aufenthalts in einem Haus in Devonshire, im Jahre 1925, sah G. K. Evason, als sie die Dielentür öffnete, zu ihrer großen Überraschung etwa zwölf sehr zarte, weibliche Elfengestalten auf dem Teppich am Kamin, in dem kein Feuer brannte, tanzen. Die Terrassentüren führten zu einem wunderschönen Rasen und Blumengarten hinaus. Die kleinen Wesen besaßen alle Flügel und waren etwa fünfundzwanzig bis dreissig Zentimeter groß. Die durchsichtige Kleidung dieser transparenten Gestalten schillerte.

„Es war ein bezaubernder Anblick", meinte sie, „und ich beobachtete sie lange genug, um die Einzelheiten ihrer zierlichen Formen und Züge in mich aufzunehmen. Dann kam eine Dame, die ebenfalls in dem Haus wohnte, durch die Tür, um ein Buch aus dem Bücherschrank zu holen, und alle Elfen verschwanden. Ich erzählte ihr von meinem Erlebnis, worüber sie sich sehr freute. Sie erklärte, dass es im Garten angeblich Elfen geben sollte. Sie selbst hatte sie nie gesehen und auch noch nicht gehört, dass sie ins Haus kamen. Ich wusste von all dem nichts.

„1931 besuchte ich den Besitzer eines Hauses in Herne Bay in Kent, und wir saßen in einem Zimmer, von dem aus man einen sehr hübschen Garten überblicken konnte. Im Laufe unserer Unterhaltung bemerkte ich eine strahlend blaue Elfe auf einem Regal des Schreibtisches thronen, an dem der Herr saß. Sie glich einer Königin, denn sie trug eine glitzernde Krone und einen Stab. Mein Gastgeber konnte sie nicht sehen, freute sich aber sehr, als ich ihm davon erzählte. Ich habe viele gleichartige Erfahrungen gemacht, alle ganz spontan und ungewollt."

Die Szene des nächsten Berichts spielte sich in einer ehemaligen Kaserne im Bezirk Kilkenny in Eire ab, die man zu Wohnungen umgebaut hatte. Mitte September 1911, gegen viertel vor sechs, hatte Isa V. Cooke gerade den Tisch für die sechs Uhr Mahlzeit ihres Mannes fertig gedeckt.

Sie zog den Sessel näher ans Feuer heran und hob ihre sechs Wochen alte Tochter aus der Wiege. Das kleine Köpfchen ruhte in ihrer Armbeuge. Sie sprach zu dem Baby und spielte mit seinen Fingern, bis es einschlief.

„Ich blickte auf das friedliche Gesichtchen und dachte darüber nach, was die Zukunft wohl für sie bringen würde, als ich einen großen weißen Schmetterling auf meinen linken Fuß flattern zu sehen glaubte, der auf dem Kamingitter ruhte. Ich schaute genauer hin und bemerkte eine allerliebste, kleine, puppenähnliche Gestalt, die etwa zwanzig Zentimeter maß. Sie lief meinen Rock hinauf und sprang von meinem Knie auf die Stuhllehne, dann um meinen Rücken herum auf meine rechte Schulter, den Arm entlang und blieb am Kopfe des Babys stehen. Sie war in schimmerndes Weiß gekleidet und hielt in der Hand eine Art Stopfnadel von fünf Zentimetern Länge. Ihr Strahlen blendete meine Augen. Dann erkannte ich plötzlich, dass ich eine Elfenkönigin betrachtete. Innerhalb weniger Sekunden sprang sie auf die Stuhllehne, drehte ihren Zauberstab, und siehe da! Im Nu hatte sich der ganze Raum mit Elfen gefüllt, alle in den herrlichsten Farbtönen gekleidet. Sie tanzten über den Fußboden, erwischten die Enden des Tischtuches, rannten auf den Tisch und tanzten im Geschirr herum, schwirrten die Vorhänge hinauf und tanzten die Gardinenstangen und Bilderrahmen entlang. Überall, wo ich hinschaute, sah ich tanzende Elfen. Verzaubert beobachtete ich sie etwa zehn Minuten lang und wünschte mir, dass sich mein Mann beeilte, damit auch er sie sehen konnte. Plötzlich hörte ich ihn die Steinstufen heraufkommen und durch den Flur gehen. Ich wollte schnell sagen: „Still, schau doch, die vielen Elfen“, sobald er die Tür öffnen würde. Doch schade, in dem Moment, als er die Türklinke niederdrückte, verschwanden sie ebenso rasch, wie sie gekommen waren.

Ich sehe noch sein Gesicht, als ich ihm von meinem Erlebnis erzählte. Er meinte, ich solle doch nicht so töricht sein, da es sich doch nur um Einbildung handelte. Einbildung? Keineswegs. Ich weiß nur, dass mich die ganze Szene in Entzücken versetzte, bis mein Mann die Tür öffnete und den Zauber brach.“

Frau Cooke hoffte, dass die kleinen Gestalten am nächsten Abend nochmals erscheinen würden, aber sie sah sie nie wieder, und zwölf Monate später zogen sie aus. Sie erklärte den Besuch der Elfen damit, dass der Gutsherr einige wunderschöne alte Bäume fällen ließ, die ein riesiges ehemaliges Wohnhaus, dessen Ruine auf der gegenüberliegenden Straßenseite stand, umgaben. Vom Fenster ihres Appartements aus hatte sie die Männer beobachtet, wie sie mit großen Maschinen und Ketten die Bäume entwurzelten und bei sich gedacht, wie bedauerlich es doch war, eine Jahrhunderte alte Schönheit einfach so zu zerstören.

„Vielleicht hatten die Elfen meine Sympathie gespürt, folgerte sie. „Das helle Kaminfeuer, dessen Schein durch das offene Fenster nach draußen drang, muss sie wohl dazu verlockt haben, mir einen Besuch abzustatten. Obwohl ich heute schon älter bin, denke ich oft sehnsüchtig an diesen zauberhaften Abend vor so vielen Jahren, als die kleinen Gestalten auftauchten und mich und mein Baby unterhielten."

Im Herbst 1919 zogen Edith F. Ellis, ihr Mann, die drei Kinder und das Kindermädchen nach Ramsgate in ein kleines modernes Haus auf dem Montifiore Gut. Sie glaubte, dass es unterhalb des Grundstücks einige natürliche Höhlen und unterirdische Gänge gab.

Sie schrieb: „Es ereignete sich zwei Wochen vor Weihnachten. Nach meinem Mittagsschlaf stieg ich gerade die Treppe hinunter, als ich in der einsetzenden Dämmerung zu meiner Rechten eine kleine Elfe scheinbar sehr eilig herauffliegen sah. Sie maß etwa zwölf Zentimeter und bewegte Arme und Beine wie im Kraulstil. Ihre winzigen Glieder glichen Wachs, und helles, eng gelocktes Haar bedeckte ihren kleinen Kopf. Ihre Flügel glänzten silbrig, und ihr winziger Rock bestand aus dem gleichen Material. Alles an ihr sah in dem fahlen Licht schön aus. Etwa einen Meter vor mir wurde sie sichtbar und flog ungefähr einen halben Meter vom Treppengeländer entfernt an mir vorbei. Ich schaute mich um, und nach einem weiteren Meter löste sie sich in der Luft auf. „Nun", sagte ich zu mir, „wenn du ein Kind wärest, würdest du behaupten, eine Elfe gesehen zu haben." Aber ich erzählte niemandem davon.

Einige Tage später saß ich im Eßzimmer am Kaminfeuer und strickte an einem Pullover aus heidefarbener Wolle, als von der Feuerstelle zu meiner Rechten dieselbe kleine Elfe auftauchte. Ich verfolgte ihren Flug ebenso lange wie das erste Mal, bevor sie sich verflüchtigte.

Damals war ich einundvierzig Jahre alt. Nur in jenem Hause habe ich eine Elfe gesehen, und ich wundere mich manchmal, warum sie nur mir erschienen war und warum sie es so eilig hatte, als ob sie sich verspätete."

K. Allensby, eine Verwandte des verstorbenen Sir Edward German, die mir aus Worthing in Sussex von „ihrem einzigen Elfenerlebnis" schrieb, erwähnte, dass schottisches Blut in ihren Adern floss und ihre Mutter von Natur aus über die Gabe des Hellsehens und Hellhörens verfügte.

Es überraschte daher nicht, dass Frau Allensby an einem Sommermorgen des Jahres 1947, früh um sechs Uhr, eine knapp achtzehn Zentimeter große Gestalt in der Feuerstelle ihres Heims in Whitchurch in Shropshire auftauchen sah. Das kleine Geschöpf besaß rosige Wangen und goldenes Lockenhaar und trug ein leuchtend blaues Kleid, das zu seinen Augen passte. Es lächelte Frau Allensby freundlich an und war „im selben Augenblick auch schon verschwunden".

Violet I. Larkworthy aus Slough in Buckinghamshire lag Weihnachten 1955 entspannt auf ihrem Diwan, als sie bemerkte, dass sich die Schale mit den Tulpen, die auf der Kommode stand, drehte. Einige winzige Elfen, die sich bei den Händen hielten, balancierten auf ihrem Rand. Alles andere im Raum war still, doch als sie ihren Blick wieder der Tulpenschale zuwandte, stand auch diese bewegungslos da, um sich nach wenigen Sekunden erneut zu drehen.

Bei einer anderen Gelegenheit sah Frau Larkworthy eine kleine Figur, die jenen auf der Tulpenschale ähnelte. In ihrem blauen, tülláhnlichen Gewand pirouettierte sie auf der Polsterbank, die sie damals besaß.

„Die Wesen aber, die ich beobachtete, als ich in Hedgerley in der Sonne saß, sahen ganz anders aus", schrieb sie. Damals hatte ihr Sohn sie und seine Frau nach Buckinghamshire gefahren, wo er an dem grasbewachsenen Rand der Straße anhielt, die an einige Viehweiden angrenzte. Sie stiegen alle aus, und während der Sohn an seinem Auto herumbastelte, ließen sie und ihre Schwiegertochter sich nieder, um zu lesen. Doch bald schweiften ihre Augen an jenem wunderschönen Morgen umher, und sie lauschte verträumt dem Gesang einer Lerche, die sich in den Sonnenschein erhob. In diesem Augenblick bemerkte sie einige winzige Gestalten, die vor ihr schwebten. Sie beobachtete ihre Bewegungen im Gras, sprach aber nicht darüber, da sie wusste, dass ihr Sohn und seine Frau nur über sie gelacht hätten.

Rosalie K. Frey wohnte einmal in einem großen Haus in Clydach-on-Tawe, knapp zwei Kilometer von Swansea entfernt. Es befand sich auf einem wunderschönen, von Bäumen umstandenen Grundstück, hinter dem sich ein verwilderter Berg mit einer von Glockenblumen übersäten Waldschlucht und einem kleinen Bach erhob.

Eines Tages standen die siebenjährige Rosalie und ihre neunjährige Schwester in ihrem Kinderzimmer und schauten durch eine kleine Diele in einen größeren Flur, der dahinterlag. Beide waren durch einen Bogengang miteinander verbunden. Da bemerkten sie etwas, das wie ein großes Stück zarten, weißen Chiffons aussah. Es schwebte sachte in den Bogengang herab. Sie beobachteten die ungewöhnlich graziösen Bewegungen, als es langsam ihren Blicken entschwand.

Keine der Schwestern sprach ein Wort. Sie stürzten nur in den größeren Flur. Doch was immer sie auch gesehen hatten, es war völlig verschwunden, obwohl es sich so langsam bewegt hatte, dass es eigentlich noch da sein musste, denn sie waren sofort aus dem Kinderzimmer gelaufen. Sie durchsuchten jeden Zentimeter der Treppe und des oberen Treppenabsatzes, auf dem es weder Möbel noch Bilder gab, aber sie konnten nichts finden. Niemand sonst war damals zugegen.

Rosalie Fry erwähnte, dass es zwar ein heller, sonniger Morgen gewesen war, es sich aber keineswegs um eine Lichtreflexion gehandelt haben konnte. Beide erinnern sie sich sehr lebhaft an dieselben Einzelheiten dieses Vorfalls. Damals waren sie davon überzeugt, eine Elfe gesehen zu haben, und obwohl sie seither oft darüber gesprochen haben, konnten sie keine andere Erklärung finden.

„Meine Mutter und ihre beiden Schwestern saßen auf einem großen alten Sofa", berichtete Louisa Nicholas aus Bethesda in Nordwales, „als sie alle eine in Braun und Rot gekleidete Elfenschar bemerkten, die aus einem Hohlraum in der Wand traten.

Ich pflegte diese Geschichte mit Vorbehalt anzuhören, aber meine fast achtzigjährige Mutter erinnert sich noch so lebhaft daran, dass sie nichts von ihrem festen Glauben an die Existenz der Elfen abbringen kann. Auch ihre beiden inzwischen verstorbenen Schwestern waren davon überzeugt, sie gesehen zu haben."

Frau Nicholas erzählte mir, dass die Sage umgeht, dass es in dem gut zwei Kilometer entfernten Corrorion See in Tregarth Elfen gibt. Ihre Schwiegertochter, die aus diesem Gebiet stammte, versicherte ihr, sie gesehen zu haben.

Bessie Gill beobachtete eines Abends in ihrer Wohnung in Wadefort Chard in Somerset eine winzige weibliche Elfe, die auf einem alten Eichentisch tanzte. Das kleine, zwölf oder fünfzehn Zentimeter große Geschöpf war ganz in Grün gekleidet. Bessie Gill meinte, dass sie damals immer noch den Verlust ihrer Eltern beweinte, die einige Jahre zuvor gestorben waren und die Elfe wohl erschienen war, um sie trösten. Sie hoffte, ihre winzige Besucherin werde wiederkommen, denn sie hatte sie niemals vergessen.

„Ich schien in eine andere Welt zu blicken", schrieb sie. „Sie war so vollkommen in ihrer Gestalt und das entzückendste Ding, das ich je gesehen habe."

Ethel N. Gardener aus Ipswich erzählte mir, dass ihr Vater „ein Mann ohne Vorstellungskraft war; ein Spaten war ein Spaten für ihn". Wie sehr muss es ihn daher verwirrt haben, dass ausgerechnet er „die kleinen Männer", wie er sie nannte, sah, und das nicht nur einmal, sondern des öfteren.

Da waren sie, die gnomenhaften Geschöpfe, oft mit Hüten, stets in derselben Zimmerecke beschäftigt und anscheinend nicht ahnend, dass sie jemand beobachtete. Ihre Schwingung unterschied sie völlig von den ansonsten so materiellen Dingen des Raumes. Obwohl er es versuchte, gelang es dem widerstrebenden Seher nie, herauszufinden, was sie taten. Sie beunruhigten ihn, nicht sie selbst an sich, sondern weil er sie einfach nicht verstand und ihm der Gedanke an Elfen und Zwerge höchst fern lag.

Dieser Bericht hilft sicherlich, die Idee zu zerstreuen, dass Elfen durch Wunschdenken erschaffen werden.

Jede Woche nahm Frederick G. E. Wakefield an einer Studiengruppe im Hause von E. M. Shilleto aus Kent teil. Dort bemerkte er sehr oft ein kleines, etwa fünfzehn Zentimeter großes Geschöpf in der Ecke auf einem Regal sitzen. Es trug einen dunklen Schlapphut, eine dunkle Jacke und grüne Hosen, und das sehr braune, runzelige Gesicht strahlte einen gewissen Humor aus. Außer Herrn Wakefield hatten auch noch andere Teilnehmer den Gnom häufig gesehen.

Ein kleines Geschöpf mit Namen "Peto" lebte auf der Überdachung des Eßzimmerkamins in Hannah Jacksons Haus in Manchester. Die pensionierte Astrologin erzählte mir 1955, dass Peto ihr dreissig Jahre lang Botschaften und Warnungen mitgeteilt hatte, um sie an Klienten, deren Horoskop sie erstellte, weiterzugeben. Jedermann im Zimmer konnte ihn sehen.

1957 erfuhr ich, dass die inzwischen über achtzigjährige Hannah Jackson ans Bett gefesselt war und Peto nicht mehr sehen konnte, der anscheinend sein vertrautes Quartier über dem Kamin nicht gegen die Atmosphäre des Krankenzimmers eintauschen wollte.

Ein Freund, J. Broderick, bestätigte mir in einem Brief die Existenz des Elfen oder Gnoms mit folgenden Worten:

„Ich kann alles, was Hannah Jackson über Peto gesagt hat, bestätigen, denn ich habe ihn unzählige Male selbst gesehen."

Clara M.A. Clayton lebte während ihrer Kindheit in Nordwales. Sie schrieb:

„Eines Nachmittags hielt ich mich alleine im Zimmer auf und spielte mit meiner Puppe, als ich ein Lachen hörte. Ich blickte auf und bemerkte einen kleinen Gnom mit einem weißen Bart, buschigen Augenbrauen und funkelnden Augen. Er war völlig in Rot gekleidet, von seiner Zipfelmütze und dem gegürteten Jackett bis zu den Strumpfhosen, die seine ziemlich langen, spitzen Füße bedeckten. Er lächelte mir zu und winkte mich heran. Ich erhob mich von der Matte und ging auf ihn zu. Sofort rannte er den Korridor entlang und verschwand durch die geschlossene Eingangstür. Da ich ihm nicht folgen konnte, hämmerte ich auf die Tür ein und rief nach meiner Mutter, die angelaufen kam, um zu sehen, was der Lärm bedeutete.

„Mach schnell auf!" bettelte ich. „Ich will meinen kleinen roten Mann einholen." Ich erzählte ihr von ihm, und sie zog mich von der Türe fort.

„Es muss wohl einer der Tylwyth Teg gewesen sein", meinte sie, denn sowohl mein Vater als auch sie stammten von der Insel Anglesey und glaubten fest an Zwerge."

Iris Strick aus Devon schrieb:

„Die folgende Begebenheit erlebte ich an einer der letzten Stellen der Welt, an denen man erwartet hätte, Naturgeister zu finden. Damals wohnte ich mitten in der Großstadt, in einem alten Haus, das auf dem Gelände einer ehemaligen Festung stand. Es gab keinen Garten dort, nur ein schmales Rasenstück, grobes Gras und Felssteine, ansonsten war es von Steinpflaster und Gebäuden umgeben.

Mein Mann pflegte zum Fischen an einen Fluss zu gehen, der fast fünfzig Kilometer entfernt lag. Eines Tages brachte er einen großen Ginsterzweig mit nach Hause, den er unterwegs gepflückt hatte.

An einem der folgenden Abende saß ich nach dem Abendessen alleine im Wohnzimmer. Da ich die Vorhänge noch nicht zugezogen hatte, lag der Raum im schwachen Glanz der untergehenden Sonne. Ein seltsames Zittern schien in der Luft zu liegen, die den goldenen Ginster umgab, der in einer tief blauen Vase stand. Ich wunderte mich, ob es vielleicht von einer Biene oder einer großen Fliege herrührte. Doch die kahle Höhe, auf der das Haus stand, zog gewöhnlich weder Bienen noch Wespen an. Mein Interesse wuchs, und ich beobachtete die Stelle ganz genau. Wieder war da dieses Zittern, diese Schwingung in der Luft nahe den Blüten, diesmal nur ein wenig höher. Dann flackerte etwas nicht völlig Sichtbares durch den Raum auf einen wunderschönen, rosafarbenen Rhododendron zu, der neben der Tür in einem Blumentopf wuchs. Er war fast das Vollkommenste, das es auf dieser Ebene geben konnte, und das kleine Elemental, denn ich nahm an, es war eines, kreiste um die Pflanze, als hätte ihre Schönheit es verzaubert. Doch es bewegte sich immer noch um den Ginsterzweig. Es hatte aber den Anschein, dass zwei oder drei Wesen sich irgendwie um ihn kümmerten. Ich bin sicher, dass sie sich um ihn sorgten, da er im Sterben lag. Der rosa Rhododendron hingegen versetzte sie in reine Verzückung. Sie schienen mich nicht zu bemerken und richteten ihre Aufmerksamkeit ausschließlich auf die Blumen und Pflanzen.

Am aufregendsten aber empfand ich jenen Augenblick, in dem etwas nahe an meinem Gesicht rasch durch den Raum schwirrte; ein winziger Dampfstoß schien es zu sein. Ich fühlte den vorbeizischenden Windhauch und beobachtete die schwache Verdichtung der Luft, die einer Art Dunst glich, aus der sich jedoch keine richtige Form herauskristallisierte.

Wie lange dieses Erlebnis dauerte, kann ich nicht sagen, nur, dass es abrupt endete, denn mein Mann kam nach Hause und knipste das Licht an."

Nancy Norris, die mediale Fähigkeiten besaß und viele seltsame Begebenheiten erlebte, berichtete von einer recht beunruhigenden Begegnung. Im Alter von zwei Jahren spielte sie eines Abends nach dem Tee alleine im Korridor außerhalb des Kinderzimmers in einem Haus in Sevenoaks in Kent, als sie plötzlich einen kleinen braunen Mann von etwa ihrer Größe oben auf der Treppe sitzen sah, der zu ihr hinunterschaute.

Sie fürchtete sich unbeschreiblich und fühlte selbst nach all den Jahren noch die Panik, die sie erfasst hatte. Sie rannte ins Kinderzimmer und brüllte, dass ein Mann auf den Stiegen saß. Ihre Mutter war nicht daheim, doch das Kindermädchen rief nach der Hausgehilfin und beide, bewaffnet mit einem Schürhaken, suchten nach dem „Mann", während sie sich im Kinderzimmer verkroch.

Als ihre Mutter nach Hause kam, nahm sie sich ihrer sanft an und erzählte ihr von dem Zwergenvolk. Obwohl sie sich danach nicht mehr fürchtete, wollte sie eine ganze Zeitlang den Korridor nicht alleine entlang gehen. Trotzdem hoffte sie, den kleinen Mann noch einmal zu Gesicht zu bekommen, was aber nie geschah.

„Im Alter von etwa acht Jahren", schrieb Doris King aus Nottingham, „stand ich eines Morgens sehr früh auf, da mich ein schlurfendes Geräusch neugierig gemacht hatte, das unter dem Tisch im Wohnzimmer zu entspringen schien. Ich hob das Tischtuch hoch, um nachzusehen und musste zu meiner Überraschung entdecken, dass ein lustiger kleiner Gnom dort saß. Er trug eine blaue Tunika mit schwarzen Knöpfen, blaue Hosen, lange Schnabelschuhe und eine Zipfelmütze. Er war knapp vierzig Zentimeter groß und befand sich in Gesellschaft von zwei weiteren Kobolden, meiner Ansicht nach Elfen, die halb so groß waren.

Erschreckt trat ich einen Schritt zurück. Alle drei aber machten einen freundlichen Annäherungsversuch und streckten die Hände nach mir aus, als wollten sie mich einladen zu bleiben. Ich rannte die Treppe hinauf und blickte mich nach ihnen um. Verzweifelt winkten sie mich zu sich und blickten sehr enttäuscht drein, dass ich fortgelaufen war. Damals hatte ich das Gefühl, sie wollten mich irgendwo in das Erdinnere, wo sie angeblich hausten, mitnehmen. Ob dies tatsächlich zutraf, weiß ich nicht, denn ich stürmte angsterfüllt in das Schlafzimmer meiner Mutter."

Ein recht düsterer Getreideladen in einem hundert Jahre alten, von Fabriken umgebenen Gebäude im Herzen des "Schwarzen Landes", dem industriellen Mittelland, ist wohl kaum der Ort, an dem man Elfen erwartet. Doch im Alter von fünf oder sechs Jahren freute sich Joan Barnett sehr, als sie auf dem Fußboden des väterlichen Geschäfts ein hübsches, kleines, etwa fünfzehn Zentimeter großes Geschöpf mit allerliebsten farbigen Flügeln erblickte.

Sie spielte einige Minuten mit ihm und „fühlte sich sehr glücklich dabei". Sie sah die Elfe nie mehr wieder, obwohl sie stets nach ihr Ausschau hielt.

Eleanor Thaxter aus Norfolk erinnerte sich an die Zeit, in der sie als Vierjährige mit ihren Eltern und dem jüngeren Bruder in einem kleinen Holzhaus in Englefield Green in Surrey lebte.

An jenem denkwürdigen Tag stand sie draußen auf einem Seitenweg, als ein kleiner, fünf Zentimeter großer Elf den Hauptweg hinunterlief, der vom Tor bis zum Ende des Gartens führte. Sie rief ihm zu: „Bitte, bleibe stehen und spiele mit mir!" Er aber war viel zu sehr im Selbstgespräch vertieft, um sie zu hören und rannte zum Kohlenschuppen weiter, wo er hinter einigen großen Kohlenhaufen zu verschwinden schien. Das Kind eilte zu seinem Vater und bat ihn, ihr zu helfen, die Kohle zur Seite zu räumen. Dieser glaubte ihrer Geschichte nicht und erklärte, dass sie nur träumte.

„Nein, das stimmt nicht, Papi", heulte sie. „Ich bin hellwach. Er ist wirklich in den Kohlenschuppen gelaufen."

Um sie zu beruhigen, begleitete der Vater sie zu dem Schuppen und suchte mit ihr nach dem kleinen Mann, aber sie konnten ihn nicht finden. Soweit Frau Thaxter sich noch erinnerte, trug der Gnom einen roten Hut, eine grüne Tunika und kleine Schnabelschuhe.

Der letzte Bericht erinnert mich an einen Tag vor vielen Jahren, als ich die Tür zu unserem Koksschuppen öffnete und eine kleine weibliche Gestalt vom Koks herunterhüpfte und vor meinen Füßen eiligst auf ein Büschel gelber Blumen zurannte, die am Fuße einer Zementtreppe wuchsen.

Was mag Elfen wohl in Getreideläden, Kohlen- oder Koksschuppen ziehen? Können diese vierdimensionalen Wesen die Urformen innerhalb des Getreides und der Kohle sehen? Nun, wenn sich Muriel Stuart in ihrem entzückenden Gedicht "The Seed Shop" ein „Tal voller Hagedorn" vorstellen konnte, der träumend in seiner braunen Hülle ruhte, dann ist es den Elfen vielleicht möglich, in einem Getreideladen wogende Felder goldenen Getreides zu sehen; und wenn John Oxford in seinem Gedicht "The Sacrament of Fire" von „Kohle, wo Wälder begraben liegen" sprach, dann konnten die Elfen vielleicht den uralten Baumfarn sehen, der lange vor der Verunreinigung der Erde durch den Menschen bereits existierte.

Winifred Kirby aus Nottinghamshire berichtete mir von einem ungewöhnlichen Erlebnis, das einige Jahre zurücklag. Ein Freund hatte ihr einige selbstgesammelte Pilze gebracht.

Am Nachmittag jenes Tages spürte sie das Verlangen, sich dem automatischen Schreiben zu widmen, für das sie sich interessierte, und war nicht wenig erstaunt, als der Bleistift schrieb: „Kann ich ihnen dienen, gnädige Frau?"

„Wer bist du?" fragte sie, und der Stift schrieb zurück: „Ich bin ein Gnom. Jener garstige Mann brachte mich mit den Pilzen hierher."

Sie konnte sich nicht mehr an die gesamte Unterhaltung erinnern, doch sie meinte, der Gnom sei nicht sehr erfreut darüber gewesen, dass ihr Freund ihn gestört hatte, obwohl er ihr gegenüber sehr freundlich zu sein schien. Er fragte sie erneut, ob er ihr zu Diensten stehen konnte. Eine geraume Zeitlang spürte sie seine Anwesenheit und wünschte, sie hätte ihn sehen können. Verschiedene Pilzarten scheinen demnach von den Elfen als Aufenthaltsorte benutzt zu werden.

Ernest Rogers aus Bulwell in Nottingham schrieb: „Seit meiner frühen

Kindheit glaubte ich an Elfen. Eines nachts erwachte ich vom Klang eines hellen Gelächters. Ich ging die Treppe hinunter und blickte verstohlen hinter die Wohnzimmertür, wo ich eine Gruppe von Elfen in der Feuerstelle spielen sah. Einige Sekunden lang schauten wir uns an, dann schienen sie davonzuflitzen. Obwohl es Nacht oder früher Morgen war, erfüllte Licht den Raum oder, besser gesagt, es strahlte Licht von ihnen und dem Feuerrost aus.

„Heute im Alter wünsche ich mir manchmal, sie wieder zu sehen."

Die Theosophin Clara Codd kannte eine Ärztin in Donegal, die ebenso wie alle ihre Kinder Elfen sehen konnte. Es gab einen Hauskobold, und die Kinder spielten am liebsten Fangen mit ihm, konnten ihn aber nie erhaschen. Sie fragte sie, wie er denn aussah, und sie beschrieben ihn als schwarzweiß gefleckt und dass er wie ein Hase hüpfen konnte. Von einem Seher hatte sie erfahren, dass einige Kobolde in Nordirland tatsächlich schwarzweiß gescheckt sind.

Eine andere ihr bekannte Familie verbrachte jeden Winter in Ägypten, und die Kinder erzählten ihr, dass jedesmal in ihrer ersten Nacht dort die grünen Elfen erschienen und die Vorhänge rauf und runter liefen.

Ein kleiner Mann schien sich an Martha C. Smith aus den Vereinigten Staaten als zur Familie gehörig angehängt zu haben. Sie schrieb mir: „Mein Büro ist dunkel, und mir gegenüber, auf der anderen Seite des Zimmers, hockt er auf einem Schreibtisch. Die Hände über dem Mund haltend, lacht und murmelt er vor sich hin.

Der Gesichtsausdruck des etwa dreissig Zentimeter großen, leicht nach vorne gebeugten Burschen mutet sehr alt an, und er trägt stets einen winzigen Hut. Er ist so hässlich, dass er wirklich niedlich aussieht. Eines Abends berührte er Abschied nehmend seinen Hut, bevor er meinen Blicken entschwand.

Ich muss ihnen von meinem letzten Erlebnis mit meinem kleinen Mann erzählen. Eines Tages kam er zu mir und erklärte, er wollte mir bei einem geschäftlichen Unternehmen helfen, das erfolgreich sein werde, wenn ich genau seinen Anweisungen folgte. Ich hörte auf seine Ratschläge, die tatsächlich zu einem erfolgreichen Abschluss führten.

Er hat mir seitdem mehrmals beigestanden und nur eine einzige Bedingung gestellt. Ich muss Tagebuch führen über die genauen Daten, an denen er erscheint, unsere Unterhaltungen, die Hilfe, die er mir gewährt und das Ergebnis.

Ich habe mit den Aufzeichnungen begonnen und finde sie sehr aufschlussreich, denn ich begreife besser, was sich ereignet hat, wenn ich es niederschreibe, als wenn ich nur darüber nachdenke.

Eines Tages besuchte ich meine Schwester auf dem Lande. Als ich aufbrach, um nach Hause zu fahren, sah ich den kleinen Mann an einem Baum lehnen, an dem ich vorbeigehen musste. Er schaute mich an und winkte mir nickend zu. Ein wenig später, als ich mich weit genug von der Familie entfernt hatte, hielt ich den Wagen an und rief nach ihm, doch er saß schon auf dem Rücksitz. In seinem kleinen bunten Jackett schien er die Farben der Blätter und Sträucher angenommen zu haben. Es war ihm viel daran gelegen, dass ich niederschrieb, wie die Elfen den Menschen ihre Gedanken übermitteln. Da erkannte ich, dass er und die anderen Elfen niemals laut mit mir gesprochen, sondern ihre Gedanken in mein Bewusstsein gesenkt hatten. Auf dies Weise kann ich mich also mit ihnen unterhalten."

In seinem Buch "Fairies At Work and At Play" schrieb Geoffrey Hodson: „Während der Messfeier bemerkte ich, dass sich Naturgeister unterschiedlichster Art näherten und in einer großen strahlenden Wolke in der Luft unmittelbar in Reichweite des Schwingungsfeldes der Zeremonie schwebten. Die kleineren Geschöpfe, wie Elfen, Baumgeister und Zwerge, schwelgten in pausenloser anmutiger Bewegung in der krafterfüllten Atmosphäre. Die höheren und fortgeschritteneren Mitglieder unserer unsichtbaren Kongregation blieben verhältnismäßig bewegungslos, indem sie die ausgegossene Kraft beobachteten und aufnahmen und beachtlich zu der Reinheit und Schönheit des Gottesdienstes beitrugen. Von Anfang an bis zum Schlusssegen nahmen sie an der Zeremonie teil, nach deren Beendigung sie sich allmählich auflösten und in ihre Wohnstätten, die Bäume, Getreidefelder, Hecken und Blumen, zurückkehrten, wobei sie, ihrer jeweiligen Aufnahmefähigkeit entsprechend, etwas von dem Segen, den wir empfangen hatten, mitnahmen.

Neben diesem Elfenvolk, das mit uns zur Kirche kam, gab es dort auch jene Gruppen von "Engeln der Zeremonie", die eindeutig mit der Messfeier verbunden waren."

Als Martha C. Smith ordiniert wurde, stand inmitten der Blumenpracht am Altar ein riesiger Strauß weißer Gladiolen. Sie erhob sich, um auf den Altar zuzugehen und ihre Gelübde abzulegen, als sie auf einer der weißen Blüten einen Naturgeist sitzen sah. Später befragte sie die Dame, die neben ihr gestanden hatte, ob sie etwas bemerkt hatte. Doch dieser war lediglich eine Bewegung zwischen den Blumen aufgefallen, als ob ein großes Insekt auf ihnen herumkroch. Als Frau Smith ihren Lehrer nach der Elfe fragte, meinte dieser, dass es ihn nicht überraschte, da auch er dort irgendetwas wahrgenommen hätte.

„Das kleine Geschöpf mit seinen winzigen Flügeln und den lieblichen Farben war wunderschön", schrieb sie. „Ich konnte nicht genau erkennen, was es in der Hand hielt. Es schien ein kleiner Stab zu sein, an dessen Ende ein Licht leuchtete. Die Elfe selbst war von einer blauweißen Aura umgeben. Der Anblick dauerte nur ungefähr eine Minute, aber was für eine Minute!"

Die Theosophin Ellen Edgar, die in Rhos-on Sea, an der Colwyn Bay in Wales, lebte, schrieb: „Ich bin von der Existenz des Zwergenvolkes überzeugt und sicher, dass sie vor uns herschreiten und das Leben hier und da ein wenig glätten. Manchmal denke ich, sind sie verspielt und schelmisch und hänseln uns ein wenig. Trotzdem, ich spüre sie gerne um mich herum.

Ich habe sie einmal gesehen, aber nicht sehr lange. Bei einer Kommunionfeier bemerkte ich zwei niedliche kleine Gesichter in den Blumen am Altar. Zunächst glaubte ich, sie mir nur eingebildet zu haben und schaute weg, aber als ich wieder hinblickte, waren sie immer noch da. Ich brauche nur an sie zu denken, und ich sehe sie ebenso deutlich vor mir, wie das erste Mal."

Bei einem "Subud-Treffen", an dem Margaretta Rowell aus Sunderland teilnahm, sah eine medial veranlagte Dame eine Anzahl von Elfen im Raum, von denen einer zu ihr heraufkam und sich als Kobold ausgab. Er hatte lange Ohren und trug einen Hut mit hochgeschlagener Krempe.

Die Dame konnte nicht recht verstehen, warum die Elfen aufgetaucht waren, woraufhin Frau Rowell verkündete, dass sie an Elfen glaubte und zufällig ein Buch dabei hatte, in dem es ausschließlich um das Elfenvolk ging.

Hatten diese davon gewusst und sich der einzigen Person im Raum gezeigt, die sie sehen konnte?

Die fröhliche und vitale Lucy Banner besaß in ihrem Haus in Hucknall in Nottingham eine Farbheilungsstätte. Sie und die Mitglieder des Zentrums waren sich bei ihrer Heilarbeit der Hilfe von seiten der Elfen durchaus bewusst.

Im Haus ihrer Schüler in Nuthall gab es eine Zweigstelle ihres Zentrums.

Wenn sie dort über die sieben Strahlen unterrichtete, nahm sie oft die Naturgeister wahr, die sich in dem wunderschönen Garten und dem Obsthain vergnügten.

1959 schrieb sie mir: „In diesem Jahr bin ich häufig auf dem Lande gewesen und habe durch die Sonnenstrahlen hindurch das kleine Volk tanzen gesehen. All die Farben schienen in einer Art Regenbogen zu verschmelzen. Es war ein wundervoller Anblick!“

Die Klavier- und Geigenlehrerin Hilda R. Taylor aus Nottingham meinte über ihre Mutter, die aus einer alten Quäker-Familie stammte: „Sie war eine außergewöhnliche Seele, die trotz vieler Schwierigkeiten und Leiden stets ihre Ruhe und Liebenswürdigkeit bewahrte. Sie hat mir häufig erzählt, dass die Elfen ihr halfen, und sie nannte diese immer ”die guten Elfen“ oder ihre ”guten Engel“.

Hilda Taylor selbst war sich der Anwesenheit der Elfen voll bewusst. Beide konnten wir das ätherische Licht sehen, das sie umtanzte, während sie sprach. Die Atmosphäre, die sie schufen, um ihr bei der Interpretation von Musik zu helfen, muss ihren Aussagen nach wunderbar gewesen sein.

Um das Jahr 1928 sah Edith Warburton aus Stockport in Cheshire vier oder fünf Elfen im Sonnenlicht auf der Erdkrume unterhalb der untersten Wedel eines Farns tanzen, der in einem Blumentopf am Fenster wuchs. Ihre weißen, hauchdünnen Gewänder flatterten, als sie sich im Kreise drehten. In den Haaren trugen sie Blumenkränze. „Ich blieb wie angewurzelt stehen“, meinte sie, „denn sie waren wunderhübsch anzusehen.“

Ann Spiers aus Surrey schrieb: „Zwischen 1924 und 1925 besuchte ich in Folkestone die Sonntagsschule, und ich erinnere mich noch ganz genau daran, als unsere Lehrerin Fräulein Rowe uns erzählte, dass wir vielleicht die Elfen bei ihrer Arbeit an den Blumen sehen könnten, falls wir uns in dem Augenblick, in dem ein Sonnenstrahl durch das Klassenzimmerfenster fiel, ganz ruhig und still verhielten.

Nun, eine solche Aussicht war natürlich etwas für uns Kinder. Eines Tages wurde unser Warten belohnt. Wir sahen ein zierliches, etwa zehn Zentimeter großes und schlankes Geschöpf mit ungefähr fünf Zentimeter langen, sehr durchsichtigen Flügeln auf einer der vielen Pflanzen sitzen, die auf dem Fenstersims standen.“

Frau Spiers konnte sich nicht mehr daran erinnern, ob sich die Elfe mit Hyazinthen, Glockenblumen oder Krokussen beschäftigte, aber sie wusste noch, dass die Kinder sie „Elfe Glockenblume" nannten, da sie sich nur um die blauen Blumen kümmerte. Sie trug ein sehr zartes, blassblaues Kleid von der Länge eines Ballettrockes und einen winzigen glockenartigen Hut. Leise sang sie vor sich hin, als sie die Blütenblätter abstaubte. Dann kletterte sie die „Elfentreppe" hinauf, wie die Kinder den Sonnenstrahl nannten. Sie glaubten, dass die feinen Staubteilchen „von den Staubwedeln der Elfen stammten", wenn diese ihrer Arbeit nachgingen.

Zwanzig von den dreissig Schülern, von denen die Mädchen in der Überzahl waren, und die Lehrerin nahmen die Elfe wahr.

Frau Spiers erwähnte in ihrem Brief, dass sie inzwischen seit vielen Jahren verheiratet wäre und einen erwachsenen Sohn hätte, jenes Erlebnis aus Kindertagen aber noch taufrisch in ihrem Gedächtnis sei.

Als Anne W. Metcalf in Leamington Spa lebte, stand auf ihrem Küchentisch eine Topfpflanze. An einem Sommertag schien die Sonne gegen Mittag auf diese Pflanze, die sie gedankenverloren betrachtete. Da bemerkte sie auf einem der oberen Blätter „etwas sehr Winziges, das etwa fünf Zentimeter lang und von hauchdünner Beschaffenheit war".

Es verschwand ebenso rasch, wie es erschienen war, doch sie erzählte ihrem Mann später davon. Sie hatte zwar nur dieses eine Mal etwas gesehen, das einer Elfe glich, konnte jenen Augenblick aber nie vergessen.

Am zweiten Weihnachtstag 1965 saß ich vor dem Kamin und hörte Radio. Die Sonne schuf gerade einen strahlenden Regenbogen über den senkrechten Kacheln unterhalb der Kamineinfassung, als das Antlitz eines Elfen auf einer der Kacheln erschien. Den restlichen Körper vermochte ich nicht zu sehen, doch von der Größe seines Kopfes her zu urteilen, muss er nicht weniger als etwa neunzig Zentimeter lang gewesen sein. Er lächelte und schaute mich geradewegs an. Seine leuchtenden Augen und die von seinen Gesichtszügen ausgehende strahlende Freude durchströmten mich mit einem großen Glücksgefühl.

Er blieb ungefähr eine Minute dort. Als sich der Lichtstrahl von der Kachel weg bewegte, verschwand auch er, doch jene innere Freude blieb.

Bei einer anderen Gelegenheit stand ich eine Weile bewundernd vor einigen goldgelben Chrysanthemen in einer Vase auf dem Tisch. Dann ließ ich mich in meinem Sessel am Kaminfeuer nieder, wobei ich dem Tisch den Rükken zukehrte.

Zu meiner großen Überraschung und Freude tauchte vor mir plötzlich eine kleine Elfe auf, die mir stolz eine Nachahmung einer der Chrysanthemen in ihrer Hand zeigte. Ihr Haar, ihre Flügel und das wehende Gewand waren von derselben Farbe wie die Blume. Ihr Gesichtchen glühte vor Freude.

Eines Abends entspannte ich mich in demselben Sessel vor dem Feuer, als ein kleiner graubrauner Gnom in einem schmucken rostbraunen Umhang langsam an mir vorbei auf die rechte Zimmerecke zuglitt. Ich hatte die Augen geschlossen, doch als ich sie öffnete, konnte ich ihn immer noch sehen.

Er wandte seinen Kopf um und blickte mich aufmerksam und prüfend an. Ich konnte sein drolliges kleines Gesicht mit dem spitzen Kinn und den spitzen Ohren deutlich erkennen. Seine Augen leuchteten weise und freundlich. Er hatte seine Arme anmutig ausgestreckt, und obwohl er in der Luft schwebte, bemerkte ich keine Flügel.

Ich taufte ihn "meinen Hauskobold“ und bemerkte im selben Moment, dass sich der kleine rostfarbene Umhang von ihm löste und wie ein Herbstblatt davonsegelte. Einer Wolke gleich trieb er eine Weile vor meinem Gesicht und zerfiel dann allmählich. Wie zu erwarten, war der Gnom verschwunden, als ich mich ihm wieder zuwandte.

1954 lud mich Clara Clayton ein, sie am 11. Oktober zur Theosophischen Gesellschaft zu begleiten, wo ihr blinder Mann einen Vortrag über die „unsichtbare Regierung“ hielt. Während er sprach, schoss eine herrliche saphirblaue Elfe vor uns durch die Halle. Es geschah so unerwartet, dass wir einen Laut des Erstaunens von uns gaben und uns gegenseitig ansahen.

Der Anblick war derartig klar und eindeutig, dass wir annahmen, jeder im Saal musste die Elfe gesehen haben. Natürlich konnten wir während des Vortrags niemanden fragen und danach eilten Herr und Frau Clayton aus der Halle, um ihren Bus nach Stapleford zu erreichen, wo sie damals wohnten.

Als ich noch ein Schulkind war, stattete uns ein älterer, sehr ernsthafter Herr einen freundlichen Besuch ab. Während einer Gesprächspause beobachteten wir, wie seine Augen etwas verfolgten, was wir nicht sehen konnten. Meine Mutter schaute ihn fragend an, und er meinte nüchtern, dass er eine Schar kleiner, geflügelter Geschöpfe, die winzigen Engeln glichen, beobachte, die im Zimmer schwebten.

Maureen, meine damalige freundliche und praktische Haushilfe, arbeitete 1996 eines Tages in meinem Wohnzimmer. Als ich später hinzukam, fand ich sie nachdenklich, aber glücklich dastehen. Sie erzählte mir, dass „ein kleines leuchtendes Ding" auf einem Sonnenstrahl unter dem Tisch hervor und auf sie zugeflogen war und sich dann vor ihr in die Luft erhoben hatte. Es besaß eine Größe von etwa acht Zentimetern und glitzerte rundherum, als wäre es mit Sternenstaub übersät gewesen. Da es so stark leuchtete, konnte sie sein Gesicht nicht sehen, und während sie es beobachtete, flog es wieder abwärts und verschwand.

„Es war allerliebst und wunderbar", meinte sie. „Ich habe nie dergleichen zuvor gesehen. Ich wünschte, ich könnte es wiedersehen!"

Elfen im Schlafzimmer

Im Alter zwischen acht und zehn Jahren ging Vicky Burt aus Cornwall eines Abends zu Bett, als sie zehn oder zwölf wunderschöne, ungefähr fünfzehn Zentimeter große Elfen bei den Vorhängen tanzen sah. Ihre strahlenden, hauptsächlich in Blau-, Grün- und Rottönen leuchtenden Kleider sahen „phantastisch" aus. Eine Art Glockenspiel begleitete ihren Tanz. Einige Elfen besaßen Flügel, andere hingegen nicht.

Die gesamte Familie wusste von ihren Elfen, die, soweit sie sich erinnern konnte, ein oder zwei Wochen lang jeden Abend erschienen und etwa fünfzehn bis zwanzig Minuten blieben.

Allabendlich wartete sie begierig darauf, schlafengehen zu können, um ihre Elfen zu sehen, doch eines Abends blieben sie aus. Obwohl sie sich ein Lebenlang danach sehnte, war es ihr nie mehr vergönnt, diese zu erblicken.

Unter den in Sussex ansässigen Elfen befand sich einer, über den der Lehrer George Edward Randell gelegentlich zu seinen engen Freunden sprach. Er sah ihn von seinem Bett aus, als er mit seinen Eltern in Hove wohnte.

Eines frühen Morgens, im Frühjahr 1907, erwachte der zwölfjährige George und bemerkte eine kleine Gestalt, die durch die offene Schlafzimmertür trat. Er setzte sich sofort im Bett auf, um das sechzig Zentimeter große Männlein an seiner Bettseite besser zu sehen. Der Kleine hatte ein braunes, runzeliges Gesicht und trug ein braunes, in der Taille gegürtetes Wams und lange braune

Hosen. Als George ihn verblüfft anstarrte, lüftete er seinen breitrandigen Hut, grinste breit, fast zu breit für seine Größe, und verschwand.

Der verwunderte Junge rieb sich die Augen und bemühte sich, völlig wach zu werden, da er sich fragte, ob er nicht geträumt hatte. Doch nein! Er war sich dessen ganz sicher, dass er den kleinen Mann bei vollem Bewusstsein hatte eintreten sehen. Den ganzen Tag über verwirrte ihn dieser Vorfall.

Am nächsten Morgen spielte sich genau dieselbe Szene ab. Das Männlein trat an die Seite des Bettes, lüftete den Hut und grinste, bevor es verschwand.

Diese Besuche wiederholten sich etwa eine Woche lang jeden Tag im Morgengrauen und liefen immer in derselben Weise ab, bis sie schließlich völlig aufhörten.

Von der Lehrerin Enid H. Paul stammt der folgende Bericht.

„Dies ist die getreue Wiedergabe meiner einzigen Begegnung mit einem Elf. Ich spreche nicht oft darüber, da ich fürchte, ausgelacht zu werden.

Man schrieb das Jahr 1930, und ich war neun Jahre alt. Ich war gerade ins Bett geklettert, hatte mich aber noch nicht hingelegt. Mit bis zum Kinn angezogenen Knien hockte ich da und blickte zur offenen Schlafzimmertür, als ein kleiner Mann im Flur auftauchte. Er war in dunkles Grün gekleidet, trug einen Schnallengürtel und kurze braune Stiefeln. Seine Hosen glichen Reithosen und waren an den Seiten geknöpft.

Ich fürchtete mich wahnsinnig und verschwand, kaum meinen Augen trauend, unter der Bettdecke. Nach einigen Minuten raffte ich meinen Mut zusammen und lugte wieder hervor. Jetzt stand er am Fußende meines Bettes; die Arme in die Seite gestemmt, lehnte er am Bettgitter. Noch entsetzter tauchte ich wieder unter und verharrte dort eine lange, lange Zeit. Als ich schließlich herausschaute, war er verschwunden, und ich habe ihn nie wieder gesehen.

Ich habe oft gewünscht, ich hätte seinerzeit den Mut aufgebracht, ihn anzusprechen. So weit ich aber weiß, besaß der Vorfall weder damals noch in der Zwischenzeit irgendeine Bedeutung für mich."

1951 sandte mir Dr. Victor Purcell, damals Dozent für fernöstliche Studien in Cambridge, folgende lebendige Beschreibung von Elfensoldaten.

„Während des Südafrikanischen Krieges (1900-1) war ich etwa fünf Jahre alt und lebte in Gillingham in Kent. Einige Monate lang, nachdem mir meine Mutter einen Gutenachtkuss gegeben und die Schlafzimmertür geschlossen hatte, hörte ich nach einer Weile eine ferne Liliputanerkapelle spielen. Die

Musik schwoll an und kam immer näher. Es brannte ein Nachtlicht in meinem Zimmer, und beim Schein dieses Lichts sah ich reihenweise winzige Soldaten die rechte Bettseite empor, über meine Eiderdaunendecke, deren Muster ich noch ganz deutlich vor mir sehe, zur anderen Seiter wieder hinunter marschieren, wo sie dann verschwanden.

Jeder Soldat war knapp acht Zentimeter groß und trug einen roten Rock. Jedes einzelne der zahlreichen Bataillone wurde von einer Blechinstrumentenkapelle angeführt. Im Vorbeiziehen spielten sie eine Militärmusik, die viel mitreißender klang als irgendeine Musik, die ich jemals bei Tage gehört hatte.

Der Marsch dauerte einige Minuten, und dann schlief ich ein. Die Richtung war immer von rechts nach links. Ich versuchte nie, die Soldaten zu berühren, aber sie waren absolute Wirklichkeit. Ich habe sie tatsächlich gesehen, was ich vor jedem Gericht beschwören könnte."

Im Alter von neun Jahren schlief Paula Forne aus Dieppe in Frankreich in einem Dak Bungalow, in Allahabad in Indien, in einem Bett, das zwischen dem ihrer Mutter und dem ihres eurasischen Kindermädchens stand. Eines frühen Morgens weckte sie ein schwaches Piepsen, kaum hörbar und doch hell und durchdringend. Sie war sehr überrascht, aber keineswegs geängstigt, als sie hunderte von kleinen Gestalten überall herumlaufen und hüpfen sah, die Bockspringen spielten. Das Beige beziehungsweise Sepia ihrer Färbung hob sich von den weißgetünchten Wänden des Bungalows ab. Interessiert setze sie sich auf und beobachtete sie eine Zeitlang. Als die Sonne durchs Fenster strahlte, schienen sie davonzulaufen.

„Am nächsten Tag", schrieb Frau Forne, „besuchte uns der ortsansässige Arzt, ein alter Freund der Familie, um meine Mutter zu fragen, ob die Geister des Dak Bungalows sie vom Schlafen abgehalten hätten. Ich horchte auf und fragte sie, was denn „Geister" wären, worauf sie meinte, dass Dr. Sutcliff gescherzt und die Geräusche der nahen Bahnstation gemeint hätte. Ich erzählte ihnen von meinem Erlebnis, aber sie behaupteten, ich hätte nur geträumt. Doch die Szene war so wirklich und unterhaltend gewesen, dass ich eine Woche lang jeden Morgen in der Hoffnung aufwachte, die Gestalten wiederzusehen. Sie kamen nur noch ein einziges Mal und waren noch freundlicher als zuvor und rannten ganz nahe an mir vorbei über mein Bett.

Ähnliches sah ich Jahre später in England, als mir jemand die erste Ausgabe von "Punch" schenkte. Die Gestalten, die ich damals gesehen hatte, sahen genauso aus wie die auf dem Titelblatt des Buches."

Die Tänzerin, Schauspielerin und Pianistin Betty Lambert erzählte mir, dass sie vor vielen Jahren eine Elfe in einem Haus gesehen hatte, das an einer Allee in Westcliff-on Sea in Essex stand. Sie und ihre Freundin, die Hausbesitzerin, bewohnten gemeinsam den großen Schlafraum, dessen Balkontüren wegen der Hitze jener Septembernacht weit offen standen.

Sie hatte wohl bereits zehn Minuten im Bett gelegen, als sie ein lautes Summen im Zimmer vernahm und es über dem Bettlaken piepste. Da sah sie ein Paar allerliebste, perlmuttfarbene Flügel mit einer Spannweite von knapp einem halben Meter und dazwischen einen etwa zwanzig Zentimeter großen Gnom. Er schwebte durch den Raum auf eine viereckige Fensternische zu und dann in eine Ecke beim Kaminsims.

Frau Lambert gestand, dass sie sich zwar fürchtete, aber auch recht aufgeregt war. Sie wandte sich an ihre schläfrige Gefährtin und bat sie, die Balkontür zu schließen, da sie die Elfe im Raum behalten wollte. Ihre Freundin, eine „sehr nüchterne Frau", weigerte sich jedoch, da sie es nicht für richtig hielt. Sie setzte sich aber im Bett auf und beobachtete die Elfe, deren ausgebreitete Flügel sich nicht zu bewegen schienen, als sie in die Nacht hinausglitt, um nie mehr gesehen zu werden.

„Die Leute würden mir natürlich nicht glauben, wenn ich es ihnen erzählte", meinte Frau Lambert, „doch meine Gefährtin musste zugeben, dass sich die Szene wirklich abspielte."

„Ich habe oft ganz unvermutet sehr deutlich Gnome gesehen", schrieb Georgina K. Evason aus Tunbridge in Kent. „Die erste Begegnung fand in den frühen Morgenstunden statt. Ich wohnte damals in einem Haus in der Nähe des Queens Park in London, und von meinem Zimmer aus konnte ich einen sehr hübschen Garten übersehen. Als ich an jenem Morgen meine Augen öffnete, bemerkte ich zu meiner Überraschung, dass auf meiner Bettdecke eine Gruppe von Gnomen hockte, die alle gleich aussahen. Sie trugen enganliegende Anzüge in verschiedenen Waldfarben, Schnabelschuhe und mit Quasten geschmückte Strumpfmützen. Jeder hatte einen langen grauen Bart und das Gesicht eines alten Mannes. Die sechs oder sieben Besucher waren zwischen achtunddreißig und fünfundvierzig Zentimeter groß. Hände haltend, tanzten sie rhythmisch und fröhlich im Kreis herum. Ich schaute ihnen einige Minuten verzaubert zu, und dann waren sie verschwunden.

Einer dieser Gnome ist mir seither oft erschienen, aber jedesmal alleine. Er steht immer am Fußende meines Bettes und schaut mich aufmerksam und freundlich an."

Dorothea Eastwood aus London sandte mir die Beschreibung einer Begebenheit, die sie mit neun Jahren erlebte. Damals wohnte sie in einem Haus auf Vancouver Island in Britisch Kolumbien, das auf einer Lichtung in einem Nadelwald stand. An einem Sommerabend, gegen acht Uhr, lag sie im Erdgeschoss in ihrem Bett, das in einem recht hellen Raum stand, da die Vorhänge ziemlich dünn waren. Mit einem Male sah sie „drei winzige Gnome über den Fußboden rennen und verschwinden, anscheinend in eine Kommode, die unter dem Fenster am Ende des Zimmers stand. Sie waren ungefähr acht Zentimeter groß, von brauner Farbe und säbelbeinig. Auf dem Kopf trugen sie spitze Kappen. Sie sahen tatsächlich genauso aus wie die herkömmlichen Gnome aus den Märchen. Ich beobachtete sie zwar nur einige Minuten lang, bin aber davon überzeugt, hellwach gewesen zu sein und sie tatsächlich gesehen zu haben."

Einige Jahre später beschrieb Frau Eastwood diese Gnome zufälligerweise der Waliserin Philip Carnons-Williams, die ihr daraufhin erzählte, dass sie als Kind in Monmouthshire diesem Zwergentyp oft begegnet war, und zwar auf Bäumen und bei den Fliegenpilzen. Es schien weibliche und männliche Gnome zu geben, was auf den Baum oder den Pilz ankam, den sie aufsuchten. Nach ihrem elften Geburtstag verlor sie aber die Fähigkeit, sie zu sehen.

Frau Eastwood behauptete, dass sie sich für die Aufrichtigkeit dieser Frau verbürgen konnte.

A. Hall aus Storrington in Sussex, ein Geistlicher der "Neuen Kirche", die auf den Lehren Emanuel Swedenborgs basiert, erzählte mir, dass er oft unsichtbare Wesen spürte, wenn die Schatten in seinem waldigen Garten länger wurden. Ein Erlebnis aus seiner frühen Jugendzeit war ihm sehr lebendig im Gedächtnis haften geblieben. In seinem Schlafzimmer brannte ein helles Kohlenfeuer, und auf dem nahen Tisch stand ein Nachtlicht (ein flacher, von steifem Papier umgebener Wachszylinder) in einem Teller mit Wasser. In seiner schwachen Flamme schien ein tiefes Geheimnis verborgen zu liegen, und während er hineinstarrte, erschien ungefähr ein Dutzend zierlich gekleideter Elfen, von denen keine größer als acht Zentimeter war. Sie fassten sich bei der Hand, bildeten einen Kreis und tanzten im hellen Glanz um das Licht herum.

Herr Hall erwähnte diese Begebenheit 1969 im Zuge mit seinen anderen

Erlebnissen im BBC-Radioprogramm „Indian Summer“. „Ich sah sie nur kurz“, berichtete er, „doch ihr Anblick beeindruckte mich so tief, dass ich mich heute noch, in meinen Neunzigern, an jede kleinste Einzelheit erinnern kann. Die prosaische Erziehung zerstörte rasch meine malerischen Überzeugungen, aber sie wird mich niemals dieses einen, herrlichen Erlebnisses im Märchenland berauben.“

Als Siebenjährige wachte Ursula Turner aus Oxford eines frühen Morgens in ihrem Kinderzimmer in dem Dorfpfarrhaus in Berkshire auf und betrachtete den großen Kasten, der auf dem hohen Kleiderschrank stand.

„Leuchtende Sonnenstrahlen erhellten die Zimmerecke, wo sich aus dem leuchtenden Licht, wie aus dem Märchenland herangelockt, allmählich ein winziger schwarzer Mann mit einem riesigen, roten, silbrig gefleckten Kopf herauskristallisierte. Er besaß weder Augen, Nase oder Mund, noch Ohren und Haare. Doch als dieses gewinnende Geschöpf einen Freudentanz aufführte, wackelte und glänzte sein großer Kopf, und er schien mich anzustrahlen, denn seine glitzernde 'Glasur' vermittelte den Eindruck eines breiten Grinsens und zwinkernder Augen. Die Zeit blieb stehen, als ich ihn fasziniert beobachtete. Dann löste er sich in dem Sonnenstrahl auf – langsam, wie er gekommen war.“

P. M. Teage aus Devon, deren Vater aus Wales und deren Mutter aus England stammte, verbrachte eine glückliche Kindheit in einem großen, etwa sechs Kilometer von Cardiff entfernt gelegenen Haus. Einige Teile des dazugehörigen Gartens waren verwildert. Dort gab es hohe Bäume, Abhänge und im Frühling Narzissen. Jeden Ast und jeden Stein dieses Ortes liebte sie leidenschaftlich.

Im Alter zwischen neun und elf Jahren saß sie an einem Sommerabend in ihrem Schlafraum, der nach vorne hinauslag, auf dem Bett und war kein bisschen müde. Die grünen Fensterläden waren geschlossen, ließen aber die Sonnenstrahlen hindurchscheinen. Da sah sie einen Elf in der Hocke auf einem der Strahlen in das Zimmer herabgleiten. Soweit sie sich erinnern konnte, besaß er winzige Flügel und trug eine spitz zulaufende Kappe. Sein Gesichtsausdruck war ihr entfallen, doch dieses Glücksgefühl, das sie damals durchströmte, hatte sie nicht vergessen. Erst in späteren Jahren begann sie, die Wirklichkeit jenes kleinen Geschöpfes anzuzweifeln, vor allem, weil sie es im Raum und nicht draußen gesehen hatte.

„Es war Sommerzeit, und unser Haus steht sehr nahe an den Feldern", erklärte Mary Findley aus Derbyshire. „Damals war meine Tochter noch ein Säugling. Eines Nachts wachte ich auf und lauschte eine Weile dem Rascheln auf ihrem Kinderbettchen, das neben meinem Bett stand. Es verwirrte mich ein wenig, denn ich hörte sie friedlich atmen und wusste, dass sie fest schlief. Behutsam tastete ich nach den Streichhölzern und zündete die Kerze auf dem Nachttisch an. Es dauerte einen Moment, bis sie aufbrannte. Als ich mich dem Kinderbettchen zuwandte, sah ich dort einen kleinen Schatten zu den Vorhängen stürzen. Es war ein winziger Mann mit einem Spitzbart, einer gegürteten Tunika und einem kleinen, seitwärts hochgeschlagenen Hut. Er trug winzige Stiefel und quergestreifte Strümpfe. Er schien erschrocken nach den Gardinen zu greifen und richtete seine hellen kleinen Augen direkt auf mich. Dann krabbelte er flink die Vorhänge hinauf und verschwand eiligst durch das Fenster. Ich wollte ihm noch zurufen: „Komm zurück, ich tu dir nichts", aber er war schon weg. Er wird immer in meiner Erinnerung bleiben."

1956 erwachte Barbara Logan aus Forest Hall in Newcastle-on Tyne um drei Uhr morgens in ihrem dunklen Schlafzimmer und sah eine wunderschöne, etwa fünfzehn Zentimeter große Gestalt auf dem Bettgestänge sitzen.

Ängstlich schloss sie ihre Augen, und als sie diese wieder öffnete, war die Gestalt verschwunden, hatte aber den lieblichen Duft blühender Geranien hinterlassen.

Sie erinnerte sich an ihre Kindheit auf dem Lande, in der sie oft lichte Wesen gespürt hatte, die auf ihrem Kleid tanzten, wenn sie im Feld zwischen den Heuballen saß.

„Sogar heute noch", meinte sie, „bin ich mir ihrer Gegenwart in meiner Wohnung bewusst und kann ihre Bewegungen fühlen, wenn sie in meinem Haar tanzen und mich sanft auf die Wange küssen."

Mary E. Burt schrieb: „Im Alter von sieben Jahren lebte ich in Swanage in Dorset in der Nähe eines Waldes, in dem es so viel Gestrüpp gab, das niemand unter den Bäumen gehen konnte.

Ich schlief zusammen mit meinem kleinen Bruder, der gerade im Begriff war, sich an ein Erwachsenenbett zu gewöhnen, in einem Zimmer. Wenn wir abends schlafengingen, ließ meine Mutter immer ein kleines Nachtlicht brennen, doch es war so schwach eingestellt, dass es den Raum kaum erhellte.

Eines Abends versuchte ich einzuschlafen, als ich zu meinem Entsetzen sieben kleine Männer in roter Bekleidung (genau wie in den Märchenbüchern) um den Pfosten des Bettes tanzten sah, in dem mein Bruder lag. Ich versteckte mich unter der Bettdecke, aber jedesmal, wenn ich wieder hervorlugte, waren sie noch da und drehten sich tanzend im Kreise. Sie blieben eine Weile und eilten dann aus der Tür, die immer nur angelehnt stand.

Ich erzählte keiner einzigen Seele davon, fürchtete mich aber vor dem Zubettgehen, denn die kleinen Männer tauchten etwa zwei Wochen lang allabendlich auf, bis sie schließlich ausblieben. Ich habe bestimmt nicht geschlafen, als ich sie sah, und eingebildet habe ich sie mir auch nicht, das weiß ich genau. Das Rot ihrer Kleidung steht immer noch ganz deutlich vor meinen Augen. Sie konnten kaum größer als zehn Zentimeter gewesen sein."

Jane K. Jacobs aus dem Bezirk Wexford in Irland schrieb, dass sie als Neunjährige in einer Winternacht 1933 im Schlafzimmer ihrer Mutter schlief. Ihr Bett hatte man vor den Kamin geschoben, unmittelbar gegenüber der teilweise offen stehenden Tür, und das Licht einer Lampe fiel auf den Schlafzimmerboden.

Sie hatte eine Zeitlang wachgelegen und war sich jeder Einzelheit in ihrer Umgebung bewusst, als sie plötzlich „eine ungefähr dreissig Zentimeter große Gestalt durch die Tür ins Zimmer treten sah, die anscheinend verschiedenfarbige Lumpen um Kopf und Körper trug." Sie konnte deutlich das junge, pfiffige Gesicht sehen, als die Kleine mit gesenkten Augen auf ihr Bett zuschritt.

„Eine winzige Zeitung in der Hand haltend, schlüpfte sie unter mein Bett, von wo ich eine Zeitlang das Rascheln des Papiers vernahm. Dann trat Stille ein, und die kleine Person tauchte wieder unter dem Bett hervor, doch ohne Zeitung. Sie ging auf die Tür zu, drehte sich auf halbem Wege um und schaute auf die Stelle zurück, wo sie gewesen war. Dann setzte sie ihren Weg fort, ging durch die Tür und war verschwunden. Am nächsten Morgen fand ich nach einigem Suchen viele kleine Zeitungsfetzen in der Feuerstelle liegen. Mein Vater erzählte mir, dass jenes Haus, in dem wir heute nicht mehr wohnen, auf einem Elfendurchgang stand."

Lettice M. Mathias wohnte im Alter von sechs Jahren in Somerset. Sie glaubte nicht mehr an Elfen oder den Weihnachtsmann. An einem frühen Juni-Morgen erwachte sie und sah einige Sonnenstrahlen über ihre Knie unter die flauschigen weißen Decken huschen. Sie erinnert sich noch deutlich daran, dass verschiedene Farben durch die wollige Oberfläche zu schimmern schienen, und dann nahm sie ein großes Abenteuer gefangen. Das Lichtspektrum über den kleinen Hügeln, die ihre Knie bildeten, wurde lebendig, verwandelte sich in winzige Personen, die wie Elfen gekleidet waren, eine jede in ihrer spezifischen Art.

„Es ist also doch wahr", dachte sie in diesem Augenblick und beobachtete, wie sie gruppenweise die Erhöhung herauf und herunter jagten. Eine ehrfürchtige Freude erfüllte sie, und sie wagte kaum zu atmen, aus Angst, sie fortzublasen. Sie erinnerte sich noch genau daran, wie glücklich die kleinen Wesen zu sein schienen.

„Ihr Lachen klang wie Musik; ihre glückliche Freude und die silberhellen Klänge verschmolzen miteinander. Der Zauber hielt vielleicht einige Minuten lang an."

Etwa ein Jahr später, ebenfalls am frühen Morgen, sah Lettice Mathias die Zwerge wieder, aber es machte sie traurig, dass alles so schnell zu Ende ging, und Musik hatte sie auch keine gehört. Sie vermochte jene Szene nie mehr heraufzubeschwören, und als sie heranwuchs, versuchte sie oft, „zu etwas zurückzukehren", als hätte sie in ihrer Kindheit eine Fähigkeit besessen, die sie mit dem Älterwerden einfach verloren hatte.

Während des Ersten Weltkrieges lebte Alison M. Oliver im zweiten Stock eines Mietshauses in Edinburgh.

„Mit neun oder zehn Jahren träumte ich, dass ich aufwachte, zum Fenster ging und eine Elfe auf dem Fenstersims stehen sah", schrieb sie. „Ich sage 'träumte', da ich immer geglaubt habe, dass es sich um einen Traum gehandelt hat, obwohl ich damals fest davon überzeugt war, wach gewesen zu sein. Bevor ich etwas sagen konnte, tauchte ein roter Streifen am östlichen Himmel auf, und die Elfe verschwand.

Was mich an jenem Morgen schon sehr überraschte, war die Tatsache, dass die Elfe überhaupt nicht meinen Vorstellungen entsprach. Aus diesem Grunde möchte ich von diesem Erlebnis berichten. Als Kind stellte ich mir unter einer Elfe eine Gestalt in hauchzarten flatternden Gewändern und langen wehenden Haaren vor. Doch was ich sah, war eine winzige Person in einem lebhaft grünen, ballettartigen Kleid, mit kurzen schwarzen Haaren im Bubikopfschnitt, den ich damals wahrscheinlich noch nie gesehen hatte.

Vielleicht sollte ich noch erwähnen, dass jenes Mietshaus gegenüber einer großen, von Bäumen umstandenen Grünfläche stand. In dem gesamten Bezirk gibt es mehrere bewaldete Stadtgärten, und ihr üppiges Grün mag zum Erscheinen der kleinen Elfe beigetragen haben."

Dawn E. Mooney erinnerte sich an eine Begegnung, die sie mit vier Jahren erlebte, als sie in Beddington in Surrey lebte. An jenem speziellen Morgen, von dem hellen Licht und dem Vogelgesang im Garten zu schließen wahrscheinlich im Frühsommer, wachte sie als erste auf. Verschlafen öffnete sie langsam die Augen und ließ ihren Blick über die vertrauten Kinderzimmermöbel und durch den gesamten Raum mit seinen rosafarbenen Vorhängen schweifen, als sie ein etwa fünfundzwanzig Zentimeter großes Geschöpf entspannt auf dem Gestänge ihres weißen Emailbettchens sitzen sah. Er war in Grün gekleidet und trug eine Spitzkappe. Sie erinnerte sich noch lebhaft an sein freundliches, pausbäckiges Gesicht mit den hellen, humorvollen Augen, die sie nachdenklich anschauten, sowie die Beine, die es um die Stange geschlungen zu haben schien, als wären seine Knochen flexibel.

Beim ersten Anblick hielt sie den Wicht für ebenso selbstverständlich wie die übrigen Dinge im Zimmer, doch dann „klickte" es in ihr, und sie empfand es plötzlich als höchst seltsam, dass ein fremder kleiner Mann uneingeladen auf ihrem Bett hockte.

Lauthals schrie sie nach ihrem Kindermädchen, und der Kleine verschwand augenblicklich, ohne eine Spur zu hinterlassen. Während sie versuchte, ihrem Kindermädchen von dem Vorfall zu erzählen, diese aber nur von Träumen plapperte, erkannte sie, dass sie diese Zwerge vorher schon oft gesehen, sie aber immer als selbstverständlich betrachtet hatte. „Ich wunderte mich, warum ich ausgerechnet diesmal einen solchen Lärm deswegen veranstaltete, doch mit meinem neuen Empfinden für das angeblich 'Normale' bestand ich darauf, sie als 'merkwürdige Männlein' zu erachten. Seither habe ich nie mehr einen Zwerg gesehen."

Dawn Mooney vermochte seit jenem Tage jedoch die Elfen zu hören.

Einige Jahre nach dem Ersten Weltkrieg verbrachte die Schriftstellerin Zelma Bramley-Moore aus London den Winter in einem Hotel in Malaga in Spanien. Gewöhnlich frühstückte sie im Bett, und als das Hausmädchen ihr eines Morgens um acht Uhr das Frühstück brachte, lagen zwei Briefe auf dem Tablett.

„Während ich an meinem Tee trank, las ich Bruchstücke des ersten Briefes", schrieb sie. „Es war ein wundervoller, sonniger Morgen, und ich schaute zu dem gegenüberliegenden Fenster hinüber, das auf den Hof blickte. Zu meiner Überraschung musste ich feststellen, dass der rechte Vorhang wackelte, was mich verwunderte, da das Fenster geschlossen war.

Ich beobachtete, wie sich zwei Elfen 'einblendeten'. (Ich weiß es nicht anders zu beschreiben.) Sie waren etwa dreissig Zentimeter groß, völlig nackt und ganz allerliebst. Das helle Haar der kleinen Dame hing lose bis unterhalb der Taille hinab; das etwas dunklere Haar des kleinen Mannes, das bis zu den Ohren reichte, wurde von einem golden Band gehalten. Beide besaßen große tabakfarbene Flügel, die sich langsam öffneten und schlossen oder flatterten, wenn die Elfen ihr Gleichgewicht verloren, denn sie klammerten sich an den Rand des Vorhangs und spielten miteinander, indem sie sich gegenseitig fortzustossen versuchten. Sie gaben einen hörbaren Laut von sich, und falls sie meine Anwesenheit bemerkt haben sollten, gaben sie es jedenfalls nicht zu verstehen. Ihre Farben waren einfach hinreißend. Ich betrachtete sie mehrere Minuten lang, dann verblassten sie allmählich. Sie verschwanden nicht, aber meine Augen konnten sie nicht mehr sehen."

Ein oder zwei Jahre vor dem Zweiten Weltkrieg lebte Zelma Bramley-Moore in einem Landhaus in Prestwood in Buckinghamshire. Hier sah sie zum zweiten Mal einige Elfen. Ihr Schlafzimmer lag gen Osten, und sie pflegte, im Bett liegend, den Sonnenaufgang zu beobachten. Vor dem Fenster stand ein alter Apfelbaum. Er war tot, doch sie weigerte sich, ihn abholzen zu lassen, da sie seine Form liebte.

Eines Tages erwachte sie im fahlen Licht der Morgendämmerung. Die Vögel hatten noch nicht zu zwitschern begonnen, und die Sonne lag noch hinter dem Horizont. Sie stand auf und schaute aus dem Fenster. Da bemerkte sie fünf graue „Klumpen" in dem alten Apfelbaum hängen. Diese sahen höchst seltsam aus, und sie schaute genau hin. Sie schienen in ein graues Material, einer Art hauchzartem Spinngewebe, eingehüllt zu sein. Immer noch wusste sie nicht, was sie da vor sich hatte. Plötzlich bewegte sich einer der Klumpen und streckte sich. Eine Elfe hatte in sich zusammengekrochen auf einem Ast gesessen und den Kopf mit ihren Armen, die auf den Knien ruhten, bedeckt. Sie stieß einen merkwürdigen kleinen Schrei aus, der wie eine winzige Glocke klang, schob sich nach vorne und flog rasch und mit fliegenden Gewändern gegen Norden davon. Fast augenblicklich folgten ihre Gefährten. Einer nach dem anderen richtete sich auf und schoss kopfüber in die Luft. „Alle fünf besaßen keine sichtbaren Flügel. In gebeugter Haltung flogen sie still durch die Luft, und es sah fast so aus, als ritten sie auf unsichtbaren Besenstielen."

Dann wurde es plötzlich hell, die ersten Vogelrufe erklangen, und Zelma Bramley-Moore ging gedankenverloren zu ihrem Bett zurück.

Während des Zweiten Weltkrieges sah sie zum dritten Mal Elfen. Sie hielt sich damals in einem Hotel in Prestwood in Buckinghamshire auf. Manchmal erwachte sie des nachts von lachenden Stimmen und dem Klang einer Trompete. Eine Schar glücklicher Leute schien ihr Zimmer von West nach Ost zu durchqueren. Sie konnte aber nichts erkennen, da sie zu spät aufwachte, doch sie vermochte die Klänge zu hören, die sich in der Ferne verloren.

Eines nachts lag sie noch lesend im Bett, da sie wegen der Bomben, die in der Nachbarschaft heruntergegangen waren, nicht schlafen konnte. Ein Blick auf die Uhr zeigte ihr, dass es zwei Uhr morgens war. Da hörte sie die lachenden Stimmen und den Klang der Trompete näherkommen. Wenige Augenblicke später flog mit großer Geschwindigkeit eine Elfenschar durch den Raum. Sie trat durch die eine Wand herein und verließ das Zimmer durch die andere, wobei ihr zartes Geschrei und die lachenden Stimmen allmählich in der Ferne verhallten. In dem kurzen Augenblick, in dem sie die Elfen gesehen hatte, glaubte sie, in ihrer Mitte die Elfenkönigin bemerkt zu haben.

Eine Briefschreiberin aus dem Golders Green Bezirk in London erinnerte sich noch lebhaft an ein Erlebnis aus ihrer Jugend. Bei Tagesanbruch lag sie hellwach im Bett. Mitten im Schlafzimmer hing von der Decke eine etwas altmodische Messinglampe herunter. Sie schaute zu ihr hinauf und bemerkte überrascht, wie viele kleine Gestalten Purzelbäume um die Messingstangen schlugen. Mit ausgestreckten Armen balancierten einige die Stäbe entlang, während andere wie Feuerwehrmänner die senkrechten Stangen hinunterglitten. Die meisten von ihnen besaßen lockiges Haar, und alle hatten sie winzige Flügel und waren etwa dreissig Zentimeter groß.

Sie beobachtete sie eine Weile, bis eine der Gestalten sie zu bemerken schien, zum Fußende ihres Bettes sprang und auf sie zuging. Plötzlich versteckte sie sich ängstlich unter der Bettdecke. Als sie wieder hervorschaute, hatten sich die kleinen Geschöpfe alle verflüchtigt.

Jean Finlayson Holmes aus San Francisco berichtete von einem Ereignis, das sie als Neunjährige erlebte.

In einer mondhellen Nacht des Jahres 1925 sah sie zwei kleine Burschen auf dem Querbalken ihres Schlafzimmerfensters sitzen. Innen gegen das Glas gelehnt, schienen sie sich auf ihre Arbeit oder irgendeinen Gegenstand zu konzentrieren, den sie nicht sehen konnte. Sie bemerkte jedoch, dass sie sich wohl unterhielten und dabei lebhaft mit dem Kopf nickten. Trotz ihrer runden, untersetzten Körper bewegten sie sich sehr behende. Jean Holmes meinte, dass sie „etwas Teuflisches an sich hatten, ohne dabei böswillig zu sein. Sie glichen zwei geschäftigen, intelligenten kleinen Affen".

Sie wusste nicht, ob sie Kleider trugen, da sie niemals eine Zeichnung eines Gnoms, Kobolds, Trolls oder Elfs gesehen hatte, um die Eigenschaften dieser seltsamen kleinen Burschen recht beschreiben zu können.

„Ich beobachtete sie eine Zeitlang, bis einen von ihnen meine aufkommende Furcht, dass ich ein solches Phänomen beobachtete, alarmierte und er sich umdrehte und mich anschaute. Ich glaube, er ängstigte sich ebenso wie ich. Ich wartete nicht lange genug, um zu sehen, wohin sie gingen, sondern rannte zu den Erwachsenen in das andere Zimmer, um ihnen zu erzählen, was ich soeben erlebt hatte. Natürlich wurde das Ganze als Einbildung abgetan."

Viele Jahre waren inzwischen verstrichen, doch Joan Finlayson Holmes blieb davon überzeugt, dass die Zwerge in ihrem eigenen Reich ebenso wirklich sind wie wir in dem unsrigen.

Mit vierzehn Jahren sah Joan Georgina Cheeseman in ihrem Zuhause auf der Pitsea Marsch in Essex einen Kobold auf einer Uhr sitzen. Sie hatte gerade ihr Schlafzimmer betreten, als sie das kleine Geschöpf bemerkte. Der etwa zehn Zentimeter große Wicht war in Grün gekleidet und trug einen winzigen runden Hut.

„Er hüpfte von der Uhr herunter, rannte zum Rand der Kamineinfassung, blickte mich an und verschwand. Ich glaube, bis dahin hatte ich nie an Elfen geglaubt, aber obwohl ich inzwischen verheiratet bin und selbst zwei Kinder habe, kann ich diesen Vorfall nicht vergessen oder jemals an der Existenz von Elfen zweifeln."

Eines Morgens, im Jahre 1950, als Mary Johnson aus Stanishaw in Portsmouth in Hampshire in ihrem Bett lag, nachdem ihr Mann zur Arbeit gegangen war, überkam sie das starke Empfinden, beobachtet zu werden. Sie schaute zu der Feuerstelle hinüber, wo auf der mächtigen altmodischen Kamineinfassung ein kleiner Mann stand, der einen grünen Anzug und eine grüne Kappe trug. Er hatte ein ziemlich braunes Gesicht und schien sehr alt zu sein.

Es überraschte sie nicht, ihn dort stehen zu sehen, doch was sie in Erstaunen versetzte, war seine Größe. Mit seinen eineinhalb Metern war er viel größer, als sie sich einen Gnom vorgestellt hatte. Er grinste sie breit an, und sie rief: „Hallo!“ Da verschwand er. „Ich konnte ihn zwar nicht mehr sehen“, erklärte sie, „fühlte aber noch seine Anwesenheit. Er war höchstens drei oder vier Sekunden lang sichtbar gewesen.“

Wie viele andere Briefschreiber, erwähnte auch Mary Johnson dieses starke Glücksgefühl, das sie in diesem Moment erfüllte, was sie darauf zurückführte, dass sie ihn gesehen hatte.

Mit sieben Jahren lebte C. V. Burrow in einem recht alten Terrassenhaus in Portsmouth. Ihre Mutter hielt es für angebracht, sie immer früh ins Bett zu schicken. Doch sie war unruhig und konnte oft nicht einschlafen, obwohl auf dem Treppenabsatz im Flur das Nachtlicht brannte und die Tür offenstand, so dass ihr Zimmer nie völlig im Dunkeln lag.

„Wenn meine Furcht vor der Dunkelheit ihren Höhepunkt erreicht hatte, sah ich gewöhnlich Zwerge geschäftig in meinem Zimmer umhergehen, sich unterhalten und die Wände abstauben.“

Neugierig pflegte sie diese zu beobachten, ihre Angst nahm ab und sie schlief dann friedlich ein.

Die ungefähr zehn Zentimeter großen, sehr schlanken Elfen flitzten geräuschlos hin und her und schienen zu leuchten. Ohne Schwierigkeiten durchschritten sie die Wände, gingen aber anscheinend nie durch die Fußleisten.

„Ich bin sicher, ich war wach, denn ich erinnere mich, dass ich eines nachts die Uhr im Schlafzimmer meiner Mutter ticken hörte und bei mir dachte, wie schrecklich, wenn dies die Uhr im Leib des Krokodils bei "Peter Pan“ gewesen wäre.“

In einem ländlichen Haus, in der Nähe des Stadtzentrums von Southport, erhielt die damals fünfjährige Kathleen O´Shea während zwei oder drei Nächten Besuch von Elfen, als sie im Bett lag. Sie hatten keine Flügel, schienen aber sehr rasch durch die Luft zu eilen. Sie waren in Rot gekleidet, und der goldene Dunst, der sie umgab, ermöglichte es ihr, sie im Dunkeln zu sehen. Einen unter ihnen, der etwa zwölf Zentimeter groß war, konnte sie ganz besonders deutlich erkennen. Die übrigen schienen kleiner zu sein, aber sie waren auch weiter entfernt und schwirrten gemeinsam durch die Luft.

„Ich weiß, dass ich nicht träumte, denn ich fürchtete mich und pflegte näher an meine Mutter zu rücken, bei der ich schlief.“

Dennoch musste sie zugeben, dass sie dieses wunderbare Erlebnis nie vergessen konnte.

Auch Doris Poole aus Gloucester sah im Alter von fünf Jahren Elfen in ihrem Schlafzimmer. „Sechs oder sieben kamen durch das Fenster herein und schwebten im Zimmer umher, alle in Weiß und ganz entzückend anzuschauen. Sie flatterten nicht wie Schmetterlinge, sondern bewegten sich mit der Anmut einer Balletttänzerin. Eine flog herab und setzte sich auf das Gitter am Fußende des Bettes. Vor dem Fenster stand ein großer französischer Korinthenbaum in voller Blüte, und ich habe die Elfen immer mit seinen Blüten in Verbindung gebracht, obwohl sie rosa waren."

Edna E. Murray aus West Perth in Australien war zehn Jahre alt, als sie eine Blumenelfe von etwa zehn Zentimetern hoch oben in ihrem Schlafzimmer fliegen sah. Sie vermochte sie jedoch nicht genau zu beschreiben, da sie hauptsächlich auf deren Arbeit geachtet hatte. Sie schien einen Korb zu tragen und winzige Veilchensträuße durch den Raum zu werfen, die in der Dunkelheit wie Diamanten leuchteten. Der gesamte Bereich oberhalb des Bettes war übersät davon.

Hilda Scott aus Buckinghamshire sah in ihrer frühen Kindheit, als sie in Sussex lebte, „einen kleinen Burschen in grüner und matt roter Kleidung". Das Reihenhaus, in dem sie wohnte, stand hinter einer geschäftigen Einkaufsstraße. Vorne blickte es auf einen steilen Bahndamm, und das Stationsgebäude lag direkt gegenüber.

Soweit sie sich noch erinnern konnte, war es Mitsommer, kurz vor dem Ersten Weltkrieg. Ungeduldig wartete sie auf die verspätete Heimkehr ihres Vaters. Nach dem Tode ihrer Mutter, im Jahr zuvor, war sie alleine. Sie saß auf der Kante des väterlichen Betts, das in einem nach vorne gelegenen Erdgeschosszimmer stand. Zwei der Jalousien waren zugezogen, und durch das schmale Erkerfenster konnte man auf die Straße sehen. Da eine Lampe von draußen direkt in das Zimmer leuchtete, zündete sie kein Licht an, sondern saß nur da und wartete. Es war zwischen zwölf und ein Uhr nachts, und der letzte Zug war bereits angekommen. Sie fühlte sich wie gelähmt.

„Ich hatte eine Weile nicht aus dem Fenster geschaut, als ich plötzlich eine Bewegung bemerkte. Da sah ich am Fenster ganz deutlich einen kleinen Mann tanzend herumspringen und mit seinen Armen fuchteln, als wollte er meine

Aufmerksamkeit erregen. Ich war so überrascht, dass ich aufstand, um ihn genauer zu betrachten, doch als ich mich dem Fenster näherte, sprang er um das Fensterbrett herum. Ich hob die anderen Vorhänge hoch, aber er war verschwunden."

Hilda Scott beschrieb ihn als, grob geschätzt, neunzig Zentimeter groß, mit einem kräftigen kleinen Körper und einem runden, rotbraunen, vergnügten Gesicht. Seine Kleider waren von einem dunklen Chutneygrün, und es umgab ihn ein Hauch von Rot, den sie nicht genau bestimmen konnte. Er trug eine enganliegende Mütze, aber nicht in der Art der Strumpfmützen. Sie war begeistert, als sie ihn sah, doch sein Verschwinden enttäuschte sie zutiefst. Ohne sich auszuziehen, legte sie sich auf das Bett, in der Hoffnung, dass ihr Vater bald nach Hause kommen werde, doch sie schlief ein. Die Ereignisse des nächsten Tages verdrängten dieses Erlebnis für viele Jahre aus ihrem Gedächtnis.

Mildred C. E. Richardson aus Berkshire erzählte mir, dass sie in ihrer Kindheit in Lincoln lebte und viel Zeit in dem kleinen Dorf Canwick und dessen Umgebung zubrachte. Da ihre Gouvernante gerne spazierenging, genoss das Kind draußen große Freiheit und fühlte und sah damals Dinge, die ihre Geschwister für kindisch und Einbildung hielten.

Eine Nacht stand ihr noch ganz klar vor Augen, obwohl es schon so viele Jahre zurücklag. Sie wachte plötzlich mit dem Gefühl auf, dass jemand in ihrer Nähe war. Sie setzte sich auf und blickte sich um, aber die anderen schliefen friedlich. Da bemerkte sie neben sich einen Nebel. Als sie ihn, ohne sich zu fürchten, eingehender betrachtete, sah sie eine kleine Elfe, die gerade groß genug war, um nach ihrem Kopfkissen zu greifen. Sie glich einer Glockenblume, doch besaß die Gestalt eines winzigen Mannes mit einem lieblichen Kindergesicht, das sie anschaute, als er sprach. An die Worte konnte sie sich nicht mehr erinnern, doch sie wusste noch, dass sie sehnsüchtig auf ihr Kindermädchen wartete, nachdem er verblasst war, um ihr von dem wunderbaren Erlebnis zu erzählen. Doch es schmerzte sie sehr, als diese still meinte: „Oh, du hast nur geträumt."

Während ihres ganzen Lebens bestand Mildred Richardson darauf, dass es kein Traum gewesen war. „Ich war hellwach", beteuerte sie, „und denjenigen, die Verständnis dafür zeigten, habe ich diese Geschichte oft erzählt."

Der folgende „wahre und ungeschminkte Bericht" stammte von „Ehrlich" aus Gloucester, und es heißt darin:

„Ich möchte auf keinen Fall meinen Namen und meine Adresse angeben, da der Spott, dem ich begegnete, als ich dieses Erlebnis nur ein einziges Mal erzählte, unerträglich war.

Eines Morgens, im Frühjahr 1959, erwachte ich wie gewöhnlich gegen halb acht. Ich lag still da und dachte über die Probleme des vor mir liegenden Tages nach, als sich in der Feuerstelle etwas zu regen schien. Ich schaute in diese Richtung und musste feststellen, dass ich durch das Holz am Fußende des Bettes hindurchzuschauen vermochte und auf zwei etwa neunzig Zentimeter große Männlein in der Kleidung der Gnome blickte. Sie befanden sich in der linken Kaminecke und waren in eine Unterhaltung vertieft. Ich konnte jedoch kein Wort hören. Ohne den Kopf zu heben, spürte einer von ihnen plötzlich, dass ich sie beobachtete und blickte mich prüfend an. Dann wandte er sich an seinen Gesprächspartner, worauf sich beide umdrehten und einfach durch die Kaminkacheln verschwanden. Damals lebten wir übrigens in Cotswolds."

In ihrem Nachwort schrieb „Ehrlich": „Sie können sich wohl vorstellen, dass ich als verheiratete Frau und Mutter von fünf Kindern für Phantasiegespinste keine Zeit habe."

Diese Briefschreiberin wird ihrem Namen gerecht, denn das „Hindurchblicken", von dem sie berichtete, gehört zum Hellsehen und verleiht ihrer Schilderung zusätzlich Glaubwürdigkeit.

Die nächsten Berichte über Elfen wurden 1996 von meiner lieben Freundin „Lena" verfasst, die mir bei den abschließenden Schreibarbeiten zu diesem Buch half.

„Bevor ich Marjorie begegnete, hatte ich nicht an Elfen geglaubt, selbst unsere Unterhaltungen konnten meine Skepsis nicht ausräumen, vielleicht weil ich die Elfen nie persönlich gesehen hatte. Inzwischen haben sich jedoch einige Dinge ereignet, die mich nun eher davon überzeugen, dass das Elfendasein Wirklichkeit ist.

Mein erstes Erlebnis fand eines Morgens statt, als ich hellwach im Bett lag und mich einen Pfad hinuntergehen sah, an dessen rechtem Rand Blumen wuchsen. Da bemerkte ich drei kleine, grün gekleidete Gestalten von etwa sechzig Zentimetern Größe. Zwei von ihnen kümmerten sich um die Blumen, die dritte hob den Kopf, schaute mich geradewegs an und wandte sich dann wieder ihrer Arbeit zu.

Das nächste Mal sah ich einige wunderschöne bunte Blumen, denen ein strahlender Farbregen entströmte und darin eine einzelne, winzige, geflügelte Elfe.

Während einer äußerst emotionalen Periode in meinem Leben überraschte mich ein weiteres Ereignis. Ich fühlte mich sehr niedergeschlagen, empfand Mitleid mit mir selbst und war in Tränen aufgelöst. Ich lag hellwach im Bett in meinem Zimmer, das zur Gartenwiese hinausblickt, als ich eine ungefähr neunzig Zentimeter große Gestalt bemerkte, die einen dunklen Mantel trug und über den Rasen eilte. Ich legte ich mich auf die andere Seite, da ich eine winzige Stimme ganz deutlich neben mir sagen hörte: „Bitte, weine nicht; wir werden uns um dich kümmern." In diesem Augenblick schien ein seltsamer Erdgeruch von meinem Kopfkissen auszugehen. Ich verspürte keine Angst und setzte mich im Bett auf; meine Niedergeschlagenheit war verflogen, und zu meinem großen Erstaunen erkannte ich, dass etwas höchst Ungewöhnliches geschehen war. Immer wieder schnupperte ich an meinem Kopfkissen, doch der Geruch hatte sich vollständig verflüchtigt."

An einem herrlichen Frühlingsmorgen des Jahres 1939 wachte Shirley Eshelby aus Carbis Bay in Cornwall um sechs Uhr von einem schwachen Duft auf, der von der Blume und den Blättern in der Vase auf ihrem Nachttisch ausging. Sie hatte sie in einem lieblichen, verzauberten Tal im Herzen von Sussex selbst gepflückt, und niemand sonst hatte sie berührt.

„Die Sonne schien durch die rosafarbenen Vorhänge und tauchte den ganzen Raum in einen rosa Glanz", schrieb sie. „Die Blätter wechselten ihre Farbe, als ich sie betrachtete, und die Blume bewegte sich ein wenig und warf einige Blütenblätter ab. Ich rätselte, ob vielleicht eine Spinne gerade ihr Netz um sie webte, als ich eine seltsame, allerliebste Musik, wie von hellen Glocken oder einer Flöte stammend, vernahm, die ich nur als „winzig" beschreiben kann, sanft, rasch und hell, jene Art von Musik, die einen lächeln lässt, ohne zu wissen warum. Sie war höchst anregend, und ich hätte vor Freude tanzen können.

Als ich dem Vorspiel lauschte, begann sich mitten im Zimmer eine mit Kristalltropfen gefüllte Wolke langsam zu drehen, die immer kleiner wurde, je schneller sie sich drehte, bis nur ein kleines „Etwas" übrigblieb, das den Blättern und der Blüte in der Vase glich, in Wirklichkeit aber das Kleid eines entzückenden kleinen Geschöpfs formte, das vor Leben sprühte. Ich beobachtete den Tanz dieses lieblichen Wesens, der nur einige Sekunden lang dauerte, wobei es, obwohl in der Luft schwebend, mit seinen Füßen auf irgendeine feste Grundlage zu treten schien, denn es tanzte nie unterhalb einer bestimmten Ebene. Dann hüpfte die Gestalt, diese unsichtbare Linie mit ihren nackten Füßen berührend, in großen Sprüngen davon. Obwohl das Fenster offen stand, vermied sie es und glitt durch die Wand.

Die Frage tauchte in mir auf: „Was war das?“ und eine Stimme in meinem Kopf antwortete: „Ein verspielter Naturgeist, eine Blumenelfe. Im Frühling gibt es viele davon.“

Da ich keinen Bericht über Trolle habe, freue ich mich, die folgende Passage aus "A Women of Spirit“ zu zitieren, geschrieben von der bekannten Spiritistin und Heilerin Doris Collins.

„1981 reiste ich nach Finnland, um eine Reihe von öffentlichen und privaten Verpflichtungen zu erfüllen, die mich durch das ganze Land führten, von Helsinki bis Lappland und an die russische Grenze. Wegen eines Geschwürs trug ich einen Gipsverband an meinem rechten Bein und ging auf Krücken. Auf Anraten meines Arztes hätte ich die Reise abgesagt, wären nicht bereits umfangreiche Vorbereitungen getroffen worden. Ich erklärte meinen Gastgebern das Problem und bat sie, sich um mich zu kümmern, worin sie einwilligten.

In Rovaniemi, am Nördlichen Polarkreis, erlebte ich etwas ganz Ungewöhnliches. Es flog nur einmal täglich am frühen Morgen eine Maschine von der Hauptstadt aus dorthin. Der Schnee lag dreieinhalb Meter hoch. Man stellte mich meinem Dolmetscher vor, bei dem ich auch die Nacht verbringen sollte. Er fuhr mich mit dem Wagen zu seiner hübschen, modernen Wohnung, wo ich der Hausherrin begegnete, die kein Wort Englisch sprach.

Ich war früh am Morgen aufgestanden, um das Flugzeug zu erwischen, und da mein Gesundheitszustand nicht gerade der beste war, wollte ich mich vor der abendlichen Veranstaltung gut ausruhen. In meinem Zimmer stand ein geräumiges Bett. Ich zog mein Kleid aus, legte mich mit einer Decke zugedeckt darauf und schloss die Augen. Ich fürchtete, nicht wieder aufstehen zu können, wenn ich wirklich zu Bett ging.

Bald darauf vernahm ich um mich herum eifriges Schwatzen. Jemand war im Zimmer, wahrscheinlich in dem Glauben ich würde schlafen und um dieses seltsame Wesen mitten aus England neugierig zu betrachten. Weniger aus Angst als aus Höflichkeit blinzelte ich vorsichtig mit einem Auge und musste feststellen, dass ich recht hatte. Es standen tatsächlich Leute im Zimmer, aber sie glichen eher Zwergen, nicht höher als das Bett. Sie kletterten hinauf, schoben Kissen hinter meinen Rücken und deckten mich wie ein kleines Kind behaglich zu.

Ich fühlte mich wie Gulliver, wusste aber, dass sie sich einfach nur um mich kümmern wollten. „Konnten es Lappen sein?“ fragte ich mich. Ich hatte gehört, dass diese nicht sehr groß waren, aber die Leutchen um mich herum besaßen eher die Größe von Zwergen. Ebenso plötzlich, wie sie gekommen waren, verschwanden sie auch wieder. Das Geschwätz endete, und es herrschte tiefe Stille. Ich schlief ein.

Gegen drei Uhr nachmittags wachte ich auf. Nur die Frau war zu Hause, und die konnte ich nicht befragen. Also wusch ich mich, kleidete mich an und traf meine Vorbereitungen für den Abend, während ich auf die Rückkehr meines Dolmetschers wartete. Als ich ihm von meinem Erlebnis erzählte und ihn fragte, wer diese Leutchen wohl gewesen waren, schaute er mich verdutzt an. Er sprach mit meiner Gastgeberin und erklärte, sie habe ihm versichert, dass sie niemanden in der Wohnung gesehen hatte. Es lag etwas Seltsames in seinem Gesichtsausdruck und ich beschloss, die Angelegenheit nicht weiter zu verfolgen, da sie offensichtlich nicht zu wissen schienen, wovon ich sprach.

Der Abend war ein großer Erfolg, und am folgenden Tag reiste ich nach Tampare, wo ich meinen Dolmetscher für die nächsten drei Tage traf, mit dem ich dann zurück nach Helsinki reisen sollte. Er hatte an der Londoner Universität gelehrt, und sein Englisch war einwandfrei. Er meinte jedoch, dass ihm seine Aufgabe sicher nicht leicht fallen werde, da er meine Arbeit überhaupt nicht kannte. Ich beruhigte ihn und erzählte ihm eine Menge über ihn selbst, was ihn zu überraschen schien. Am nächsten Tag spazierten wir draußen auf dem Lande, und ich berichtete ihm von meinem Erlebnis in Rovaniemi. Ich erwartete, dass er mich auslachen würde, als ich von den Zwergen erzählte. Seine Reaktion überraschte mich. „Ja, ich verstehe vollkommen“, meinte er.

„Sie glauben, was ich ihnen soeben erzählt habe?“ fragte ich.

„Natürlich, sie sind doch im Land der Trolle.“

Elfen, die Kranke besuchen

M. J. Field aus Somerset schrieb mir, dass einige ihrer Freunde festgestellt hatten, dass Elfen sie besonders gerne besuchten, wenn sie krank oder auf dem Wege der Besserung waren. „Haben sie auch diese Erfahrung gemacht?" fragte sie.

Ich kann die Frage durchaus bejahen, obwohl sich mein Erlebnis von denen anderer Briefschreiber unterscheidet. Ich erinnere mich aber noch ganz genau daran.

Am Abend des 20. April 1988 hatte ich mich gerade ins Bett zurückgezogen, als ich eine Elfe um meinen Kopf fliegen sah. Andere Elfen gesellten sich zu ihr, und alle flogen sie beständig überall um mich herum, bis ich den Eindruck gewann, dass sie mich für etwas, was auf mich zukommen würde, vorbereiteten und stärkten.

Es geschah alles viel zu rasch. Am folgenden Tag saßen meine Schwester und ich beisammen und unterhielten uns vergnügt, als ihre Worte plötzlich durcheinandergerieten und sie einen Schlaganfall erlitt. Gelähmt, lebte sie noch einige Tage und glitt dann friedlich ins Jenseits hinüber.

Sie war es gewesen, die mir einige Erlebnisse mit Elfen, die sie liebten, mitgeteilt hatte, die in diesem Buch enthalten sind. Die Elfen wussten, dass sie ihren Tod nicht verhindern konnten, weshalb sie versucht hatten, mich zu stärken, und hätten sie sich nicht im voraus so liebevoll um mich gekümmert, wäre der Schock für mich noch größer gewesen, als er ohnehin schon war.

Anfang des Jahres 1965 fühlte sich I. Morrison aus Glasgow nicht wohl. Jedesmal, wenn sie während der Nacht aufwachte, sah sie einige Elfen im Kreis an ihrem Fußende sitzen. Sie besaßen wunderschöne Farben, unterhielten sich eifrig und machten Zeichen mit ihren Händen.

Sie war daran gewöhnt, Elfen zu sehen, doch in Zeiten der Krankheit schienen sie immer um sie zu sein. Einmal erwachte sie gegen zwei Uhr morgens und sah zwei niedliche Zwerge in einem großen grünblauen Lichtkreis. Sie kamen auf sie zu, lächelten sie an und entfernten sich direkt über ihr zur Zimmerdecke hinauf, wo sie sich in zwei winzige Lichter verwandelten.

Dorothy J. Hanrock aus Walthamstow in London sah im Alter von zwölf

Jahren zum ersten Mal Elfen, als sie sich nach einer Krankheit erholte. Kurz nach Tagesanbruch bemerkte sie eines Morgens winzige Stimmen und Gelächter. Sie blickte umher und sah auf der anderen Seite des Zimmers in einem Sonnenstrahl eine Gruppe von mindestens dreissig, etwa zehn Zentimeter großen Zwergen. Die Männer trugen kegelförmige Hüte, und ihre Hosen und Schuhe aus glänzendem, lederähnlichem und verschiedenfarbigem Material waren aus einem Stück. Die Frauen trugen Kleider aus pastellfarbenem, hauchzartem Gewebe, und „etwas wie Flügel" schwebte von ihren Schultern.

„Mit Worten lässt sich die Schönheit dieser Szene nicht beschreiben", meinte J. Hanrock. „Ihre Sprache konnte ich nicht verstehen, aber ihr Lachen werde ich nie vergessen, es hörte sich wie das Geläut winziger Glocken an."

Sie schienen sie nicht zu bemerken und durchquerten zu ihrer Überraschung alle den Raum und verschwanden durch die Wand. Sie konnte ihre Rücken ganz deutlich sehen.

Als Josephine, die älteste Tochter von Winifred Kirby aus Leicestershire, sechs Jahre zählte, erkrankte sie an Scharlach. Ihre Mutter saß eines Tages an ihrem Bettchen, als sich das Kind lachend aufrichtete und nach etwas griff, das ihr immer wieder zu entwischen schien. Auf die Frage, was sie denn da mache, antwortete sie: „Ich versuche, den kleinen Mann zu fangen."

Damals glaubte Frau Kirby, das Kind phantasierte, „aber inzwischen", meinte sie, „habe ich erkannt, dass der kleine Mann erschien, um sie zum Lachen zu bringen und sie wieder gesund zu machen."

Martha C. Smith aus den Vereinigten Staaten wollte gerade das Licht löschen und zu Bett gehen, als sie einen blauen Dunst im Zimmer bemerkte. Nachdem sie still um Vertrauen und Einstimmung gebetet hatte, stand sie da und beobachtete die Stelle. Es schienen fünf Elfen dort zu sein, obwohl sie von ihrem Standort aus nicht den gesamten Raum zu überblicken vermochte. Ihr „kleiner Mann", ein Naturgeist, der sich oft in ihrer Nähe aufhielt und über den wir an anderer Stelle mehr erfahren werden, leitete irgendeine angeregte Diskussion, und sie benötigte einige Minuten, um zu entdecken, dass man über sie sprach. Sie war sehr ruhelos gewesen und hatte mehrere Nächte lang nicht schlafen können. Daher hatte sie um Hilfe gebeten, was wohl Gegenstand der Beratung war. Als sie das Zimmer verließen, blieb ein blassblaues Licht zurück. Sie ging mit dem Gefühl zu Bett, schlafen zu können und bemerkte einen schwachen Duft von Medizin und Kräutern. In jener Nacht schlief sie trotz des schrecklichen Sturms, der, ohne dass sie es gehört hatte, sogar die Eingangstür aufblies, tief und fest.

„Als ich aufwachte", schrieb sie, „wusste ich, dass ich während der Nacht irgendwo gewesen war und erkannte auch, dass ich meine „Nerven" wieder im Griff hatte und mich viel besser fühlte. Dies war meine erste Begegnung mit dem Heilwirken der Elfen, und ich hieß sie willkommen."

F. E. Cotton schrieb aus Tasmania, dass vier sieben bis acht Zentimeter große Elfen einem ihrer Verwandten, Jackson Cotton, hilfreich zur Seite standen, als er sich von seiner Krankheit erholte. Zwei männliche Elfen setzten sich auf die eine Bettseite und eine männliche und eine weibliche Gestalt auf die andere. Sie trugen kittelähnliche Kleidung, und die Männer hatten einen Bart. Für eine hellsichtige Person waren sie ebenso körperlich und real wie jeder andere Besucher, doch beim ersten Geräusch pflegten sie zu verschwinden, um erneut aufzutauchen, sobald alles wieder still war.

Obwohl er sich nach der Krankheit sehr schonte, litt er mit Sicherheit nicht unter Halluzinationen, versicherte Jackson Cotton.

Grace Ridge aus Gillingham in Kent hatte seit frühester Kindheit Zwerge gesehen, die sie auch in ihrem Schlafzimmer besuchten. Einmal lag sie nach einer Krankheit allein im Bett und bedauerte sich selbst, denn es war ein langweiliger Tag, und nicht einmal die Sonne schien, um sie aufzuheitern. Plötzlich erfüllte ein rosafarbenes Licht den Raum, und da sah sie direkt über dem Bettende fünf allerliebste Elfen in rosa Blumenkleidern, die sie an Rosen erinnerten. Sie drehten sich mit großer Geschwindigkeit im Kreis. Als sie verschwanden, hinterließen sie eine Heilkraft, die ihre Stimmung hob.

Als Emma S. King 1939 ihrer Schwägerin in ihrem Schlafzimmer eine Heilbehandlung gab, bemerkte sie, dass der Astralkörper der Patientin in einer Blumenwiese lag.

Einige Heinzelmännchen und winzige weiße Äthergeschöpfe, die immer wieder aus dem Gras auftauchten und dann erneut darin verschwanden, verbanden sie mit der Energie des Heilaromas von Gras und Blumen. Sie standen unter der Aufsicht einer etwa fünfundvierzig Zentimeter großen Elfe mit malvenfarbenen Flügeln und Gewändern. Sie berührte Coral auf der Stirn und sprach: „Nimm den Duft der Gesundheit in dich auf, Menschenskind." Es war ein wunderschönes Bild.

„Am 27. April 1937 machte ich mich auf den Weg nach Albert Park, um meine Freundin zu überreden, ein paar Tage mit mir in Kew in Victoria zu verbringen, da sie ein schwaches Herz hatte und eine Rippenfellentzündung hinter ihr lag. Vor der kurzen Reise wollte ich ihr noch eine Heilbehandlung geben. Im Zentrum ihres Körpers nahm ich einen blauen Lichtwirbel wahr. Vibrierend und leuchtend breitete sich das Licht aus, bis es den gesamten Körper einhüllte. Auf ihrer Stirn stand eine Elfe, ein zartes kleines Wesen, das malvenfarben schimmerte, auf dem Kopf ein allerliebstes Lichtlein trug und in der Hand einen winzigen Zauberstab hielt.

Als ich meine Freundin ein anderes Mal behandelte, habe ich Wichtel an dem entzündeten Brustfellbereich arbeiten und die Störung, die weißen Fäden glich, herausziehen gesehen. Eigentlich haben wir beide diesen Vorgang mehrmals beobachtet, denn meine Freundin besitzt noch größere hellseherische Fähigkeiten als ich."

Ein anderer Bericht von der Heilkraft der Zwerge kam von D. Goddard aus Totton in Hampshire. Als sie an Mandelentzündung erkrankt war, spürte sie ganz deutlich die Anwesenheit von zwei kleinen Wesen, eines am Kopf- und das andere am Fußende ihres Bettes.

„Sie waren etwa fünfzehn Zentimeter groß und hatten rosige kleine Gesichter", schrieb sie. „Ihre Bärte bestanden nicht aus Haar, sondern einem viel feineren Material. Sie strahlten Zufriedenheit und Liebe aus, aber auch Zielstrebigkeit und Energie. Sie ließen sich mit nichts Irdischem vergleichen und schienen sich einige Minuten lang einen hauchzarten Faden vorwärts und rückwärts gegenseitig zuzuwerfen. Ich erholte mich rasch, obwohl mein Hals sehr entzündet gewesen war. Heute weiß ich, dass es sich bei jenem Faden um die materialisierte Form von Heilenergie gehandelt hatte."

D. Goddard fügte noch hinzu, dass sie ein Empfinden von Verlust verspürte, als die Zwerge sie verlassen zu haben schienen. Sie bedauerte, dass sich der Durchschnittsmensch der Gegenwart solcher Wesen nicht bewusst ist.

Mit vier Jahren fesselte eine Mandelentzündung Eva Parker aus Ilkeston in Derbyshire ans Bett. Sie war gerade im Begriff einzuschlafen, als sie bemerkte, dass sie sich in einem Feld befand, das von kleinen Hügeln übersät war, auf dem winzige Gestalten herumtollten. Jede war grün gekleidet, mit einer braunen Schürze und einem konischen Hut. Sie spielten Bockspringen und schienen sich sehr zu amüsieren. Das Kind fühlte sich glücklich und sorglos. Als ihre Schwester ins Zimmer kam und sie betrachtete, gab sie vor zu schlafen, denn sie wollte nicht sprechen und dadurch ihr schönes Erlebnis verderben.

Im Zimmer wieder allein gelassen, sah sie einen der Gnome seine Schürze aufhalten und einen Zwerg nach dem anderen kopfüber hineinspringen und verschwinden. Sie fühlte sich später aufgemuntert und gesundheitlich viel besser.

Eines Morgens betrachtete M. O. Weller aus Cranleigh in Surrey in dem sonnendurchfluteten Schlafzimmer besorgt ihren Mann, der mit Herzbeschwerden darniederlag, als etwas anderes ihre Aufmerksamkeit erregte. Acht Elfen schwebten anmutig durch das Zimmer. Mit ihren hübschen, von hellem Haar umrahmten Gesichtern glichen sie kleinen Puppen mit Flügeln. Ihre langen Kleider zeigten ein jedes eine andere Farbtönung - kirschrot, blassgrün, blau, tiefrosa, malven, orange, gold und zitrone.

Verzaubert von dem farbenfrohen Anblick, betrachtete sie die Elfen eine Weile. Sie erzählte ihrem Mann davon, doch der konnte sie nicht sehen. „Nun", meinte sie traurig, „meine Familie glaubt mir nicht!"

Im Juni 1959 schrieb mir G. K. Evason aus Kent: „Als ich den Schreibblock in die Hand nahm, um ihnen zu schreiben, schien ich von lauter glücklichen Elfen umgeben zu sein. Ich konnte nur ihre Anwesenheit spüren, zu sehen vermochte ich sie in diesem Moment nicht. Nun aber, da ich zu schreiben beginne, nehme ich einen Elfenreigen zu meinen Füßen wahr, angeführt von ihrer „Königin". Sie besitzt Flügel, und ihr hauchzartes Gewand erstrahlt weiß und blau. Ihr winziger Zauberstab mit dem funkelnden Stern an seiner Spitze leuchtet.

Sie schaut mich an. Ihr helles Lockenhaar wellt sich in den Nacken hinab. Sie singt und läutet mit kleinen Silberglocken. Die Elfen singen und tanzen zum Takt. Nun erkenne ich, dass ihre Schwingungen auf die rechte Seite meiner Kehle gerichtet sind. Die Königin zeigt auf die schmerzende Stelle und lässt mich wissen, dass sie Heilkräfte darauf konzentrieren will. Diese brauche ich tatsächlich, denn mein Zustand hat mich seit langem sehr beeinträchtigt."

Während Muriel M. Golding in Leeds lebte, litt sie nach einer schweren Grippe unter Schlaflosigkeit. Unruhig wälzte sie sich im Bett hin und her und sehnte sich nach Schlaf, als sie plötzlich auf ihrem Kopfkissen eine kleine Gestalt, eine Art Kobold, sah, der nicht größer als fünfzehn Zentimeter war. Er schien blauweiße Hosen und eine Jackett zu tragen. Sein neugieriges kleines

Gesicht blickte schelmisch drein. Er lachte sie an, doch sie konnte nicht so recht glauben, dass er wirklich da war und schloss die Augen. Als sie diese wieder öffnete, stand er immer noch dort. Er lupfte die Bettdecke, legte sein Gesicht auf das Kopfkissen und zwinkerte ihr zu. Dann verschwand er.

„Falls er auftauchte, um mich zu erheitern, dann war ihm dies mit Sicherheit gelungen", meinte sie.

Selbst der operative Eingriff eines Zahnarztes bleibt nicht von der Anwesenheit der Elfen verschont. Gewisse Medikamente und Betäubungsmittel können die Schwingungen des menschlichen Körpers beeinflussen. Unter der Einwirkung der Narkose wird der Äther- oder Vitalkörper zum Teil aus der physischen Hülle getrieben, was den Patienten für übersinnliche Schwingungen empfindsamer macht. Einige Patienten erleben dann Perioden der Hellsichtigkeit. Dies geschah im Falle von Gwen Morley aus Nottingham, die mir versicherte, dass sie während einer Zahnbehandlung, bei der sie unter Betäubung stand, die Elfen sehr deutlich und wirklich wahrnahm. Sie hatten wohl etwas von der ektoplasmischen Substanz ihres losgelösten Ätherkörpers angenommen, denn sie waren von durchsichtig weißer Farbe. Sie trugen ballettähnliche Kleider und winkten mit ihren Zauberstäben, als sie um sie herumkreisten, zweifellos um Heilkräfte zu übertragen.

Der Anblick dieser lieblichen kleinen Geschöpfe versetzte sie in solches Entzücken, dass sie sich wünschte, länger verweilen zu können. Doch dann wurde sie sich der Hand des Zahnarztes auf ihrer Wange bewusst, und die Elfen verschwanden augenblicklich. Sie bedauerte es zutiefst, dass sie diese nun nicht mehr sehen konnte.

Visionen von Elfen

Naturgeister besitzen die wunderbare Fähigkeit, starke Gedankenbilder zu erschaffen und sie auf Wände und dergleichen zu projizieren. Manchmal werden sogar physische Gegenstände im Zimmer „übernommen" und in eine magische Umwandlungsszene eingewoben.

Man fragt sich, ob diese Bilder ausschließlich der Unterhaltung des Betrachters dienen, der unbewusst das richtige Umfeld für solche Phänomene geschaffen haben muss, oder ob es einfach nur ein Vergnügen für die Naturgeister bedeutet. Die folgenden Berichte zeigen, dass beide Fälle möglich sind.

Maud B. G. Longuehaye aus Middlesex und ihr Mann schliefen in getrennten Betten, die gen Norden blickten und in einem mittelgroßen Schlafzimmer standen, das nach vorne mit Blick in Richtung Osten lag. Gewöhnlich gingen sie zwischen elf und zwölf Uhr abends zu Bett, manchmal auch später.

Am 3. April 1955 schrieb sie mir: „Als wir vor etwa sechs Monaten zu Bett gegangen waren und das Licht gelöscht hatten, sagte ich zu meinem Mann, dass ich eine höchst seltsame Szene sah und fragte ihn, ob auch er etwas sehen konnte. Es überraschte mich, dass er verneinte, worauf ich ihm beschrieb, was sich vor mir abspielte. Seither habe ich mehrere ähnliche Szenen beobachtet.

Am Ende meines Bettes oder etwas weiter entfernt wuchs ein Lichtfleck zu einer eiförmigen, nebeligen Figur heran, die einen Durchmesser von etwa neunzig Zentimetern besaß. Das „Material" der Form war zunächst ein weißer, wolkenartiger Dunst, der sich ständig bewegte und aus der sich schließlich eine knapp dreissig Zentimeter große Gestalt herauskristallisierte, die allmählich so klar wurde, dass man sie als junge, in lose weiße Gewänder gehüllte Frau erkennen konnte. Sie bewegte sich unablässig, indem sie eine Art Tanz aufführte, wobei sie ihre Beine, Arme und Schultern in fließenden Bewegungen hielt und sich immerzu drehte. Ihr Gesicht habe ich eigentlich nie deutlich zu sehen bekommen, da sie jedesmal in eine andere Richtung blickte, wenn ich es zu erhaschen glaubte. Ich nahm diese Gestalt verschiedene Male wahr, und jedesmal unterschied sie sich ein wenig in Größe und Klarheit, doch die wesentlichen Merkmale blieben immer dieselben und erinnerten mich ein wenig an die Illustrationen viktorianischer Märchenbücher.

Die eiförmige Struktur ist ohne Zweifel dreidimensional und enthält eine Szene, in der sich die Gestalt bewegt. Sie ähnelt in gewisser Weise den Landschaften in den Glaskugeln, die man in Spielzeuggeschäften kaufen kann. Sie ist farbenfroh, wobei sich die Farben bewegen und verändern. Sie scheinen aus sich heraus zu leuchten, wirken sehr anziehend und sind schwierig zu beschreiben, da sie sich von den üblichen Farben unterscheiden.

Die Szene verändert sich, während man sie betrachtet. Jene Gestalt scheint auf einer Lichtung, zwischen farbigen Felsen oder am Strand, umgeben von Farben, zu tanzen. Oft scheinen noch andere Figuren anwesend zu sein, aber zu weit entfernt, zu klein oder zu eng beieinander, so dass man sie nicht deutlich unterscheiden kann.

Am Abend des 28. April tauchte endlich ein neues Bild auf. Zwei von einander entfernt gelegene Lichtpunkte entwickelten sich in ein eiförmiges

Gebilde, wovon sich eine in etwa in beschriebener Weise entfaltete. Die andere besaß ihre, wenn auch nur schwach ausgebildete, eigene Szenerie. Es war bisher das einzige Mal, dass sich zwei Strukturen gleichzeitig entwickelten. Sie schienen unabhängig voneinander zu sein, nicht nur Duplikate darzustellen.

Diese Erscheinungen sind eher angenehm, und wenn sie ungefähr eine Woche lang ausbleiben, dann beginne ich, sie zu vermissen. Sie halten mich allerdings wach, und ich muss mich zurückhalten, sie nicht meinem Mann zu beschreiben, denn dann bleibt auch er wach. Ich kann mir diese Erscheinungen nicht erklären. Ich habe sie keineswegs gesucht. Sie haben sich mir unaufgefordert aufgedrängt."

Am 11. April 1955 sandte mir Frau Longuehaye ein weiteres Erlebnis. „Die Art, in der sich die Szene manifestierte, hat sich kürzlich geändert. Die gebildete Eiform verschwand rasch und ließ die Szene offen, aber von einer dunstig blauen und goldenen Atmosphäre umgeben. Am Abend des 9. April gab es einen weiteren Entwicklungsschritt, was die Natur der Szene veränderte.

Sobald sie auftauchte, löschte ich das Licht. Zunächst erschien sie auf dem rechteckigen Wandstück über dem Kamin gegenüber meinem Bett. Dann entwickelte sie sich an zwei weiteren Stellen, links vom Kamin und links von mir. Diese zusätzlichen Gebilde waren nicht sehr klar, enthielten aber Teilstücke des Hauptbildes. Die dargestellte Waldlichtung vermittelte das Gefühl von weitem Raum. Ein blass malvenfarbenes Licht durchströmte die Szene, in der überall sanft malvenfarbene Schatten schwebten, von denen einer direkt über meinem Kopf hing, mich aber nichts Besonderes empfinden ließ. Es schien sich eine Zeremonie abzuspielen, an der viele Leute teilnahmen. Vor mir stieg eine breite Treppenflucht zu einer Art Geländer hinunter. Auf ihrem oberen Absatz gab es auf jeder Seite eine Nische, wie man sie in gotischen Kirchen findet. In jeder Nische stand eine Figur, und ich wusste, sie waren lebendig. Sie strahlten ein helles, mondsilbernes Licht aus.

Eine etwa neunzig Zentimeter große Gestalt schritt die Treppe herab. Ich hielt sie für einen Priester. Als er das Geländer erreichte, glaubte ich, er wollte die Kommunion austeilen. Doch er blieb stehen, hob dreimal die Arme über den Kopf und ließ sie wieder fallen. Ich setzte mich auf, um sein Gesicht besser sehen zu können, aber in diesem Moment ging er wieder die Treppe hinauf, wo er sich zu überkugeln schien, als wollte er einen Purzelbaum schlagen, und dann schoss er in die Luft."

Aus dem lächerlichen Verhalten des „Priesters" geht einwandfrei hervor, dass diese Szenen von Naturgeistern geschaffen wurden, die ein bestimmtes

Bild nur solange aufrechtzuerhalten vermögen, wie sie sich darauf konzentrieren können. Die Gedanken dieses Pseudopriesters müssen offensichtlich abgeschweift sein, da er aus dem Gleichgewicht geriet, die Würde seiner Rolle vergaß und wieder der übermütige Kobold wurde.

Eine Woche später tauchte er noch einmal auf, diesmal in einem purpurroten Mantel. Er schritt die Treppe hinunter und hielt mit beiden Händen ein Schwert waagerecht vor sich. Unten angekommen, hob er es hoch in die Luft, drehte es dreimal, wandte sich um und verschwand, um nie mehr gesehen zu werden.

Am 14. April sah Frau Longuehaye ein kleines, aber sehr helles Licht über dem Kamin. „Es wurde größer und formte sich in ein eiförmiges Gebilde, das sich allmählich auflöste und eine Art Licht hinterließ, das sich langsam in eine lange Baumallee verwandelte. Einige Mädchen begannen, darauf zu spazieren. Dann tauchten Steinstufen auf, und die Gestalten stiegen zu mir herab. Da öffnete sich die Szene zu einer großen, von herrlichen Farben durchfluteten Halle. Die malvenfarbene Tönung ging zunächst in Rosa über, worauf alle anderen Farben folgten, was einem sanft leuchtenden Regenbogen glich. Die in Weiß gekleideten Figuren in diesem Szenenbild bewegten sich anmutig tanzend und dahingleitend. Die Hauptgestalt trug ein weißes, in der Taille gegürtetes Gewand. Die von ihr ausgehenden Lichtstrahlen bildeten schirmähnliche Halbkreise über Oberkörper und Kopf.

Dann schmolz die Szene in einen Strom oder See zusammen, in dem die Gestalt hineinzutauchen und nach links zu gleiten schien, worauf sie verschwand.

Das Bild erweiterte sich wieder und zeigte eine Felslandschaft, in der die Gestalt umherkletterte. Die Steine glichen Stufen. Ich schlief ein, doch als ich gegen vier Uhr früh aufwachte, war die Szene immer noch da.

Am 15. April begann sich das Bild auf der rechten Seite des Kamins zu entwickeln, diesmal aus einer Lichtquelle von der Größe eines Golfballs. Die Szene, deren Figuren sich nur im mittleren Teil bewegten, entfaltete sich zwar, war aber sehr undeutlich, verschwand hin und wieder und blieb dann völlig aus. Einmal hörte ich das Klingeln von Glöckchen, wie sie gewöhnlich an Weihnachtsbäumen hängen.

Am 16. April rückte die Szene mit der kleinen strahlenden Gestalt zwar etwas näher, schien sich aber in der Ferne abzuspielen, als ob ich sie durch ein umgekehrtes Fernglas betrachtete. Sie glich eher einem Gemälde, denn es geschah nichts, und ich schlief ein.

Die Gestalten dieser Bilder sind sehr lebendig, etwa neunzig Zentimeter groß, leicht, aber vollkommen gebaut. Sie haben wunderschöne rosafarbene Hände wie ein gesunder Mensch. Es ist mir noch nicht gelungen, ihre Gesichtszüge zu sehen, da sie ständig in Bewegung sind, doch ich vermute, dass auch sie recht menschlich aussehen."

Die ständig fließenden und pulsierenden Bewegungen, von denen in diesem Bericht die Rede ist, sind typisch für die Astralebene, desgleichen die lieblichen, strahlenden Farben, die sich „von den üblichen Farben unterscheiden". Es gibt tatsächlich einige zusätzliche Farbtöne jenseits des sichtbaren Spektrums, die keine Entsprechung in der physischen Welt besitzen.

Auch Muriel M. Golding verfolgte eine ähnliche Szene in ihrem Schlafzimmer. In einem lichtdurchfluteten Blumengarten konnte sie mit offenen oder geschlossenen Augen jede Blume und jedes Blatt in allen Einzelheiten sehen. Wie eine Ausstrahlung erhob sich aus jeder Blüte eine Elfe.

„Diese durchsichtigen, vielfarbigen Wesen bewegten sich unablässig, ohne auch nur einen Augenblick lang innezuhalten. Es war ein zauberhafter Anblick und nur der Anfang von vielen Visionen", meinte sie. „Manchmal schien der Raum voller Blumen zu sein, die sich unaufhörlich sachte um mich herum bewegten. Ich hatte das Gefühl, sie berühren zu können. Es war, als ob eine leichte Brise durch das Zimmer wehte. Die stets frischen, niemals beschädigten Blumen sind wohl Urformen auf der Ätherebene.

In einer Nacht sah ich farbige Edelsteine, die aus sich heraus leuchteten und strahlten, ein wunderbares Bild!"

Lily McKenzies Visionen waren ebenfalls faszinierend. 1964 erzählte sie mir, dass sie eines Morgens zwischen fünf und sieben Uhr aufwachte und feststellte, dass sich auf ihrer lichtüberfluteten Schlafzimmerwand ein Blätterzweig entlangzog. Zunächst dachte sie, sie hätte geträumt, aber nach einigen Wochen setzte sich diese Vision fort, und sie wusste, dass sie hellwach war. „Ich sitze sogar bereits im Bett und betrachte dieses Wunderwerk, denn meine Schwiegertochter bringt mir dann den Tee."

Am Anfang nahm sie nur den Blätterzweig wahr und bat die Elfen, ob sie nicht ein paar Rosen hinzufügen und den Künstler vorstellen wollten. Die Rosen erschienen, nicht farbig, sondern in Schwarz und Weiß, und hinzu traten acht goldene Gestalten, die eifrig an der Wand in einem Lichtkreis arbeiteten. Die Elfen zauberten auch Farnkraut auf die Fläche.

In einer Nacht wurde ihr eine Szene auf dem Lande gezeigt, zwei riesige Eichen und ein kleines Landhaus dahinter. Bäume, deren Zweige zu ihr hinüberreichten, während sie im Bett lag und das Zimmer erhellten, sah sie sehr oft.

Bevor diese Bilder auftauchten, war ihr eines Nachts gegen zwei Uhr eine goldene Elfe erschienen. Sie schwebte in einem Lichtkreis in der Luft und kam mehrere Male danach wieder.

Eines Morgens erwachte sie und fand den Raum neben ihrem Bett von goldenen und bronzefarbenen Chrysanthemen übersät, die aus dem Boden zu wachsen schienen. Dazwischen hüpften die kleinen Lichter der zierlichen Gipskrautblüten herum. Dieser Blütenteppich besaß eine Strahlkraft, die sie bewundernd betrachtete, bis alles verschwand.

Im September 1965 bemerkte sie drei kleine Zwerge in ihrem Zimmer. Ihre Kleider und die dazu passenden Hüte bestanden aus einem graubraunen Material. Eine stand am Fußende ihres Bettes; die beiden anderen posierten auf der Frisierkommode und bewunderten sich im Spiegel.

Im November desselben Jahres, gegen halb drei Uhr nachts, sah sie einen Gnom, der einen kleinen grünen Baum durch den Raum trug. Er schaute sich nach einer Stelle um, an der er ihn niederstellen konnte. Schließlich ließ er ihn auf dem Fußboden nieder und verschwand. Einige Zeit später kam er durch das Fenster mit einem größeren Baum zurück, den er neben den ersten setzte. Dies wiederholte sich, bis sieben oder acht unterschiedlich große Bäume auf dem Boden standen. „Ich hatte das Gefühl, in meinem Garten zu sitzen, nicht in meinem Bett", meinte sie. Die Gnome brachten ihr immer wieder Bäume ins Schlafzimmer, vor allem dann, wenn die in ihrem Garten die Blätter verloren hatten.

Einige Tage später erwachte sie von einer Berührung auf ihrem Gesicht und sah einen langen Zweig von der Decke herabhängen. Gleichzeitig bemerkte sie die goldene Elfe durch das Fenster in ihr Zimmer fliegen. Auf dem Tisch standen einige Pflanzen. Die Elfe, die einem großen Schmetterling glich, huschte über ein Farngewächs. Im Mondlicht konnte Frau McKenzie ihr Spiegelbild sehen. „Ein wunderschöner Anblick, sie war zart und zerbrechlich und wie aus leuchtendem Gold."

Interessanterweise berührten die Blätter das Gesicht der Sehenden und müssen daher aus einem ektoplasmischen Material bestanden haben. „Manchmal gleicht es weißem Pelz. Ich sehe, wie es sich langsam über die gesamte

Wand ausbreitet, eine Weile bleibt und dann allmählich verblasst", schilderte sie.

Entfernung spielt für die Naturgeister keine Rolle, denn als Frau McKenzie ihre sechshundert Kilometer entfernt wohnende Schwester besuchte, wurde ihr Schlafzimmer dort mit Blumen und Bäumen dekoriert, die denen in ihrem eigenen Haus ähnelten.

Elfenmagie

Man versteht darunter die Kunst der Elfen, durch ihre schöpferische Vorstellungskraft eine Illusion zu zaubern. Eine Form des magischen Zaubers, in der diese Naturgeister sich selbst übertreffen, ist ihre mutwillige Angewohnheit, Leute auf Abwege zu führen. Diejenigen, die diese Erfahrung gemacht haben, gelten als „elfengebannt". Umgebungen, die ihnen einst vertraut waren, erscheinen nun seltsam. Manchmal wandern sie stundenlang verloren und verwirrt umher und suchen nach einem Weg über das Moor oder einem Tor, das nicht mehr dort zu sein scheint. Manchmal finden sie sich mitten in einem Elfendorf wieder oder sehen Häuser und Schlösser, die ebenso schnell entschwinden, wie sie auftauchen. Es handelt sich im Grunde genommen um eine harmlose Täuschung der Sinne und birgt nichts Böses, obwohl das Opfer in diesem Augenblick unter einer Art Bann steht.

Kathleen Hinde aus Dorset fiel in ihrer Jugend einmal einem solchen Elfenzauber zum Opfer. Sie und ihre drei Kusinen hatten eine Freundin besucht. Auf dem Rückweg meinte sie: „Ich bin noch nie durch dieses Feld auf der linken Seite nach Hause gegangen. Der Weg führt am Moor entlang. Was haltet ihr davon, wenn wir ihn nehmen?"

Die anderen willigten ein, doch auf halbem Wege musste sie eingestehen: „Seltsam, aber es geht nicht weiter." Sie blickten sich um und stellten fest, dass es das Tor, durch das sie gekommen waren, nicht mehr gab.

Die älteste Kusine meinte: „Unsinn! Das kann nicht sein. Jeder von uns untersucht jetzt sorgfältig eine Seite. Natürlich sind die Tore da, wir haben sie doch gesehen."

Die anderen folgten ihrem Vorschlag, aber als sie sich in der Mitte des Feldes trafen, waren sie doch recht nervös geworden, denn niemand hatte ein Tor gefunden, nur eine dichte, undurchdringliche Hecke. Sie begannen sich zu fürchten und beschlossen gerade, durch eine der Hecken hindurchzubrechen, als eine der Kusinen auf eine Stelle wies. Vor ihnen stand ein großes weißes Tor. Wie auf Kommando rannten sie alle gleichzeitig hindurch, bevor es wieder verschwand.

Als sie später ihrer Freundin von diesem Erlebnis erzählten, rief diese aus: „Oh, ich wünschte, ihr hättet mir etwas gesagt. Ich hätte euch davon abgehalten, denn es ist das Feld der Kobolde. Immer wieder kommen Freunde völlig verwirrt zu uns, die unendlich lange brauchten, um dort wieder herauszukommen."

Kathleen Hinde schrieb, dass sie niemals eine Elfe oder einen Kobold gesehen hatte, nur ganz flüchtig einen Baumgeist.

Der Windhundzüchter Ralph Parson aus Cornwall erlebte etwas Ähnliches. „Es ereignete sich in jenen Tagen, als ich ein paar Hasen wildern musste, da ich sonst kein Fleisch für die Familie auf den Tisch bringen konnte", schrieb er in dem Wochenmagazin "Dog World" vom 17. Februar 1984. „In besagter Nacht war ich mit meinem Whippet unterwegs, und als ich einen bestimmten Laut draußen im Feld hörte, machte ich mich in diese Richtung auf. Es war nicht völlig dunkel, gerade hell genug, um einen Gegenstand zu erkennen. Ich ging auf die, wie ich annahm, Mitte des Feldes zu. Da ich nichts finden konnte, trat ich den Rückweg zum Gatter an. Doch aus mir unerklärlichen Gründen vermochte ich die Stelle nicht mehr zu finden, an der ich hereingekommen war. Immer wieder kreiste ich im Feld herum, aber ohne Erfolg. Schließlich befahl ich der Hündin, nach Hause zu gehen, und sie führte mich zum Tor, das ich einfach nicht hatte finden können."

Ich fragte Ralph Parson nach dem Laut, den er vernommen hatte, und er schrieb zurück: „Er glich einem Vogelruf, einem tiefen Pfeifton. Ich ging darauf zu, da er ungewöhnlich klang und glaubte, der Hund habe vielleicht etwas gefangen, doch es dauerte eine Weile, bis dieser mich ausfindig machte. Die mondlose Nacht eignete sich ausgezeichnet dazu, Hasen zu wildern, da sie keine Schatten warfen. Ich hätte darauf gewettet, in diesem Feld einen Hasen zu fangen, doch der Hund kehrte ohne Beute zurück. Im Weitergehen zog er ungeduldig an der Leine, was er nie tat, sonst lief er immer ganz lässig neben mir her."

Inzwischen ist das Feld vergrößert und die Hecken sind entfernt worden, um Raum für größere Maschinen zu schaffen. Doch jedesmal, wenn Ralph Parson daran vorbeigeht, wandern seine Gedanken zu jener Nacht vor fast fünfzig Jahren zurück.

Thomas McGreal aus Airedale in Castleford in Yorkshire schrieb mir, dass er „Dutzendweise Elfen gesehen“ hatte und mir Einzelheiten geben wollte, falls ich es wünschte. Leider starb er kurz darauf, aber sein Sohn F. McGreal, der jenes Ereignis zusammen mit seinem Vater erlebt hatte, sandte mir freundlicherweise folgende Geschichte.

„Es geschah im Herbst 1933. Mein Vater und ich hatten einen Freund besucht, und als wir uns gegen fünf Uhr auf den Heimweg machten, begann es bereits zu dämmern. Wir mussten über einen Hügel gehen, der zwischen Westport und Drummin in der Nähe des Dorfes Letterbrook im Kreis Mayo in Eire lag. Jemand, der den Weg nicht kannte, konnte sich leicht verirren, aber meinem Vater und mir war er so vertraut, dass wir ihn blind hätten gehen können. Unter normalen Umständen dauerte der Heimweg nur eine halbe Stunde.

Wir verließen den Fuhrweg und betraten, so hätte es jedenfalls sein sollen, rauhes Marschland. Doch die Gegend veränderte sich plötzlich, und der Boden wurde fest. Es war sehr seltsam, und mein Vater und ich versuchten, auf den Fuhrweg zurückzugehen, doch wir konnten keinen einzigen vertrauten Orientierungspunkt finden. Vater studierte seinen Standort und gelangte zu dem Schluss, dass die Elfen uns erwischt hatten. Ohne zu wissen wohin, gingen wir weiter. Er aber legte seine Finger an den Mund und stieß einen scharfen Pfiff aus. Im Nu sprangen etwa vierhundert Meter von uns entfernt überall kleine Ziegel- und Schieferhäuser aus dem Boden. Zwerge mit ihren Sturmlampen tauchten auf und rannten umher. Ich kann mich nicht mehr an ihre Kleidung erinnern, aber sie waren ungefähr fünfundsiebzig Zentimeter groß, und zu jedem Haus schienen acht bis zwölf dieser kleinen Gestalten zu gehören. Ich bemerkte zu meinem Vater, dass sie vielleicht gekommen waren, um uns zu helfen. Wir gingen also auf eines der Häuser zu, doch sobald wir glaubten, es erreicht zu haben, verschwand es und tauchte an anderer Stelle wieder auf. Das wiederholte sich eine Zeitlang, und ich begann, mich zu fürchten, aber mein Vater meinte, sie trieben nur ihren Spaß mit uns und würden uns kein Leid antun. Er forderte mich auf, Grasnarben auszuziehen, um sicherzugehen, dass wir noch festen Boden unter den Füßen hatten und uns nicht auf einem der beiden Seen befanden, die am Weg lagen. Da wir noch auf festem Grund standen, konnte er den Elfen Einhalt gebieten. Er zog seinen Rock aus und drehte die Innenseite seiner Weste nach außen. Ebenso rasch, wie sie auf seinen Pfeifton hin erschienen waren, verschwanden sie auch. Wir schauten uns um und fanden einen vertrauten Anhaltspunkt. Wir wussten wieder, wo wir uns befanden. In jener Nacht kehrten wir erst um elf Uhr heim. Der Rückweg, der gewöhnlich nur eine halbe Stunde dauerte, hatte uns mehrere Stunden gekostet. Meine Großmutter erwartete uns, und ehe wir noch etwas sagen konnten, bezeichnete sie die Nacht als „sehr seltsam und unheimlich". Wenn mein Vater noch lebte, könnte er sich für diese Geschichte verbürgen. In der Gegend, in der er wohnte, war er ein hochangesehener Mann."

Nachdem ich die vorangegangenen Berichte gelesen hatte, dachte ich, es müsste doch sehr interessant sein, von den Kobolden in die Irre geführt zu werden, ohne auch nur davon zu träumen, dass ich mich selbst eines Tages in einer ähnlichen Situation befinden könnte. Sie spielte sich am 31. März 1979 ausgerechnet auf einem Friedhof ab.

Viele Male war ich bereits den Hügel zu der kleinen Kapelle hinaufgegangen, um an den Gedenkfeiern verschiedener Freunde teilzunehmen, doch an jenem Tage wollte ich nur einen Blick in die Denkschrift werfen.

Obwohl es für mein Erlebnis nicht unbedingt von Bedeutung sein muss, möchte ich doch erwähnen, dass die Tür zur Kapelle verschlossen zu sein schien und ich eine Weile vergeblich an ihr rüttelte. Ich konnte das nicht verstehen, denn jeden Morgen zu einer bestimmten Zeit, bevor die Leute sich zur Feier einfanden, wurde die Tür aufgeschlossen.

Ich schien die einzige Person auf dem Friedhof zu sein und hatte bereits enttäuscht aufgegeben, als zwei Männer in einem Auto vorfuhren. Ich bat sie um Hilfe, doch beide versuchten ebenfalls vergeblich, die Tür zu öffnen. Sie beschlossen daher, zum Büro am Friedhofseingang zurückzufahren, um den Schlüssel zu holen. Verwirrt dreinblickend kamen sie zurück, denn man hatte ihnen gesagt, die Tür sei offen und würde auch nicht klemmen. Einer von ihnen versuchte es erneut, und die Tür ging sofort auf.

Die beiden waren wohl nur gekommen, um eines der Gräber anzuschauen, denn als ich aus der Kapelle trat, waren sie bereits gegangen. Ich fühlte mich seltsam unbehaglich bei dem Gedanken an den Vorfall mit der Tür. Die Atmosphäre dort oben mutete zudem sehr merkwürdig an, und ich wollte so rasch wie möglich fort. Ich begann meinen Rückweg den Hügel hinunter und musste feststellen, dass sich der Weg verändert hatte. Normalerweise war er gerade, nun aber gekurvt. Ich konnte es nicht verstehen, doch es schien nur eine einzige Erklärung dafür zu geben. Vielleicht hatte ich gedankenverloren einen der vielen parallel verlaufenden Friedhofswege genommen. Doch da ich wusste, dass sie am Fuße des Hügels alle auf eine Querstraße trafen, die zum

Ausgangstor führte, machte ich mir keine großen Sorgen. Ich ging einige Meter weiter und blieb völlig verwirrt stehen, denn der Weg war ganz eng geworden und endete in einer sinnlosen, höchstens sechzig Zentimeter breiten Schleife. Ich blickte umher und stellte fest, dass sich auf beiden Seiten einige andere, noch schmalere Wege entlangzogen und ebenfalls in einer Schleife aufhörten. Ich kehrte um, doch auch die Straße war nun verschwunden, abgesehen von einem großen alten Dornbaum, unter dem ich stand, umgeben nur von Grabsteinen. Ich schaute zu der Stelle hinunter, wo die lange Querstraße, die zum Eingangstor führte, hätte sein sollen. Sie war nicht da; die Grabsteine reichten bis hinab zum Gitter. Ich schien mich am Rande des Friedhofs zu befinden, aber es gab keinen Weg hinaus. Die Seiten waren mit Gitterzäunen eingefasst, und jenseits schien eine Straße zu liegen, aber ohne irgendein Zeichen von Leben.

Dann bemerkte ich zum ersten Mal innerhalb der Gitter zwei schlichte Ziegelsteinhäuser, die plötzlich ganz in meiner Nähe aus dem Boden emporgeschossen zu sein schienen. Der Leser mag sich wundern, warum ich nicht auf eines zuging und um Hilfe bat. Ich war nicht fähig dazu, denn ich stand wie angewurzelt. Ich wusste, dass sie einen Augenblick zuvor noch nicht dagewesen waren. Außerdem gab es keine Tür in der Umzäunung, durch die man sie hätte erreichen können. Die Luft war totenstill, und ich hatte inzwischen erkannt, besonders bei dem Gedanken an die Wege mit ihren sinnlosen Schleifen, dass die Elfen ihren Schabernack mit mir trieben. Ich wollte keine ätherische Nahrung von ihnen annehmen, da sie eine seltsame Wirkung auf den Empfänger ausüben kann und ihn in eine andere Welt entrückt. Ich entfernte mich also von den Häusern und ging in die entgegengesetzte Richtung zwischen den Grabsteinen, die sich inzwischen kilometerweit vor mir zu erstrekken schienen. Ich war nicht gerade begeistert bei dem Gedanken, die Nacht dort verbringen zu müssen, denn ich wusste, meine Schwester würde sich wundern, was wohl mit mir geschehen war. Dann beschloss ich, mich zu drehen und zu wenden, um diese Schwingungen von mir abzuschütteln und berief mich auf den allmächtigen göttlichen Geist in mir. Augenblicklich war der Zauber gebrochen. Ich sah einen geraden Weg vor mir, rannte ihn entlang und befand mich wieder bei der Kapelle. Von dort aus konnte ich die Straße erkennen, die ich ursprünglich heraufgekommen war und die mich nun sicher zum Ausgangstor führte. Ich kam spät zu Hause an. Glücklicherweise glaubte mir meine Schwester die Geschichte, denn sie bemerkte meine Erschöpfung und Verwirrung.

Dieses Erlebnis ging mir nicht aus dem Kopf, und ich fühlte, dass ich noch einmal dorthin gehen musste, um sicher zu gehen, wieviel von der Szene tatsächlich an jenem Tage verändert worden war. Ich bat meine Schwester, mich zu begleiten, und einige Monate später zogen wir los. Bei dieser Gelegenheit sah die Landschaft wieder völlig normal aus, und wir konnten bestätigen, dass die Wege keine Schleifen machten und geradewegs auf die Querstraße am Fuße des Friedhofs zuführten. Es gab keine winzigen, in Schleifen endenden Pfade, und dort, wo ich ein Meer von Grabsteinen gesehen hatte, die bis zu der Umzäunung reichten, gab es nur Graslandschaft. Wie vermutet, gab es auch keine Häuser.

Ich muss gestehen, dass ich mich immer zu dem Ort hingezogen fühlte. Es schien mir allerdings ratsam zu sein, nicht alleine dorthin zu gehen, obwohl ich ihn später tatsächlich noch einmal alleine aufsuchte. Ich wanderte jeden einzelnen Pfad entlang und untersuchte jeden einzelnen Abschnitt des Friedhofs, bis ich davon überzeugt war, dass man sich unter normalen Umständen nicht darin verlaufen konnte. Ich blickte in die Richtung, in der das Geländer gestanden und sich jenseits die Straße entlanggezogen hatte, aber es war keine Straße zu sehen, nur ein kleines Waldgebiet mit wunderschönen hohen Bäumen, die dort seit vielen Jahren gestanden haben mussten. Ich suchte nach dem alten Dornbaum, unter dem ich an jenem Tag gerastet hatte, doch es gab ihn nicht.

Es heißt, dass Hagedornbäume von den Elfen als Treffpunkte benutzt werden. Das Feld, auf dem der Friedhof angelegt worden war, mag früher einmal Elfenland gewesen sein, wie angeblich im Falle der Landschaft um Kenilworth Castle und der Kensington Gärten.

Kapitel 5
Die Erlebnisse des Tom Charman

Tom Charman aus Godshill bei Fordingbridge in Hampshire interessierte sich sehr für das Leben der Naturgeister. Seine Frau erlaubte mir freundlicherweise, einige Auszüge aus seinen Notizen zu veröffentlichen.

Als Kind sah er nur eine einzige Elfe. „Ich erinnere mich noch sehr gut", schrieb er, „dass ich gerade über irgendetwas heulte, als in der Dunkelheit plötzlich eine Art Tier durch das Zimmer rannte, das in Gestalt und Größe einer riesigen Ratte glich und auf dessen Rücken ein kleiner Naturgeist hockte. Es geschah alles so schnell, dass ich, abgesehen von seiner kleinen Kappe, die er auf dem Kopf trug, nicht mehr weiß, wie er ausgesehen hat. Ich hörte jedoch auf zu heulen!

Erst viele Jahre später gewann ich meine hellseherischen Fähigkeiten wieder. In der Zwischenzeit war ich skeptisch und materialistisch eingestellt. Ich bin immer dankbar für die Gabe übersinnlichen Schauens gewesen, die mir geschenkt wurde und seither erhalten blieb, denn für mich bedeutete sie das Öffnen der Tore in die unendliche unsichtbare Welt um uns und ließ oft wiederholte geistige Wahrheiten Wirklichkeit werden.

Das unermeßliche Elfenreich enthält alle nur denkbare Vielfalt von Elementarwesen. Sie unterscheiden sich von den Menschen insofern, dass sie sich körperlich wie auch geistig im Anfangsstadium befinden und Entwicklungsstufen repräsentieren. Proportion oder Gleichgewicht der Form fehlen größtenteils. Sehr viele besitzen beispielsweise einen langen Hals, während bei anderen kaum ein Hals vorhanden ist. Einige scheinen nur aus Kopf zu bestehen, andere hingegen nur aus Körper. Daraus könnte man schließen, dass sie einen Körperteil auf Kosten der anderen Teile entwickeln und sich die Proportionierung stufenweise vollzieht. Eine ausgewogene Schönheit lässt sich bei den fortgeschrittenen Elfen beobachten, die ebenso symmetrisch gebaut sind wie die Menschen.

An stürmischen Tagen habe ich durch die windgepeitschten Bäume oft Sylphen mit dem heftigen Wind über die Wipfel hinaus fliegen und wieder, einer Schwalbe gleich, hinunterstürzen gesehen. Die fliegenden Blätter, die hin und hergerissenen Zweige und die künstlerische Entfaltung dieser wunderschönen Wesen, diese Verschmelzung von Erde und Elfenreich, hat mich immer in Bann geschlagen.

Diese Luftgeister oder Sylphen gehören zu einigen der schönsten Naturgeister. Sie lieben es, vom Sturm hin und her geschleudert zu werden. Wie sehr sie doch meine Wanderungen an windigen Tagen belebt haben! Die typischsten unter ihnen besitzen lange, dünne Hälse, langes Haar und wehende Gewänder, die anmutig hinter ihnen herflattern, wenn sie durch die Luft schweben. Es begleitet sie eine Atmosphäre der Güte und Stille, die in der Anmut und Sanftheit ihrer Bewegungen zum Ausdruck kommt, wie es nur bei wenigen Elfen zu beobachten ist.

Eines meiner schönsten Erlebnisse bestand darin, ihrem Treffen beizuwohnen. Ich hatte meine Augen geschlossen und dachte an nichts besonderes, als in der Dunkelheit eine kleine Sylphe in einem pastellfarbenen Kleid erschien. Bald darauf schwebte von allen Seiten eine Unzahl ebenso strahlender Wesen herbei. Die Farbenpracht und Zartheit dieser Gewänder verschlug mir den Atem, und ich konnte einen Ausruf des Entzückens nicht unterdrücken. Anmutig schwebten sie in einer nie endenden, wellenförmigen Linie dahin. Dieser wunderbare Anblick war mir eine Zeitlang vergönnt. Ihre Kleider ähnelten lichten Federwolken bei Sonnenuntergang oder regenbogenfarbigen Spinngeweben an einem hellen Herbstmorgen.

Da der Ausdruck Elfe gewöhnlich mit schönen und zerbrechlichen Wesen in Verbindung gebracht wird, kann er nicht allem gerecht werden, was ich sehe. Aus diesem Grunde werde ich häufiger die bisweilen angebrachtere Bezeichnung "Elementarwesen" verwenden.

Ich vermag sie nur zu malen, wenn ich mich so stark in ihre Welt hineinversetzt habe, dass ich fast einer ihresgleichen bin. Sie zu zeichnen bedeutet für mich, gemeinsam mit ihnen die verschiedenen Aktivitäten auszuüben, die ich auf den Bildern wiedergebe, und mein Bleistift bewegt sich dann nahezu von alleine. Eine starke, lebhafte Vision gibt mir oft die nötige Inspiration für eine Zeichnung. Das Ungewöhnliche spricht mich an, und die Elfenwelt ist voll davon. Meine Liebe und naturgegebene Hinwendung zum Komischen mag mich unbewusst dazu verleitet haben, einige Figuren zu übertreiben.

Ich habe oft kleine Rothäute mit Pfeil und Bogen umherlaufen gesehen. Einmal sah ich sie auf den Händen und Schultern des Ätherkörpers eines Indianers hocken, der sich anscheinend darüber freute und sich für sie interessierte. Bei anderer Gelegenheit habe ich eine Anzahl von haarigen Elementarwesen der Urvölker gesehen und außerdem häufig flüchtige Einblicke in den Bereich chinesischer Elementale erhascht. Ich frage mich, ob die einzelnen Menschenrassen auf Erden zuerst ein Dasein als Elemental auf der Ätherebene verbracht haben.

Ich persönlich habe nie Elfen mit Flügeln gesehen, was natürlich keineswegs bedeutet, dass es sie nicht gibt. Verschiedene Menschen blicken oft in unterschiedliche Ebenen. Vielleicht dienen die Flügel, ebenso wie ihre Kleider, nur als Schmuck, ein Produkt ätherischen Gedankens, der ein Paar Flügel genauso leicht entstehen lässt wie ein hauchzartes Gewand.

Gelegentlich habe ich ihre höchst seltsamen Paläste und Häuser mit ihren künstlerischen Kuppeln und Minaretten bewundern dürfen, deren Bau auf Erden unmöglich wäre. Die Elfen können bei der Struktur ihrer Wohnungen ihrer Phantasie freien Lauf lassen. Ihre kleinen Hütten sind oft aus krummen Zweigen und sonstigem groben Material hergestellt, so dass sie vollkommen mit den Biegungen und Farben der Natur in Einklang stehen.

Die meisten meiner hellseherischen Erlebnisse finden abends statt, wenn ich mich zurückgezogen habe, was oft sehr früh geschieht, da die Dunkelheit und Stille meines Zimmers genau die richtigen Bedingungen schaffen. Mit geschlossenen oder geöffneten Augen (es spielt keine Rolle, da ich mit meinen inneren Augen sehe) betrachte ich den Zauber des Elfenreichs. In diesem Zustand befinde ich mich jedoch nie in Trance, weshalb ich mich sehr glücklich schätze, da ich mich meiner Visionen auch erfreuen kann. Es ist mir jedoch nie möglich, den Blick in die Elfenwelt herbeizuzwingen. Er wird mir gegeben oder auch nicht.

Dort gibt es natürlich die verschiedensten Arten von Naturgeistern, zu denen auch das kleine Volk mit den braunen Kleidern gehört, das manche Leute Heinzelmännchen nennen. Sie scheinen die Wacht zu halten, während andere, hübscher gekleidete, in den Baumzweigen spielen oder sich wie die Affen von Ast zu Ast schwingen. Sie sind meistens in Grün und tragen kleine Kappen.

Die Gnome oder alten Männlein und Weiblein haben freundliche Gesichter und scheinen sich sehr für die kleineren Elementarwesen um sie herum zu interessieren.

Ebenso wie die Elementarwesen mit den spezifischen Merkmalen der Erde gibt es auch solche, die der einen oder anderen Gruppe ähneln. Sie scheinen eine Art Kombination beider Typen darzustellen. Ich habe eine Anzahl Bilder gezeichnet, auf denen winzige Boote mit seltsamen kleinen Figuren auf riesigen Wellen reiten. Wahrscheinlich sind diese kleinen Fischerleute eine Verschmelzung von Erd- und Wasserwesen.

Ich habe viele Elfen tanzen gesehen, ein Zeitvertreib, den sie ganz besonders lieben, und manche sind äußerst begabt. Sie sind zart gebaut, mit langen, dünnen Hälsen, Armen und Beinen. Einige unter ihnen besitzen wunderschöne Proportionen. Aber diese Tänzer sind knochiger gebaut, und ihre Bewegungen sind weniger geschmeidig als die der Sylphen.

Eines Abends beobachtete ich eine entzückende kleine Tänzerin. Sie schwebte in mein Blickfeld und begann sich zu drehen, zunächst langsam und dann allmählich immer schneller werdend, bis ich nur noch einen Farbnebel erkennen konnte. Das Tempo verlangsamte sich wieder, und mir kam der Gedanke, ob sie vielleicht wusste, dass ich sie bewunderte. In diesem Moment blickte sie über die Schulter und lächelte mich an. Es ist das einzige Mal, dass eine Elfe auf meine Gedanken reagierte. Ich habe versucht, mentalen Kontakt zu ihnen aufzunehmen, aber vergeblich.

Häufig tanzen sie gemeinsam, wobei sie sich bei den Händen halten. Manchmal bilden wohl ein Dutzend von ihnen einen Kreis, indem sie einen langen, hauchdünnen Schleier halten, den sie gerne im Winde flattern sehen. Soweit ich feststellen konnte, gibt es keine bestimmten Tanzformen.

Am allermeisten aber genieße ich den Anblick ihrer herrlichen Prozessionen. Da es im Elfenreich keine Mode gibt, erscheinen sie alle in den verrücktesten und bezauberndsten Gewändern, einige absichtlich in übertriebenem Stil. Sie scheinen sich auf seltsame Hüte spezialisiert zu haben, und ihr Haar ist oft geschmückt und kunstvoll hochgesteckt. Manche Hüte sind mit einer Art Möhre oder Rübe dekoriert. Es scheint tatsächlich zu gelten: Je verrückter, desto schöner. Bei ihren Prozessionen tragen sie oft die alltäglichsten Gegenstände mit größter Würde. Ihre Umzüge sind meistens sehr lang, und ich kann nicht herausfinden, welchem Zweck sie dienen.

Ich sprach davon, dass die Elfen die Astral- oder Ätherebene bewohnen, doch ich bemühe mich um eine bessere Bezeichnung. Ich möchte hervorheben, dass sich alle Elementarwesen in einer Ebene aufhalten, die zwischen der astralen oder ätherischen und der physischen Welt liegt. Sie sind in dieser Sphäre, im Gegensatz zu dem, was wir von den Wesen der Astral- oder Ätherebene wissen, fähig, Objekte und Elemente unserer Welt in einer besseren Form zu kontaktieren. Auf diese Weise vermögen sie die Elemente und natürlichen Objekte dieser Ebene zu genießen, ohne unter ihnen leiden zu müssen. Nur diejenigen Menschen, die fähig sind, mehr oder weniger stark Verbindung zu ihren Schwingungen aufzunehmen, können diese kleinen Geschöpfe sehen und fühlen."

Katzenähnliche Elementarwesen

Tom Charman interessierte sich ganz besonders für einige katzengleiche Elementargeschöpfe, deren Beschreibung es wert ist, an dieser Stelle zitiert zu werden.

„Die Hand- und Fußknochen dieser Tiere sind bereits in Finger und Zehen geteilt, die aber nicht sichtbar sind, da sie von einer sackähnlichen Hautbildung umschlossen werden. Ihre Körper sind mit feinen Härchen bedeckt. Sie unterscheiden sich durch ihren jeweiligen Entwicklungsgrad. Bei einigen niederen Formen besteht der Mund daher nur aus einem Schlitz, während die höher entwickelten bereits Lippen zeigen. Wenn auch in unterschiedlichen Graden, so lässt sich doch bei allen ein dämmerndes Bewusstsein erkennen.

Im Sommer 1920 verbrachten meine Frau und ich neun Wochen in New Forest, in denen uns viele dieser katzengleichen Kreaturen besuchten. Des nachts geschah es häufig, dass eine von ihnen zunächst den Kopf und dann den Körper um die Ecke unseres Zeltes schob und sich neugierig umschaute. Ihre Mimik und ihre Bewegungen sehen oft so ulkig aus, dass es mich immer belustigt, sie zu beobachten. Ohne die Menschen beleidigen zu wollen, muss ich doch sagen, dass diese Elementarwesen in wunderlicher Weise zum Teil viele jener Menschentypen repräsentieren, denen man jeden Tag auf den Straßen Londons begegnet.

Sie scheinen die meiste Zeit damit zu verbringen, in den Bäumen herumzuturnen und sich sehr für die Bewegungen der Elfen zu interessieren. Neugierig betrachten sie alles, was sich in ihrer Umgebung abspielt.

Die Tatsache, dass ich eine fortlaufende Entwicklungslinie, von der gröbsten Form dieser katzenähnlichen Geschöpfe bis hin zu den vollkommen ausgebildeten Elfen, beobachtet habe, scheint zu bestätigen, dass es auf der Ätherebene eine Evolution gibt und diese, wie bereits erwähnt, eine Verbindung zwischen den Elementarwesen und den Tieren bilden. Anscheinend verlieren sie auf der Ätherebene allmählich ihre Schwänze und Ohren sowie die Haut, die ihre Hände und Füße bedeckt, bis sie zu den niederen Elementarwesen heranreifen."

Clara Reed aus Coventry sah ähnliche katzengleiche Wesen und beobachtete sogar, wie sich ihre „Pfoten" in kleine Hände und Füße verwandelten. Sie gewann den Eindruck, dass diese Veränderung willentlich geschah, vielleicht aufgrund der verschiedenen Arbeiten, die sie zu verrichten hatten.

Georgina K. Evason aus Kent schrieb, dass sie einige „sehr komische, halbfertige Katzen" wahrgenommen hatte, die anscheinend dabei waren, sich zu materialisieren oder zu entwickeln. Da sie sich immer im Haus aufhielten, nahm sie an, es handelte sich um „subjektive Bilder unentwickelter Geschöpfe auf einer bestimmten Reifungsstufe".

W. Smith aus Essex schrieb 1956: „Meine bald zweijährige Tochter besteht darauf, dass überall im Haus Miezekätzchen herumlaufen. Als sie sich einmal sehr bemühte, meine Aufmerksamkeit auf eine von ihnen zu lenken, überlief mich ein kalter Schauder, und ich spürte ganz deutlich ein körperliches Unbehagen. Das kleine Mädchen vom Haus gegenüber wollte anfangs nicht in ihrem Zimmer schlafen, da sie behauptete, es spielten kleine Katzen darin. Es steht wohl außer Frage, dass ein Kind das andere beeinflusste."

Auch Martha C. Smith aus Indiana bemerkte in ihrem geräumigen Kellergeschoss eine Form dieser Geschöpfe.

„Es ist ziemlich dunkel dort unten und der Fußboden nur teilweise fertiggestellt. Der Rest ist festgetretene Erde. Eines Tages wollte ich eine Schachtel holen, als ich plötzlich ein schwaches Geräusch hinter mir vernahm, wie von einer Maus oder einer Ratte. Ich drehte mich um und entdeckte an der gegenüberliegenden Wand einen kleinen Gegenstand in der Größe einer halbausgewachsenen Katze, für die ich das Ding zunächst auch hielt, bis ich bemerkte, dass es auf zwei Beinen stand. Das Wesen war von staubig dunkler Farbe, hatte ein tierähnliches Gesicht und trug einen pelzartigen Mantel und bräunliche Hosen. Seine Füße ähnelten eher denen eines Tieres als denjenigen der anderen Zwerge, die ich gesehen hatte, und seine Gesichtszüge waren spitz und grob. Es trug keinen Hut, nur einen pelzigen Haarbüschel. Als es davonsauste, sprang es wie ein Hase, anstatt aufrecht wie ein Mensch zu gehen. Ich war mir auch eines unangenehmen Geruchs bewusst. Seither bin ich mehrere Male dort unten gewesen und habe gehofft, das kleine Geschöpf wiederzusehen, aber das einzige, was ich finde, ist eine winzige Spur auf dem Boden, die von den drei Zehen eines Huhns stammen könnten."

In den fünfziger Jahren hörten Jessie M. Scott und ihr Mann in ihrem Heim in Kent am Silvesterabend Radio, als hinter der Standuhr „zwei pelzig braune kleine Kreaturen" hervorkamen und vor dem Radio zu tanzen begannen. Beide beobachteten es mit großem Erstaunen, bis schließlich eines der beiden Geschöpfe auf Jessie Scotts Schulter sprang und von dort aus zur Couch, wo es verschwand. „Sie besaßen so lustig zwinkernde braune Augen", schrieb sie. „Wir hatten nie dergleichen zuvor gesehen."

Kapitel 6

Die Erlebnisse von Vera Westmoreland und M. Vesey

Während ihrer frühen Kindheit in Runcorn in Cheshire sahen Vera Westmoreland und ihre Schwester Doris verschiedene Elfen. Einige trugen grüne Kleidung und besaßen grünliche Gesichter. Andere hatten braune Kleider und spitzere, leicht sonnenverbrannte Gesichter.

Im Alter von sechs Jahren sah Vera zum ersten Mal eine Elfe. Damals lag sie krank im Bett. Sie besuchte das Kind des öfteren und ließ sich gewöhnlich auf dem Bettgitter nieder oder schoss im Zimmer umher. Die zarten Pastellfarben ihrer Aura veränderten sich von Zeit zu Zeit und glichen verblichener Seide oder glänzten wie ein verblassender Regenbogen.

Im Jahre 1912 pflegte das bekannte Medium Tom Tyrell Veras Eltern zu besuchen und der Familie die Elfen zu beschreiben, die er ständig sah. Mit verbundenen Augen vermochte er in einem Wald die gesunden von den abgestorbenen Bäumen zu unterscheiden, da er in den lebendigen Stämmen den Saft aufsteigen hörte. Außerdem folgte er dem, was die Elfen ihm sagten. Sie gewährten ihm Einblick in ihr Leben und ihre Arbeit mit den Blumen, und ohne sie mit seinen physischen Augen sehen zu können, vermochte er jedesmal zu sagen, welche Blume vor ihm stand.

Mit neun Jahren brachte man Vera aufs Land, wo sie in Kingsley lebte und oft alleine war. Sie pflegte dann in den Feldern und dem Garten des Landhauses umherzustreifen. Nach und nach wurde sie sich des verborgenen Lebens bewusst und begann zu fühlen, in welchen Bereichen die Wohnstätten der Elfen und Gnome lagen. Die Dorfbewohner mieden bestimmte Orte, und sie erkannte, dass sie sich fürchteten, wusste aber nicht warum. Später vermochte sie das Wichtelvolk zu sehen, manchmal ganz klar und bisweilen nur verschwommen, und es fiel ihr auf, dass zwischen ihnen und dem Vogelleben eine enge Beziehung bestand. Im Garten gab es einen einsamen alten Pflaumenbaum. Wenn sie unter diesem Baum saß, war sie immer glücklich. Kinder, die sie sich vorstellte, spielten in ihrer Kindheit stets eine sehr große Rolle. Wenn diese dann manchmal auch noch ein paar Elfen mitbrachten, flogen die Stunden nur so dahin. Für sie waren diese ebenso Wirklichkeit wie sie selbst, und sie vergaß alles andere, bis sie ihrem Blick entschwanden.

In der Nähe des Hauses, in dem sie wohnte, lag eine alte Quelle, die langsam dahinsprudelte und die man nur über einen von dichten Hecken eingefassten Pfad erreichen konnte. Die Leute im Dorf mieden sie, da sie angeblich verhext war und zogen den längeren Weg zur Dorfpumpe vor, denn damals gab es in keinem der Häuser Wasser. Veras Neugierde zog sie oft zu jener einsamen Quelle, denn dort herrschte eine friedliche Stille. Das nicht allzu tiefe, klare Wasser quoll in einem engen, viereckigen Loch empor. Man konnte sich darin spiegeln. Sie wunderte sich, weil so viele Erwachsene sie fürchteten. Eines Tages erspähte sie zwei Elfen, die hinter der Quelle aus dem Grün hervorschauten. Sie schienen sehr glücklich zu sein und keineswegs beängstigend. Sie erzählte den Dorfbewohnern davon, aber deren Angst blieb, und so störte niemand den Frieden der kleinen Geschöpfe. Vera jedoch sah sie viele Male, vor allem nach Regenfällen, wenn sie zu geschäftig waren, um sie zu bemerken.

Jahre später wohnte Vera in Liverpool. Ihre Kindheit gehörte der Vergangenheit an, doch die Erinnerungen an das Elfendasein blieben. Inzwischen war sie verheiratet, und 1932 machte sie sich eines Tages auf den Weg, um ihre Eltern zu besuchen, die einige Kilometer entfernt wohnten.

„Sie hatten mich an jenem Tage nicht erwartet", schrieb sie, „und als ich ankam, stellte ich fest, dass sich bereits vier Besucher eingefunden hatten, die ebenfalls ganz überraschend gekommen waren. Zwei von ihnen kannte ich nicht. Die Trauer um den Verlust ihres Sohnes, ihres einziges Kindes, war der Grund, dass sie meinen Vater aufsuchten. Sie kannten niemanden von uns. Das Ehepaar suchte dringend Trost, und ich betete still, dass es mir vergönnt sei, ihm zu helfen. Alle sieben saßen wir schweigend da, und mein treuer Collie lag zu meinen Füßen. Plötzlich bemerkte ich ein zitterndes Licht auf mich zukommen. Es leuchtete und funkelte sehr klar, und bald stand die erste Elfenspielgefährtin aus meiner Kindheit auf ihren Zehen balancierend vor mir und lächelte. Als ich die Augen öffnete, verblieb das helle Funkeln um mich herum, und ich schaute eine Zeitlang hinein, bis mein Vater fragte: „Was siehst du, Vera?" Ich erwiderte: „Einen Augenblick, ich werde es euch gleich erzählen."

Die Elfe wies auf meinen Hund, der sich langsam erhob und auf sie zuging. Jeder sah ihn mit dem Schwanz wedeln und die Nase leicht bewegen. Die Elfe berührte seinen Kopf und zeigte auf die Frau, die bekümmert weinte. Er ging auf sie zu und schob seine Nase unter ihre Hand. Da wies die Elfe auf mich und erneut auf die Frau. In diesem Moment sah ich den Geist des Jungen neben seiner Mutter stehen und ich dankte der Elfe, die allmählich verblasste. Jeder im Raum fühlte, das etwas dort stand, doch niemand konnte es sehen, obwohl zwei von ihnen die ganze Zeit über das funkelnde Licht bemerkt hatten. Der Beweis für sein Weiterleben kam von dem Jungen selbst, der seinen Eltern Dinge erzählte, die keiner wissen konnte. Jene Elfe hatte die lastende Schwere größtenteils von ihnen genommen und ein Strahlen hinterlassen, das den Eltern lange blieb. Das trübe Wetter und der große Kummer der Hinterbliebenen muss es diesem zarten Geschöpf sehr erschwert haben herbeizukommen, aber sie hatte es trotzdem getan.

Im November 1947 besuchte Frau Westmoreland einen Vortrag in der "Psychic Truth Society" in Liverpool. Vor dem Rednerpult stand eine riesige Schale mit Chrysanthemen, von denen eine abgebrochen herunterhing. Interessiert lauschte Vera dem Sprecher, als eine Bewegung in den Blumen ihre Aufmerksamkeit gefangennahm. Ein Elf lugte aus ihnen hervor und schaute sie fröhlich an. Grinsend wies er auf ein blasses, zuckendes Licht über der abgebrochenen Blume, worauf eine schillernde Elfe sichtbar wurde, die emsig um den gebrochenen Stil herumschwebte. Überrascht sah sie, wie sie von dem Elf etwas entgegennahm, das wie ein klebriges Gewebe aussah und dieses mehrmals um den Stengel wand, bis die Blume wieder aufrecht stand. Als sie ihre Arbeit beendet hatte, blickte sie zu Vera hinüber, erhob sich mit sanftem Schwung in die Luft und entschwand ihrem Blick. Der Elf schien sich zu strecken und verschwand dann ebenfalls.

Wie betäubt von dem Wunder, das sie soeben beobachtet hatte, saß Vera Westmorland da, bis das Rücken von Stühlen sie unterbrach. Sie eilte sofort auf die Blumen zu und sah, dass der gebrochene Stengel durch eine feste, klebrige Substanz gehalten wurde. Man fragte sie, was sie denn da so interessiert betrachtete, und sie erzählte es. Die Dame, die die Blumen in die Halle gestellt hatte, meinte, dass beim Hereintragen einer der Stengel gebrochen war. Als sie die geflickte Blume sah, beschloss sie, diese so lange wie möglich aufzubewahren. Zwei andere Frauen hatten beobachtet, dass sich außer der Blume auch einige Blätter bewegten. Als man sie nach der Stelle fragte, zeigten sie genau auf diejenige, auf der der Elf gesessen hatte.

1950 ging das Ehepaar wegen des schwachen Gesundheitszustands von Frau Westmoreland nach Swanage. Sie fanden eine hübsche Erdgeschosswohnung mit einem Garten. In den dahinterliegenden Wiesen mit den blühenden Narzissen und dem kleinen Bach, der an ihnen entlangfloss, stand eine alte Kapelle. Eines Morgens betrachtete Frau Westermoreland die Blumen und entdeckte mehrere leuchtende Elfen darin. Das Geräusch eines vorbeifahrenden Autos verscheuchte sie. Vergeblich wartete sie auf eine Wiederholung dieses wunderbaren Anblicks.

Ein Jahr später zogen sie nach Taunton, wo sie sich in einem hübschen strohgedeckten Haus, umgeben von einem Garten und vielen Bäumen, niederließen. Es sollte eine Insel für Kranke und Behinderte werden, und obwohl die Stadt an die Gartengrenze stieß, blieb der sanfte Friede im Innern erhalten. Unter den Bäumen gab es hohe, stattliche Fichten, Blutbuchen, Eschen, Nuss- und Obstbäume. Hier spürte sie oft die Gegenwart von Zwergen und wunderte sich, wie sie die Hektik modernen Lebens aushalten konnten, denn sie glaubte, die Jahre der Veränderung hätten sie beeinflusst.

1954 ruhte sie sich eines Tages im Wohnzimmer aus, als eine winzige Elfe auf sie zuschwebte. Sie erkannte ihre Spielgefährtin aus Kindertagen, die ihr auch im Februar 1936 erschienen war. Diesmal durchströmte heller Sonnenschein das Zimmer, und sie beobachtete diese winzige Seele immer wieder durch die Lichtstrahlen fliegen. Sie freute sich über diese liebevolle Begrüßung und schaute ihr nach, als sie durch das Fenster in den Garten segelte, wo sie in der Ferne verschwand.

Vera Westmoreland schrieb mir aus Folkestone, wo sie sich bei einer Freundin aufhielt, die ebenfalls viele Elfen und in Irland auch Kobolde gesehen hatte: „Der Garten hier ist voll von Elfenleben; er bereitet mir große Freude. Jedesmal, wenn ich eine bestimmte Stelle aufsuche, taucht ein entzückender Wichtelmann auf, jung und lebensfroh; er heißt "Peppetoes", wie er mir sagte. Ich weiß allerdings nicht genau, ob ich den Namen richtig geschrieben habe. Er bewegt sich rasch und ist derselbe kleine Mann, der unaufhörlich an meinen Strümpfen gezogen hat, als wir die Koffer packten, um hierher zu kommen."

Ihre nächste Wohnung lag in der Nähe von Matlock in Derbyshire. Eines Tages wanderte sie durch das Heidekraut auf dem Hügel, als sie einen seltsamen Abdruck im Gras fand. Seine Tiefe und die Art, in der das Gras niedergedrückt war, erstaunten sie. Sie betrachtete die Stelle eine Weile und sah mit einem Male viele verschiedenartige Gesichter, die sie prüfend anschauten. Der

Anführer dieser Zwergenrunde saß mit überkreuzten Beinen auf einer buschigen Pflanze, von der Frau Westmoreland wusste, dass sie am Vortage noch nicht dort gestanden hatte, denn sie kannte sich in diesem Bereich gut aus. Einige Zwerge waren in verschiedenen Brauntönen gekleidet, andere in grünen Farben.

„Ich fühlte mich wie Gulliver", schrieb sie, „so riesig und überwältigend, doch sie blickten mich furchtlos an, grüßten mich mit seltsamen Gesten und entschwanden meinem Blick."

Lange stand sie da und sandte ihnen ihre Gedanken. Sie sah den eingedrückten Ring im Gras und wusste, dass sie immer noch ihre Sitzung abhielten. Dann überkam sie das Gefühl, als wollten sie, dass sie sich entferne, und sie wanderte langsam weiter.

Sie fuhr fort: „Bei sonnigem Wetter besuche ich ein bestimmtes Waldgebiet, wo ich verschiedene Zwerge sehe, die mich in der ihr eigenen Art begrüßen. Dort gibt es überall Felsenelfen und Baumgeister. Die Elfensippen besitzen unterschiedliche Farben, einige sind umgeben von schwach leuchtenden Tönen, je nach der Klarheit meines Blicks, die mir geschenkt wird."

In den sechziger Jahren zog sie mit ihrem Mann nach Leicestershire, von wo aus sie schrieb: „In unserer ersten Nacht hier besuchte uns eine recht lebhafte Gruppe von Elfen, die sich sehr für uns zu interessieren schienen. Ein solch freundliches Grinsen wie das ihrige hatte ich noch nie gesehen. Ihre Gesichter und Ohren waren sehr spitz und ihre Augen schräg. Sie trugen entzückende Hüte und Westen und brachten ein Elfentier mit, das einer Löwin glich, zahm und liebenswert. Ich sah ihre gelben Augen mit den grünen Flekken. Dann wiesen die kleinen Burschen auf die Gegend, in der sie wohnten. Zu meiner großen Freude schien es rund um die Burgruine zu sein, die innerhalb der Burgmauern wie auf einer grünen Insel steht. Einer der Zwerge mit Namen "Etto" besucht mich jetzt häufiger in unserem Haus; man hat mich also angenommen."

Vera und Derrick Westmoreland wohnten aber nicht lange dort, da sie beschlossen, nach Australien auszuwandern. Leider starb Derrick kurz darauf, und Vera, deren Gesundheitszustand sich zunehmend verschlechterte, schuf sich ein neues Zuhause in Queensland.

Ich hörte erst wieder von ihr im Jahre 1977, als sie mir einen Luftpostbrief sandte, in dem sie ihre Umgebung beschrieb. Sie war froh, das drei Zwerge ihr im Garten folgten, in dem es Blumen und viele Obstbäume gab. Zwei der kleinen Gnome waren in kräftiges Grün und Rot gekleidet, der dritte in Orange. Sie unterschieden sich sehr von den Zwergen im Süden.

Sie schrieb: „Viele Leute müssen Wichtel gesehen haben, fürchten aber, dass man ihnen nicht glaubt. Doch die Wahrheit lässt sich weder leugnen noch sollte das zarte Leben und die Arbeit der Elfen und Zwerge der Unwissenheit zum Opfer fallen. Dies ist nicht die einzige Welt, die sie besuchen. Sie reisen viel, und ihre Geschwindigkeit kennt keine Grenzen. Sie kennen und verstehen unsere Sprache und sind sich unserer Gedanken bewusst. Tatsache ist, dass es keine Lebenssphäre ohne sie gibt; Tiere und Vögel wissen genau um sie. Sie alle sind Teil des Gottesgeistes und dienen uns mehr als die meisten Menschen ahnen."

Die folgenden Berichte stammen von M. Versey aus Abergavenny in Monmouthshire.

„Mitte August 1931 hielt ich mich in Galway im Westen Irlands auf. Das Wetter war feucht und stürmisch gewesen, doch an jenem Tag schien die Sonne. Es wehte ein leichter Wind, und alles glitzerte. In der Fuchsienhecke schwirrten die Bienen. Am frühen Nachmittag wanderte ich eine Landstraße entlang, die zwischen dem Meer und den Bergen liegt. Bald erreichte ich einen steilen Abhang, auf dem sich zu meiner Rechten mächtige Bäume erhoben und der links steil abfiel, wo, verborgen im Dickicht, ein kleiner Fluss strömte. Das Sonnenlicht fiel durch die Blätter und zauberte Schattenflecken auf den Weg.

Ich bemerkte einen hochgewachsenen Elf, der neben einem Baum auf der Böschung oberhalb der Straße stand und zu den Bäumen in der Schlucht hinunterblickte. Ich blieb eine Weile stehen, und als ich schließlich weiterging, fühlte ich mich glücklich, leicht und frisch. Ein Gefühl tiefen Friedens hatte sich in mir ausgebreitet, und ich wanderte eine lange Strecke. Als ich auf dem Rückweg an derselben Stelle vorbeikam, stahl sich die Abendsonne bereits durch die Bäume und ließ deren Stämme golden aufleuchten. Ich spürte die Wärme und den Frieden, obwohl diesmal niemand dort oben stand. An jenem Abend wurde ich nicht im geringsten müde, und dieses Glücksgefühl verließ mich auch nicht.

In der Nähe eines Ortes in Wiltshire, in dem ich eine Zeitlang wohnte, führt ein Weg von einer Brücke über den kleinen Fluss zunächst durch flaches Land und windet sich dann einen Hügel hinauf. Seitwärts durch die Felder kann man den Wald erreichen. Hohe Bäume, vor allem Eschen, säumen den

Pfad, und in dem flachen Abschnitt zieht sich unter dichten Hecken eine niedrige, mit kleinen Pflanzen bewachsene Böschung entlang.

An einem wolkigen Spätnachmittag ging ich, wie so oft, an dieser Stelle vorbei, als ich auf der einen Seite unterhalb der Hecken mehrere recht kleine Elfen bemerkte. Sie schienen freundlich zu lächeln. Die Anwesenheit dieser kleinen Geschöpfe, die ich seitdem zu allen Jahreszeiten dort wahrnahm, schufen eine geheimnisvolle, angenehme Atmosphäre.

In Monmouthshire, nahe der Grenze zu Breconshire, führt am Fuße eines Hügels ein Pfad entlang, der sich einem engen Tal zuwendet. An seinem unteren Ende stehen einige kleinere Bäume. Man schaut an ihnen vorbei gen Westen in ein ausladendes Tal hinein. Von hier aus kann man auch den Sonnenuntergang beobachten.

An diesem Ort habe ich oft die Gegenwart eines hochgewachsenen Elfen wahrgenommen, der neben den Bäumen stand und bisweilen seine Hand auf einen der Zweige legte. Manchmal schaute er mich an, doch meistens schweifte sein Blick über die Ebene. Ich sah ihn zum ersten Mal an einem Nachmittag im Spätsommer, danach aber zu allen Jahreszeiten. Auf der Kuppe jenes Hügels stehen Eichenwälder. Auch dort gibt es viele Elfen, deren Gegenwart ich das ganze Jahr über sehr deutlich spürte.

Eines Tages ging ich einen der schmalen Seitenwege entlang, die vom Hauptweg abzweigen, als ich mitten auf dem Pfad einen Elf stehen sah. Er muss ungefähr sechzig bis neunzig Zentimeter groß gewesen sein. Ich habe ihn später in Begleitung einiger weiblicher Elfen oft an dieser Stelle gesehen. Elfen habe ich an vielen Orten und zu allen Jahreszeiten wahrgenommen.“

Kapitel 7
Die Elfen von Iona

Pauline McKay aus Glasgow beschrieb Iona als „eine unvergessliche kleine Insel voller geistiger Kraft und Schönheit". Dort sah sie die meisten Elfen und Gnome, deren Gestalten sie ganz deutlich mit geschlossenen Augen wahrnahm. Einmal hockte vor ihr, mitten im Sand ihrer Lieblingsbucht, ein kleiner Mann mit bis zum Kinn hochgezogenen Beinen. Er trug einen weißen, eng anliegenden Anzug und einen großen scharlachroten Hut, der einem Pilz glich, und war umgeben von winzigen tanzenden Lichtern. Er blickte auf das Meer hinaus.

Viele ihrer Erlebnisse ereigneten sich kurz vor dem Schlafengehen, und ihre allererste Vision war eine kleine Elfe mit violettfarbenen Flügeln, was das winzige Geschöpf wie ein violettes Licht erscheinen ließ.

Die folgenden Zitate stammen aus Pauline McKays Tagebuch.

„3. Januar 1953: Ich sah einen großen goldenen Flügel, der dem eines Schmetterlings ähnelte. Er besaß eine pulsierende, strahlende Eigenschaft, und ich fühlte, dass er zu einem der niederen Devas gehören musste.

12. März: Ein pausbäckiges, von der Blütenkrone eingerahmtes Gesicht blickte aus einer Narzisse hervor.

6. Juli: Eine kleine Elfengestalt im weißen Anzug und mit einer grünen Kappe saß auf einem Giftpilz und beobachtete mich aufmerksam.

16. Oktober: Eine Elfe oder ein kleines Engelwesen mit hellblondem Haar und zwei kleinen weißen Schwingen.

28. Oktober: Eine große Elfengestalt aus Licht, mit einer kleinen Kappe, die funkelte wie ein Stern.

6. November: Ein Elf mit sehr langen Ohren.

9. Dezember: Eine kleine Elfengestalt inmitten eines hellen Lichtstrahls.

14. Dezember: Eine Elfe mit einem hellen, von kleinen funkelnden Sternen umgebenen Band im Haar und einem Stern über der Stirn. Ich konnte auch Gnome und ihre winzigen Behausungen erkennen, die Äpfeln mit kleinen Löchern ähnelten.

22. Januar 1954: Ich sah einen Lichtwirbel, in den pausbäckige Gestalten hineingezogen wurden und aus dem Licht kleine Wolken bildete.

25. April: Ein Wesen in farbigem Licht, ein entzückendes kleines Gesicht unter einem Kopfschmuck aus leuchtendem, unaufhörlich vibrierendem Lichtgewebe; ein Lichtkranz aus Frühlingsgrün und Sonnenuntergangsrosa umgab den gesamten Kopf.

30. April 1955: Ein Kobold mit spitzem Hut saß draußen vor der verschlossenen Haustür auf den Stufen. Er war ganz in Grün gekleidet.

13. November: Ein winziger Mann stand auf der Bank in unserem Gartenschuppen; sehr große Augen; angezogen wie ein Mensch; Kopf und Gesicht sehr groß im Vergleich zu dem restlichen Körper."

Im August 1956 schrieb mir Pauline aus Iona: „Hier tauchen überall unzählige Zwerge auf." Und später: „Wenn ich lange genug still sitzen und sie beobachten konnte, schien sich ihre Schwingung zu verlangsamen, so dass sie mehr glitten als herbeistürzten. Sie nahmen jedoch nie Gestalt an, sondern blieben intensive Lichtpunkte. Gelegentlich tauchte ein sanft rosafarbenes Glühen mitten unter ihnen auf, als ob sich ein Wesen von höherer Rangordnung zu manifestieren suchte."

Im August 1957 herrschte feuchtes, nebeliges Wetter auf der Insel, doch Pauline McKay meinte: „Im Nebel scheinen die kleinen Geschöpfe sich klarer vor dem perlgrauen Hintergrund abzuheben. Ich habe sie nie zuvor in solcher Fülle wahrgenommen. Wo ich auch hinschaue, überall sehe ich strahlend helle Lichter schweben, hüpfen oder fliegen und kleine Wolken in sanften Farben, meistens rosa, gelb oder gold."

Margaret Tait aus South Shields im Kreis Durham hatte die Insel einmal einen Tag lang besucht. Doch das Geschnatter der Reisegruppe „rief einen Misston" hervor, und da sie sich seltsam zu der Atmosphäre des Ortes hingezogen und mit ihm in Einklang fühlte, sehnte sie sich danach, zu einem anderen Zeitpunkt alleine dorthin zurückzukehren. In den zwanziger Jahren besuchte sie dann die zum Atlantik hin gelegene Küste der Insel. Der blaue Himmel, die laue Luft und die sanfte Brise ließen sie ihre Freiheit, die Stille und Schönheit der kleinen schillernden Teiche im grünen Gras und die unendliche

Weite in vollen Zügen genießen. Sie fühlte sich umsorgt, als ob ein Wohltäter sein Füllhorn über sie ausgegossen hätte.

Sie schlenderte den Strand entlang – zu ihrer Rechten weißer Sand mit pulverfeinen weißen Muschelschalen und zu ihrer Linken die Klippen. Zwischen diesen blieb sie stehen und atmete die frische Seeluft ein, bis der Rhythmus der Wellen sie nahezu betäubte. Dann drehte sie sich um und wanderte den steinigen Strand auf der Suche nach etwas Interessantem entlang. Plötzlich bemerkte sie eine kleine, etwa fünfundzwanzig Zentimeter große Elfe mit breiter Stirn, braunen Augen und einem spitzen Kinn scheu zu ihr emporblikken. Ihr in Falten gelegtes Kleid reichte bis zum Boden, wo es sich festgefahren zu haben schien.

Frau Tait lächelte das kleine Wesen an und fragte: „Was machst du denn hier?" Die Elfe blickte sie an und erwiderte höflich ihr Lächeln. Erfreut über ihren „Fund" richtete sich Frau Tait auf und schaute sich um, doch niemand war zu sehen. Als sie wieder zu Boden blickte, war die Elfe verschwunden. Später kaufte sie einen Inselführer und las darin, dass jene Stelle, an der sie die Elfe gesehen hatte, nicht unweit eines angeblichen Elfenhügels lag, von dem sie bis dahin noch nie gehört hatte. Früher trug dieser Ort die Bezeichnung „Hügel der Engel", wo sich St. Columba mit den Engeln traf.

Engelwesen

Man kann nicht von der Insel Iona sprechen, ohne auch die Engelwesen zu erwähnen, die *Sidhe* oder *Tuatha de Danaan*, die sich in den Hügeln aufhalten. Die bekannte Volkskundlerin Lucy H. M. Bruce war überzeugt, dass diese strahlende, gottähnliche, ewig junge Rasse einer früheren Evolutionswelle angehört als die Menschen. Man kann sie nicht als Sylphen bezeichnen, da ihre Körper aus mehr als nur einem einzigen Element bestehen.

In seinem Buch "The Candle of Vision" schrieb George Russell, wie eine dieser Wesenheiten an ihm vorbeizog, als er in den Sanddünen lag. Zunächst vernahm er Musik, und dann sah er diese wehende, von Licht durchdrungene Gestalt, als ob Sonnenfeuer ihre Glieder durchströmte.

1941 wurde in der schottischen Nationalgalerie eine Gemäldeausstellung gezeigt, zu der auch die Bilder von Elfen und kleinen ätherischen Geschöpfen des Künstlers und Theosophen John Duncan aus Edinburgh gehörten.

Charles Richard Cammell schrieb 1952: „Ich kannte Duncan sehr gut. Dieser liebenswerte und weise Mann war wahrscheinlich der einzige mystische Maler Schottlands – ein schottischer Blake und zudem ein Dichter. Er sah auf den Inseln nicht nur Elfen, sondern auch Engelwesen."

Der Schriftsteller und Volkskundler Alasdair Alpin MacGregor, der John Duncan ebenfalls kannte, erzählte mir, dass der Maler das erste Mal nur einige Tage in Iona bleiben wollte, sich dann aber einen ganzen Monat lang dort aufhielt, da ihn der Zauber dieser Insel immer stärker gefangennahm. Bei einer einsamen Wanderung bemerkte er eines Tages zwei hochgewachsene, seltsam aussehende Gestalten, die von einem Hügel herabstiegen und auf ihn zukamen. Ihre Füße drückten das Heidekraut, über das sie schritten, nicht nieder, und es war kein Laut zu vernehmen, als sie ganz nahe an ihm vorübergingen und dann „verblassten". Von diesem Augenblick an wusste er, dass er in eine überirdische Welt blickte. Danach nahm er noch andere Angehörige der *Sidhe* auf Iona wahr, und zwar immer aus dem Augenwinkel.

Er befand sich so stark im Bann des Reichs der Elfen und dieser Engelwesen, dass er die Verbindung zur Erde und zu seiner eigenen Existenz vollständig verlor. Daher beschloss er schließlich, sich dem Zauber dieser mystischen Insel zu entziehen."

Nancy Norris hat die Engelwesen mehrmals an verschiedenen Orten flüchtig gesehen.

„Ich spreche von flüchtig, da sie nie lange verweilen. Diese Lichtgestalten mit ihren schmalen Gesichtern und den langen Gliedmassen sind hochgewachsen und recht unpersönlich. Doch sie vermitteln ein Empfinden von innerer Erregung, das momentane und überwältigende Erkennen der Lebenskraft einer anderen Ebene. Der bloße Gedanke daran überrieselt mich erneut mit diesem Gefühl. Ich glaube, ich könnte leicht Kontakt zu ihnen aufnehmen, da ich mich ihnen sehr verbunden fühle und lange ohne Essen und Schlaf auskomme. Manchmal denke ich, ich gehöre nicht so recht in diese menschliche Daseinsform.

Übersinnliche Fähigkeiten besaßen schon einige meiner Vorfahren."

Elfen und Zigeuner

Als die Zigeuner früher noch in ihren Zelten inmitten der unberührten Natur schliefen, entwickelte sich in ihnen aufgrund ihres engen Kontakts mit dem Erdmagnetismus eine eigene Form der Hellsichtigkeit. Die Zwerge betrachteten sie als eine Selbstverständlichkeit, zögerten jedoch, über sie zu reden, da sie vielleicht Unglück bringen konnten.

Diese hellseherische Fähigkeit findet man auch heute noch unter den echten Zigeunern. Der folgende Bericht wurde dem "Journal of the Gypsy Lore Society" entnommen, den Doris G. Stephens über ihre Freundin Caroline eingesandt hatte.

„Die aus Südwales stammende Zigeunerin Caroline Petersen ist eine Quelle seltsamer Geschichten. Doch zwei ihrer Erlebnisse, an die sie selbst fest glaubt und die sie mir bei verschiedenen Gelegenheiten erzählte, sind es wert, hier wiedergegeben zu werden.

Damals lebte sie in einer Holzhütte unweit eines Zigeunerlagers. Eines Tages standen wir draußen, als sie mich plötzlich fragte: „Siehst du den Baum dort drüben?“ Dabei wies sie auf einen alten, in voller Blüte stehenden Weißdorn, dessen schwarze Zweige sich in den Himmel reckten und der merkwürdig im Winde schwankte. „Ich habe oft die Elfen darin schaukeln gesehen, rauf und runter. Ich beobachte sie von meinem Fenster aus, wenn ich auf meinen Mann warte.“

Als ich sie das nächste Mal besuchte, fragte ich sie nach den Elfen. „Ich habe sie in der vergangenen Nacht gesehen“, meinte sie. „Diesmal kamen sie direkt in unser Haus und schwirrten durch die Küche.“ Ich bat sie, mir mehr von ihnen zu erzählen. „Nun, sie waren nicht größer als Puppen, diese kleinen Männer und Frauen. Die Männer trugen winzige Schirmmützen, gegürtete Jacken, Schnabelschuhe und Strumpfhosen. Die Frauen trugen lange Röcke und Mäntel und auf dem Kopf einen ausladenden Waliserhut. Die Männlein kletterten am Kaminsims hinauf und an den Vorhängen wieder hinunter. Sie hockten neben meinem Teetopf und guckten neugierig in alles hinein. Die meisten Weiblein saßen auf dem Boden beim Feuer und wärmten sich. Sie waren hübsch! Ich wünschte, du hättest sie in ihren bunten Kleidern gesehen. Ich glaube, sie wollten gerade zu tanzen anfangen, als Petersen zur Tür hereinkam und alle im Nu verschwanden.“

Auch die Waliserin Rosie Griffiths, ebenfalls eine Zigeunerin, konnte Elfen sehen. Sie erzählte, dass sie im Alter von sieben oder acht Jahren mit ihren Eltern und Brüdern an einer grünen Schneise mitten in Wales zeltete. Eines Tages lag sie im Abendsonnenschein bäuchlings unter einer großen Eiche, schlug müßig die Fersen aneinander und dachte an nichts besonderes. Die anderen waren alle bei ihren Zelten, und sie fühlte sich recht einsam. Plötzlich vernahm sie eine allerliebste, geradezu himmlische Musik. Zunächst wusste sie nicht, woher diese kam, doch als sie ihr Ohr auf den Erdboden presste, hatte sie den Eindruck, dass sie aus der Erde emporklang. Sie blickte auf. Vor ihr, um die alte Eiche herum, sah sie ganze Scharen von Elfen in kirschroten Jacken und Kniehosen, die Ball spielten. Ihre Köpfe schauten gerade eben aus dem Gras hervor, und der Ball, den sie sich gegenseitig zuwarfen, war nicht größer als eine Erbse. Sie tanzten um sie herum, und sie rieb sich die Augen, da sie glaubte, zu träumen. Ihre Mutter hatte ihr oft von dem Zwergenvolk erzählt, doch Rosie hätte nie erwartet, sie mit eigenen Augen zu sehen. Ebenso schnell, wie sie aufgetaucht waren, verschwanden sie plötzlich. Das Kind begann zu weinen. Als sie sich nach einer Weile ein wenig beruhigt hatte, erschienen sie wieder. Doch es gab keine Musik, und im nächsten Augenblick hatten sie sich auch wieder verflüchtigt.

Am nächsten Morgen konnte man unter der Eiche einen hellen grünen Ring sehen, und Rosie legte sich wieder auf die Stelle, in der Hoffnung, sich ihrer kleinen Freunde erfreuen zu können. „Doch es gab nie mehr Elfen dort und auch keine Musik“, meinte sie, „was mich sehr traurig stimmte.“ Sie suchte den Boden unter der Eiche ab, auf dem sie gespielt hatten, als sie plötzlich einen großen Pfennig fand. Rasch rannte sie zu ihrer Mutter, um ihr den Fund zu zeigen.

Diese fragte: „Woher hast du denn diesen Pfennig?“ Doch anstatt einfach zu sagen, wo sie ihn gefunden hatte, erzählte die kleine Rosie die ganze Geschichte.

„Du dummes kleines Ding, nun hast du dein Glück preisgegeben! Viel mehr hättest du dort finden können, hättest du doch deinen kleinen Mund gehalten!“

Ihre Mutter war sehr ungehalten darüber, und als das Kind am Abend zu dem Baum zurücklief, war der Elfenring verschwunden.

„In jener Nacht erkrankte einer meiner kleinen Brüder“, schloss sie. „Wir mussten unser Lager abbrechen und am Morgen losziehen. Obwohl wir später immer wieder nach Wales zurückkehrten, konnten wir trotz allen Suchens jene Schneise und die alte Eiche nie mehr finden.“

Kapitel 8
Die John O'London-Briefe

Die folgenden Briefe wurden 1936 und 1948 in der Literaturzeitschrift "John O'London's Weekly" veröffentlicht, die wesentlich dazu beigetragen hat, dass ich mit meiner Suche nach Berichten von Elfen begann. Damals besaß ich nur einen einzigen anderen Ausschnitt, einen Zeitungsartikel von Alasdair Alpin MacGregor, der erst sehr viel später in mein Leben trat.

Mit Hilfe des Herausgebers konnte ich Verbindung zu einigen jener Briefschreiber aufnehmen. Am 7. März 1936 wurde folgender Brief von Edith Sparvel-Bayly in der Wochenzeitschrift veröffentlicht.

„Kann einer ihrer Leser über ein persönliches Erlebnis mit Elfen in diesem Landstrich berichten? Einige scheinen sie gesehen zu haben, scheuen sich aber, davon zu reden. In diesem Teil von Wales geschehen gelegentlich seltsame Dinge. Auf ihrem Heimweg, in einer mondhellen Nacht im Februar, sah eine ältere Frau etwas, das sie für große braune Motten hielt, über die Wiese am Wegrand fliegen. Sie blieb stehen, spähte durch die Hecke und beobachtete, wie sich einige kleine braune Männer um einen großen Stein herum niederließen, auf dem eine weiß gekleidete Elfendame saß. In Walisisch sprach sie mit ihnen über viele Dinge, die sie erfreut waren zu hören. Dann erklärte sie ihren Zuhörern, dass sie die Wiese nicht länger benutzen konnten, da sich ein reicher Mann dort ein Haus bauen und einen Wagen zulegen werde, mit dem er die Straße ohne Pferde befahren konnte. Im Dorf hatte man davon noch keine Ahnung, doch ein Jahr später bewahrheitete sich diese Voraussage. Ein reicher Milchhändler aus London ließ ein Haus in der Wiese bauen und fuhr mit seinem Auto die Hügel rauf und runter. Dies ist ein Bericht aus erster Hand.

In dem kleinen Ort, in dem ich lebe, gab es einen angesehenen Händler, der zugab, dass ihm etwas sehr Seltsames zugestoßen war. Eines Tages kehrte er vom Besuch eines Nachbardorfs zurück. Es war bereits dunkel, und sein

Weg führte ihn durch einen Wald, doch erst als er diesen verlassen und die ersten Häuser erreicht hatte, vernahm er ein schleifendes Geräusch neben sich und bemerkte ein Geschöpf mit einem runden Körper auf zwei langen Beinen. Es hüpfte vor ihm auf eine Straße und sprang über ein hohes Eisengitter in den Garten einer Schule."

E. Sparvel-Bayly, Wales

23. Juli 1948

„Der hiesige Geistliche erzählte mir, dass sein Onkel, ein Bauer, eines Abends mit einem anderen Mann am Fluss entlang ging, als sie am gegenüberliegenden Ufer ein seltsames Licht bemerkten. Als sie näherkamen, sahen sie beide eine Gruppe von winzigen Leuten tanzen, die bunt wie Blumen gekleidet waren. Der Freund fürchtete sich und rannte davon. Doch der Bauer schaute, gebannt von der entzückenden Szene, eine Zeitlang zu, bis das Licht mit den tanzenden Wesen plötzlich verschwand. Der Geistliche erfuhr später, dass auch seine Großmutter als junges Mädchen an einem frühen Morgen eine ähnliche Szene am Hügel oberhalb des Bauernhauses beobachtet hatte."

E. Sparvel-Bayly, Wales.

21. März 1936

„Vor einigen Jahren sah ich zu meiner Überraschung auf dem Kliff über mir einen winzigen, in Schwarz gekleideten Mann, der wichtigtuerisch und eitel dort oben herumstolzierte. Da ich nun überhaupt nicht an die Existenz von Kobolden glaubte, nahm ich an, dass sich diese Figur dort oben jeden Augenblick als Vogel oder Schatten entpuppen würde. Aber nein, sie blieb ein kleiner Mann, bis dieser sich in ein recht seltsames Ding verwandelte, das einer langen, schwarzen, pelzartigen Rolle glich, in großen Freudensprüngen durch das Gras hüpfte und dann verschwand. Einige Minuten später tauchten noch zwei Figuren auf, ein wenig länger und viel rundlicher als die erste. Jede ließ sich auf einer Seite eines Stechginsters nieder, und ich hörte ein Geräusch, wie von einer Handsäge. Meine Neugierde trieb mich das Kliff hinauf, doch die Abkürzung, die ich wählte, war zu beschwerlich, und ich musste zum Strand zurück und den üblichen Weg nehmen. Als ich endlich den Ginsterbusch erreichte, waren die Kobolde nicht mehr da. Einer von ihnen muss wohl in der Luft gesessen haben, denn der Busch hing einige Zentimeter über dem Kliffrand."

Joyce Chadwick, London

28. März 1936

„Ich möchte kurz vier Erlebnisse beschreiben.

Die erste Elfe, der ich begegnete, befand sich alleine auf einem Hügel. Sie war sehr freundlich und winkte mich heran. Ich folgte ihr, und sie zeigte mir unbeschreiblich schöne Dinge.

Eines Nachmittags sah ich zehn Elfen in einem Ginsterbusch und zwischen den grasenden Schafen spielen. Diese ließen sich nicht weiter stören, doch wenn eine Elfe ihnen zu nahe kam, trotteten sie weiter.

Als ich eines Morgens in einem Wald spazierenging, hörte ich die silberhellen Töne der Elfen, und den Klängen folgend, sah ich eine ganze Schar von ihnen den grünen Weg hinuntereilen. Sie schienen sich sehr über etwas zu ärgern. Als sie mich bemerkten, schwatzten sie laut drauf los und stoben eilig wie verscheuchte Spatzen davon.

In der Nähe von Loch Rannoch wurde meine Aufmerksamkeit von einigen Rhododendronbüschen angezogen. Vorsichtig näherte ich mich ihnen und wurde Zeuge eines unbeschreiblich schönen Tanzes, der mich so gefangennahm, dass ich vergaß, auf die Anzahl der Elfen zu achten. Ich trat noch näher hinzu, um alles genau beobachten zu können, als mich eine von ihnen bemerkte. Die anderen Tänzerinnen alarmierend, trieb sie diese in die Büsche. Ich werde nie den Blick vergessen, den sie mir zuwarf, als sie mit einer solchen anmutigen Geste verschwand, wie ich sie nur von der unvergleichlichen Pavlova gesehen habe.“

Struan Robertson, Stirlingshire

4. April 1936

„Die meisten der kürzlich veröffentlichten Berichte von Kobolden und Elfen scheinen aus dem Süden oder Westen des Landes zu kommen, doch hier ist einer von einem Zwerg, der unlängst in dem recht nüchternen Hertfordshire erblickt wurde.

Ich fuhr mit dem Auto über eine stille Landstraße und konzentrierte mich nur auf das Fahren. An einer Biegung, an der die Büsche und Bäume bis zum Boden abgeholzt worden waren, sah ich zu meiner Überraschung einen kleinen Burschen mit rundem Gesicht, der eine Mütze trug, deren Zipfel wie bei einer Nachtmütze zur Seite herunterbaumelte. Er saß auf einem Baumstumpf und blickte geradeaus auf die Straße vor ihm.

Er muss ungefähr fünfzig Zentimeter groß gewesen sein, verschwand aber augenblicklich. Obwohl ich sofort langsamer fuhr, hatte ich keine Möglichkeit, ihn näher zu betrachten.

Der Anblick haftet mir immer noch sehr lebhaft im Gedächtnis."

I.W. Beer, Herts

11. April 1936

„Während des Krieges lebten wir in Wales mitten auf dem Land, sechs Kilometer von der nächsten Stadt entfernt. An einem Nachmittag im Juni, zur Zeit der Heuernte, erlebten wir folgendes.

Meine Mutter und ich saßen mit zwei Dienstmädchen in unserem Garten. Plötzlich zeigte sie auf ein anliegendes Feld mit frisch geschnittenem Gras. „Wie früh die Arbeiter doch mit dem Heuen begonnen haben", meinte sie. „Das Gras kann doch noch gar nicht trocken sein." Ich blickte zum Feld hinüber und entdeckte mehrere Reihen von Gestalten, die emsig das Heu rechten. Auch die Mädchen, die wir herbeiriefen, konnten sie sehen.

Am Abend fragten wir den Bauern, warum er mit dem Harken auf dieser Wiese so früh begonnen hatte. Seiner Ansicht nach aber mussten wir uns geirrt haben, denn am Nachmittag war er an jenem Feld vorbeigegangen und hatte niemanden dort gesehen.

Wir schienen ein astrales Phänomen beobachtet zu haben. Seit jeher wird den Elfen nachgesagt, dass sie die Arbeit der Menschen gerne nachahmen. Wahrscheinlich hatten wir solche Geschöpfe beobachtet."

Doris G. Stephens, S. Wales

2. Mai 1936

„Amüsiert hatte ich die Berichte ihrer Schreiber über Elfen gelesen. Ich fand sie recht unterhaltsam, doch sie überzeugten mich nicht. Das war meine Reaktion, bis zu jenem denkwürdigen Tag.

„Eines Abends saß ich zu später Stunde alleine im Zimmer und schrieb. Alle waren bereits schlafen gegangen. Schwungvoll drehte ich die Seite um, als der Windzug, den dies verursachte, ein Stück Papier, die Rechnung der Wäscherei, zu Boden wehte. Ich sah sie hinunterfallen und schrieb weiter, denn ich war nicht gewillt, meine romantischen Gedankengänge von einer Rechnung unterbrechen zu lassen.

Ich hatte sie bereits vergessen, als ich die vollgeschriebene Seite umblätterte und zu meiner Überraschung dieselbe Rechnung zu Boden flattern sah. Meine erste Beobachtung musste wohl eine Täuschung gewesen sein, doch als sich derselbe Vorgang ein drittes Mal wiederholte, beschloss ich, die unsichtbare Person zu finden, die sich diesen Spaß mit mir erlaubte.

Ich suchte den Fußboden ab, um zu sehen, wieviele Rechnungen sich dort inzwischen angesammelt hatten. Aber ich fand nur diese eine einzige. Ich hob sie auf, sicherte sie auf meinem Schreibtisch und nahm meine Schreibarbeit wieder auf. Doch ich konnte mich nicht mehr konzentrieren und ging daher zu Bett. Bis ich einschlief, konnte ich mich jedoch des Gefühls nicht erwehren, dass noch irgendetwas anderes im Raum war.

Wer oder was war dies?“

Kenneth A. James, Sidney

Dies führt mich zu meinem eigenen Brief vom 28. März 1936, in dem ich einen grünen Waldelf beschrieb. Damals erwähnte ich absichtlich nicht, dass meine Schwester den Elf ebenfalls gesehen hatte, denn sie war sehr zurückhaltend und wollte neugierige Reporter vermeiden. Später erkannten wir jedoch beide, dass es besser gewesen wäre, sie als Augenzeugin mit einzuschließen, um die Glaubwürdigkeit dieses Erlebnisses zu erhärten.

Das Haus, in dem ich geboren wurde, war umgeben von einem wunderschönen Garten mit einigen Obstbäumen. Es lag in der Nähe von Feldern und Wäldern in einer einsamen Gegend in Nottingham. Mit sechs Jahren erlebte ich dort etwas, das ich nie vergessen werde.

Direkt unter meinem Schlafzimmerfenster lag eine kleine Wiese, und die Kletterrose, die an der Wand wuchs, reichte bis zum offenen Fenster.

Ich lag im Bett und erfreute mich an dem frühmorgendlichen Sonnenschein, der ins Zimmer strömte. Plötzlich fühlte ich den Impuls, mich aufzusetzen und zum leeren Feuerrost zu schauen. Auf dem zarten Spinngewebe, das sich wie eine Hängematte über die Eisenstäbe spannte, saß eine seltsame, etwa zehn bis fünfzehn Zentimeter große Gestalt. Ihr von grünem Licht umstrahlter Körper glich glänzend grüner Gallerte, und auf dem Kopf trug sie eine spitze rote Kappe aus derselben durchsichtigen Masse. Es waren keine Pupillen zu erkennen. Das Wesen schien recht furchtlos zu sein, und dem breiten Grinsen des zahnlosen Mundes nach zu urteilen, freute es sich, dass ich es sah.

Zunächst verhielt ich mich ganz ruhig und schaute die Gestalt nur an. Sie starrte mit leerem Blick zurück, der wenig Intelligenz verriet. Doch die Augen übten eine seltsam hypnotische Wirkung auf mich aus. Ich weckte meine damals neunjährige Schwester, die sich aufrichtete und ebenfalls die kleine Gestalt im Kamin sah.

Doch bald quälte mich kindliche Neugierde. Ich kletterte aus dem Bett und ging auf das kleine Wesen zu, das jedoch sein Gleichgewicht zu verlieren schien, wenn ich näher als dreissig Zentimeter kam und augenblicklich verschwand. Ich kletterte wieder ins Bett, und als ich mich umdrehte, hockte es wieder an derselben Stelle. Es wurde zu einem aufregenden Spiel, denn das Verschwinden und Wiederauftauchen des Elf setzte sich fort, bis ich törichterweise das Spinngewebe wegwischte, um zu sehen, was die Gestalt nun machen würde. Doch ich bereute es sehr bald, denn wir sahen den Naturgeist nie wieder.

Jahre später las ich in Geoffrey Hodsons Buch "The Fairies at Work and at Play", dass die Elfen sich von Naturgeistern hauptsächlich dadurch unterscheiden, dass sie keine Kleidung tragen, wodurch sie den Menschen nachahmen, und ihr Körper aus einer gallertartigen Substanz und völlig ohne innere Struktur zu bestehen scheint.

Jener winzige Elf im Schlafzimmer meines Elternhauses war aber nicht der erste Naturgeist, den meine Schwester und ich gesehen hatten. Als ich viele Jahre später begann, dieses Buch zusammenzustellen und das Material mit einer Kusine, mit der ich zu spielen pflegte, durchsprach, meinte diese: „Du hast andere Naturgeister vor diesem Elf gesehen." Ein Freund der Familie versicherte, dass ich als Kleinkind über die wunderschönen Farben der Elfen, die ich zwischen den Blumen gesehen hatte, redete. Leider kann ich mich nicht mehr daran erinnern, wohl aber, dass ich mit den Blumen, Vögeln und Bäumen sprach und alles mit erstaunten Augen betrachtete.

Meine Schwester erzählte mir einmal, dass sie als kleines Kind, noch vor meiner Geburt, eine Elfe in dem alten Obstgarten gesehen hatte. Die kleine, weiß gekleidete Gestalt mit ihren silbernen Flügeln stand lächelnd vor ihr. Sie trug eine winzige Krone auf dem Kopf und in ihrer Hand einen Stab mit einem funkelnden Stern an seiner Spitze.

Meine Schwester war so aufgeregt, dass sie losstürmte, um unsere Mutter zu holen, doch als sie zu jener Stelle kamen, war das kleine Geschöpf natürlich verschwunden. Aber aufgrund der Freude und Begeisterung des Kindes wusste unsere Mutter, dass meine Schwester die Wahrheit sagte. Wir konnten uns glücklich schätzen, Eltern zu haben, die uns niemals schroff abwehrten oder unsere aufgeregten Berichte zunichte machten, sondern sich immer die Zeit nahmen, uns verständnisvoll zuzuhören.

11. April 1936

„Im Sommer 1934 wohnte ich in einem Hotel in Largs in Ayrshire. An einem sehr heißen Nachmittag, gegen vier Uhr, spazierte ich mit einer einheimischen Dame durch den Garten, als sie meine Aufmerksamkeit auf einen großen blühenden Busch lenkte. Aus der Entfernung konnten wir kleine Gestalten um die Blüten schwirren sehen. Als wir nähertraten, entdeckten wir, dass es sich um spielende kleine Elfen handelte. Ich war so überrascht, dass ich törichterweise auf den Strauch zuging, seine unteren Zweige schüttelte und zurücktrat, um zu sehen, ob die Elfen noch da waren. Sie waren tatsächlich noch da, verschwanden aber bald zwischen den Blüten, und wir sahen sie nie wieder. Wir erzählten dem Verwalter von unserem Erlebnis. Dieser meinte, es hätte ihm bereits ein anderer Gast von Elfen im Garten berichtet, wobei er dem aber keine weitere Bedeutung beigemessen hatte. Ich persönlich bin recht nüchtern veranlagt, doch an jenem Nachmittag habe ich diese kleinen Gestalten gesehen, was mich davon überzeugte, dass es die Elfen wirklich gibt."

J. K.

11. April 1936

„Im Alter von zehn Jahren lebte ich in Lanarkshire neben einem großen Park. Eines Morgens wachte ich in der Morgendämmerung auf und sah auf dem Stuhl neben meinem Bett zwei kleine alte Frauen, die eine Größe von etwa fünfundvierzig Zentimetern besaßen. Sie trugen große, spitz zulaufende dunkle Hüte und dunkle Kleider. Sie schauten mich einige Sekunden lang an, lächelten sich zu und sprangen langsam auf den Teppich hinunter, wo sie meinen Blicken entschwanden. Vorsichtig setzte ich mich auf, um sie nicht zu erschrecken, doch sie waren verschwunden. Ich kletterte aus dem Bett und spähte unter die Möbel und in den Schrank, konnte sie aber nicht finden. Es war Vollmond, und am Himmel zeigten sich die ersten rosafarbenen Streifen.

Es waren wirkliche Gestalten gewesen, denn ich bemerkte ihre hervorstehende Brust, die sich gegen das gegenüberliegende Fenster abhob. Das alles geschah vor vierzig Jahren, aber es ist mir nie entfallen. Sie schienen mich abzuschätzen wie ein Pferdehändler ein Pferd. Es lag kein bisschen Zuneigung in ihren Augen. Ich hätte sie wie einen Vogel fangen sollen, ging es mir damals durch den Kopf."

W.J.F.

16. Mai 1936

„1916 wohnte ich in Cookham Dean in Berkshire. Eines Nachmittags machte ich mich auf, um im nicht allzu weit entfernten Wald Brombeeren zu pflücken. Sie waren zahlreich vorhanden, aber recht klein. Da bemerkte ich plötzlich besonders schöne Beeren an einem alleinstehenden Strauch. Ich griff nach einigen fast unzugänglichen Früchten, als der ganze Busch mit einem Male zu zittern begann und aus seiner Mitte ein schlanker brauner Mann mit struppigem Bart hervorschoss. Er trug braune Kleidung und eine spitze Kappe. Bis zur Taille besaß er einen soliden Körperbau, doch seine Beine waren durchsichtig und schattenhaft. Wie ein Blitzstrahl rauschte er vorbei und verschwand vollkommen. In meiner Überraschung ließ ich den Beerenkorb fallen und rannte Hals über Kopf nach Hause. Für mich besteht kein Zweifel daran, dass es der Elf des Brombeerstrauches war. Ich hatte jedoch nie mehr das Glück, einen anderen zu sehen."

N.V.M.

23. Mai 1936

„Mit großem Interesse habe ich die Briefe über Erlebnisse mit Elfen gelesen. Als kleines Mädchen vermied ich es, auf Gänseblümchen zu treten, denn auf einer solchen Wiese hatte ich zum ersten Mal Elfen gesehen. Es waren sieben oder acht beisammen, die knapp acht Zentimeter über dem Boden tanzten. Sie trugen hohe, spitze Mützen und hatten lange, dünne Körper, die in sehr spitzen Füßen ausliefen. Ich erinnere mich noch an ihr koboldhaftes Grinsen und glaube, sie waren in Braun gekleidet.

Kurz vor meinem Teenager-Alter traf ich mich des öfteren mit einer lieblichen Elfe in einer Wildrosenlaube. Wenn ich zurückblicke, hat es den Anschein, dass ich mir dieser Elfe dort immer bewusst gewesen war. Gewöhnlich schwebte sie in ihrem strahlend rosa Gewand mit den langen goldenen Bändern über dem Boden. Stets war sie von einer rosa leuchtenden Aura umgeben. Sie blieb nie sehr lange, doch für mich war es ganz natürlich, sie dort zu finden."

I.H.

6. Juni 1936

„Im August 1931 sahen meine älteste Tochter und ich in den blühenden Büschen am Ende unseres Gartens in Warwickshire achtmal mehrere weibliche Elfen ohne Flügel, die eine Art hauchdünnes Gewand trugen. An drei verschiedenen Tagen nahm ich dieselbe kleine Dame im rosa Kleid wahr; die anderen Gestalten waren in Blau. Scheu schaute sie um die Ecke des Busches und verschwand wieder, wenn ich ganz nahe stand. Doch sie hatte wohl keine Angst. Die Elfen waren ungefähr fünfundvierzig Zentimeter groß und sahen wie Siebzehnjährige aus. Gesicht, Gestalt und Bewegungen waren einfach entzückend anzuschauen. Ich werde sie nie vergessen."

H.G.

Kapitel 9
Gnome und Elfen

Am 23. September 1979 spielten einige Kinder im Alter zwischen acht und zehn Jahren auf dem Grundstück von Wollaton Hall, einem elisabethanischen Herrenhaus in Nottingham, als aus den Büschen eine Anzahl kleiner fröhlicher Männer mit Bärten, die zu zweit in Autos saßen, auftauchten.

Der Klassenlehrer dieser Kinder, die die Grundschule besuchten, sandte mir freundlicherweise die Bandaufnahme, der zwei Tage nach diesem Erlebnis unabhängig voneinander durchgeführten Interviews mit drei von ihnen - Angela, Patrick und Andrew. In seinem Begleitbrief meinte er: „Ich glaube, die Aufnahme zeigt ein gewisses Maß an Einheitlichkeit zwischen den Kindern, zumal alle drei den Vorfall ohne Zögern beschrieben. Ich persönlich bleibe jedoch skeptisch im Hinblick auf das, was sie gesehen haben, bin jedoch davon überzeugt, dass sie ein tatsächliches Geschehen beschreiben." Es wurden ihnen die gleichen Fragen gestellt.

Die sechs Kinder spielten in der Abenddämmerung in der Nähe einer morastigen Stelle jenes Grundstücks, als Andrew ausrief: „Seht, die kleinen Männer!" Worauf Julie erwiderte: „Sei doch nicht dumm!" Aber dann kamen etwa dreissig Autos aus den Büschen durch ein kleines Tor, eins nach dem anderen, und Julie meinte entschuldigend: „Du hast recht!"

Die kleinen Gestalten in den Wagen begannen, sie zu jagen, doch nicht in der Absicht, ihnen zu schaden. Die Erscheinung dieser vielen, wie Gnome aussehenden Figuren ängstigte und verwirrte die Kinder natürlich ein wenig. Angela berichtete, dass ihr Bruder Glen heulte, da er sich fürchtete, und Patrick meinte, dass Andrew über einen Balken flog, als er davonrannte und kopfüber in den Morast fiel. Als man später fragte, wie die kleinen Autos denn über die Balken gefahren seien, die über der sumpfigen Stelle lagen, meinte er, dass diese einfach darüber gehüpft wären. Trotz der vielen Autos sei kein Motorengeräusch zu hören gewesen. Die Wagen schienen sehr einfach gebaut und von unterschiedlichen Farben zu sein. Angela sah rote und weiße Wagen, Andrew bemerkte blaue und grüne und erklärte, sie hätten „ein Ding gehabt, das man drehen konnte, mit einem Griff dran". Patrick sah Autos in Rot und anderen Farbtönen, mit dreieckigen Scheinwerfern und Glocken anstelle von Hupen. Während er sie betrachtete, stiegen zehn Männlein aus und gingen zu Fuß. Obwohl die Autos nahe an den Kindern vorbeigefahren waren, hatten sie diese aber nicht berührt. Angela erzählte, dass sie bei Tageslicht noch einmal zu derselben Stelle gegangen war, aber keine Radspuren im feuchten Boden gefunden hatte.

Dieser Bericht mag einige Leser seltsam anmuten, aber Naturgeister besitzen eine Vorstellungskraft, mit der sie aus der universalen Gedankensubstanz eine einfache Äther-Nachbildung von allem zu schaffen vermögen, was sie interessiert. Vielleicht hatten die Gnome kleine Kinder in ihren Spielzeugautos herumfahren gesehen und Autorennen beobachtet, die von Zeit zu Zeit im Wollaton Park stattfinden. Für die Schulkinder sahen diese Autos wirklich aus, doch es bestand die Möglichkeit, dass sich diese augenblicklich auflösten, wenn die Gnome ihre Aufmerksamkeit etwas anderem zugewandt hätten.

Angela und Patrick meinten, die langen Bärte der kleinen Männer wären weiß gewesen und an den Enden rötlich, wohingegen Andrew schwarze Bärte gesehen hatte. Hierfür mag es eine einfache optische Erklärung geben, doch Elfen-Visionen sind oft durch irgendetwas in der Persönlichkeit des Schauenden gefärbt. Es ist bekannt, dass selbst die besten Hellseher sich in der Beschreibung von Einzelheiten stark unterscheiden.

Angela verglich die kleinen Männer mit Zwergen. Sie trugen gelbe Strümpfe mit dünnen blauen Oberteilen und eine Mütze mit einem dicken Bommel am Ende. Patrick hingegen hatte grüne Mützen mit roten Pompons gesehen und bestätigte die gelben Hosen und blauen Oberteile. Als man Andrew nach den Männlein befragte, sprach er von Gnomen mit etwas Grünem an ihnen. Über die Kopfbedeckung sagte er, dass sie wie Nachtmützen ausgesehen hatten, die man früher trug, wenn man schlafenging. Auch er sprach von blauen Westen, beschrieb die Hosen aber als gelbgefleckt. Er erwähnte, dass er auch andere kleine Männer in den Büschen innerhalb des Drahtzauns gesehen hatte, und zwar in den Löchern von Baumstämmen. Angela und Patrick hatten dies bereits zu einem früheren Zeitpunkt einem Reporter gegenüber geäußert, nicht aber bei der Bandaufnahme davon gesprochen.

Als man Andrew fragte, warum er in der Dämmerung die Gesichter der Gnome so deutlich sehen konnte, meinte er, dass dort ein Licht in den Bäumen hing. Auf die Frage, welche Art von Licht, erwiderte er: „Ein ganz gewöhnliches, denn als wir hinaufschauten, war da ein Licht." Dies scheint sehr unwahrscheinlich zu sein, es sei denn, ein Straßenlicht leuchtete durch die Bäume. Die Kinder gestanden, dass sie durch eine Lücke im Zaun in diesen abgesperrten Gartenbereich gekrabbelt waren. Patrick hatte angenommen, dass er die Gnome wegen ihrer leuchtenden Kleidung so klar hatte sehen können. Beide Jungen bemühten sich, für etwas, das sie nicht völlig verstanden, eine praktische Erklärung zu liefern. Keiner von beiden wusste, dass der materialisierte Körper eines Naturgeistes aus sich heraus strahlt, worauf wohl auch das Licht in den Bäumen zurückzuführen war.

Als die Kinder aus dem Park rannten, wollten sie zunächst über den Zaun klettern, liefen dann aber eilig durch das Tor, das noch nicht abgeschlossen war. Die Gnome entfernten sich wieder in die Büsche. Sie hatten nicht versucht, den Kindern zu folgen, was Angela damit begründete, dass sie wohl die Straßenlaternen nicht mochten. Falls dies zutrifft, dann hätten sich die Zwerge sicherlich nicht in einem Baum aufgehalten, in dem ein „gewöhnliches Licht" hing.

Was die Zeit anbelangte, in denen die Kinder den Park betreten und wieder verlassen hatten, widersprachen sich die Aussagen. Angela und Patrick waren jedoch der Meinung, dass die Gnome in dieser Periode etwa eine Viertelstunde lang gespielt hatten. Sie meinten, sie hätten sie zuvor schon einmal gesehen, aber die Männlein wären damals sofort in den Büschen verschwunden. Andrew hatte Glockenklänge vernommen, die sich bei der zweiten Begegnung als Autohupen entpuppten.

Alle drei stimmten sie darin überein, dass die Gnome, die halb so groß wie die Kinder waren, alte, verrunzelte Gesichter besaßen und sehr freundlich und glücklich zu sein schienen. Ihr gemeinsames Spiel wurde von viel Gelächter begleitet. Keines der Kinder hörte sie sprechen, doch Patrick meinte, dass es den Anschein hatte, als ob einige Gnome anderen, die zu weit gefahren waren, zuschrien, obwohl kein Laut zu hören war.

Dieser merkwürdige Vorfall zog natürlich die Aufmerksamkeit der Presse an, und viele Leute suchten den Park in der Hoffnung auf, einen flüchtigen Blick jener Zwergengestalten zu erhaschen. Leider schafft eine solche Belästigung eine Atmosphäre, die die Naturgeister nur noch tiefer in ihr eigenes Element treibt. Eine meiner Briefschreiberinnen, I.W. Ratsey, erklärt in ihrem Buch "Pioneering 1", dass es sich bei dem Strahl der Neugierde um einen kalten Strahl handelt, der die Elfen abstößt, woraufhin sie sich verstecken, denn er flößt ihnen Unbehagen ein, was sie nicht verstehen.

So phantasievoll die Geschichte der Kinder ihren ungläubigen Eltern auch geklungen haben mag, so enthält sie doch mehrere Merkmale, die sie als echt abstempeln. Unter Berücksichtigung der beiden nächsten Ereignisse, die vor diesem Abenteuer stattfanden, scheint sich im Wollaton Park ein uralter Stamm von Gnomen aufzuhalten. Vielleicht leben sie zwischen ihrer Arbeit mit der Natur in einer Zauberwelt, indem sie untereinander die zahlreichen und farbenfrohen Ereignisse ausspielen, die in anderen Teilen des Geländes stattfinden, besonders während der Nottinghamfeste.

Jean E. Dixon konnte von einem ähnlich ungewöhnlichen Erlebnis in Wollaton Park berichten. Gedankenverloren ging sie alleine dort spazieren, als sie Gnome bemerkte, die sich eifrig bemühten, ihr einige Szenen und Dinge zu zeigen, die sie besonders liebten. So einfach und gewöhnlich diese auch zu sein schienen, halfen die Gnome ihr, alles in einem neuen und zauberhaften Licht zu sehen.

Sie wusste, dass sie sehr still sein musste, um mit den Naturgeistern in Einklang zu schwingen, und in sich hineinhören musste, während sie ihr den Weg wiesen und andeuteten, wann sie stehenbleiben und zuschauen sollte. An jedem Haltepunkt hatte sie eine Feder gefunden, als ob die Gnome eine Schatzsuche mit ihr veranstaltet hätten.

Als erstes führten sie sie zu einer bestimmten Stelle und baten sie, in den Wald zu schauen. Dort sah sie ein Meer von grünem Farn, der sich sacht im Winde bewegte. Es war das „grünste Grün", das sie jemals gesehen hatte. Die Gnome müssen sehr stolz auf diesen Ausblick gewesen sein, denn die Waldfarne und die Wurzeln aller Pflanzen stehen unter ihrer besonderen Obhut. Rudolf Steiner, der Begründer der Anthroposophischen Gesellschaft, bezeichnete dieses kleine Erdvolk als die „Hebammen der Pflanzenreproduktion". Das Grün, das die Gnome ihren menschlichen Freunden zuführen möchten, ist die Grundfarbe der Natur – friedlich, besänftigend und erfrischend. In ihrem Büchlein "Healing and Regeneration through Colour" schreibt Corinne Heline, dass die Elfen in den Strahlen dieses magischen grünen Lichts ihren Zauber über Wald und Flur ausgießen.

Jean Dixon wurde weitergeführt, und sie glaubte, dass die Naturgeister diesmal ihren Spaß mit ihr trieben. „Sie können das ausgezeichnet!" meinte sie. Aber nein, es bewegte sich etwas dort, und als sie näher hinblickte, entdeckte sie ein kleines Rehkalb. Es erhob seinen Kopf, stand auf, und sein wunderschöner Körper wurde sichtbar. Dann sah sie eines nach dem anderen, als ob der ganze Wald von diesen herrlichen Geschöpfen wimmelte.

Als nächstes wurde ihre Aufmerksamkeit auf einen toten Baumstamm gezogen. Sie wunderte sich, was sie dort wohl sehen sollte, denn er war völlig verrottet. Doch dann bemerkte sie drei silbrige Spinngewebe, von denen ein jedes seine eigene Form und Schönheit besaß.

Welche anderen Schätze mochten die Gnome wohl für sie im Sinn haben, fragte sie sich. Dieses Mal führten sie sie zu einem lebenden Baum. Auf dem ganzen Weg war sie sich der Sonne sehr bewusst gewesen, die nun hinter dem Baum stand und ihre goldenen Strahlen durch die Zweige schickte. Man forderte sie auf zu lauschen und sich durch nichts beeinflussen zu lassen. Und dann hörte sie es. Der ganze Baum erklang wie Musik.

Als nächstes hielten sie beim Wasserteich an, der sich durch ein kleines Rohr entleerte. Hier vernahm sie eine andere, unvergleichlich schöne Melodie, „eine klingende Symphonie, eine wahre Freude!“ Sie erkannte, dass sowohl die Musik des Baumes als auch die des Wassers zu der ewigen Harmonie gehörten, die durch die gesamte Schöpfung klingt und von denjenigen gehört werden kann, die auf die geistige Welt eingestellt sind.

Dann wiesen die Gnome in die Ferne, diesmal um einen laufenden Hund zu beobachten. Seine anmutigen, rhythmischen Bewegungen waren nahezu atemberaubend. Sie erkannte, dass die Energie, die ihn belebte, das göttliche Leben selbst war, das sich freudig durch die Hunde-Natur zum Ausdruck brachte. „Unzählige Male hatte ich eine solche Szene beobachtet“, schrieb sie, „doch wie anders erscheint sie, wenn sie mit den Augen dieser Naturgeister betrachtet werden!“

Ihr Rundgang mit Gnomen neigte sich seinem Ende zu, doch bevor sie von ihr Abschied nahmen, führten sie sie an den Waldrand, um ihr einen kleinen Flecken mit winzigen weißen, sternförmigen Blumen zu zeigen. Selbst die allerkleinsten Dinge können Tore zur Unendlichkeit sein, und als sie die Blüten betrachtete, „war es, als hätten sich Himmel und Erde in diesem Augenblick miteinander vereint.“

Dann bemerkte sie eine weiße Feder dahinsegeln und wusste, dass ihre kleinen Freunde ihr Lebewohl sagten. Wieder ging sie alleine, doch die Erinnerung an dieses unsagbare Erlebnis blieb.

Erst später erkannte sie, dass die Dinge, die man ihr gezeigt hatte, die verschiedenen Naturreiche und die vier Elemente Erde, Wasser, Luft und Feuer darstellten.

Elfen als Nachahmer

Wie einige Berichte zeigen, scheinen Elfen es zu lieben, menschliche Aktivitäten und Kleidungsstücke, die ihnen zusagen, nachzuahmen. Manchmal reicht die Mode, die sie übernehmen, Jahrhunderte zurück, zum Beispiel der zweitürmige Kopfschmuck aus dem Mittelalter, den ich bei einer Elfe beobachtete, die stolz eine violette Hyazinthe auf dem Kaminsims eines Freundes umsorgte. Das Haus stand zufälligerweise auf dem Grundstück des ehemaligen Thorney Waldes, der zu den alten Sherwood Wäldern gehörte.

Als diese Blumenelfe bemerkte, dass ich ihre Blume bewunderte, lächelte sie mich strahlend an. Die intensive Freude auf ihrem Gesicht, als sie die Vitalkraft aus der Atmosphäre aufnahm und in die Hyazinthe goss, war wunderbar anzuschauen, und ich konnte ein wenig von dieser Ekstase miterleben.

Mein Gastgeber bemerkte, dass er auch etwas sah, aber seine Frau machte sich nur lustig darüber und nannte es Einbildung, worauf er schwieg.

Der folgende Bericht stammt von L.A. Bardsley aus Cheshire. Im Sommer 1909 verbrachte sie im Alter von sieben Jahren ihre Ferien bei der Großmutter.

„Das Haus stand in dem kleinen Dorf Bridgemont nahe der Whaley Brükke in Derbyshire. Eine oben abgeflachte Mauer trennte den steil abfallenden Hinterhof von dem übrigen Garten ab. Dort oben auf der schmalen Plattform liebten wir Kinder es, herumzulaufen und zu tanzen. Der Höhenunterschied hinunter zum Garten war erheblich, was unser Spiel gefährlich machte, aber das war wohl der Reiz. Ein einziger Fehltritt, und wir wären ins Unglück gestürzt.

An einem warmen Sommernachmittag konnte man die Umgebung ganz klar sehen, und die Mauer gehörte mir alleine. Meine Großmutter hielt sich in Rufweite im Haus auf. Ich war die Mauer hinaufgeklettert und begann, fröhlich auf den verwitterten Steinen zu tanzen, als mich plötzlich eine unbeschreibliche Lebensfreude erfasste. Ich spürte die Sonnenwärme auf den Steinen unter meinen Füßen, den Frieden und die Schönheit des tiefer liegenden Gartens und fühlte mich in Harmonie mit meiner Umwelt. Da bemerkte ich plötzlich zu meiner großen Überraschung und Freude auf einem der nahen

Felder einige kleine, vor zweiräderigen Kutschen gespannte Pferde im Kreis um den Feldrand traben. In jedem Gefährt saß ein kleiner Gnom, die glänzenden Zügel in der einen und die hocherhobene Peitsche in der anderen, behandschuhten Hand haltend.

Einige trugen hellgrüne, andere scharlachrote Jacken mit den passenden Hüten und hohe schwarze Stiefel, die im Sonnenlicht leuchteten. Sie schienen sehr zufrieden und stolz auf ihr Aussehen zu sein. Miteinander wetteifernd, trabten sie immer rund um das Feld. Ich konnte ihre kleinen, wohlgeformten Gesichter mit der rosigen Haut und den hohen Backenknochen ganz deutlich sehen. Sie konzentrierten sich so stark auf ihr Wettrennen, dass sie mich gar nicht bemerkten.

Die gestriegelten Pferde schauten hübsch aus in ihrer glänzenden Ausrüstung. Einige waren kastanienbraun, andere etwas dunkler, doch alle bemühten sich zu gewinnen und folgten gehorsam den Anweisungen ihrer Wagenlenker. Ich konnte sogar die Bewegungen ihrer Flankenmuskulatur erkennen.

Das Rennen gestaltete sich immer ausgelassener und aufregender, denn jeder wollte Erster sein. Das Feld lag in strahlendem Sonnenglanz, was es im Gegensatz zu den anderen Feldern grüner erscheinen ließ. Ich stand wie angewurzelt und schaute diesem Schauspiel verzaubert zu.

Schließlich konnte ich es nicht mehr für mich behalten und rief nach meiner Großmutter. Doch ich bereute es augenblicklich, denn ich spürte, dass es falsch gewesen war. Als sie murrend nach draußen kam, weil meine Stimme so dringend geklungen hatte, verblasste die Szene allmählich vor meinen Augen, da ich in mein normales Bewusstsein zurückglitt. Meine Großmutter war eine sehr nüchterne Frau, und ihre Anwesenheit ließ das Bild völlig verschwinden. Ich sah nur noch ein grünes Feld. Sie schimpfte mich natürlich aus, da ich sie ihrer Meinung nach völlig umsonst gerufen hatte.

Damals wusste ich noch nichts von Trabrennen, und Gnome und Elfen waren mir unbekannt. Dieses Erlebnis konnte also nicht meinem Gedächtnis entsprungen sein, denn zunächst war da nichts, und dann entfaltete sich mit einem Male dieses lebendige Bild vor meinen Augen. Obwohl ich damals erst ein Kind und der Begriff Hellsichtigkeit mir vollkommen fremd war, spürte ich, dass meine Beobachtung auf einer anderen Bewusstseinsebene stattgefunden und die Aura meiner Großmutter sie zunichte gemacht hatte.

Nach ihrem spöttischen Ausbruch sprach ich nicht mehr darüber. Erst später, als ich bereits erwachsen war, erwähnte ich jene Begebenheit meiner Tante gegenüber, die darauf erwiderte: „Nun, auf diesem Feld müssen vor vielen Jahren Pferderennen abgehalten worden sein, an dem sich die Leute aus der Umgebung, die daran Freude hatten, beteiligten. Das jedenfalls hat mir mein Vater erzählt, als ich noch ein Kind war.“

Anscheinend hatten die Zwerge diese Rennen jahrelang auf jenem Feld beobachtet und später, als sie nicht mehr stattfanden, nachgeahmt. Irgendwie musste ich mich an jenem Sommernachmittag unbewusst auf sie eingeschwungen haben. Selbst heute erinnere ich mich noch lebhaft an dieses Glücksgefühl, das mich durchströmte, als ich Zeuge dieses Schauspiels wurde. Es muss eine genaue Wiedergabe des Rennwettstreits der Menschen gewesen sein, allerdings in Miniaturausgabe.“

G. R. Nicholson hatte erst seit drei Monaten in ihrem Haus in Leicester gewohnt, als sie etwas sehr Ungewöhnliches erlebte. An jenem Tage fühlte sie sich ruhig und zufrieden. Sie blickte aus dem Fenster auf den schmalen Gartenstreifen und dachte, wie glücklich sie sich doch schätzen konnte, nach all den Jahren in einem Zimmer nun ein eigenes kleines Haus mit Garten bewohnen zu können. Da sah sie plötzlich auf dem Blatt einer Schlüsselblume eine kleine Gestalt in Kniehosen, braunem Jackett und braunem Hut hocken, die aussah wie Sir Walter Raleigh. Ihr Erstaunen wuchs, als sie auf einem anderen Blatt einer weiter unten im Garten wachsenden Primel eine zweite Gestalt entdeckte, die Shakespeare glich.

„Ich schaute und schaute“, schrieb sie, „bis sie verschwanden. Ich aber fühlte mich danach wie auf Wolken.“

Möglicherweise handelte es sich bei diesen seltsam gekleideten Gestalten, die G.R. Nicholson an berühmte Persönlichkeiten der Vergangenheit erinnerten, um Heinzelmännchen, denn nach Geoffrey Hodson gibt es in England ganze Stämme von Erdgeistern, die sich im Stil der elisabethanischen Zeitepoche kleiden.

C. Craddol sah im Park in der Nähe von Pendleton eine pausbackige, neugierig dreinschauende Kreatur auf einem Baumzweig sitzen, die sie einen Augenblick lang spöttisch betrachtete und dann verschwand. Die etwa zehn Zentimeter große Gestalt trug die mit Goldtressen verzierte Kopfbedeckung und Uniform eines Flottenadmirals. Wie beim Anblick der ”Mohnblumenelfe“, von der an anderer Stelle die Rede ist, hinterließ auch dieser Anblick ein tiefes Glücksgefühl in C. Craddol. Beide Male war sie recht traurig gewesen, doch hinterher erfüllte sie reine Freude.

Eine der seltsamsten und kaum zu glaubenden Anblicke, die ich je erlebte, war eine Rosenelfe im weißen Nonnenschleier.

Ich bin nicht katholisch. Damals besaßen wir auch kein Fernsehen, und Radio hörte ich kaum. Aus der Zeitung erfuhr ich dann, dass der Papst in Rom gekrönt worden war. Selbst wenn ich es gewusst hätte, wäre ich nie auf den Gedanken gekommen, dass eine Elfe im Nonnengewand auftauchen würde.

Naturgeister vermögen sich im Handumdrehen an einen anderen Ort zu begeben. Hatte diese Elfe eine Nonne in Rom gesehen oder die Zeremonie im Fernsehen des Nachbarn verfolgt? Vielleicht hatte sie das Bild als Reflexion im Äther wahrgenommen, der nicht, wie die Akasha-Chronik, eine wahre Wiedergabe vermittelt, sondern vielmehr verschwommene Bilder aller vergangenen und geschehenen Ereignisse widerspiegelt, die von den Naturgeistern beobachtet werden können. Ein interessanter Gedanke!

Kapitel 10
Die Elfen und das Tierreich

Viele Hunde, Katzen und Pferde sind sich der Elfen bewusst, aber ebenso wie Kinder reagieren sie unterschiedlich auf deren Anwesenheit. Einige Tiere scheinen sich vor ihnen zu fürchten, während sich andere freundlich ihnen gegenüber verhalten.

Ein Freund von Joan Rasmussen aus Queensland schrieb ihr am 18. September 1956 von seinem Erlebnis mit Elfen im Zusammenhang mit seinem Pferd.

„Damals lebte ich in Queensland, und ich liebte es ganz besonders, in mondhellen Nächten still durch den Busch zu reiten. Obwohl ich viele Pferde besaß, wählte ich für diese Ausflüge das Vollblutpferd Penelo. Es verstand und teilte mit mir diese beschaulichen Ausritte und meine Freude an der Schönheit und dem Frieden der Umgebung.

Eines Nachts betraten wir eine fast kreisrunde Lichtung, über der ein elfenbeinfarbener Lichtglanz lag. Penelo blieb stehen, und ich stieg ab. Ich setzte mich auf den Boden, streckte mich aber nach einer Weile aus und genoss die Stille.

Mit einem Male bemerkte ich, wie Penelo die Ohren nach vorne streckte, angespannt und bewegungslos dastand und seine Aufmerksamkeit auf etwas nahe den Bäumen richtete. Ich wunderte mich, was es wohl sein konnte. Neugierig drehte ich mich zur Seite und musste zu meiner großen Überraschung feststellen, dass sich dort am Rande der Lichtung mehrere kleine Gestalten eifrig besprachen. Dann vernahm ich den Klang von hohen, glockenähnlichen Stimmen. Ich konnte keine Worte verstehen, doch es ging offensichtlich um mich. Schließlich überwanden sie ihre Zweifel und kamen näher. Penelo rieb seine Schnauze an mir und nahm dann wieder Habachtstellung ein. Etwa einen Meter von mir entfernt blieben die Elfen stehen und begannen, mich zu untersuchen. Meine Kleidung, vor allem die Stiefel, schienen sie mächtig zu interessieren und zu belustigen. Eifrig wies jeder auf etwas anderes an mir. Sie kamen heran, und einer befühlte meine Stiefel. Dann untersuchten sie alle den Stoff meiner Kleidung mit ihren Fingern. Langsam streckte ich eine Hand aus, worauf einer von ihnen, der sich wegen seiner Försterkleidung von vor hundert Jahren von den übrigen mit ihren eher dünnen Gewändern unterschied, mein Handgelenk erfasste und es zu bewegen suchte. Eine Elfe mit wunderschönem Goldhaar hatte sich mir von hinten genähert. Plötzlich lehnte sie sanft ihr Köpfchen an meine Wange und versuchte, mit mir zu sprechen. Bei einer späteren Begegnung hatte ich den Eindruck, dass ihr Name Valerie oder zumindest so ähnlich lautete.

Ganz besonders fiel mir die Verspieltheit der Elfen auf. Ich sah, wie eine von ihnen Penelos Vorderfuß mit einem langen Grashalm kitzelte. Auf ein Signal hin verschwanden sie alle nach einigen Minuten. Das war meine erste Begegnung mit den Elfen. Zwei Nächte später ritt ich wieder zu der Lichtung. Nach einer Weile tauchten die kleinen Gestalten auf und machten sich bemerkbar, indem sie mir von hinten mit einem Grashalm über den Kopf fuhren. Ich habe mich immer gefragt, ob Penelo sie genauso sah wie ich oder ob er lediglich ihre Stimmen hörte oder instinktiv erfasste, dass sich an diesem Ort etwas Ungewöhnliches zutrug. Wenn ich die Zügel locker ließ, steuerte er in mondhellen Nächten immer auf diese Lichtung zu, ansonsten jedoch nicht."

E. M. Tampin aus New Malden in Surrey war 1942 nach Norddevon evakuiert worden. An einem Maiabend kehrte sie mit ihren beiden kleinen Kindern von einem Besuch bei einer Bekannten zu ihrer Unterkunft in Chilsworthy zurück. Als sie den recht steilen Hügel hinabging, an dessen Fuß ein Bach floss, den eine kleine Brücke überquerte, bemerkte sie einen Ponykarren, der von dem gegenüberliegenden Hügel herunterkam. Als das Pferd die Brücke erreichte, blieb es wie angewurzelt stehen. Der alte Mann versuchte vergeblich, es zum Weitergehen anzutreiben.

Unterdessen hatte sich auch E.M. Tampin der Brücke genähert und blieb ebenfalls ohne ersichtlichen Grund stehen. Es wurde dunkel. Da sah sie etwa dreissig Zentimeter über dem Boden eine Lichterreihe unten die Straße überqueren und langsam den gegenüberliegenden Hügel emporwandern. Es mussten hunderte von kleinen Lichtern gewesen sein, und es dauerte sehr lange, bis sie alle vorbeigezogen waren. Sobald das letzte Licht vorüber war, trabte das Pferd wieder los, und E. M. Tampin fühlte, dass auch sie nun weitergehen konnte.

„Der alte Mann blieb stehen und meinte, ich sollte niemandem etwas davon sagen, da die Zwerge mir dann das Leben schwer machen würden", schrieb sie. „Ich fürchtete mich zwar nicht, sprach aber auch nie über den Vorfall, solange ich in Devon wohnte. Die Zwerge gingen mir nicht aus dem Kopf, doch ich konnte mich nicht dazu überwinden, des Abends jene Stelle noch einmal aufzusuchen."

E. M. Armytage aus Ludham in Great Yarmouth konnte nicht gerade behaupten, dass er an Elfen glaubte oder jemals ernsthaft über sie nachgedacht hatte, doch er gab zu, dass wir Menschen vieles nicht wissen. Der folgende Vorfall überraschte ihn daher nicht, sondern er akzeptierte ihn als eine Gegebenheit.

Am 11. Januar 1955 saß er im Sessel, sein Hund Bruce zu seinen Füßen liegend. Er las die Zeitung, ließ sie jedoch sinken, um zu sehen, warum Bruce sich aufgerichtet hatte und den Boden so seltsam, wenn auch wohlwollend betrachtete. Knapp einen Meter entfernt, zwischen ihm und der Feuerstelle, bewegten sich die Schatten kleiner Füße rasch und fast tanzend hin und her.

„Ich dachte, es wären Mäuse", schrieb er, „aber es gab weder Körper noch Substanz."

Den Kobold, den Frau Bryant sah, bezeichnete sie als „ein vages und flüchtiges Ding". Damals lebte sie in einem Haus, das sich auf einem Gelände befand, wo einmal ein sehr alter Wald gestanden hatte. Die Wurzeln der Bäume waren wieder ausgeschlagen und bildeten teilweise ein undurchdringliches Dickicht, in dem seltene Vögel nisteten.

Eines Tages ging sie mit ihrem alten Hund spazieren, als dieser mit einem Male steif stehen blieb und sich nicht mehr von der Stelle rührte. Sie folgte seinem Blick und entdeckte ein seltsames Gesichtchen, das sie anstarrte. Nach einer Weile verschwand die kleine Kreatur. Sie war höchstens dreissig Zentimeter groß und schien etwas Enganliegendes von hellgrüner Farbe zu tragen. Flügel waren keine zu sehen.

Als das Geschöpf verschwand, fürchtete sich der Hund und wollte nicht weitergehen. Auch einige Zeit nach diesem Vorfall weigerte er sich, sie in den Wald zu begleiten. Frau Bryant wusste nicht warum. Außerdem wunderte sie sich, den Kobold in Northumberland gesehen zu haben, da sie glaubte, es gäbe sie nur in Irland.

Esme Swainson aus Batheaston in Bath sah einmal eine Elfengruppe, die bei ungünstigem Wetter Sonnenkraft um die Äpfel konzentriert, um sie zum Reifen zu bringen. Diese Wesen sehen wie strahlende Punkte in einer silbrigen Dunstglocke aus.

Ihr Freund besaß die Fähigkeit, Elfen zu sehen. „Vor einigen Jahren beobachtete er, wie sie auf dem Rasen Ringelreihen tanzten. Sie waren sehr winzig und hatten Flügel."

An den Wochenenden fanden oft Hauskonzerte statt, bei denen sie Geige und Klavier spielte. Einmal hatten sehr viele Stücke von Mozart auf dem Programm gestanden, und als die Gäste gegangen waren, blieben nur noch drei Personen und die schwarze Katze im Zimmer zurück. Plötzlich begann das Tier, sich sehr merkwürdig zu verhalten. Zunächst schien es eine tanzende Bewegung auf dem Klavier zu verfolgen und dann etwas, das im Zimmer herumflog und einmal sogar seine Nase berührt haben musste.

Esme Swainson bat ihren Freund zu erzählen, was er sah. Es war ein grüner Naturgeist, der auf dem Klavier tanzte und dann sein Spiel mit der Katze trieb. Später beobachtete sie eine ähnliche Szene im Garten, obwohl sie die Elfe nicht zu sehen vermochte.

Unserem ersten Cockerspaniel namens Peter, dem Freund und Verteidiger von Wildvögeln und Feldmäusen, schien es Spaß zu machen, wenn die Naturgeister ihn hänselten und mit ihm spielten. Er drehte und wandte sich in allen Richtungen, während seine Augen ihrem Flug durch die Luft und um ihn herum folgten. Er machte das drolligste Gesicht, wenn sie eine seiner langen Ohren zwickten und seinen Kopf seitwärts nach unten zogen.

Er war ein sehr würdevoller Hund und manchmal schien er den Versuch zu unternehmen, mit den Elfen über den Rasen zu tanzen. Dieser Anblick war absolut sehenswert.

Die Sonnenwende und die Tagundnachtgleiche scheinen den Elfen sehr wichtig zu sein, denn an diesen Tagen halten sie verschiedene Festlichkeiten und Zeremonien ab. Ich glaube, es handelte sich um eine Zeremonie, die wir bei der Wintersonnenwende 1971 beobachteten. Meine Schwester schaute vorne aus einem der Schlafzimmerfenster, als sie mich zu sich rief. Es war schon spät, aber in dem seltsamen Glanz der Straßenlaternen konnte ich etwas Weißes erkennen, das von oben aus betrachtet wie zusammengeknüllte Papierbälle aussah, aus dem richtigen Winkel gesehen aber weiten Krausröcken glich, die von winzigen Wesen getragen wurden. Meine Schwester, die sie bereits eine Weile beobachtet hatte, meinte: „Schau genau hin. Sie rollen sich jetzt. Ich habe sie noch nicht gehen gesehen. Es muss eine besondere Elfenart sein."

Zwei oder drei begannen loszutraben, gefolgt von einer großen Anzahl ebensolcher weißer Geschöpfchen, die rollten, in die Luft hüpften und dann aufeinander zu tanzten. Eine einzelne Gestalt kam die Straße entlang, auf die zwei der bereits Anwesenden zugingen und diese, sie in ihre Mitte nehmend, zu den anderen führten. Dann kamen sie von allen Seiten herbeigeströmt und gesellten sich zu der Hauptgruppe, was eine große Freude unter allen auslöste. Wie Kinder alberten sie herum, ohne dass wir auch nur einen einzigen Laut vernahmen. Von oben konnten wir wegen der schwachen Beleuchtung ihre Gesichter nicht sehen. Da sie alle gleich angezogen waren, kam mir der Gedanke, dass sie sich vielleicht zu einer Art Abschlussfeier eingefunden hatten.

In diesem Augenblick beschlich uns das Gefühl, beobachtet zu werden, und wir bemerkten innen bei unserem Eingangstor einen „Wächter" stehen. Ein anderer hatte sich auf dem Durchgang zwischen unserem Haus und dem des Nachbarn aufgestellt.

Dann vernahmen wir Schritte, und ein Mann kam mit seinem Hund die Straße entlang. Alle Gestalten, mit Ausnahme der beiden Wächter, hatten sich inzwischen auf dem Pflaster zu einer großen Versammlung zusammengefunden. Meine Schwester und ich hielten den Atem an. Doch als der Mann sie erreichte, ging er geradewegs durch sie hindurch, offensichtlich ohne ihre Existenz zu bemerken. Der Hund aber sah sie, hielt inne und schlich dann vorsichtig um sie herum, wobei er seinen Kopf senkte, um sie anzuschauen und neugierig zu schnüffeln, bevor er seinem Herrn folgte.

Den ganzen Nachmittag und Abend über hatte ein Auto neben dem Tor geparkt. Gegen Mitternacht huschten die kleinen weißen Elfen wie auf Abruf darunter und entschwanden unserem Blick. Unter Zuhilfenahme ihres „Zaubers" war es ihnen wohl möglich, dort eine große Versammlungshalle zu sehen, wo sie ihre Zeremonie fern von neugierigen Blicken abhalten konnten. Die Wächter aber blieben auf ihrem Posten und vermittelten uns das starke Gefühl, nicht hinauszugehen und nachzuforschen, weshalb wir zögernd zu Bett gingen.

In meinem Schlafzimmer stand ein zweiunddreißig Zentimeter hohes Stühlchen mit einer leiterförmigen Rückenlehne und einem winzigen, mit Lavendel gefüllten Kissen auf dem Sitz. Unser Cockerspaniel Trina rannte jeden Morgen ins Zimmer und stand schwanzwedelnd vor dem kleinen Stuhl, als ob sie etwas darin sah.

Eines Tages wurde der gesamte Inhalt meines Schlafzimmers, das frisch gestrichen und dekoriert werden sollte, ausgeräumt und irgendwo im Haus untergestellt. Als nach der Renovierung alles wieder an Ort und Stelle stand, kam Trina am ersten Morgen gleich wieder ins Zimmer gerannt und stellte sich erwartungsvoll vor den kleinen Stuhl. Ich bemerkte jedoch, dass sie nicht mit dem Schwanz wedelte und sich bald niedergedrückt abwandte. Das wiederholte sich mehrere Tage lang, doch als sich der Farbgeruch verflüchtigt hatte, begann sie wieder fröhlich mit dem Schwanz zu wedeln, wenn sie sich dem Stuhl näherte.

Es geschieht nicht selten, dass die Naturgeister Freunde des Hauses, die Elfen sehen können, bald lieb gewinnen, und eines Tages zeigte sich die "Stuhl-Elfe“ Vera Westermoreland. Vera beschrieb sie als „allerliebst, zart und ätherisch“. Mit ihrer glockenreinen Stimme hatte sie meiner Freundin gesagt, dass sie den Schlafraum eine Weile verlassen musste, da so vieles darin in Unordnung gebracht worden war und der Farbgeruch in der Luft gehangen hatte. Nun aber sei sie wieder in ihrem Stuhl und hätte alles wieder wie früher und mit den gleichen farbigen Lichtstrahlen dort angeordnet. Dies erklärte das Verhalten unserer Trina, ihre Enttäuschung und ihre Freude. Ihre spirituellen Fähigkeiten überstiegen bei weitem meine eigenen, denn bisher hatte ich die Inhaberin des Stuhls nicht wahrgenommen. Doch nachdem meine Freunde abgefahren waren und ich später in mein Zimmer hinaufging, sah ich zu meiner Überraschung zum ersten Mal eine nebelhafte kleine Gestalt zu dem Stuhl gleiten.

Nach einigen Tagen erhielt ich von den Westmorelands einen Dankesbrief, in dem es hieß, dass die Elfe sie auf dem Heimweg teilweise begleitet und zwischen ihnen auf dem Rücksitz gesessen hatte. Ich nehme an, dass sie gerade von ihrer Vergnügungsfahrt zurückgekommen war, als ich abends in mein Zimmer kam und sie sah.

Am 13. Mai 1961 besuchten uns einige Freunde für ein paar Stunden und brachten ihre beiden Hündinnen Peppy und Judy mit. Es war ein heißer Tag, und wir saßen im Wohnzimmer, die Tür weit geöffnet, so dass die Hunde frei ein und aus gehen konnten. Judy war eingeschlafen, und ich saß der offenen Tür gegenüber, Peppy vor mir liegend. Plötzlich erhob sie den Kopf, schnüffelte und reckte ihren Hals, um etwas im Flur sehen zu können. Ich spähte hinaus und sah dort die fast durchsichtige, knapp sechzig Zentimeter große Gestalt eines Gnoms oder Zwerges stehen. Er hatte einen langen Kopf, einen Bart und trug eine Zipfelmütze. Obwohl ich keine Farben erkennen konnte, schien er die üblichen Hosen mit dem gegürteten Wams zu tragen. Ich glaube, außer ihm standen dort noch zwei weitere Gnome, er aber war am deutlichsten zu sehen. Er schien sich sehr für den Hund zu interessieren, verschwand aber nach einer Weile, und Peppy legte sich wieder hin und döste ein. Ich beobachtete den Flur durch die offene Tür, und plötzlich tauchte der kleine Mann wieder auf. Peppy rührte sich und hob den Kopf, schnüffelte und starrte ihn an.

Am 22. Juli desselben Jahres statteten unsere Freunde uns wieder einen Besuch ab. Diesmal saßen wir im Esszimmer, und Judy, die andere Hündin, lag an der offenen Tür. Ich saß neben der Tür und konnte nicht in den Flur schauen, bemerkte aber, dass Judy hinausguckte und mit dem Schwanz wedelte. Dann hörte sie auf zu wedeln, begann aber nach einigen Minuten erneut. Das, was Judy gesehen hatte, war wohl für einen Augenblick verschwunden gewesen und dann wieder aufgetaucht.

Die Besitzer der beiden Hunde lebten in einem von Wäldern und Feldern umgebenen Haus, weshalb die Tiere sicher daran gewöhnt waren, Elfen zu sehen. Ich muss noch hinzufügen, dass beide Male in unserem Haus die Anwesenden viel zu sehr im Gespräch vertieft waren, um irgendetwas zu bemerken.

Elfen holen Hilfe

Wenn ein Insekt, ein Vogel oder ein anderes Tier in Not ist, versuchen die Elfen, die Hilfe der Menschen heranzuziehen. Sylvia Birchfield aus Chicago berichtete von einem Erlebnis auf der Farm ihrer Eltern im nördlichen Teil von Illinois, das sich im Sommer 1971 zutrug.

Als sie über ein offenes Feld ging, bemerkte sie zu ihrer Überraschung, dass einige Elfen aus dem Wald auf sie zugeflogen kamen. Sie schienen sie in den Wald locken zu wollen, und sie folgte ihnen, was sie sehr erfreute. Sobald sie den Zaun hinter sich gelassen hatten, flogen sie auf einen gefallenen Baum zu, der unlängst vom Blitz getroffen worden war und schwebten über einem bestimmten Ast. Als sie nähertrat, entdeckte sie einen verletzten Vogel, einen Kernbeißer, wie sie später erfuhr, der in jener Gegend recht selten vorkommt. Sie hob ihn vom Zweig und brachte ihn ihrem Bruder, der das Tier einige Tage lang pflegte, bis es kräftig genug war, sich wieder seinen Artgenossen anzuschließen.

Die ganze Zeit über, in der Sylvia Birchfield sich in der Gegenwart der Elfen aufhielt, schien ein schrilles Geschwätz zwischen ihnen stattzufinden. Mit schrill meinte sie einen Klang, dessen Frequenz höher lag als der einer normalen Unterhaltung, vergleichbar mit dem Summen der elektrischen Leitungsdrähte bei klirrender Kälte.

Meine Schwester und ich sind mehrmals (telepathisch) gerufen worden, Pflanzen aufzurichten, die der Wind umgeblasen hatte, und leidenden Vögeln und Bienen zu helfen. Einmal wurde meine Schwester aufgefordert, eine wütende und frustrierte Biene aus einem Spinngewebe zu befreien.

Bei anderer Gelegenheit antwortete ich zeitlich so genau auf den Hilferuf, dass die Biene gerade aus der Luft fiel und zu meinen Füßen landete, als ich in den Garten trat. Viele Bienen werden von den scheußlichen Chemikalien beeinflusst, mit denen der Mensch Erde, Luft und Wasser verseucht und folglich alle Lebensformen. Jene Biene schien leblos zu sein, doch einige Tropfen des magischen, antiseptischen Elixiers, Honig auf einem Blatt, belebte und stärkte sie allmählich wieder. Schließlich flog sie glücklich davon, nicht ohne zuvor um meinen Kopf gekreist zu sein, sozusagen als Abschiedsgruß.

In seinem Buch "The Coming of the Angels“ schreibt Geoffrey Hodson, dass die Biene den Verstand entwickelt, so wie Pflanzen und Bäume Gefühle. Nach theosophischer Vorstellung stammten die Bienen ursprünglich von der Venus.

Georgina K. Evason erhielt eines Nachts Besuch von einem Venusianer, der ihr eine fliegende Biene zeigte. Sie erfuhr, dass Bienen auf den Schwingungen des Summtons fliegen.

Flower A. Newhouse beschreibt in ihrem Buch "Natives of Eternity“ einen Besuch der Venus auf innerer Ebene – in Begleitung eines großen Meisters. Sie betraten einen wunderschönen Garten, und sie schreibt: „In diesem Garten sah ich eine Form, die einer Mammutbiene glich, denn sie war so groß wie ein kleiner Hund. Ich fühlte, dass es sich um ein venusisches Haustier handelte.“

Interessanterweise stammen die drei vorangegangenen Bemerkungen über

Bienen im Zusammenhang mit der Venus aus drei völlig voneinander unabhängigen Quellen.

Kapitel 11
Elfen und Menschen

Vielen meiner Briefschreiber ist bekannt, dass die Elfen Gegenstände verschwinden und wieder auftauchen lassen können, wenn auch nicht immer am selben Platz. C.W. Leadbeater schreibt in seinem Buch "The Hidden Side of Things", dass die vierte Dimension zur Existenz der Naturgeister gehört und es ihnen daher nicht schwer fällt, Gegenstände aus einem verschlossenen Kasten zu entfernen oder Blumen in ein verschlossenes Zimmer zu stellen. Ella Young erwähnt in ihrem Buch "The Flowering Dusk" ebenfalls diese schelmische Seite der Elfen, und Quentin Craufurd konnte dies bei seinen Experimenten mit einer Gruppe von Waldelfen belegen. Doch sie hegen keine böse Absicht, und ich glaube, sie sind kaum nichtsnutziger als einige Kinder und junge Tiere.

Meine Mutter erlebte das geheimnisvolle Abhandenkommen von Fingerhüten, Scheren und Bleistiften, oft in Gegenwart von meiner Schwester und mir. Ich selbst machte die gleiche seltsame Erfahrung mit einem wichtigen Brief, der Berichte über Elfen enthielt. Sorgfältig hatte ich ihn mit meinen übrigen Papieren an eine bestimmte Stelle gelegt, doch als ich ihn suchte, konnte ich ihn nirgends finden. Ich hatte bereits überall im Haus danach geschaut und war mir sicher, dass ich ihn nicht in meine Handtasche gesteckt hatte, da ich darin nur die unbeantworteten Briefe ließ und gerade dieses Schreiben gleich nach seinem Eintreffen erwidert hatte. Außerdem wäre mir das dicke Paket sofort aufgefallen, doch ich untersuchte die Tasche erneut, indem ich sie völlig ausleerte und sogar das Innenfutter abtastete, obwohl ich wusste, dass der Brief dort nicht stecken konnte.

Schließlich gab ich auf, denn ich nahm an, dass die Elfen ihn an sich genommen hatten und bat diese, ihn so rasch wie möglich zurückzubringen. Einige Wochen vergingen, und ich war verzweifelt, denn ich wagte nicht, jenen Briefschreiber zu bitten, seine Erlebnisse noch einmal aufzuzeichnen. Eines Tages machte ich einige Einkäufe in einem Naturkostladen. Meine Handtasche besaß einen sicheren, steifen Verschluss, den sogar ich nur schwierig öffnen konnte. Als ich mich vorbeugte, um Geld aus der Tasche zu nehmen, stellte ich zu meinem Entsetzen fest, dass diese weit offenstand und ich dachte, beraubt worden zu sein. Dann bemerkte ich etwas Dickes herausragen, und mein Entsetzen verwandelte sich in Freude, als ich den kostbaren Brief entdeckte.

Warum hatten mich die Elfen so lange warten gelassen? Hatten sie auf besondere Umstände gewartet, um den Brief zurückzugeben, wie die Atmosphäre eines Geschäfts, wo sie besser von anderen Leuten Kraft erlangen konnten, um einen solch dicken Brief wieder zu materialisieren? Nur die Elfen selbst können darauf eine Antwort geben.

Als ich erfuhr, dass Edith M. van Horne ihre Wohnung in Edinburgh mit einem Gnom und einer Elfe teilte, schrieb ich ihr und bat sie um nähere Einzelheiten. Sie antwortete, dass die Elfe zum ersten Mal als helles Licht erschienen war, das sich in ihrem Arbeitszimmer hin und her bewegte. Danach tauchte sie mehrere Male unter verschiedenen Umständen auf, verbreitete aber stets eine glückliche Atmosphäre.

Der Gnom war etwa dreissig Zentimeter groß, trug ein braunes Wams, rote Hosen und braune, spitz zulaufende Stiefel. Er war bereits mehrere Male bei ihren Freunden aufgetaucht, dabei aber oft nur als schattenhafte Gestalt sichtbar gewesen. Manchmal konnte sie ihn ihren Namen rufen hören, und der kleine Junge einer Freundin meinte, dass „Gnomy“ ihm versichert hätte, immer auf sie aufzupassen. Trotz seiner Sorge um ihr Wohlergehen konnte er es jedoch nicht unterlassen, seine Possen mit ihr zu treiben, wie gewisse Dinge im Haus zu verlegen oder ihre Brille zu verstecken.

Auch mit Claire H. Cantlon trieben die Elfen ihren Spaß. „Die Naturgeister helfen mir im Garten und lassen wunderschöne Blumen für mich wachsen“, meinte sie. „Im Haus aber verstecken sie meine Sachen in höchst lästiger Weise und scheinen sich darüber zu freuen, wenn sie mich verärgern. Erst Stunden oder sogar Tage später tauchen die Dinge dann an recht offensichtlichen Stellen wieder auf, zum Beispiel mein Fingerhut mitten in meinem Bett oder auf dem Tisch, wo er eine Minute zuvor mit Sicherheit noch nicht gelegen hatte.“

Im Juli 1963 schrieb Herr H., dass er dabei war, ein Elfenbild für mich zu malen, fügte aber hinzu: „Etwas belästigt mich jedoch. Jedesmal, wenn ich einen Pastellstift hinlege, verschwindet er einfach. Ich habe genügend weiße, aber sollte das gleiche mit den farbigen Stiften passieren, dann muss ich neue kaufen. Vier weiße habe ich bereits verloren, das heißt, es waren fünf, doch dann fand ich einen in meinem Bett wieder. Diese verflixten, nichtsnutzigen kleinen Elfen klauen sie mir immer wieder, denn normalerweise gehe ich sehr ordentlich mit meinen Stiften um. Ich wünschte, sie gäben sie mir zurück.

Seit ich mit dem Bild begonnen habe, bin ich mir eines raschelnden und flatternden Geräuschs im Zimmer bewusst, das besonders stark zu sein schien, als ich die Elfe malte, die nicht fliegen konnte. Hören tue ich eigentlich nichts. Ist es nicht seltsam, dass man Töne sehr deutlich vernehmen kann, ohne tatsächlich mit seinen physischen Ohren zu hören?“

Im April oder Mai 1943 radelten G.H. Allen und seine Freundin durch Yorkshire. Das Wetter war klar, und die strahlende Frühlingssonne beleuchtete die Pennine Berge. Doch es blies ein starker Wind, weshalb es oben auf den Höhen recht kalt war.

Fast auf dem Kidstone Pass angekommen, beschlossen sie, ihre Räder abzustellen und hinaufzuklettern, um einen besseren Blick auf den hinabstürzenden Gebirgsbach zu gewinnen. Nicht weit entfernt, erreichten sie einen Platz, von dem aus sie eine wunderbare Aussicht auf das in die Tiefe stürzende Wasser hatten.

Das erste Grün brach hervor, und die Vergißmeinnicht, Veilchen und gelben Wildstiefmütterchen wuchsen in Überfülle. „Ich glaube, hier gibt es Elfen“, wandte sich G. H. Allen an seine Begleiterin. Er war sich sicher, dass sie auf einem ihrer Lieblingsplätze standen, denn er war verwildert und entlegen.

Nach etwa einer Viertelstunde gingen sie langsam zu ihren Rädern zurück. Bevor sie wieder losfuhren, öffnete die Freundin ihre Tasche, um den Lippenstift herauszuholen und musste feststellen, dass dieser verschwunden war. Am Morgen hatte sie die Neuerrungenschaft in der blassgrünen, mit goldenen Bändern verzierten Hülle noch stolz vorgezeigt und den Stift dann wieder sorgsam in ihre Handtasche gesteckt.

Sie durchsuchten ihre Tasche, die Satteltaschen und ihre Kleider und schauten auf dem Boden herum, aber nichts war zu finden. „Die Elfen haben den Lippenstift genommen“, erklärte Herr Allen, und beide bestiegen zögernd ihre Räder, um weiterzufahren. Bald erreichten sie das kleine Dorf im Tal. Auf der

Weiterfahrt hörte G.H. Allen plötzlich etwas gegen das Fahrrad seiner Freundin klicken. Es schlug dreimal an, bevor es zu Boden fiel. Er rief ihr zu, anzuhalten, da er glaubte, eine Mutter hätte sich gelöst. Sie schauten sich um. Knapp zwei Meter zurück fanden sie die Hülle mit dem unversehrten Lippenstift darin. Die Freundin bemerkte, dass sie ganz deutlich einen Stoß auf der Brust gespürt hatte, bevor dieser klirrende Ton erklungen war und meinte, dass sie den neuen Lippenstift unangetastet als Erinnerung aufbewahren wollte.

Von einem höchst unerfreulichen Erlebnis berichtete Adam Campbell Hunter aus Skelmorlie in Ayrshire. „Sie stahlen doch tatsächlich meine gesamten Kleider! Es geschah an einem Oktobertag 1938 in Glen Oykel. Man hatte mir von der herrlichen Aussicht auf Sutherland von einem bestimmten Hügel aus erzählt. Also wanderte ich an einem Sonntag alleine hinauf. Es war ein sonniger und recht warmer Tag, besonders für jemanden im Kilt. Als ich die Heide überquerte, begann ich, mich nach und nach meiner Kleider zu entledigen. Ungefähr fünfzig Meter vom Gipfel entfernt, ließ ich mich auf einem abgeflachten Felsen nieder, legte die Kleider neben mich und beschwerte sie mit einem Stein, denn es war recht windig dort oben. Nach einem kurzen Sonnenbad beschloss ich, auf die Höhe zu gehen und den Ausblick zu genießen, doch nicht ohne zuvor meinen Sitz mit einem weiteren Stein markiert zu haben. Als ich zurückkam, waren meine Kleider weg, einfach verschwunden.

Es gab nur noch vier oder fünf andere größere Felsen auf dem Hügel, die ich alle ablief, konnte meine Kleider aber nicht finden. Weit und breit gab es kein einziges sichtbares Lebewesen. Ich lief auf der ganzen Bergkuppe herum, sprang auf jeden Stein, aber nichts war zu sehen.

Nach zweistündiger Suche gab ich auf und fand mich mit dem spurlosen Verschwinden meiner Kleider ab. Ich war hungrig und musste nach Hause gehen. Bis auf Strümpfe und Schuhe nackt, machte ich mich also über das Moor auf den Weg. Unterwegs fand ich in MacLeods Torfschober einen alten, halb abgerissenen Regenmantel, den ich überzog. Schließlich erreichte ich das kleine Bauernhaus, in dem ich bei Alex MacLachlan wohnte und eilte, ohne dass mich jemand bemerkte, nach oben, um mir etwas anzuziehen.

Beim Tee erzählte ich Alex und seiner Frau von meinem Erlebnis. Sie schüttelten sich vor Lachen. Später rief er einige Männer zusammen, und wir gingen alle zu jener Stelle zurück, an der ich meine Kleider verloren hatte. Man war überzeugt, dass sie noch dort lagen.

Im Abendsonnenschein suchten wir die Gegend gewissenhaft ab. Da nichts zu finden war, meinten sie, ich hätte sie auf den falschen Hügel geführt. Doch ich widersprach heftig. Erneut begannen sie, die Kuppe zu durchkämmen. Ich hockte mich auf meinen Felsen und betrachtete die letzten Sonnenstrahlen, die am Horizont verschwanden. Dann schaute ich noch einmal auf die Stelle neben mir, an der meine Kleider gelegen hatten und sprang mit einem Schrei auf. Dort lagen sie! Die Männer kamen angelaufen und konnten ihren Augen nicht trauen. Alle hatten sie diesen fast kahlen Platz ein dutzend Mal abgesucht.

Selbst in dem schwindenden Licht konnte man die Kleider aus einer Entfernung von zweihundert Metern deutlich sehen, doch niemandem waren sie zuvor aufgefallen. Warum? Außer, dass es sich um das Werk von Kobolden handelte, konnten wir keine Erklärung dafür finden. Ich schnappte meine Sachen, und wir verloren keine Zeit, den Zwergenhügel so schnell wie möglich zu verlassen."

Drei der anderen Männer, deren Namen Herr Hunter angab und die noch in dem Dorf lebten, hätten dieses Ereignis bestätigen können.

Man kann die Kobolde und Elfen jedoch nicht immer dafür verantwortlich machen, gewisse Dinge zu entmaterialisieren oder zu verstecken. Denn auch das genaue Gegenteil ist möglich, und sie können sehr behilflich sein, verlorene oder vom Eigentümer verlegte Gegenstände wiederzufinden. So besaß meine ältere Schwester Dorothy als Kind einen Ring aus blauen Perlen. Als sie mit den Kindern vom Nachbarbauernhof in den damals privaten Colwick Wäldern in Nottingham spielte, glitt der Ring von ihrem Finger und ging in dem dichten Gras verloren.

„Wir suchten erfolglos nach ihm", erzählte sie mir später, „und mussten schließlich nach Hause gehen. In meinem Kummer bat ich die Elfen, ihn für mich zu finden und mir wiederzugeben. Ich versprach, in der Dämmerung alleine zu den Wäldern zu kommen, um den Ring in Empfang zu nehmen. Ich glaubte fest daran, dass sie mir meinen Schatz zurückbringen würden.

Zur angegebenen Stunde schlüpfte ich, ohne etwas zu sagen, aus dem Haus. Kurz bevor ich den Wald erreichte, konnte ich in dem fahlen Licht den Ring erkennen, der sich dreissig Zentimeter über dem Boden auf mich zu bewegte, als gleite er in der Luft oder würde von einem unsichtbaren Wesen getragen. Dann fiel er zu meinen Füßen nieder."

Als meine Schwester sich viele Jahre später an dieses Erlebnis erinnerte, gab sie zu, dass es völlig aus der Luft gegriffen klang. Damals jedoch hielt sie es für ganz selbstverständlich und war kein bisschen überrascht.

Materialisationen

Einer meiner Briefschreiber berichtete, dass er in jungen Jahren, nach dem Tode seines Zwillingsbruders, im Garten seines Elternhauses im Kreis Armagh in Irland, die Elfen zu sehen und mit ihnen zu sprechen pflegte. Als er ein wenig älter wurde, war er sich dieser Elfenfreunde stärker bewusst. Später sah er sie wieder, als die Familie in den Bezirk Down zog, doch keiner von ihnen schien Flügel zu tragen. Mit vierzehn Jahren hörte er unter zwei Schlehdornbäumen Elfenmusik.

Im Alter von fünf Jahren pflegte er Geld bei seinem Bett, auf einem Tisch oder einer Fensterbank zu finden. Es waren immer silberne Dreipencestücke, jedesmal zwei, drei oder vier von ihnen. Später lagen manchmal Sixpencestücke da, doch das Geld überstieg nie den Wert von zwei Schillingen, ganz gleich welche Münzen er fand. Seine Eltern lachten darüber und nannten ihn ein Glückskind, und sein Vater tadelte die Mutter, bis sich herausstellte, dass das Geld auch dann auftauchte, wenn sie nicht da war. Die Eltern konnten nun nicht verstehen, woher es kam, denn sie glaubten nicht an Elfen. Dieses Glück begleitete ihn bis hin zum Mannesalter. „Selbst jetzt“, schrieb er, „finde ich kleine Geldsummen an den merkwürdigsten Stellen und in seltsamster Weise. Es muss viele Wesen geben, die wir nicht sehen, warum also nicht Elfen? Ich glaube, wir können nur so viel sehen und fühlen, wie es unsere eigenen Schwingungen erlauben. Alles, was ich berichtet habe, ist wahr, und ich bin von der Existenz der Elfen überzeugt.“

Den seltsamsten Fall einer Materialisation durch die Elfen berichtete William Fell aus Llandudno in Wales. Zunächst aber möchte ich auf seine Bekanntschaft mit den Naturgeistern eingehen. Er lebte in einem einsamen Haus in Goldwyn Bay, das von einem weiten Gelände umgeben war, an dessen Ostseite ein Gebirgsfluss durch eine bewaldete Schlucht zum Meer hinunterströmte. Als er sich eines Abends zur Ruhe begab, war er nicht wenig erstaunt, eine kleine, etwa fünf Zentimeter große Dame mit einer winzigen Trommel zu sehen, die sie auf die Fensterbank legte. Dann begann sie zu tanzen und zu singen. Später unterhielt er sich lange mit ihr, und sie erzählte ihm, dass ihr Name Veronika sei und sie ewig leben würde. Sie lehrte ihn auch einen bestimmten Ton, mit dem er die Elfen herbeirufen konnte, wann immer er danach verlangte.

Einige Wochen später kam ein Arztehepaar mit seinem dreieinhalbjährigen Sohn eine Zeitlang zu Besuch. Eines Morgens rief der kleine Junge ganz aufgeregt: „Mami, in der vergangenen Nacht tanzten die Elfen auf meinem Bett." Er gab eine genaue Beschreibung der Elfenfreunde des Hausherrn, die nie größer als knapp acht Zentimeter waren und mit ihren vier kleinen und zwei großen Flügeln Libellen glichen. Wenn sie diese zusammengelegt hatten, wurde eine vollkommene, menschenähnliche Gestalt sichtbar.

Als William Fell Jahre später in ein anderes Haus zog, begleitete ihn eine Gruppe von Elfen mit ihrer Anführerin, die er „Goldfee" nannte. Diese Wesen waren die kleinsten, die er bisher gesehen hatte. Er beobachtete einige dieser heuschreckengrünen, kaum zwei Zentimeter großen Winzlinge die Sofarückwand rauf und runtersausen. Eines Tages murrte er über Kurse und Steuern und meinte ganz nebenbei: „Ich muss die Goldfee danach fragen." Da begannen die seltsamsten Dinge zu geschehen. Er und zwei oder drei Freunde entdeckten an allen möglichen Stellen silberne Sixpencestücke. Während der ersten drei Wochen verging kein einziger Tag, ohne dass er eines fand. Eines Abends gegen Mitternacht klagte er: „Heute haben mich die Elfen aber im Stich gelassen!" Doch auf dem Teppich neben seinem Bett lag ein halber Schilling.

Er besaß drei Hunde, denen es offensichtlich Freude bereitete, mit den Naturgeistern zu spielen. Einmal legte er die Hundematte zum Lüften auf den Rasen, und als er sie hereinholen wollte, fand er mitten darauf ein Sixpencestück. Ein anderes Mal hielt er den Wagen am Wegrand an, um seine Hunde herumrennen zu lassen, als er zu seinen Füßen ein Geldstück liegen sah.

Später fand er ständig silberne Dreipencestücke, Schillinge und Zweischillingstücke. Diese tauchten auf dem Fußboden auf, auf Stühlen, Kaminsimsen, dem Fernsehgerät oder Billiardtisch, dem Bügelbrett, Kopfkissen und Tablett oder der Türschwelle, auf dem Gartenweg, in einem großen Gänseblümchen oder in einer Rosenknospe, die gerade abgeschnitten wurde. Der Ideenreichtum der Elfen schien unerschöpflich zu sein. Eines Tages saß Dorothy Fell mit ihrer Freundin im Zimmer, in dem ihr Mann gerade einen Brief an mich schrieb, als urplötzlich ein Geldstück auf den Boden fiel. Die Freundin hob es auf und reichte es ihm. Er aber meinte: „Behalte es, wenn die Elfen es für mich gedacht hatten, werden sie ein zweites bringen." Kaum hatte er diese

Worte ausgesprochen, kullerte ein zweiter Schilling auf den Boden. Ein anderes Mal kündigten die Elfen im Voraus an, dass sie seinem Gast eine Münze schenken wollten. Er unterhielt sich mit der Dame, die mit ihrem Strickzeug beschäftigt war, über die Elfen, als ein Sixpencestück aus ihrem Wollknäuel fiel.

William Fell fügte eine Liste mit den genauen Daten und dem jeweiligen Geldstück bei, die aber zu umfangreich ist, um in diesem Buch wiedergegeben zu werden.

Margery S. Sellors aus Belper in Derbyshire schrieb mir 1956 von zwei kleinen Krügen, die sie im Garten gefunden hatte. Diese zwei Zentimeter großen Gefäße waren genaue Nachahmungen der üblichen grauen Steinguttöpfe mit der braunen Glasur am oberen Rand. Ihr Mann hatte eines Tages beim Umgraben den ersten Krug zwischen den Stiefmütterchen gefunden und einige Monate später den zweiten in einem anderen Stiefmütterchenbeet.

Sie fügte hinzu: „Es kann durchaus möglich sein, dass mein Mann den ersten Krug mit dem Spaten ausgehoben hatte. Ich betrachtete daraufhin das Beet mindestens einmal in der Woche, und im Februar oder März tauchte dann das zweite Kännchen auf. Das erste hatten wir wohl im August des Vorjahres gefunden. Ich liebe diese Stiefmütterchen, denn sie erinnern mich immer an Elfen und Schmetterlinge."

Zusammen mit einer Zeichnung des makellosen Gefäßes schickte mir Frau Sellors den kleinen Krug mit dem abgebrochenen Henkel. Ich vermutete, das beide vielleicht aus einem Puppenhaus gefallen waren, mit dem Kinder im Garten gespielt hatten, denn ich besaß in meiner Kindheit ähnliche Krüge, doch sie versicherte mir, dass, abgesehen von ihrer sechzehnjährigen Tochter, seit vierzig Jahren keine Kinder mehr dort gewesen waren.

„In dem Haus, das wir zuvor bewohnten, lebten unserer Meinung nach Zwerge bei uns. Jeden Morgen brachte ich meine Warmwasserflasche mit nach unten. Eines Abends aber konnte ich sie nirgends finden. Ich wusste genau, dass ich sie an diesem Morgen nicht oben liegengelassen, sondern wie immer nach unten mitgenommen hatte. Schließlich fanden wir sie mitten in meinem von mir zuvor gemachten Bett liegen. Einmal stellte ich fest, dass in meiner kurzen Abwesenheit ein Faden durch meine Nähnadel gezogen worden war."

Den nächsten Vorfall erlebten meine Schwester und ich selbst. Ich setze ihn an den Schluss dieses Kapitels, weil er sich ein wenig von den übrigen unterscheidet. Eines Tages fanden wir den Körper einer Amsel in unserem Garten, den wir angemessen beerdigten. Einige Tage später entdeckten wir die Leiche eines anderen Vogels und beerdigten sie ebenfalls.

Während der folgenden Tage konnten wir wegen des feuchten und kalten Wetters nicht in den Garten gehen. An einem dieser Nachmittage stieg ich in mein Zimmer hinauf, um ein Buch zu holen, als mich ein schrecklicher Gestank empfing, der von unter dem Bett herzukommen schien. Ich hob das Betttuch hoch, und da lag auf dem Boden ein halbverwester Vogelkörper.

Ich rief meine Schwester. Überrascht meinte sie: „Wie konnte er dorthin geraten sein? Noch heute Morgen habe ich das Schlafzimmer gesaugt, und wie du weißt, gehe ich mit dem Staubsauger immer unter das Bett. Außerdem wäre mir der Gestank sofort aufgefallen!"

Wir hielten unsere Türen geschlossen, damit keine Katze eindringen konnte. Einen Hund besaßen wir damals nicht. Wegen des schlechten Wetters öffnete ich nur das Oberlicht, und das auch nur wenige Zentimeter weit, da es sonst hereinregnete.

Rasch entfernte ich den Vogelkörper und beerdigte ihn im feuchten Garten, froh darüber, diesen aufdringlichen Geruch loszuwerden.

Am folgenden Tag rief mich meine Schwester hinauf. Sie stand in ihrem Schlafzimmer, und derselbe üble Geruch schlug mir entgegen, noch bevor ich eintrat. „Schau!" rief sie und wies auf den toten Vogel unter ihrem Bett. Alle Fenster waren geschlossen.

Wir schauten uns an und hatten denselben Gedanken. Die Elfen mussten uns beobachtet haben, wie wir den ersten Vogel beerdigten und davon angetan gewesen sein. Der zweite Vogel im Garten war wohl von einer Katze zurückgelassen worden oder die Elfen hatten bereits beschlossen, uns einzuspannen. Als das Wetter für uns zu schlecht wurde, in den Garten zu gehen, mussten sie geglaubt haben, unsere Aufmerksamkeit zu erregen, indem sie die Vogelleichen ins Haus brachten. Das nächste Mal würde es vielleicht eine tote Maus oder eine Ratte sein, ein Frosch oder ein Eichhörnchen oder irgendetwas anderes, das sie uns bringen wollten. Und da Zeit und Raum für die Elfen keine Rolle spielen, hätten sie vielleicht angefangen, uns von nah und fern tote Tiere zu bringen, damit wir sie anständig beerdigten. Das war entschieden zu viel, und ich erklärte ihnen laut: „Ich weiß, eure Absichten sind gut, aber bitte, hört sofort auf damit. Wir sind nicht eure offiziellen Totengräber, und wenn ihr noch mehr Tiere bringt, werden wir sie nicht beerdigen."

Die Elfen mussten mich gehört haben, denn das war das Ende unserer makabren Funde.

Kapitel 12
Die Elfen-Photographien

Manchmal ist es einem Sehenden möglich, seine Fähigkeit vorübergehend auf einen Nichtsehenden zu übertragen, wenn dieser in der Nähe steht oder indem er ihn berührt. K. Chodkiewicz sandte mir diesbezüglich die Übersetzung eines Briefes von seinem polnischen Freund, der ungenannt bleiben möchte.

„Ich lernte eine Bauernfamilie kennen, bei der ich mich einige Tage aufhielt. Der Landwirt, wissenschaftlich orientiert wie ich, glaubte dennoch an Gnome und Elfen. Auf die Frage, wie man denn an solche Fabeln glauben könne, erwiderte er, dass es sich nicht um Märchen handelte. Am folgenden Tag nahm er mich zum Fischen mit, und wir setzten uns mit unseren Angelruten an das Flussufer. Nach einer Weile wandte er sich mir zu und meinte: „Da kommen sie." „Wer?" fragte ich. „Die Elfen", lautete die Antwort. Ich starrte auf die Stelle, konnte aber nichts sehen. In diesem Augenblick ergriff mein Freund meine Hand, und augenblicklich sah ich zwei weibliche Gestalten über dem Boden auf uns zuschweben. Ich wollte sie berühren, um mich zu vergewissern, dass es keine Einbildung war und bewegte mich auf sie zu. Da löste sich meine Hand aus der seinen, und plötzlich konnte ich nichts mehr sehen. Er ergriff sie erneut, und sofort tauchten wieder die beiden Gestalten vor mir auf.

Am nächsten Tag zeigte er mir seinen Hausgeist, mit dem er wie mit einem Menschen sprach und der bei seinem Verschwinden eine kleine leuchtende Wolke zurückließ, deren Glanz noch Stunden danach zu sehen war.

Später dachte ich eingehend über die Angelegenheit nach und wunderte mich, wie ich, ein ernsthafter Student der Wissenschaften, einem solchen Zauber oder einer derartigen Illusion erlegen sein konnte. Entweder musste ich meine wissenschaftliche Einstellung völlig ändern oder davon ausgehen, dass es sich tatsächlich um eine Illusion gehandelt hatte."

Zwei Wochen später schrieb er in einem zweiten Brief, dass er zu der Überzeugung gelangt war, dass eine Illusion vorgelegen und sein „Gastgeber ihm die Elfenerscheinung auf telepathischem Wege eingeprägt" hatte. Chodkiewicz meinte in seinem Begleitbrief an mich: „Man kann niemals jemanden überzeugen, der nicht überzeugt werden will. Solche Leute ziehen es vor, die Tatsachen abzuleugnen, wenn sie diese nicht in ihrer eigenen Art und Weise erklären können."

Wie wahr! Hätten die Visionen ausschließlich auf Telepathie beruht, wäre die Verbindung rein mentaler Natur und kein physischer Kontakt nötig gewesen.

Elfen als Spielgefährten

K. Chodkiewicz erzählte mir, dass die Kinder in Polen oft Elfen sehen, mit ihnen spielen und ihnen verschiedene Namen geben. „Leider", fügte er hinzu, „versiegt die hellseherische Kraft mit zunehmendem Alter, da die „ätherische" Retina mit der des physischen Auges gleichschaltet und der „ätherische" Blick verlorengeht." Viele Kinder haben irgendwann einmal mit Elfen gespielt, die keineswegs nur auf Einbildung beruhten.

Für Sylvia Woods, die als Kind in London lebte, war der Anblick von Elfen nichts Ungewöhnliches. Sobald sie abends in ihrem Zimmer alleine war, pflegten sie auf ihr Bett zu hüpfen, um mit ihr zu spielen. Sie konnte es kaum erwarten, dass ihre Mutter ihr einen Gutenachtkuss gab und den Raum verließ. „Beeile dich, Mami", pflegte das Kind sie zu drängen. „Die Elfen kommen erst, wenn du gegangen bist."

Im Alter von drei Jahren lebte Isobel Grant Whittle in Liverpool. Die Spielkameraden des Einzelkindes waren zwei Elfen mit Namen Puck und Parry. Sie war sich nicht sicher, ob es sich um Kobolde, Elfen oder Gnome handelte, doch sie trugen grüne Kleidung und reichten ihr fast bis zur Schulter. Sie nahm an, dass sie aus Cornwall kamen, worüber sie ihr viel erzählten. Endlos unterhielt sie sich mit ihnen in einer Sprache, die ihre Mutter nicht verstand.

Ihre Eltern kannten Cornwall nicht und hatten die Gegend ihr gegenüber nie erwähnt. Sie war daher ganz begeistert, als sie im Alter von fünfundzwanzig Jahren diesen Landstrich zum ersten Mal besuchte und alles genauso vorfand, wie die Elfen es beschrieben hatten.

„Wieviel von dieser Erinnerung subjektiv und wieviel objektiv ist, kann ich nicht sagen", schloss sie, „doch damals waren die Elfen für mich ebenso wirklich wie jeder Mensch, dem ich begegnete."

Photographien von Elfen

Leider sind Photographien kein ausreichender Beweis für die Existenz der Elfen, wie die Fälschung der von Elsie Wright und Frances Griffiths in Cottingley gemachten Aufnahmen offenbarte. Ich muss mich bei meinen Briefpartnern entschuldigen, dass ich ihnen während all der Jahre, in denen ich mich mit dieser Arbeit über die Elfen beschäftige, die Echtheit der Bilder zusicherte.

Ich hatte nicht nur an Geoffrey Hodsons Überzeugung von der Rechtschaffenheit der beiden Mädchen geglaubt, sondern 1950 auch die Aussage des Berufsphotographen Grandville Kendall aus Blackpool erhalten, dass er eines der Mädchen gebeten hatte, in seiner Gegenwart zu photographieren, und zwar mit einem Film, den er selbst in seiner Dunkelkammer eingespannt hatte. Als er diesen später entwickelte, sah er zu seiner Überraschung „die zierlichen Elfengestalten".

Sein Freund in Bristol, über den ich diese Aussage erhielt, hatte in seinem Begleitschreiben bemerkt: „Ich habe nun den Bericht meines Freundes Kendall erhalten, wie die Photos in dem Buch "Elfen" von E.L. Gardner aufgenommen worden waren." Ich besaß keinen Grund, die Worte des Briefschreibers anzuzweifeln und nahm an, dass die Bilder zu jenen gehörten, die bereits veröffentlicht worden waren. Da ich damals außerdem sehr beschäftigt war, sah ich keine Notwendigkeit, der Sache weiter nachzugehen. Wie sollte auch gerade ich wissen, dass sich in der Zukunft eine solche Kontroverse über die Cottingley Bilder entwickeln würde. Man hatte mir sogar gesagt, dass sowohl Elsie als auch Frances nicht mehr am Leben seien.

Eine Dame aus Birmingham schrieb mir 1955, dass eine ihrer Schulfreundinnen ihr damals von dem Schwindel der Cottingley Photos erzählt hatte, über deren genaues Entstehen sie von Elsie Wright selbst unterrichtet worden war. Ich bedaure, dass ich ihr in meinem Antwortschreiben die Echtheit der Aufnahmen zusicherte, und ich berichtete ihr auch von Kendalls und Geoffrey Hodsons Aussagen. Vielleicht hätte ich auf meine Schwester hören sollen, die jene Photographien nie für echt hielt.

Als ich später entdeckte, dass Kendall nicht die Bilder in Gardners Buch erwähnt hatte und die Jahre nicht übereinstimmten, bat ich ihn um nähere

Einzelheiten, da ich annahm, dass es sich um zusätzliche Photos handelte, doch der Brief kam mit dem Aufdruck „Verzogen“ zurück, und ich konnte ihn nirgendwo aufspüren. Unterdessen hatte ich erfahren, dass Elsie und Frances noch lebten. Elsie war inzwischen verheiratet und wohnte in einem Dorf in Nottinghamshire. Ich rief sie an, doch angeblich wusste sie nichts von Kendall und wollte mir auch nicht die Adresse ihrer Kusine Frances geben.

Ein anderer von Kendalls Freunden hatte mir gesagt, dass dieser mit Gardner in einer heftigen Auseinandersetzung verwickelt gewesen war, da letzterer jede in Cottingley gemachte Aufnahme von Elfen ausschließlich im Besitz der Theosophischen Gesellschaft wissen wollte. Wenn das zutraf, warum hatte mir dann Kendall nichts davon gesagt? Ich hätte es geglaubt, denn Gardner hatte mir geschrieben, dass er die Cottingley Bilder am liebsten nur alleine vorführen wollte.

Als ich von seinem Tod erfuhr, schrieb ich an seinen Sohn Leslie, der jedoch ebenfalls gestorben war, weshalb die Enkeltochter antwortete. Sie bestätigte mir, dass es außer den in dem Buch abgebildeten Cottingley Photos keine weiteren gäbe und Kendalls Name nirgendwo verzeichnet wäre. Leider bewies diese Aussage nichts, denn falls die Geschichte von dem Streit mit Gardner stimmte, dann hatte man natürlich seinen Namen weggelassen.

Inzwischen war auch Kendalls Freund gestorben, der mir jenen Bericht geschickt hatte, weshalb ich mich an den Herausgeber des britischen Photojournals wandte und ihn um Informationen über Kendall und seine Elfenbilder bat. Nach Durchsicht seines Materials über die Cottingley Affäre antwortete er mir: „Sein Anspruch ist substanzlos. Die Angelegenheit hatte sich damals erledigt.“

Ein weiteres Problem tauchte 1983 auf, als ich einen Telephonanruf von Elsie erhielt, die von einem Mann aus Cheshire interviewt worden war. Sie wollte mich wissen lassen, dass sie nie Elfen gesehen und auch niemals an sie geglaubt hatte und dass Hodson ein Lügner gewesen wäre, da er sie nur drei Tage lang getestet und sie und Frances bloß vorgegeben hätten, Elfen zu sehen und deren Beschreibung erfunden hatten.

Nun konnte man Geoffrey Hodson mit Sicherheit keinen Lügner nennen. Er war weltweit bekannt für seine vertrauenswürdigen und peinlich genauen hellseherischen Untersuchungen, weshalb er sicherlich ebenso akkurat in Cottingley vorgegangen war. Elsie schien von Anfang an eine Abneigung gegen ihn gehabt zu haben und hatte es vielleicht in dieser Weise zum Ausdruck gebracht.

In seinem Buch "The Case of the Cottingley Fairies" vermutete Joe Cooper, dass Hodson ein Medium gewesen sei und behauptete, dass solche Leute oft in Tatsachenverdrehung oder Lügen abrutschen, wenn das Erscheinungsbild nicht ihren Erwartungen entspricht. Er fügte jedoch hinzu, dass er nicht davon überzeugt wäre, dass Hodson der Schwindler gewesen sei, als den Elsie und Frances ihn im Fernsehen hingestellt hatten.

Ich möchte an dieser Stelle betonen, dass Hodson kein Medium war und in einem seiner Bücher schrieb, dass die von der Theosophie gelehrten Übungsmethoden nichts mit Medialität und Trance gemeinsam hatten. In seinem Nachruf, der 1983 in der Mai/Juni Ausgabe des Theosophischen Journals, Band 24, Nr. 3 erschien, heißt es, dass „es sein Ziel war, die Fähigkeit des Hellsehens aus der Atmosphäre der Scharlatanerie, der Medialität und Zukunftsdeutung, von der sie umgeben ist und die sie für den wissenschaftlich orientierten Geist abstoßend macht, herauszuführen. Zweitens wollte er zeigen, dass sie einen Stellenwert in der Bewusstseinsentwicklung des Menschen besitzt und als Instrument für die wissenschaftliche Forschung wertvoll ist."

In dem Journal stand auch, dass Hodson seit seiner Kindheit mit geistigen Erfahrungen vertraut war, besonders mit dem Schauen von Naturgeistern, Geistern und Symbolträumen. Er war nicht nur ein Theosoph, sondern ebenso Freimaurer, ein Priester der Liberal Katholischen Kirche und ein eifriger Förderer der Gesellschaften gegen Tiermisshandlungen. Außerdem betätigte er sich als produktiver Schriftsteller und schrieb unter anderem das vierbändige Werk "The Hidden Wisdom of the Holy Bible".

Durch Meditation, Gebet und andere Übungen stimmte er sich willentlich auf höhere Bewusstseinsebenen ein, ohne dabei den normalen Bewusstseinszustand zu schwächen. Nach dem Ersten Weltkrieg ermöglichten es ihm seine hellseherischen Fähigkeiten, in London und auf dem europäischen Kontinent mit Medizinern und Wissenschaftlern zusammenzuarbeiten, die seine Kräfte akzeptierten und prüften. Er ging auf Vortragsreisen, die ihn durch fast alle Länder der Erde führten. Seinen letzten öffentlichen Vortrag hielt er im Mai 1982, nur acht Monate bevor er am 23. Januar 1983, im Alter von sechsundneunzig Jahren, starb.

Seine Verbindung zu den Engeln verstärkte seine Bewusstheit für sie, und er vermochte ihre herrliche Farbensprache wahrzunehmen und empfing ihre Lehren, die er unter anderem in seinen Büchern "The Coming of the Angels", "The Brotherhood of Angels and of Men" und "The Angelic Hosts" veröffentlichte.

Gemäß Elsies Nachricht an mich hatte sich Hodson nur drei Tage lang in Cottingley aufgehalten. Das stimmte jedoch nicht, denn die veröffentlichten Aufzeichnungen besagten, dass er mit seiner Frau Jane am 6. August 1926 dort eingetroffen war und sie sich mit den Mädchen am 8., 9., 10., 11., 12., 14., 15., 16. und 18. August in der Bergschlucht, dem Feld, dem Wald oder am Wildbach aufhielten. (Frau Hodson war bereits lange vor jenen Beschuldigungen ihres Mannes verstorben.) In seinem Buch "The Fairies at Work and Play" und ebenfalls in einem Brief an mich erklärte er, mehrere Wochen dort verbracht zu haben. Da er auf seinen Reisen sicherlich einen Terminkalender mitführte, musste er es wissen.

Gardner behauptete, dass Hodson auf die verschiedenen Elfen zeigte und die Mädchen sie beschreiben ließ. Doch als Frank Wilson Hodson in Neuseeland interviewte, erklärte dieser, dass er die Elfen und Gnome näher kommen sah, aber nichts sagte. Eines der beiden Mädchen hätte dann bald gesagt, es könne eine Elfe sehen, darauf gezeigt und die Naturgeister ganz genau beschrieben.

Wir werden wohl nie wissen, was sich wirklich abspielte, aber falls die Mädchen tatsächlich nur vortäuschten zu sehen, die Elfen aber trotzdem „ganz genau beschrieben", dann ergäbe sich eine ähnliche Erklärung, wie ich sie zu Beginn dieses Kapitels angeführt habe, nämlich die Übertragung geistiger Kraft. Hodson, der über einen höheren Grad an Hellsichtigkeit verfügte, mag die begrenzte eigene Fähigkeit der Mädchen angeregt haben, so dass sie sich nicht, wie sie annahmen, die Elfen nur einbildeten und deren Beschreibungen erfanden, sondern wirklich wahrnahmen, was Hodson sah.

Offensichtlich taten sie ihr Bestes, seine Versuche zu vereiteln, sie zu prüfen. Möglicherweise nutzten sie es aus, wenn er seine Aufmerksamkeit in eine andere Richtung lenkte. Da einige Elfenvisionen nur flüchtig sind, konnten sie behaupten, diesen oder jenen Naturgeist gesehen zu haben. In solchen Fällen war es ihm dann nicht möglich, ihnen zu widersprechen. Doch er hätte mit Sicherheit bemerkt, wenn sie übertrieben oder ihm törichte Beschreibungen präsentiert hätten. Er mag sie dann einfach ignoriert haben, anstatt ihnen zu widersprechen. Vielleicht hatten sie sein Schweigen als Bestätigung ihrer Aussagen angenommen und ihn deswegen als „Schwindler" hingestellt. Das war er mit Sicherheit nicht, denn ihm waren die karmischen Konsequenzen wohl bekannt, die ein Mißbrauch seiner seherischen Fähigkeiten mit sich gebracht hätte.

Es war sehr unfreundlich von den Mädchen, ihn zu hintergehen, denn Gardner hatte ihm eine wenig beneidenswerte Aufgabe gestellt. Es muss recht schwierig sein, die Hellsichtigkeit anderer Menschen zu beurteilen, da jede Beschreibung ein stark persönliches Element enthält, und mediale Menschen besitzen je nach „Veranlagung" ihre eigene Methode zu sehen. Falls einige Beschreibungen der Mädchen unzulänglich erschienen, hätte Hodson deren begrenztere Hellsichtigkeit berücksichtigen müssen. Bei einer der Aufzeichnungen hatte er sich seiner höher astralen Sehkraft bedient, um die Beschreibung zu vervollständigen.

Einige Leser mögen denken, dass er die Wahrheit in Bezug auf die Cottingley Photographien hätte wissen müssen, wenn er über derartige Kräfte verfügte. Ich denke, man kann ihn wegen seines Glaubens an die Integrität der Mädchen nicht tadeln. In einem seiner frühen Briefe schrieb er mir, dass sie ihm auf seine Frage hin mehrmals versichert hatten, die Bilder „auf ganz gewöhnliche Weise" gemacht zu haben. Natürlich konnten sie ihm das ohne Schuldgefühl sagen, denn sie hatten tatsächlich photographiert – aber keine wirklichen Elfen.

Hodson hätte im Traum nicht daran gedacht, dass sie dazu Ausschneidefiguren verwandten, da sie beide hellseherische Fähigkeiten besaßen. Elsie hatte Geister gesehen, wenn nicht Elfen, und Frances hatte ihm erzählt, dass sie in der Bergschlucht oft Elfen gesehen und mit ihnen gespielt hatte.

Von Gardner wusste er, dass ein „Experte" in Bezug auf gefälschte Photographien die Negative der beiden ersten Aufnahmen untersucht und festgestellt hatte, dass die tanzenden Gestalten weder aus Papier oder einem anderen Material bestanden, noch auf einen photographischen Hintergrund gemalt worden waren. Seiner Aussage nach hatten sich die Figuren sogar während der Belichtung bewegt.

Hodson erzählte mir auch, dass die Cottingley Schlucht von Naturgeistern, Gnomen und Elfen wimmelte. Als er und seine Frau Jane dort waren, befanden sie sich in einem echten Feenland.

Vermochte Elsie Elfen zu sehen oder nicht? In ihrer Nachricht an mich behauptete sie, niemals Naturgeister gesehen zu haben, doch während eines Interviews für ein Frauenmagazin erklärte sie, Elfen zwar gesehen zu haben, aber nur im Beisein von Frances. In diesem Falle hätte ihr die unmittelbare Nähe zu Frances die Kraft gegeben zu sehen, doch sie machte so viele widersprüchliche Aussagen, dass es schwierig ist, die Wahrheit herauszufinden.

Die Tochter von Frances Way erklärte, dass ihre Mutter bis zu ihrem Tode behauptet hatte, in Cottingley wirkliche Elfen gesehen und mit ihnen gespielt zu haben und dass die Photographie der sonnenbadenden Elfen echt war.

Als ich dem Herausgeber des British Journal of Photography, Geoffrey Crawley, über Kendall schrieb, antwortete er mir: „Wenn jemand Kenntnis davon besitzt, wie sich das Bild in einem photographischen Material gestaltet, würden Geister und Elfen nicht aufgenommen werden, selbst wenn sie vorhanden wären. Die Tatsache, dass ein Photograph behauptet, sie zu zeigen, beweist den Schwindel."

Dem kann ich nicht zustimmen, denn ich besitze mehrere Aufnahmen von echten Elfen, doch die ektoplastischen Gestalten sind nicht klar genug, um sie zu reproduzieren.

Die folgenden Berichte handeln von Elfenphotos, die mir gezeigt oder von einigen meiner Briefschreiber aufgenommen wurden, für deren Ehrlichkeit ich mich wirklich verbürgen kann.

Helen Fraser Morrison aus Rom schrieb mir von einer ungewöhnlichen Photographie, die zwischen den beiden Weltkriegen in der Toskana aufgenommen wurden.

„Zur Zeit der Ernte begleitete ich die Weinbauern in die Weinberge. Ich arbeitete nicht, sondern schaute nur zu und pflückte hier und da ein paar Trauben, um sie zu essen. Unter dem Arm trug ich einen kleinen schwarzen Pekinesen. Mein italienischer Freund nahm mit seiner Kodak-Kamera einige Bilder auf, unter anderem auch mich mit meinem Hund. Als diese Aufnahme entwickelt wurde, enthüllte sie eine Gestalt, die neben mir zwischen den Reben stand und ebenso klar hervortrat wie mein Hund und ich. Das Gesicht dieses Geschöpfes glich dem meinigen, war aber jünger. Sein Rock bestand aus Weinblättern, unter dem zwei sehr menschenähnliche Beine herausragten. Unter dem Arm trug sie einen kleinen weißen Hund, der sich dem schwarzen Hund unter meinem Arm entgegenstreckte, und mein Hund schien dem weißen entgegenzustreben, woraus hervorging, dass sie sich gegenseitig sahen. Die weibliche Gestalt schaute mich nicht an. Ihre Vorderansicht erschien auf dem Photo, während ich ein wenig zur Seite schaute. Mein Freund hatte diese wichtige, klar zu sehende Einzelheit auf dem Bild beim Entwickeln nicht bemerkt. Ich sah sie sofort. Dann sah auch er sie und desgleichen jeder, dem die Aufnahme gezeigt wurde. Es handelte sich daher nicht bloß um einen

Schatteneffekt, sondern um die eindeutige und unmissverständliche Aufnahme eines eigenständigen Wesens aus einer anderen Welt, obgleich für das physische Auge unsichtbar.

Wir ließen das Photo vergrößern, und die Gestalt trat noch klarer hervor. Zunächst wollten wir die Aufnahme an irgendeine Gesellschaft schicken, die sich für solche Dinge interessierte, doch leider kamen wir nie dazu, obwohl ich an viele Freunde Kopien sandte. Dann brach der Zweite Weltkrieg aus, und ich musste überstürzt fliehen und meinen gesamten Besitz zurücklassen. Mein wunderschönes Heim in Florenz wurde zerstört, und ich verlor alle meine Schätze, auch dieses kostbare Photo, von dem ich keine Kopie bei mir führte. Ich habe versucht, mich zu erinnern, an wen ich seinerzeit Drucke geschickt habe, konnte aber niemanden finden, der einen besaß. Mein Freund, der junge italienische Künstler, der das Photo aufgenommen hatte, war im Krieg ums Leben gekommen."

Doris Seccombe aus Cornwall sah zwei kleine graue Gestalten mit runden Köpfen von etwa dreissig Zentimeter Größe aus einem alten kornischen Granitstein hervortreten. Nachdem sie eine Weile herumgespielt hatten, verschwanden sie wieder darin. Bei einer anderen Gelegenheit sah sie im Garten eines Freundes einen kleinen Gnom, der ein rotes Jackett und grüne Hosen trug. Er lächelte ihr zu und verschwand.

In mondhellen Nächten konnte sie Hunderte von Elfenlichtern in ihrem eigenen Garten flackern sehen. Eine in der Nachbarschaft weilende Freundin hörte einen seltsamen Summton in einem Stechginster, und als sie nähertrat, bemerkte sie, dass er voller Elfen war. Rasch hob sie ihre Kamera auf, die sie am Boden liegengelassen hatte, woraufhin die Elfen mit Ausnahme von zwei verschwanden, die sie gerade noch in dem Augenblick, als sie aus dem Strauch flogen, sehr klar auf das Bild bannen konnte.

Obwohl Doris Seccombe einen Abzug erhalten hatte, konnte ihr Sohn Ronald diesen nach ihrem Tode nicht finden, bewerkstelligte aber, einen „Nachdruck" des Originals aufzutreiben. Ich bin sehr dankbar für seine Hilfe und die Freundlichkeit der Besitzerin Violet M. Gresswell, dass sie es mich mit der Aussicht sehen ließ, eine Kopie für dieses Buch anzufertigen.

Die winzigen Flügelwesen erschienen mir recht eindeutig und klar, denn ich wusste, was sie waren, doch niemand in dem Photozentrum in Nottingham wollte mir eine Kopie davon herstellen. Man erklärte mir, dass dann zunächst ein neues Negativ von diesem Bild angefertigt werden musste und dass auf dem daraus entwickelten Bild die beiden Gestalten lediglich als zwei nicht erkennbare weißliche Kleckse auftauchen würden.

Ein Beispiel für eine schlechte Wiedergabe befand sich in John S. Hamiltons Buch "My Times and Other Times". Die Aufnahme zeigte einen seiner Bäume, der nach seinen Angaben „voller Elfen" war. Obwohl ich hier und dort die Ähnlichkeit eines winzigen Gesichts sah, war es aufgrund des verschwommenen Hintergrunds unmöglich, eine deutliche Gestalt zu erkennen.

In ihrem Brief vom 25. Januar 1953 schrieb Pamela M. Gott aus Hamshire: „Lady Rawlinson erzählte mir von einem Schnappschuss, der auf dem Moor aufgenommen worden war. Auf dem entwickelten Bild konnte man deutlich einen kleinen Gnom erkennen, der zu dem hochgewachsenen Menschen neben ihm emporschaute, als wollte er sagen: „Was, um Himmels Willen, tust du denn hier?"

Iris Ratsey schrieb 1984: „Dora und Anita Bruce (beide inzwischen verstorben), die in Irland lebten und fest an Elfen glaubten, zeigten mir einmal ein Photo, das in einem großen Garten in Irland kurz vor (oder nach) einer Party zur Mittagszeit aufgenommen worden war. Außer der kleinen Tochter des Hauses hatte sich jeder in Position gestellt. Als man die Kleine rief, gab sie zur Antwort, sie müsse warten, da die Elfen noch nicht bereit wären. Die Familie wurde ungeduldig, denn sie nahm an, das Kind spiele nur. Doch als das Bild schließlich geschossen wurde, konnte man später um das kniende Mädchen herum recht deutlich die Elfen erkennen.

In ihrem Haus am Rande von Cheltenham stand eine wunderschöne Rosenschale, die die beiden Schwestern photographieren wollten. Sie stellten ihre Kamera auf Zeitbelichtung ein und verließen das Zimmer. Auf dem entwickelten Bild konnte man ebenfalls Elfen sehen."

Während der Ferien in Sheringham in Norfolk fuhren meine Schwester und ich zu der alten Burg Rising. Da ich in dem angrenzenden Wald sehr stark die Anwesenheit von Elfen fühlte, kniete ich mich dort zwischen den Bäumen nieder und spielte auf meiner selbstgebastelten Bambusflöte, was meine Schwester photographierte.

Musik zieht die Elfen an, und ich wusste, dass eine oder mehrere Elfengestalten sich aus dem Ektoplasma meiner Aura herausbildeten, was auf der Aufnahme zu sehen war. Alle bewunderten dieses Bild, nur die Skeptiker meinten: „Wie schade, dass das Licht in die Kamera geraten ist." - Man kann nicht gewinnen!

Der Schriftsteller Leslie Shepard schrieb mir in einem seiner Briefe:

„Niemand kann anhand von Photos oder Tonaufnahmen etwas mit Sicherheit behaupten. Doch selbst wenn es sich später als unwahr herausstellen sollte, sie regen auf jeden Fall die Vorstellungskraft an. Ich möchte damit nicht sagen, dass Elfen Einbildung sind, sondern nur, dass ihre Wahrnehmung in einem durch Vorstellung erreichten Erfahrungsbereich liegt, im Gegensatz zu dem nüchternen, „gesunden Menschenverstand".

Kapitel 13

Ein Elfenheiligtum

Der Schreiber des folgenden Erlebnisses fürchtet sich gewiss nicht, seine Identität zu enthüllen. Beide halten wir es jedoch für ratsamer, weder seinen Namen noch den Ort seines zauberhaften Elfenlandes preiszugeben, um dieses vor der Öffentlichkeit und der Neugierde sogenannter Forscher zu schützen. Ich bin „H" begegnet und habe viele Jahre lang mit ihm korrespondiert.

Im Laufe der langen Periode dieser Ereignisse stand ich in Verbindung mit dem Schutzgeist jener Gegend und machte einige persönliche Erfahrungen, die ich nicht preisgeben darf, die aber in Zusammenhang mit denen von „H" standen, so dass ich mich für die Wahrheit seiner Aussagen und seine absolute Aufrichtigkeit verbürgen kann. Obwohl er weltfremd klingen mag, ist er sehr praktisch veranlagt und hat sich immer eifrig für öffentliche Angelegenheiten eingesetzt.

Am Anfang seiner Erfahrungen lebte „H" in Nottingham, pflegte aber Ende Juni seine Sommerferien in einem kleinen Dorf in der Nähe von London zu verbringen.

Im Jahr 1960, am zweiten Samstag der Ferien, nahm er den Hund des Nachbarn mit auf seinen Spaziergang. Ungefähr anderthalb Kilometer außerhalb des Dorfes führte ihn sein Weg an einem von einem Wall umgebenen kleinen Gutshof vorbei, der drei Jahrhunderte zuvor von den Soldaten Cromwells eingenommen und in Brand gesetzt worden war. Da er damals nicht allzu stark beschädigt wurde, baute man ihn wieder auf, bis er im neunzehnten Jahrhundert erneut dem Feuer zum Opfer fiel und verlassen wurde. Schließlich verfiel er, und „H" erinnert sich, in seiner Jugend Teile der Steinmetzarbeit gesehen zu haben.

Er ging noch etwa vierhundert Meter weiter und machte sich dann wieder auf den Heimweg, da er den alten, träge gewordenen Hund nicht ermüden wollte. Als sie das zweite Mal an dem uralten Gebäude vorbeikamen, versteifte sich der Hund plötzlich und schaute nach vorne. „H“ rief dem Tier zu: „Komm’ weiter!“ Doch es schien Angst zu haben, zog die Leine aus seiner Hand und rannte so schnell nach Hause, wie er ihn noch nie hatte laufen gesehen. Er versuchte, ihn zurückzurufen, doch vergebens. Bestürzt schaute er, was den Hund so verängstigt haben konnte und erwartete einen anderen Hund oder irgendein anderes Tier. Da fiel ihm eine Bewegung auf, aber er konnte erst nach ein paar Sekunden feststellen, um was es sich handelte.

„Ich war verblüfft, scheinbar drei riesige Schmetterlinge zu sehen, von denen zwei in der Luft und einer über dem Gras schwebten“, erzählte er mir. „Sie befanden sich einige Meter von mir entfernt, und da ihre Flügel, deren Spannweite größer als dreissig Zentimeter war, die Körper verdeckten, konnte man diese nur schwierig ausmachen. Was die Farben anbelangte, so schienen die beiden in der Luft blau-kastanienbraun und der über dem Boden primelgelb zu sein.

Die Gruppe schien ein paar Sekunden lang stillzustehen, bevor sie davonflogen – die beiden immer noch über dem primelfarbenen, der entweder auf oder sehr nahe über dem Gras schwebte. Ich bemerkte, dass seine Flügel sehr viel stärker flatterten als die der beiden anderen, als ob er sich erfolglos bemühte, Höhe zu gewinnen. Der Farbreichtum ihrer Flügel war unbeschreiblich groß, denn sie schimmerten weit mehr als der kräftigste Satin und glichen in ihrer Form Schmetterlingen.

Sie setzten ihren Flug über das Gras fort, bis das primelfarbene Wesen auf einem Maulwurfhügel anhielt und seine Schwingen noch stärker als zuvor schlug, während die beiden anderen aufgeregt über ihm im Kreise flatterten. Die Flügel schlugen schneller und schneller, bis sich ihre Form in einem Farbschleier verlor, es den Erdklumpen verließ und sich rasch über das Gras zu bewegen begann. Ich spürte sogar eine gewisse Spannung in der Atmosphäre, als es sich schillernd weiterbewegte. Dann plötzlich verließ das Geschöpf den Boden und stieg hoch hinauf. Die Anspannung verschwand, und es segelte zart und leicht durch die Luft. Die drei flogen auf die Bäume zu und verloren sich. Sie waren einfach verschwunden. Ich wartete wohl eine halbe Stunde lang, konnte aber nichts mehr sehen. Eine kurze Untersuchung des Bodens und einige nachfolgende Besuche dieser Stelle erbrachten nichts. Der Hund war inzwischen alleine zu Hause angekommen, sehr müde, aber froh, am Leben zu sein. Ich begründete sein Verhalten damit, dass ihn eine Autofehlzündung erschrocken hatte. Jene Geschöpfe sah ich zuerst gegen drei Uhr und kam am Haus gegen zehn vor Vier an, weshalb ich vermutete, dass das Erlebnis mit der anschließenden Wartezeit ungefähr eine halbe Stunde gedauert hatte. Es mag bedeutungslos sein, doch zuvor war ein heftiger Regenschauer heruntergegangen."

In einer Fußnote fügte „H" hinzu, dass er als Kind viele Stunden in dieser Gegend verbracht und eine Liebe für diesen Ort und seine Geschichte entwikkelt hatte, so dass die Vertrautheit mit seiner Atmosphäre wahrscheinlich eine gemeinsame Begegnungsebene zwischen ihm und den Naturgeistern schaffte.

Am 6. April 1962 rief mich „H" an, der gerade von einem anderen, wegen der Krankheit seiner Mutter vorverlegten Ferienaufenthalt nach Nottingham zurückgekehrt war. Ich erfuhr, dass er jene Stelle mehrmals in der Hoffnung aufgesucht hatte, eine andere Elfe zu sehen, doch nichts war geschehen bis zum vorletzten Ferientag, als er auf einem alten umgefallenen Stamm saß, seine Pfeife rauchte und wartete wie zuvor. Die Schatten wurden länger, aber die Dämmerung war noch nicht hereingefallen.

Er berichtete: „Dann hörte ich einen sanft flatternden und raschelnden Ton. Ich schaute mich um, und keine zehn Meter von mir entfernt stand eine kniehohe, körperlich sichtbare Elfe. Sie glich einem hübschen Mädchen und trug ein Ballkleid aus der Zeit des achtzehnten Jahrhunderts, bestehend aus edlem hochroten „Satin". Dort, wo sie es vorne hochhielt, konnte ich die Petticoats herausquellen sehen. Ihre Flügel waren gerade zum Stillstand gekommen und besaßen die Form von Schmettlerlingsflügeln, nur viel, viel hübscher – pflaumenfarben mit tief scharlachrotem Muster, schimmernden, glänzenden Blütenblättern in strahlend leuchtender Farbe. Sie waren groß, die oberen Spitzen über ihren Kopf hinausreichend, vielleicht bis zu meinen Waden, während die unteren Enden fast über das Gras fegten. Ihr gepudertes Haar hatte sie hochgesteckt, aber nicht so übertrieben wie im achtzehnten Jahrhundert.

Als ich sie verblüfft anstarrte, hörte ich wieder raschelnde Geräusche und sah andere Elfen (etwa fünfundsiebzig Zentimeter groß bis zur obersten Flügelspitze) herunterflattern. Mit ihren bauschigen Gewändern in tiefen Rot- und Gelbtönen und schillerndem Blau und Grün glichen sie zierlichen geflügelten Rosen. Sie schienen von innen her zu leuchten, und ihre strahlenden, atemberaubend schönen Schwingen waren wie die Flügel tropischer Schmetterlinge gemustert. Sie lehnten sich ein wenig nach hinten an sie an, die Knie gebeugt, die in zarten „Satin"-Slippern steckenden Füße hochhaltend. Jede Elfe streckte sich, wenn sie sich dem Boden näherte und landete, mit einem kleinem Ruck und einem Rüschenwirbel. Sie versammelten sich und spazierten umher wie modische Damen aus dem vergangenen Jahrhundert, nur dass diese Schönheiten Flügel besaßen. Etwa fünf Minuten lang oder auch länger bewegten sie sich in dieser Weise. Der Anblick nahm mich so gefangen, dass ich nicht auf die Uhr schaute, weshalb ich nur raten kann.

Dann wandte sich die Elfe, die ich zuerst gesehen hatte, von den übrigen ab, wobei sie ihr Gewand hochraffte. Einige Minuten lang stand sie mit voll ausgebreiteten Flügeln da, begann zu flattern und zierlich auf den Zehenspitzen vorwärts zu trippeln. Sie flatterte schneller und schneller, beugte die Knie und hüpfte mit einem extra starken Flügelschlag leicht in die Luft und stieg in die Höhe empor. Eine nach der anderen folgten ihr die übrigen, und ich sah sie etwa dreieinhalb Meter hoch dahintreiben. Da bemerkte ich plötzlich, dass eine von ihnen mit einem besonders bauschigen, tiefvioletten Kleid und mit violett-blauen Flügeln nicht dabei war, sondern sich noch auf dem Boden befand und verzweifelt bemüht mit ihren Flügeln flatterte. Sie hielt zwar einen doppelten Arm voll von ihrem Meer an Röcken hoch, doch ihre Beine blieben trotzdem noch unter der krausen Fülle versteckt. Ihre Flügel schwirrten, als sie verzweifelt dahinwogte.

Erneut bog sie die Knie, hüpfte in die Luft, fiel aber zurück. Immer wieder versuchte sie es. Ihre Bewegungen zogen die anderen an, und sie verdoppelte ihre Anstrengungen. Überraschenderweise konnte ich sie hören, dieses steife, raschelnde Knistern ihres Kleides und der Flügel. Schließlich warf sie ihre Arme hoch, ließ die Röcke los und stieg hoch in die Luft empor. Die Elfen scharten sich zusammen, fassten sich bei den Händen und drehten sich im Tanze. Kurz darauf flogen sie einzeln oder zu zweit immerzu im Kreis, verblassten allmählich eine nach der anderen und lösten sich schließlich in einem schimmernden Farbdunst auf. Ein paar Sekunden lang konnte ich noch ihr Rascheln hören, dann ein klares, mädchenhaftes Lachen, gefolgt von Stille.

Es war fast dunkel. Ich fühlte mich völlig erschöpft und sehr krank und ging geradewegs nach Hause ins Bett, wo ich zwölf Stunden liegenblieb, bis ich mich völlig erholt hatte."

Von seinem erschöpften Zustand nach diesem Erlebnis zu schließen, scheint „H" einen lose zusammengefügten Ätherkörper zu besitzen, dem die Elfen reichliche Mengen an Ektoplasma entzogen haben mussten, um ihre eigenen Körper verdichten und sich freier und objektiver ihrer glanzvollen Imitation der Kostüme aus dem achtzehnten Jahrhundert hingeben zu können. Der Gutshof, der einstmals auf diesem Elfengrund gestanden hatte, muss ein elegantes Haus gewesen sein, in dem zweifellos viele große Bälle stattgefunden hatten, die von der höheren Schicht der Umgebung besucht worden waren. Die herrlichen Ballkleider und Haartrachten jener Zeit mussten einen tiefen Eindruck in den Elfen hinterlassen haben, was in ihrem Verlangen, sie zu übernehmen, zum Ausdruck kommt.

Nach diesem Erlebnis erinnerte sich „H“ an etwas, das zu dem damaligen Zeitpunkt keine Bedeutung für ihn besessen hatte. In der Grundschule unterrichtete ihn eine Lehrerin, die sehr „übersinnlich“ veranlagt gewesen sein muss.

„Sie pflegte uns Elfengeschichten zu erzählen, anstatt uns Unterricht zu geben“, erzählte „H“, „und wir ermutigten sie natürlich dazu. Niemand achtete besonders darauf, was sie sagte, da sie für ziemlich „merkwürdig“ gehalten wurde, doch ich wünsche heute, dass ich alt genug gewesen wäre, um zu verstehen und ihren Geschichten zuzuhören. Wir glaubten, es handelte sich nur um Einbildungen, doch sie drehten sich alle um jenen kleinen Landsitz. „In den Feldern, die Straße hinauf“ oder „die Straße entlang“, pflegte sie zu sagen, und das Grundstück erstreckte sich zwischen diesen Straßen. Sie erzählte uns, dass die Elfen wie große Damen vergangener Jahrhunderte gekleidet waren und Schmetterlingsflügel besaßen, aber nicht fliegen konnten. Ich weiß, sie irrte sich in dem Punkt, dass die Elfen unfähig waren zu fliegen. Wahrscheinlich hatte sie genauso wie ich ihre vielen erfolglosen Versuche beobachtet. Ich scheine also nicht der erste gewesen zu sein, der die Elfen betrachtete. Ich bin sicher, dass sie die Geschöpfe sah, und ich wünschte, ich könnte mit ihr jetzt reden.“

Im Juni 1963 ging „H“ wieder in das Dorf. Er reiste in der Nacht, und am nächsten Morgen, dem 15. Juni, stand er gegen fünf Uhr auf, da er nicht schlafen konnte, und wanderte hinaus. Natürlich fühlte er sich zu der Szene der früheren Elfenerfahrungen hingezogen, doch die Gegend bei dem alten Haus war verlassen, und er hatte nicht das Gefühl, dass dort etwas geschehen würde. Er ging daher um einen kleinen nahegelegenen Wald herum, ebenfalls ein Ort glücklicher Kindheitsstunden. Eine Zeitlang passierte nichts, dann bemerkte er etwa zehn Meter entfernt in der Nähe von einigen Sträuchern ein Paar Flügel.

„Sie waren vielleicht dreissig Zentimeter lang, von einer unbeschreiblichen Mischung aus dunklen und hellen Blau- und Silbertönen, genau wie die Flügel eines Schmetterlings geformt und von demselben satinartigen Gewebe, doch unglaublich prächtig. Ich konnte kein Zeichen von einem Körper entdecken, nur diese entzückenden Flügel, die zierlich neben den Sträuchern knapp einen Meter über dem Gras flatterten.

Atemlos beobachtete ich sie, bis sie einige Sekunden später hinter dem Blattwerk meinen Blicken entschwanden. Ich ging ihnen nach, doch wie ich erwartet hatte, war keine Spur von ihnen zu sehen. Dann, ein wenig weiter, sah ich sie erneut. Sie flogen hinter einem Baum hervor, verweilten einige Sekunden und verschwanden wieder hinter dem Baum. Ich wartete auf ihr Erscheinen, was auch kurz darauf geschah. Sie flatterten eine kleine Strecke auf mich zu, zogen sich zum Baum zurück, kehrten wieder und zögerten. Plötzlich erkannte ich, dass ich eingeladen war, ihnen zu folgen.

Sobald ich mich in Bewegung setzte, flogen sie hinter den Baum. Ich beeilte mich, und als ich um den Baum herum kam, konnte ich sie eine kleine Lichtung überqueren sehen. Ich folgte ihnen durch die Büsche zu einer anderen Lichtung und erkannte plötzlich, dass dort meines Wissens nach nie eine andere Schneise gewesen war. Nun konnte ich auch den Körper der Elfe sehen, die mich geführt hatte – den eines hübschen Mädchens, gekleidet in ein kurzes, dunkelblaues Balletträckchen. In dieser seltsamen Traumland-Atmosphäre konnte ich ihre Größe nicht genau ausmachen, aber sie schien etwa so groß zu sein wie ich. Das muss natürlich nicht bedeuten, dass sie tatsächlich so groß war, doch normale, alltägliche Maßeinheiten schienen verschwunden zu sein. Sie war so schön und schlank in ihrem duftigen Kostüm, den langen, schwarzen, weichen, dicken Haaren, die ihr wehend bis zur Taille reichten, mit den hübschen Flügeln knapp über dem Boden, ihren langen, nach vorne gehobenen Beinen und den Armen, die sie wie eine Ballerina hielt. Es war ein Anblick von solch bezaubernder Lieblichkeit, den ich nie vergessen werde.

Ich verfolgte die schimmernde Vision über die Lichtung, dann erkannte ich in ehrfürchtigem Staunen, dass wir nicht alleine waren. Die gesamte Lichtung war voller Elfen. Sie alle glichen hübschen Mädchen mit unbeschreiblich herrlichen Schwingen. Selbst das kostbarste Ballkleid hätte im Vergleich dazu wie Lumpen ausgesehen. Einige Elfen trugen Röcke, die nach innen gekehrten Rosen glichen, andere waren wie Osterglocken oder Primeln und manche in ein Rüschenmeer gekleidet. Lachend und tanzend spielten sie wie glückliche Kinder. Eine landete und erhob sich sofort wieder, doch die anderen ergriffen ihre Flügel gerade in dem Augenblick, als sie ihren kleinen Sprung machte und hielten sie lachend fest. Sie spielten eine Art von Bockhüpfen, eine Elfe beugte sich mit aufrechten Flügeln und hochgestellten Röcken nach vorne, während einige andere sich erhoben, über sie hinwegflatterten und sich nach ihrer Landung ihrerseits nach vorne beugten. Wieder andere nahmen sich bei den Händen und hüpften im Kreis. Da sie sehr eng beieinander waren, berührten sich ihre Flügel. Eine Elfe brach aus dem Reigen heraus, blickte über die Schulter und untersuchte ihre Schwingen, um sicherzugehen, dass sie nicht beschädigt waren. Dann versuchte sie, wieder in den Kreis zu treten, was man ihr aber nicht erlaubte. Sie flog auf und landete in dessen Mitte und tanzte dort ganz alleine für sich immer rundherum.

Ein betörendes Wesen war, einschließlich seiner Schwingen, vollständig in Schwarz und Silber gekleidet. Um ihre Hüften bauschten sich schwarze Rüschen, und ihr schwarzes Mieder war silbern verziert. Sie beteiligte sich nicht an den Spielen, sondern verbrachte die Zeit damit, ihre Rüschen mit den Händen aufzuplustern, wobei sie ihre Flügel spreizte, zusammenlegte und wieder auseinanderfaltete, sich immer wieder neu in Positur stellte, gelegentlich aufflatterte, offensichtlich ein recht eitles Wesen. Alle schienen sie sehr zwanglos fliegen zu können, indem sie wie Distelwolle umherglitten, so leicht wie Schmetterlinge, doch ohne das unstete Dahinstürzen dieses Insekts und auch ohne dieses verzweifelte Ankurbeln ihrer Flügel, wie ich es bei den anderen Elfen beobachtet hatte. Die ganze Schneise war von flatternden Flügeln belebt, raschelnden Röcken und schimmerndem „Satin", und die Atmosphäre schien erfüllt zu sein von einem zauberhaften, hauchzarten Licht, wie ich es nicht beschreiben kann.

Dann, viel zu schnell, verschwanden sie alle, und ich konnte nur jenes ursprüngliche, vergleichbar winzige Paar silberblauer Flügel sehen. Sie flatterten davon, und ich folgte ihnen zurück zu der anderen Lichtung, und dann waren auch sie fort. Ich schaute und schaute, aber ich konnte nur die Bäume, Sträucher und das Dickicht finden. Die Zauberlichtung war völlig verschwunden, und ich erkannte in meinem Herzen, dass sie niemals wirklich in der Welt, in der wir leben, existierte. Nun weiß ich endlich, was die alten Bücher mit dem Ausdruck „Feenland" meinten.

Einige andere Dinge fallen mir auf. Erstens, das Gras war vom Tau gesättigt, ausgenommen in der Elfenlichtung. Zweitens, obwohl ich sie zu hören vermochte, konnte ich die Geräusche eher spüren. Ein seltsames, alles durchdringendes Parfüm hing dort in der Luft – süß und leicht stechend, dennoch blumig und sehr lieblich. Die Elfen besaßen eine seidige Haut, von genau derselben Beschaffenheit wie ein Rosenblatt, samtrosa und weiß, und ihre Augen waren strahlend hell. Sie schienen rundherum sanft zu schimmern; sie glichen magischen Blumenschmetterlingen in Menschengestalt, und ihre Rüschen waren nicht nur Rüschen, wie bei den Menschen, sondern Wölkchen aus raschelndem Schaum. Ich sollte noch hinzufügen, dass die Elfen auf der Zauberlichtung keine Anzeichen dafür gaben, dass sie von meiner Anwesenheit wussten. Sie kamen niemals näher als wenige Meter, und ich fühlte mich viel zu verzaubert, auch nur daran zu denken, sie zu berühren oder anzusprechen."

Am 23. Juni 1963 schrieb „H" mir einen weiteren Brief.

„Ich hatte noch ein anderes Elfenerlebnis! Dieses unterschied sich von den drei übrigen. Am Abend kehrte ich in den Wald zurück, um Verbindung zu den Elfen aufzunehmen. Es war ungefähr dreiviertel Zehn. Ich ging zu der ersten Lichtung und wartete. Da ich mich auf einmal sehr müde fühlte, ließ ich mich im Gras nieder und dachte, dass meine Erschöpfung wohl von dem vielen Herumwandern nach der Zugfahrt herrührte. Bald kämpfte ich gegen eine solch starke Müdigkeit an, dass ich kaum noch die Augen offenhalten konnte. Plötzlich wurde mir schwindelig, und ich spürte mich in eine Leere stürzen, vergleichbar mit der Betäubung beim Zahnarzt. Dann ging es mir augenblicklich gut. Ich fühlte mich nicht nur völlig fit und energiegeladen, sondern auch heiter, sehr glücklich und sorgenfrei.

Die Lichtung ruhte nicht mehr verschlafen in der einbrechenden Dämmerung. Sie war in Licht gebadet – nicht Sonnenlicht, sondern ein schimmerndes, spinnwebartiges Strahlen, als ob ich durch einen sehr feinen Film von zarter Spitze schaute, der sie unwirklich und substanzlos erscheinen ließ, sanft und ohne den harten Glanz des Tageslichts. Überall waren Elfen, liebliche Geschöpfe mit leuchtenden Schwingen und ähnlich gekleidet wie jene, von denen ich das letzte Mal erzählte.

Diesmal aber gab es weder Spiel noch Tanz. Statt dessen schienen sie alle damit beschäftigt zu sein, sich so hübsch wie möglich zu machen, als ob sie sich für eine Party oder einen Ball rüsteten. Eine große Aufregung lag in der Atmosphäre, ein geschäftiges Hin und Her, das sich auf mich übertrug. Wieder schienen die Elfen so groß wie Menschen zu sein, und auch der seltsame Duft erfüllte die ganze Zeit über die Luft.

Eine der Elfen in einem üppigen blauen Ballkleid begann schließlich ihre kunstvoll gemusterten, vielfarbigen Flügel sehr schnell zu schlagen, doch ohne sich zu erheben oder zu bewegen. Sie stand einfach nur gelassen da und begann dann, zierlich und mühelos vorwärts zu trippeln und am äußeren Rand der Lichtung entlangzulaufen. Die anderen folgten ihr, bis sich eine flatternde Elfenreihe bildete. Dann erhoben sie sich in die Luft, die Beine hoch- und die Arme nach vorne ausgestreckt, rauschten im Kreise davon und wanden sich mit dem Klang eines seufzenden Windes spiralenförmig aufwärts. Die Aufregung steigerte sich zu einem fürchterlich schrillen Ton. Dann wurde mir schwindelig, und ich fühlte mich wieder durch diese Leere fallen, aber diesmal nach vorne, als ob ich dorthin zurückkehrte, von wo ich gekommen war. Und dann war alles vorbei. Ich befand mich auf der stockdunklen Lichtung. Es regnete leicht, und alles erschien wirklich und gewöhnlich. Als ich aus dem Wald stolperte, fühlte ich mich aufgrund des aufregenden Erlebnisses recht „zittrig" und aufgewühlt. In der Dunkelheit wurde meine Hand mehrmals von Dornen gestochen, von denen einer einen Faden aus meiner Jacke zog.

Darüber nachdenkend, fallen mir noch andere Dinge auf. Diese Elfen schienen üppiger gekleidet zu sein als jene anderen auf der Zauberlichtung, denn ihre Kostüme besaßen Gold- und Silberfäden und waren mit Blumen übersät. Ich glaube mich auch zu erinnern, dass die Elfen mit den Satinflügeln Silber- und Goldschuhe trugen, während die mit den Tüllkleidern barfuß waren, doch ich bin mir dessen nicht ganz sicher."

In einem späteren Brief ging „H" auf die „großartige, eigentlich übertriebene Eleganz von Gebärde, Haltung und Bewegung der Elfen ein, ähnlich wie bei einer Ballerina oder dem Gehabe des achtzehnten Jahrhunderts. Ihr Fingerspiel, die Bewegung der Arme oder die Anmut, mit der sie ihre Zehenspitzen bewegten oder auf den Schnörkel einer Rüsche verwandten, fielen auf."

Auch andere Briefschreiber (insbesondere Struan Robertson) haben diese Vollendung der Form und Anmut der Bewegungen beobachtet.

„Naturgeister können ebenso wie Kinder recht nichtsnutzig sein, und dies ist ein Beispiel dafür", schrieb „H". „Am vergangenen Freitagabend (23. August 1963) sah ich eine filigrane Elfe in einer Ecke des Zimmers stehen. Sie hielt ihr Gesicht in den Händen und schien sich „die Augen auszuweinen".

Ich war natürlich höchst beunruhigt und dachte gerade „armes Ding, was mag nur los sein?", als sie mich mit solcher Heiterkeit und pausbäckiger Ungezogenheit anschaute, dass es recht offensichtlich war, dass sie mich nur ärgern wollte. Ich hätte sie am liebsten geohrfeigt, wie man sich vorstellen kann.

Sofort breitete sie ihre Arme aus, stellte sich auf die Zehenspitzen, gab sich einen kleinen Stoß und flatterte durch die Wand."

Am Abend des 9. Oktober 1965 hatte „H" über dem Lesen die Zeit vergessen, und als er schließlich zu Bett ging, war es bereits ein Uhr. Da er übermüdet war, konnte er nicht einschlafen. Er lag eine Stunde oder länger wach und wurde immer unruhiger und schlafloser. Mit einem Male jedoch spürte er dieses vertraute „schwimmende" Gefühl, was ungefähr eine Sekunde lang anhielt. Als er sich davon erholt hatte, schien er daheim auf einem schmalen, überwachsenen Pfad zu stehen (oder zu liegen, er war sich nicht mehr sicher), der zum Haus führte und vielleicht als Wagenzufahrt diente. Obwohl wieder dieses dunstige Licht über der Szene lag, schien es heller Tag zu sein, und die üppige Vegetation - Blumen, hohes Gras und Büsche – ließ auf den Hochsommer schließen.

„H" schrieb in dem Brief, den er mir am nächsten Tag sandte: „Dann bemerkte ich eine Bewegung im Gras und stellte zu meiner Überraschung fest, dass diese von einem Elf in der Gestalt eines mürrischen, verrunzelten und sehr streitsüchtig dreinschauenden alten Mannes verursacht wurde, der einen langen, struppigen Bart, graues Haar und überraschend strahlend blaue Augen besaß. Er trug einen langen braunen Mantel, rostrote Hosen und eine Kopfbedeckung, die aussah, als hätte er einen braunen Strumpf tief bis zu den Augenbrauen heruntergezogen, der in seinem Nacken baumelte. Er humpelte mit Hilfe eines kurzen, gebogenen Stocks seines Weges, wobei er seine Lippen bewegte, als murmelte er zu sich selbst. Auf dem Rücken saßen ein Paar lange, libellenartige, blassgrüne Flügel, deren hauchzarte, geäderte Beschaffenheit in krassem Gegensatz zu den üppigen Satinsegeln der Elfenmädchen stand.

Da bemerkte ich die Elfen des Anwesens in ihren glänzenden Roben und den schillernden Flügeln, die sich hinter den Büschen versteckt hatten, die Blätter vorsichtig auseinanderbogen und ängstlich hervorspähten. Sie schienen den „alten Mann" zu beobachten, waren aber bedacht darauf, dass er sie nicht bemerkte. Ich erkannte die Elfe in dem scharlachroten „Satin" und mit den scharlachroten und pflaumenfarbigen Flügeln als die „Anführerin" aus meiner früheren Vision. Auch einige andere, zum Beispiel jene in Violett, die nicht fliegen konnte, waren mir vertraut. Immer noch trug sie dieses riesige bauschige Gewand. Diesmal konnte ich sie eingehender betrachten, da sie mir näher gekommen war. Mit menschlichen Ausdrücken beschrieben, bestand das Kleid aus zahllosen winzigen Rüschen von violettfarbenem „Chiffon", zusammengehalten mit sehr schmalen Samtbändern und riesigen, spinnwebfeinen Ärmeln, ebenfalls aus „Chiffon". Darunter trug sie eine ungeheure Tüllwolke, und das Ganze breitete sich sehr viel weiter aus, als die Elfe groß war, lediglich hinten ein wenig abgeflacht, damit sie ihre Flügel benutzen konnte. In ihrem gepuderten, hochgesteckten Haar trug sie Edelsteine. Ich muss gestehen, sie nahm meine Aufmerksamkeit so stark gefangen, dass ich den alten Mann für einen Augenblick vergaß. Doch wie überrascht war ich, als er, immer noch dahinhumpelnd, Stück für Stück verschwand! Zuerst seine Arme und sein Stock, dann seine Beine und sein Körper, bis schließlich nur noch sein Kopf, immer noch nickend und vor sich hin murmelnd, und die Flügel sichtbar waren. Diese breiteten sich aus und begannen mit einem rauhen, ruckartigen Rascheln zu schlagen, und dann, bevor der alte Mann sich erheben konnte, war er völlig verschwunden. (Anmerkung der Autorin: Einige alte Gnome verblassen tatsächlich stückweise. Wahrscheinlich sind sie reif, in eine andere Lebensform überzugehen.)

Sofort strömten die Elfen erleichtert aus ihrem Versteck. Lächelnd rannten sie herum und klatschten in die Hände. Sie schienen sich selbst zu beglückwünschen, dass sie seiner Aufmerksamkeit entwischt waren. Sie unterhielten sich offensichtlich über diesen Vorfall und redeten alle auf einmal (Worte waren nicht zu hören), jede einzelne wohl davon überzeugt, die schlaueste gewesen zu sein. Dann gab die Elfe in den lila Rüschen vor, sich hinter einer schlanken Nessel zu verstecken (als ob das möglich gewesen wäre), während eine andere in rotem „Samt" sich als der alte Mann ausgab und parodierend daherstampfte, ihren langen Rock hinter sich herziehend. Dann brachen sie alle in Lachen aus, klatschten in die Hände, und mehrere andere Elfen wollten das gleiche Spiel spielen, doch die Elfe in dem scharlachroten Gewand erlaubte es nicht. Sie rief sie zusammen, und die eleganten Damen begannen wieder, gesittet den Pfad entlangzuschlendern und verschwanden hinter der Wegbiegung. Plötzlich wurde es dunkel, und ich schien durch den Raum zu rauschen. Schwindel und eine leichte Übelkeit folgten – und ich war wieder in meinem Bett!

Diese seltsame Vision schien ein wenig mehr Licht auf die Natur der Elfen des Gutshofes zu werfen. Offensichtlich stellen sie eine merkwürdige Mischung aus gereiften, gesitteten Damen und glücklichen, schelmischen Kindern dar. Aber ich glaube, Elfen neigen dazu."

Es scheint, dass es „H" erneut in den Glanz der Feenwelt zog, denn am 14.

August 1968 schrieb er mir, dass er während der Nacht die unglaublichste Vision erlebt hatte. Da er in der feuchtwarmen Luft nicht schlafen konnte, stand er auf und ging spazieren. Er schaute nicht auf die Uhr, aber es war ziemlich dunkel, doch sternklar genug, um den Weg zu erhellen, zumal ihm die Gegend, in der geboren wurde, vertraut war.

Er wanderte eine hübsche kleine Straße entlang, an der innerhalb von knapp zwei Kilometern nur drei Bauernhöfe lagen. Sie lief nahe dem alten Gutshof vorbei. Auf halbem Wege führte ein schmaler, grasbewachsener Seitenweg dorthin, der wohl einmal als Hintereingang zum Haus gedient hatte. Kurz hinter diesem Pfad erstreckte sich ein Kornfeld, und auf der anderen Seite der Straße lag ein kleines, seltsam zugeschnittenes Feld mit ein paar Kälbern darauf, das Reich der Hasen, die recht unerschrocken und fast zahm zu sein schienen. „H" überfiel plötzlich das starke Verlangen, über das Feld zu gehen. Innerhalb weniger Augenblicke bemerkte er, dass es auf geheimnisvolle Weise heller zu werden schien. Zunächst nahm er an, es sei die Morgendämmerung, als er feststellte, dass es ein seltsam kaltes, blasses Licht war, fast wie Mondlicht, obwohl es bald taghell wurde. Er schien sich in einem Dorf zu befinden. Überall standen Häuser, und er wanderte eine Straße entlang, die, obwohl flach genug, aus ausgetretener Erde und Steinen zu bestehen schien, ähnlich wie die Straßen vergangener Jahrhunderte. Auch die Häuser waren im alten Stil gebaut, schienen jedoch seltsam verzerrt zu sein, als betrachte man sie durch ein billiges Glasfenster.

Dann bemerkte er, dass er von Elfen umgeben war. Sie schienen sich dort ebenso zu Hause zu fühlen wie ein Mensch in seinem Heimatort. Einige waren Rosenelfen in Kleidern, die wunderschönen, umgestülpten, rosafarbenen Rosen glichen, die wie mit Tau bedeckt glitzerten. Ihre Flügel besaßen dieselbe Farbe, Form und Maserung wie die Rosenblätter, ein warmes, sattes Rosa, und ihre zarten Pantoffeln waren grün. Dann gab es Elfen mit rosa Flügeln, deren Kostüm den rosa Windenpflanzen glichen, die sich überall dort auf dem Boden entlangzogen. Leichtfüßig und zierlich trippelten sie herum und erhoben sich oft in zitternd flatterndem Flug. Eine andere Art von Elfen nannte „H" die Pflaumenelfen, da sie bis zu den Waden reichende Glockenröcke in der Farbe einer reifen Pflaume trugen und deren Flügel dieselbe Struktur aufwiesen wie diese Frucht. Sie bewegten sich sehr viel würdevoller, und wenn sie fliegen wollten, mussten sie stillstehen, flattern und ein paar Schritte vorwärts laufen.

„H" wanderte durch das Dorf, während Elfen aller Art – einige wie Blumen gekleidet, andere in Ballettröcken und wieder andere in tüllartigen Gewändern – ihn sachte umflogen. Einige glitten über die Dächer der scheinbar ebenso großen Häuser wie die der Menschen (die Elfen besaßen etwa die Größe eines zwölfjährigen Kindes), andere gingen umher und erhoben sich dann ganz plötzlich mit kurzem Geflatter und einem kleinen Sprung in die Luft. Es gab auch mehrere knorrige alte Gnome, kleine Elfen in Wams und Hose, mit langen, schlanken, libellenartigen Flügeln und dazwischen ein recht merkwürdiges Geschöpf – ein sehr alter, aber wohlwollend dreinblickender Gnom in langem Mantel und Hosen.

„H“ beobachtete viele Dinge, bis ihm schließlich auffiel, dass alle Elfen dieselbe Richtung einschlugen und einem bestimmten Ziel zusteuerten. Bald wusste er auch, wohin sie gingen. Auf einem Feld zwischen den Häusern gab es einen Elfenmarkt. Dieser recht kleine Platz schien dreieckig zu sein, denn er sah nur drei Hecken, von denen die eine fein säuberlich wie eine Gartenhecke gestutzt war und die beiden anderen wie blühender Weißdorn aussahen. (Im August? Aber warum nicht, in einem Elfendorf?) Der Markt bestand aus einem Wirrwarr von bis oben hin mit Waren vollgepfropften Buden.

Die gesamte Szene zog innerhalb weniger Sekunden vorbei. Doch zurückblickend erschien es „H“, als hätte sie Stunden gedauert. Sie setzte sich aus vielen kleinen, ineinander greifenden Teilen zusammen. Dann wurde es plötzlich sehr neblig, und die Luft schien von fliegenden Elfen erfüllt zu sein. Das letzte, was er sah, war eine Elfe vom Gutshof in einem rosenroten Kleid, die sich nach vorne beugte und mit ihren Armen von hinten her eine Fülle von Petticoats nach vorne fegte. Mit schlagenden Flügeln lief sie auf winzigen, satinbeschuhten Füßen, immer noch eine Rüschenwolke hinter sich herziehend, vorwärts. „H“ konnte jedoch nicht erkennen, ob sie es schaffte, davonzufliegen. Eine kleine Elfe, die in ihrem Kleidchen wie eine Ballerina aussah, flog so nahe an ihm vorbei, dass er sie hätte berühren können, wenn es ihm eingefallen wäre.

Urplötzlich fand er sich dann wieder draußen auf der Straße in der Dunkelheit stehen. Zuerst glaubte er, am Gatter lehnend kurz geträumt zu haben oder einer Halluzination erlegen zu sein, doch dann bemerkte er, dass das Tor offen stand, als ob er hindurchgegangen war. Er drehte sich um und rannte zurück in das Feld, doch es zeigte sich ganz gewöhnlich und normal. All der Zauber und die Schönheit, die lieblichen Farben und das Leben einer anderen Welt waren verschwunden. Traurig ging er nach Hause.

„Und hier ist das Seltsame“, schloss er seinen Brief. „Ich konnte während dieses Erlebnisses höchstens einige Sekunden lang in dem Feld gewesen sein, denn ich hatte trotz des nassen Grases trockene Füße, und die Schuhe, die ich trug, hätten das Wasser durchgelassen. Als ich aber das zweite Mal für einige Minuten in das Feld zurückging, waren meine Füße wirklich nass!"

Das erinnert an sein Erlebnis vom 15. Juni 1963, als er das taunasse Gras in der ersten Lichtung, nicht aber in der Elfenlichtung bemerkte. Daraus scheint hervorzugehen, dass er sich in seinem Astralkörper auf das Feld begeben hatte, als er zum ersten Mal hineinging, während seine physische Hülle am Gatter stehenblieb, und es ist durchaus möglich, dass die Elfen jene Szene nur für ihn erschufen.

Am 25. Juni 1970 nahm „H" an einem Ball in einem Haus teil, das nicht weit von jenem kleinen Landsitz entfernt lag. Er schaute eine Zeitlang den auf dem Rasen tanzenden Leuten zu. Dann, als die Schatten länger wurden und die Sonne hinter den Hecken unterging, machte er sich auf den Heimweg. Zu Hause zog er sich um und wanderte über dem Seitenweg zu dem alten Landsitz hinauf, wo er kurz vor zehn Uhr abends eintraf. Drüben auf dem Ball konnte man die Lichter sehen. Er lehnte sich rauchend an den Zaun und glaubte, in der Ferne Musik zu hören.

„Die Musik klang orientalisch. Doch obwohl das, was ich hörte, nach Musik klang, vermochte ich seltsamerweise keinen wirklichen Ton zu vernehmen. Sehr geheimnisvoll, aber ich nahm an, es läge an der Entfernung und versuchte, genauer hinzuhören, wobei ich müßig über das Feld blickte.

Da sah ich die Elfen. Sie schienen kilometerweit entfernt zu sein, als sähe ich sie auf dem Fernsehschirm. Sie schlenderten auf mich zu, aber dennoch mit ungeheurer Geschwindigkeit. Plötzlich standen sie ganz ruhig vor mir. „Vor mir" heißt etwa fünfzehn Meter entfernt und etwas zur linken Seite, obwohl sie irgendwie trotz ihrer menschlichen Größe so substanzlos und unwirklich erschienen, dass ich nicht genau sagen konnte, wo sie tatsächlich waren. Die zarten, leicht schillernden Gestalten trugen die gleichen atemberaubend hübschen Kleider wie immer – Satin und Brokat, Spitze, Chiffon, Tüll sowie Kombinationen aus allen Materialien. Ich bediene mich der menschlichen Ausdrücke zur Beschreibung ihrer Gewänder, was natürlich nur ein Annäherungsversuch ist. Wie kann man auch Elfenmaterial richtig beschreiben? Es gleicht Spinngewebe, Flammen von Rot, Blau und Bernstein; wie Netze aus Meerschaum und Sommerwolken; wie Abendschatten, Dämmerung und Sonnenuntergang und Blumen im Nebel. Ihre Flügel besaßen die gleiche Schönheit – vollkommen ausbalancierte Schmetterlingsschöpfungen, deren untere Spitzen fast am Boden schleiften und mit den oberen Enden hoch über ihre Köpfe hinausreichten, vergleichbar mit aufrecht stehenden Schmetterlingen.

Eine Elfe in bauschigem, elfenbeinfarbenem Kleid begann zu tanzen. Bald folgten ihr die anderen, und alle tanzten, verschiedene Stellungen einnehmend, im Kreise hin und her, mit bauschigen Röcken, die Wolken von Spitzen sehen ließen, luftig und schimmernd, wenn sie hochflogen. Und die ganze Zeit über spielte diese ferne, tonlose Musik, wie von einer seltsamen Geige kommend. Einige dieser fünfzehn oder zwanzig Elfen hielten ihre Röcke, einige achteten nicht auf diese beschwerliche Stofffülle. Aber nichts besaß Gewicht oder Stofflichkeit; es glich dem lieblichen Schmetterlingstanz in einem Traum oder den silbernen Mondstrahlen in einem Blumengarten.

Da bemerkte ich, dass die meisten mit den Flügeln zu flattern begannen, und bald bewegten alle ihre Schwingen leicht und mühelos. Absichtlich raschelten sie mit ihren Röcken und bauschten sie auf, und mehrmals sah ich eine Elfe ihre Hand nach der Nachbarin ausstrecken und deren Röcke aufwerfen. Es schien sogar, als ob sie nur eine Hand auszustrecken brauchten, und die Petticoats breiteten sich aus. Außerdem benutzten sie die Arme, die sie auf und ab schlugen, als zusätzliche Schwingen, um die Wirkung zu verstärken. Ganz leicht erhoben sie sich und schwebten wie eine bunte Wolke tanzend durch die Luft. Beständig sanken einige Elfen zur Erde zurück, streckten ihre Arme hoch hinauf, flatterten und nahmen wieder an dem ätherischen Tanz teil. Eine Elfe lief in der Luft immer rundherum, lachend und die Flügel rasch und geräuschlos schlagend. Vergleichbar mit Vögeln, schossen einige durch die Lüfte, stürzten hinab und kreisten umher. Dann schäumten sie einen Regenbogen von üppigem Satin, Spitzen und flatternden Flügeln auf. Bald gewannen sie wieder eine ungeheure Geschwindigkeit und verschwanden wie ein glitzernder Pferdehuf.

Ich warte eine Weile und ging schließlich betäubt nach Hause."

„H" schrieb erst wieder 1973 und berichtete, dass er inzwischen außer einigen flüchtigen, verschwommenen Eindrücken von Elfen nur eine einzige richtige Vision gehabt hatte.

„Es war eine Waldelfe, halb fliegend, halb auf ihren Zehenspitzen tanzend, mit Schmetterlingsflügeln und einem schaumigen, hauchzarten Spitzenröckchen in der Farbe einer Kornblume. Sie lachte fröhlich, in ihrer Lieblichkeit den Sonnenschein und Blumenreichtum feiernd. An einer Blüte riechend, den Kopf zurückwerfend und ihre Arme wie eine Ballerina erhebend, flatterte sie knapp über dem Boden von Blume zu Blume. Tanzend bewegte sie sich wie Distelwolle, die der leichteste Windhauch in die Luft blies. Sie flog eigentlich nicht richtig und verschwand bald aus der Lichtung."

Als „H" am 28. des darauffolgenden Monats den kleinen Landsitz besuchte, erwartete er nicht, Elfen zu sehen, denn es hatte heftig geregnet, und das Gras war nass. Entgegen seinen Erwartungen tauchten sie jedoch augenblicklich auf, und er schrieb mir am nächsten Tag: „Es waren sieben Elfen, von denen ich einige zuvor gesehen hatte – die mit den violett-, primelgelb-, pflaumen- und scharlachrotfarbenen Gewändern und Flügeln. Eine trug ein Kleid in Rosa und Taubengrau und besaß silber-rosafarbene Flügel; eine andere war völlig in Grün gekleidet. An die beiden anderen kann ich mich nicht mehr erinnern.

Sie bereiteten sich in der üblichen Weise aufs Fliegen vor, indem sie ihre Röcke hoben, sich auf die Zehenspitzen stellten, einige Sekunden lang stillstanden, mit den Flügeln rasch zu schlagen begannen und nach vorne liefen. Die Elfe in Violett wurde so leicht, dass sie nur so dahinschwebte. Ihre Zehen berührten fast das Gras, und da sie ihre Schritte kaum richtig zu lenken vermochte, torkelte sie hin und her, verzweifelt an ihren schwirrenden Flügeln hängend und bemüht, ihre Kleider vom Boden zu raffen.

Die anderen waren sogar noch erfolgloser. Sie eilten in einer Woge von raschelnden Gewändern und Flügeln umher und strengten sich mächtig an, emporzusteigen. Es klang wie der durch die Bäume streichende Wind im Wald. Sie funkelten in der niedrig stehenden Sonne – ein zauberhafter Anblick! Sie versuchten, jegliche Erhöhung zu erreichen, Maulwurf- oder Ameisenhügel, nur um Auftrieb zu gewinnen, fielen aber verzweifelt wieder in den Wirrwarr ihrer Kleider zurück."

In diesem Moment erinnerte sich „H" an meinen Vorschlag, weiter weg von den Elfen zu stehen, um die Menge an Ektoplasma zu verringern, das sie ihm entzogen, um ihre üppige Kleidung aufzubauen. Er begann also, sich von ihnen zu entfernen, und „sie schienen fast augenblicklich leichter zu werden, substanzloser, vergleichbar mit einem Kinofilm." Als er sich noch weiter zurückzog, „schwebten sie leicht wie Distelwolle" in der Luft und verschwanden. „H" hob jedoch hervor, dass er nicht immer Abstand wahren konnte, da die hohen Hecken an der Stelle, an der er sich gerade befand, seine Ausweichmöglichkeiten begrenzten, und wenn er sich auf dem Feldweg entfernte, verlor er sie aus den Augen. Außerdem rannten die Elfen bei ihren Versuchen, sich in die Luft zu erheben, sowohl von ihm fort als auch auf ihn zu. Daher schienen sie auch weiterhin durch die vielen Schichten ihrer ätherischen Kleidung behindert zu bleiben.

„H" besitzt keine Photographien von den Elfen, da er sich in dem Augenblick, in dem er sie sieht, seiner selbst völlig unbewusst ist. „Ihr Anblick nimmt mich so gefangen, dass ich mich selbst vollkommen vergesse und nicht wüsste, was ich tun sollte", erklärte er.

Am 9. Juni 1974 schrieb „H", dass er in der Nacht zuvor die Hauselfen wieder ganz kurz gesehen hatte. Flatternd tanzten sie glücklich auf den Zehenspitzen, wie immer gekleidet in ihren Roben aus dem achtzehnten Jahrhundert. Hin und wieder raffte eine ihre Röcke hoch, schwirrte mit den Flügeln und versuchte, sich zu erheben, doch ohne Erfolg.

„H" fühlte sich krank und leer wie gewöhnlich, aber weniger als an den früheren Tagen.

Am 7. Februar 1976 erlebte er etwas anderes. Er schrieb: „Nachdem ich keine der Elfen bei dem Gutshof gesehen hatte, kehrte ich auf dem Feldweg zurück, bog um die Ecke, und da waren sie! Die Gesellschaft bestand aus der „Königin" mit einem Gefolge von sechs Hofdamen und etwa einem Dutzend „Wächtern" um sie herum. Letztere waren in Jacken aus steifem Tuch in dunklem Grün gekleidet, wie sie die Wildhüter des achtzehnten Jahrhunderts trugen, mit dazu passenden Strumpfhosen aus einem schimmernden Material. Sie führten lange Stäbe oder Speere mit sich. Ihre rostfarbenen Flügel erreichten bei weitem nicht die Länge von denen der Damen, die in dem satten Rot der Hagedornblätter im Oktoberlicht prangten. Die unteren Enden der schmetterlingsförmigen Schwingen streiften über das Gras. Die Gewänder der Damen bestanden aus steifem, netzartigem Material, einem Samtoberteil und langen, schlanken Puffärmeln in sanftem Waldgrün.

Die „Königin" war ein strahlendes Geschöpf. Ihre riesigen Schwingen in glühendem Scharlachrot passten zu dem Satinkleid, das über einer Spitzenfülle hinter ihr herschleifte. Ihr silbern leuchtendes Haar floss wie ein Wasserfall den Rücken hinab und reichte fast bis zum Boden. Auf dem Kopf trug sie einen Kranz aus grünen Blättern und roten Beeren. Sie überragte die übrigen Elfen um Kopfeslänge. Sie strahlte wie eine Lampe, und die anderen glichen im Vergleich zu ihr fahlen Motten.

Weder rechts noch links schauend, gingen sie immer geradeaus und schienen durch eine unsichtbare Tür zu schreiten, denn sie verschwanden nicht urplötzlich, sondern allmählich. Und dass mitten auf dem Weg! Eine nach der anderen entfernte sich durch dieses unsichtbare Tor."

In einem Brief vom 29. Januar 1977 schrieb „H": „Heute sah ich wieder eine Elfe – zum ersten Mal nach langer Zeit. Ich wanderte den Feldweg hinter dem Gutshof hinauf, um einen abgebrochenen Ast als Feuerholz zu holen. Er stammte von einer Ulme, aber nicht von dem Gelände des Landsitzes. Ich lehnte mich bei den Eichen an den Zaun und schaute hinüber, um vielleicht eine Elfe zu entdecken. Da ich nichts sah, ging ich fast bis zum Tor am Ende des Weges, um den Ast zu holen. Auf dem Rückweg, dort wo die Hecke die beiden Felder voneinander trennt, legte ich den Ast nieder, um ihn auf die andere Schulter zu heben. In diesem Augenblick bemerkte ich in dem Gutsfeld einen Fuchs, was mich nicht überraschte, da es in dieser Gegend nicht ungewöhnlich ist. Gesenkten Kopfes trottete er langsam vor sich hin, als ich bemerkte, dass er etwas verfolgte. Er kam durch den Zaun und wandte sich von mir ab. Da sah ich eine Elfe vor ihm. Sie war einschließlich ihrer Flügel etwa fünfunddreißig Zentimeter groß und trug ein tüllartiges Petticoatkleid aus mattgrünem Material. Ihre satinartigen Flügel waren blassgrün, groß und schmetterlingsförmig. Sie versuchte offensichtlich vergebens zu fliegen, da das Kleid sie herunterzog und es keine Erhöhung gab, von der sie sich hätte abstoßen können.

Sie schien den Fuchs zu verwirren, der das vergeblich flatternde Geschöpf interessiert verfolgte, und so setzten die beiden ihren Weg fort, bis sie einen alten, halb abgestorbenen Obstgarten erreichten. Sobald ich diesen lähmenden Traumzustand abgeschüttelt hatte, der mich immer erfasst, wenn ich Elfen sehe, folgte ich ihnen möglichst rasch.

Die Obstbäume waren seit über dreissig Jahren nicht mehr gestutzt worden. Durch das dichte Unterholz fiel es mir schwer, mit den beiden Schritt zu halten, und ich verlor sie aus den Augen. Vielleicht war die Elfe verschwunden, vielleicht auch geflogen. Ich glaube nicht, dass der Fuchs ihr etwas angetan hatte, er schien eher gebannt gewesen zu sein."

Im September 1978 sammelte „H" Haselnüsse, als er eine Elfe beobachtete, die sich sehr sorgfältig innerhalb der hohen, breiten Hecke ihren Weg bahnte. Ihr fülliges grünes Kleid und die blassgrünen Spitzenunterröcke erschwerten ihr das Vorwärtskommen, und die goldenen Flügel behinderten sie sichtlich. Schließlich ermüdete sie, kletterte den Stamm eines verfallenen Holzapfelbaumes hoch und versuchte, von ihm aus fortzufliegen. Doch sie vermochte ihre Flügel nicht völlig auszubreiten und konnte trotz heftigen Flatterns nicht starten, weswegen sie hinuntersprang und ihren Absturz so gut sie konnte mit den Flügeln abfing. Dann eilte sie über das recht flache Feld, auf dem es weder Maulwurf- noch Ameisenhügel gab, von denen sie sich hätte abheben können. Nachdem sie einige Meter verzweifelt herumgeflattert war, verschwand sie.

Im August 1979 schrieb „H": „Ich habe eine andere Elfe gesehen. Lange hatte ich vergebens darauf gewartet und wollte gerade aufgeben, als eine Elfe auftauchte, die einen halben Meter über dem Boden, knapp fünf Meter vor mir, von links nach rechts vorüberflog. Sie trug ein fülliges, rosafarbenes Kleid, ihre Flügel waren ein Ton dunkler. Plötzlich begann sie, sehr rasch in kleinen Kreisen zu wirbeln, wobei ihre Flügel kräftig schlugen, denn ihr Kleid war an einer Distel hängengeblieben. Doch bald hatte sie sich befreit, und emporsteigend verschwand sie.

Ein Kleid, das sich in einer Distel verfangen kann, muss doch verdichtet sein und Gewicht haben. Kein Wunder also, dass es diesen Elfen schwerfällt, sich vom Boden zu erheben!"

Im März 1983 machte „H" eine Erfahrung, die ihn erkennen ließ, dass die großzügige Menge an Ektoplasma aus seinem Ätherkörper, von dem die Elfen bei der Materialisierung ihres Erscheinungsbildes abhängig waren, mit zunehmendem Alter abnahm.

Es waren ihm einige frische Maulwurfhügel in dem Feld aufgefallen, und als niemand dort war, ließ er sich nieder und wartete. Schließlich bemerkte er etwas in einem Abstand von fünf bis sechs Metern. Zunächst konnte er nichts erkennen, doch dann sah er den Teil eines Flügels. Langsam begann sich der Flügel zitternd zu entwickeln und vervollkommnete sich zu einem Flügelpaar. Plötzlich verschwanden sie und tauchten erneut auf, aber er konnte durch sie hindurchsehen.

Beständig flackerten sie in momentaner Verdichtung, und dann konnte er die ganze Elfe sehen, doch nur vage und flackernd, vergleichbar mit dem Bild auf einem ausgedienten Fernsehschirm. Sie schien sich zu bemühen, in Erscheinung zu treten, schaffte es aber nicht ganz. Dann plötzlich tauchte sie vollständig auf, mitsamt ihrer Kleiderfülle. Eine Sekunde lang stand sie still da, bevor sie ihre Flügel auseinanderfaltete, die augenblicklich verschwanden. Sie blickte verdutzt drein. Da war sie nun, bereit zum Flug abzuheben, aber flügellos. Als zitternder Dunst verschwand sie einfach.

Das Ganze dauerte vielleicht dreissig Sekunden lang oder sogar weniger, und die Elfe war ebenso überrascht wie ich", meinte „H".

Man fragt sich, warum die Flügel für diese Elfen so wichtig sind, denn nach Geoffrey Hodson handelt es sich dabei im Allgemeinen um Kräfte, die der astro-ätherischen Aura der Naturgeister selbst entströmen.

Edward E. Gardner behauptet, dass sie weder Gliederung noch Geäder besitzen und nicht zum Fliegen benutzt werden, aber ich weiß von vielen Leuten, die Flügel mit zarten Adern wie bei den Insekten gesehen und beobachtet haben, wie sie diese während des Fliegens öffneten und schlossen. Andererseits können flügellose Elfen anscheinend mühelos durch die Luft segeln.

Im Falle der Elfen von „H" ist es möglich, dass sie sich aus Schmetterlingen entwickelt haben, da sie solchen Wert auf den Gebrauch ihrer Flügel legen, und „H" selbst meinte: „Ich bin davon überzeugt, dass vollständig materialisierte Elfen durch die Kraft ihrer verdichteten Schwingen wie Schmetterlinge fliegen. Bei diesen zumindest trifft das zu. Warum sonst heben sie ihre Gewänder an, damit sie Gleichgewicht gewinnen; hüpfen von Erhöhungen, um in Schwung zu kommen und vermeiden windgeschützte Stellen, weil sie die Brise in ihren Flügeln brauchen, um die Schlagkraft zu erhöhen? Sie stehen aufrecht, um sich möglichst gut auszubalancieren und lehnen sich in der Luft ein wenig zurück an ihre Flügel, mit leicht nach vorne gestreckten Füßen und gebeugten Knien. Sie erinnern mich lebhaft an Schwäne, hervorragend im Flug, doch kümmerlich, wenn es darum geht, vom Boden abzuheben."

Kapitel 14
Medien und Elfen

Als ich Mildred und Bunnie Taylor in ihrem hübschen alten Haus in Kent besuchte, sah ich im Flur einige zauberhafte Miniaturen von Kindern hängen, die Bunnie, ein sehr sanfter, bescheidener Mann von zarter Gesundheit, in Wasserfarben gemalt hatte.

Nach seinem Dahinscheiden kommunizierte Mildred mit ihm und schrieb mir in einem Brief: „Bunnie (in der geistigen Welt) hat den Elfentanz beobachtet und bezeichnete ihn als einen wundervollen Anblick. Er und sein Führer erreichten ein kleines Feld, in dessen Mitte ein kegelförmiges Haus stand, auf dem ein kleiner alter Mann hockte – ein Gnom, der es beaufsichtigte.

Plötzlich öffnete sich die Tür, und eine Elfenschar schwirrte heraus – Elfen in allen Regenbogenfarben, die nur das Gras berührten, als ein winziger Giftpilz hervorsprang und zur Tanzfläche wurde. Sie führten viele verschiedene Tänze auf, einer lieblicher als der andere. Bunnie war wie verzaubert. Voller Freude erkundet er die himmlischen Welten und wird immer jünger!"

Lily Mckenzie schrieb mir im März 1962: „Als wir eines Abends unsere Konzentrationsübung durchführten, hatte ich das Empfinden, dass eine Elfe bei mir war. Ich wollte jedoch nichts davon erwähnen, wenn wir später nach unseren Erfahrungen befragt werden würden, um festzustellen, ob der Direktor sie bemerkt hatte. Das erste, was er zu mir sagte, war: „McKenzie, die hübscheste, knapp fünfundzwanzig Zentimeter große Elfe saß auf ihrer Schulter", was ich bestätigte. Sie musste wunderbar golden gewesen sein, hatte die Hände nach mir ausgestreckt und schaute allerliebst aus."

Einen Monat später erhielt ich einen anderen, ganz aufgeregten Brief von Frau McKenzie.

„Ich möchte ihnen sagen", schrieb sie, „dass ich die goldene Elfe in den vergangenen drei Wochen, gegen zwei Uhr morgens, zweimal in meinem eigenen Schlafzimmer gesehen habe. Sie ist so zart und scheint in der Luft in einem lieblichen Lichtkreis zu schweben."

Danach begann Frau McKenzie noch weitere Elfen zu sehen, was an mehreren Stellen in diesem Buch beschrieben ist.

In einem Brief vom 9. Juli 1950 schrieb mir Marjorie Robinson aus Swanmore, nahe Southampton: „Lucy Bruce aus Iona saß alleine ihrem Wohnzimmer, als sich einige kleine Elfen um sie scharten und sie baten, mich zu fragen, ob sie ihr Zuhause hier einrichten könnten.

Ich habe Kontakt zu meinem Mann, der im Ersten Weltkrieg ums Leben kam und der mir oft von dem Elfenvolk erzählt hat. Wenn ich mein Lieblingspferd ausritt, konnte es geschehen, dass es plötzlich intensiv auf anscheinend nichts schaute und dann zur Seite oder rückwärts sprang. Ich lachte es dann aus und sagte, es sei doch töricht, vor nichts zurückzuschrecken. Eines Tages saß ich bei dem bekannten Medium Osborne Leonard, als mein Mann meinte: „Übrigens, sage Sherry nicht, es sei lächerlich, sich so seltsam zu benehmen. Er scheut nicht vor nichts zurück. Er sieht mehr als du, und die kleinen Elfen erschrecken ihn. Ich bin oft bei dir gewesen, wenn es passierte."

Ich fragte ihn, ob er irgendetwas über die Elfengruppe wusste, zu der Lucy Bruce gesprochen hatte. „Ja", antwortete er, „sie begleiten dich im Haus und im Garten, um dir zu helfen. Sie leben nur dort, wo das menschliche Umfeld ihnen entspricht und sind nun bei dir daheim und lieben es, in deinem Garten zu arbeiten. Ein Garten, in den die Elfen bewusst eingeladen werden, wird gedeihen. Er mag voller Unkraut sein oder sogar unordentlich, aber immer wird es dort an bestimmten Stellen eine Schönheit geben, die selbst in den gepflegtesten Gärten fehlen mag. Die Elfen senken Lebenskraft in den Boden und unterstützen das Pflanzenwachstum. Wir können sie sehen, auch wenn sie dir unsichtbar bleiben. Stets bist du von ihnen umgeben, und sie beglükken dein Heim. Sie sind sehr hübsch und von wunderschönen, überirdischen Farben umgeben. Sie erscheinen nur dort, wo sie liebevoll empfangen werden."

Das geschah vor vielen Jahren. Kürzlich teilte mir mein Mann mit, dass die Elfenschar sich beachtlich vergrößert hatte, die zarten Wesen sehr glücklich seien und mich aufmunterten, wenn ich mich erschöpft fühlte. Ich bin mir ihrer Gegenwart bewusst und ich spreche zu ihnen, obwohl ich sie nicht sehen kann."

Als die Schriftstellerin und Spiritistin Margery Lawrence 1955/56 in Spanien weilte, hatte sie über ein Medium engen Kontakt zu einer interessanten Gruppe von Hügelelfen des Gnom- oder Erdvolktyps. Sie wohnte bei Freunden in einem Haus mit einem zauberhaften Garten außerhalb von Torremolinos. Einige dieser Elfen schienen den Garten offensichtlich zu lieben und pflegten zu kommen, um in ihm zu spielen. Eines der uralten, gnomartigen Wesen behauptete, fast dreihundert Jahre alt zu sein und erklärte, dass sein Volk mindestens zweihundert Jahre alt werden würde. Sie hausten in den Hügeln weit hinter der Stadt und arbeiteten mit Mineralsteinen, hauptsächlich Kristallen, von denen einigen hin und wieder brummend erlaubt wurde, von Menschen gefunden zu werden.

„Meine Freundin und ich wanderten die Hügel mehrmals hinauf", erzählte Margery Lawrence, „und wir sahen gewöhnlich eine Unmenge von kleinen Lichtern, zu groß für umherschwirrende Glühwürmchen. Eine Freundin, die bei uns zu Besuch war, sah einige dieser Gestalten, doch nur aus der Ferne und meinte, dass manche dieser buckeligen, schwerfälligen Geschöpfe mit großen Füßen, Spitzmützen und Tunika einen Bart trugen."

Von Doreen Hutchinson aus South Harrow in Middlesex erfuhr ich, dass ihre Mutter 1956 einem gewissen Herrn Glasson eine Heilbehandlung gab, als sie eine in Blau und Gold gekleidete Elfe bemerkte. Das kleine Ding winkte mit seinem Zauberstab, als wollte es einen Wunsch gewähren. Sie berichtete sogleich Herrn Glasson davon, der sich nicht dazu äußerte, bis die Heilbehandlung beendet war. Dann sickerte es durch, dass ihm in dem Augenblick, in dem sie die Elfe beschrieben hatte, sein innigster Wunsch gewährt wurde, nämlich seine Mutter wiederzusehen, die vor mehreren Jahren in die Geisteswelten hinübergegangen war.

Vier oder fünf Tage später saßen Doreen Hutchinson und ihre Mutter bei Coral Polge, einer medialen Künstlerin, die in Kenton Lane in Harrow Weald lebte.

„Als ich an die Reihe kam, zeigte sich die Malerin höchst überrascht, denn es wurden ihr einige Elfen gezeigt, obwohl sie nicht an deren Existenz glaubte. Wir aber waren entzückt über diesen Beweis, und ich besitze ihre Originalzeichnung und zwei sehr hübsche Farbportraits von zwei Elfen."

Bei einer privaten Séance erlebte Frances Vinter aus Leeds folgendes: „Zuerst bemerkte ich einen lieblichen Duft und dann ganz zarte Blumen. Später tanzten mindestens zwanzig grasgrün gekleidete Elfen fröhlich um eine Schale mit Blumen. Von dort aus flogen sie zu einem Vogelkäfig hinüber und umschwirrten ihn, bevor sie wieder zur Blumenschale zurückflogen und sie ein letztes Mal umtanzten, bevor sie verschwanden."

1952 wirkte Katie Richardson, eine Spiritistin aus London, für eine kleine Fernheilungsgruppe als Medium. Man hatte den Namen eines drei- oder vierjährigen Jungen erhalten, für den die Ärzte nichts tun konnten. Sobald der Name bekannt gegeben wurde, rief die geistige Führerin aus: „Oh, der Kleine gehört doch zu den Elfen", und bevor sie den Satz ausgesprochen hatte, sahen wir die Elfen das Kind forttragen und auf eine Couch legen, auf die sein Körper ganz genau passte. Ihre eifrige Sorge um ihn und das Glücksgefühl, das ihnen entströmte, waren unglaublich. Sie rückten die Decke zurecht, tätschelten sein Haar und sein Gesicht und strömten ununterbrochen um ihn herum."

Katie Richardson, die ihre Medialität bewusst kontrollierte, erinnerte sich noch an das Getue der Naturgeister, als hätten sie einen lange verschollenen Bruder wiedergefunden, und die geistige Führerin erklärte der Gruppe, dass der Kleine bereits von den Seinen aufgefangen worden wäre.

Später erfuhren sie vom Hinübergang des Jungen in der Zeit zwischen dem Augenblick, da die Gruppe seinen Namen erhielt und dem Tag ihres Treffens, was mit der Aussage des Geistes übereinstimmte.

Diese Erfahrung veranlasste Katie Richardson, ihre geistige Führerin während der Meditation zu bitten, die Bemerkungen bei jenem Heiltreffen näher zu erklären, und diese antwortete: „Der Kleine hatte sich in dem falschen Lebensstrom verfangen. Die Ärzte hätten niemals eine Heilung herbeiführen können."

Elfen in Träumen

In ihrem Buch "Your Dreams and What They Mean" erklärt Nerys Dee, dass die Psychologen den traumlosen Schlafzustand als NREM (non-rapid eye-movement) und den Traumzustand als REM (rapid eye-movement) bezeichnen. Die NREM-Phase nimmt gegen Morgen ab, während die REM-Phase zunimmt. Es ist in diesem letzteren Zustand, dass viele Menschen sich beim Erwachen an die dann erlebten Träume erinnern – Träume, bei denen es sich um wirkliche Erfahrungen auf der Astralebene, der echten Heimat der Elfen, handelt.

Im Laufe vieler Jahre, bevor ich mit meinem Buch begann, träumte ich sehr lebhaft von Elfen. Ich befand mich unter ihnen in Feldern, Wäldern und Gärten. Manchmal gesellte sich meine Schwester dazu oder ein unbekannter Begleiter.

1936 begann ich, wahre Erlebnisse zu sammeln, und mehrere Leute ermutigten mich, ein Buch daraus zusammenzustellen. In den Vierzigern dachte ich eines Tages ernsthaft darüber nach, war jedoch ein wenig besorgt, ob die Elfen selbst auch damit einverstanden waren und wünschte mir, ihre Meinung dazu zu erfahren.

In dieser Nacht ging ich nachdenklich zu Bett und erlebte einen wunderbaren Traum am nächsten Morgen. Vor mir stand ein höherer Deva oder ein „Lichtwesen", so schön, wie ich nie dergleichen zuvor gesehen hatte. Die weibliche Gestalt leuchtete; ihr Haar war lang und golden; sie trug ein schimmerndes, fließendes Gewand, und die sie umgebende Aura erstrahlte in allen Regenbogenfarben. Ich taufte sie „Iris" und fühlte, dass sie als die Hüterin des angrenzenden Elfenreichs wirkte. Sie stand vor einem duftigen Vorhang, den sie zur Seite zog und mich hindurchwinkte, so dass ich wusste, man hatte mich angenommen. Sie zeigte mir gerade einige interessante Dinge, als mich etwas – vielleicht ein plötzliches Geräusch – wach machte, doch nicht bevor sie mir eingeprägt hatte, dass ich jedesmal, wenn ich den Regenbogenstrahl ihrer Aura bemerkte, die Person, der ich am nächsten stand, entweder auf der Straße, im Geschäft oder in einem anderen Gebäude, fragen sollte, ob sie selbst oder ein Bekannter irgendwelche Elfenerlebnisse gehabt hätte.

Ich weiss, es klingt unglaublich, und ich musste das Risiko eingehen, für verrückt gehalten zu werden, aber ich wollte möglichst viele Berichte sammeln, weshalb ich meinen Mut zusammennahm und ihrem Rat folgte, denn ich wusste, die liebliche Deva-Gestalt würde mich führen. Glücklicherweise erhielt ich jedesmal eine ernsthafte Antwort und führte eine lange und interessante Unterhaltung über Elfen mit der jeweiligen Person. Einmal begegnete ich einem Mann aus der Druckerei, dann einer Konzertpianistin, ein anderes Mal unterhielt ich mich mit einer hellsehenden Hausfrau oder traf jemanden bei einer Einladung oder lief einem Touristen am Eingang der Coventry Kathedrale über den Weg. Als 1955 der schottische Autor und Volkskundler Alasdair Alpin MacGregor begann, mir beim Sammeln von Erlebnissen zu helfen, sah ich den Regenbogenstrahl nicht mehr. Aber ich weiß, dass der

Deva mich auch in der Folgezeit zu gewissen interessanten Erfahrungen führte (zum Beispiel auf dem Friedhof), um mir einen größeren Einblick in die Lebensweise des Elfenvolkes zu gewähren.

Das nächste Erlebnis möchte ich „Elfengeschenk" nennen.

Am Sonntagmorgen, dem 21. Oktober 1956, träumte ich lebhaft von einem Garten, in dem ich mich befand. Es war recht dunkel, und mit einem Male sah ich auf einer Pflanze ein Licht glühen. Ich schaute genauer hin, und es entwickelte sich zu einer winzigen, etwa drei Zentimeter großen, silbernen Elfe mit Silberflügeln. Sobald sie sicher war, dass ich sie gesehen hatte, rief sie mit glockenreiner Stimme: „Hilfe! Oh, bitte hilf!" Ich wollte gerade auf die Pflanze zugehen, als mich meine Mutter weckte, die mich von ihrem Schlafzimmer aus rief.

In der kurzen Zeit war es mir nicht möglich gewesen, die Pflanze in meinem Traum zu erkennen, weshalb ich die Elfe still bat, mich zu ihr zu führen. Ich ging in den Garten hinunter, und sie führte mich direkt zu einem Löwenmäulchen. Es war eine stürmische Nacht gewesen, und trotz der Dunkelheit konnte ich sehen, dass sich der Pfahl, mit dem meine Schwester wohl einige Tage zuvor die Pflanze abgestützt hatte, herausgerissen war und alles auf dem Boden lag. Nachdem ich die Stütze neu eingebuddelt, die Pflanze aufgerichtet und wieder festgebunden hatte, blickte diese sehr viel glücklicher drein, und ich wusste, die Elfe war zufrieden.

Am folgenden Morgen ging ich ins Anwaltsbüro, wo ich als Stenotypistin arbeitete. Als meine Kollegin eintraf, überreichte sie mir einen riesigen Strauß regenbogenfarbener Blumen, die den Löwenmäulchen sehr ähneln, nur kleiner sind, aber botanisch gesehen zur selben Familie gehören. Auf dem Samentütchen, das meine Freundin mir dazu legte, hieß es übrigens Elfenbouquet!

Im Laufe der nächsten acht Tage ereigneten sich überraschende Dinge. Auf einem Löwenmäulchen bemerkte meine Schwester eine Bewegung. Eine winzige Elfe flog heraus und ließ sich einen Moment lang auf ihrem Arm nieder, vielleicht um ihr ihre Dankbarkeit zu zeigen, dass sie die Pflanze als erste abgestützt hatte. Sie muss nicht größer als drei Zentimeter gewesen sein, „silbern und mit winzigen Silberschwingen" – genauso wie die Elfe in meinem sogenannten Traum.

War es reiner Zufall, dass mir jene zarten Blumen am nächsten Tag geschenkt wurden, oder ein Dankeschön der Löwenmäulchen-Elfe, indem sie mir durch meine Freundin ein Elfenbouquet zukommen ließ?

Am frühen Morgen, als Clara Reed aus Coventry halb wach und halb schlafend in ihrem Bett lag, spürte sie ein sanftes Zupfen an ihrem Nachthemd und vernahm ein fröhliches Klingen. Nach einer Weile wurde sie emporgehoben und fortgetragen, und von den entzückenden Stimmen her zu urteilen, wusste sie, dass sie sich bei den Elfen befand. Sie spürte den Luftzug, als man sie aus dem Haus zu einem seltsamen kleinen Garten brachte, in dem es wunderschöne, regenbogenfarbene Steine gab. Auf einem von ihnen saß, umgeben von vielen Elfen, ein „Elfenkönig" unter den Bäumen.

An mehr konnte sich Clara Reed nicht erinnern, doch schließlich lag sie wieder sicher in ihrem eigenen Bett.

„Ich interessiere mich für die Natur und alles Geistige und Mystische", schrieb Winifred Kirby, die mehrere Beiträge lieferte. „In meinem Traum schien ich mit einem unsichtbaren Begleiter vor einem kleinen Hügel zu stehen, an dessen Fuße es eine winzige Tür gab. Irgendwie erreichte ich diese Tür und stand oben auf einer siebenstufigen Treppe, die in einen bezaubernden Wohnraum führte. Ich sehe ihn noch ganz deutlich vor meinen Augen und erinnere mich, dass ich mir wie Alice im Wunderland vorkam und mich wunderte, wie ich in einen solch kleinen Raum gelangen konnte.

Das Zimmer war wunderschön. Zu meiner Linken konnte ich ein winziges Fenster entdecken, und der Sessel beim Kamin war mit einer Art geblümtem Kretonne überzogen. Mitten im Raum schwebte eine allerliebste kleine Elfe, die uns lächelnd willkommen hieß. An einen Zauberstab kann ich mich nicht mehr erinnern, wohl aber an ihre Flügel."

Winifred Kirby erwähnt einen unsichtbaren Begleiter, wovon auch andere Briefschreiber bei ihren Erfahrungen gesprochen haben. Wahrscheinlich handelt es sich um Geistführer, Elfen- oder Engelbeschützer.

Das Erlebnis von Helen Fraser Morrison aus Rom passt nicht ganz in die Kategorie „Traum", doch sie behauptet, geschlafen zu haben.

An einem heißen Nachmittag in den zwanziger Jahren saß sie entspannt unter einem Baum in einem Wald in der Hügellandschaft der Toskana und las, als sie von einem seltsamen Laut abgelenkt wurde. Er schien von einem gegenüberliegenden Baum zu kommen – einem uralten, mit einem Hohlraum im Stamm.

„Ein gerader Zweig reichte hoch über das Loch hinaus", schrieb sie. „Ich nahm an, ein kleines Tier hätte den Laut von sich gegeben, denn er klang nicht gerade nach einem Vogel. Er glich eher einem Pochen und Quieken. Es hörte nicht auf. Plötzlich fühlte ich mich sehr schläfrig und muss wohl eingeschlafen sein, aber der Ton war immer noch zu hören, und auf dem geraden Zweig tauchten drei kleine Objekte von etwa dreissig Zentimetern Höhe auf, die auf mich herunterblickten. Zwei glichen kleinen Menschen, das andere, ein wenig kleinere, ähnelte teilweise einem Tier. Sie fuhren mit ihrem seltsamen „Gesang" fort und schauten mich wohlwollend an. Auch ich fühlte Freundlichkeit ihnen gegenüber und war nicht länger überrascht. Alles schien so natürlich zu sein, aber als ich aufwachte, erkannte ich, dass es kein Traum gewesen war. Ich hatte mich auf einer anderen Ebene befunden, obgleich wohl nicht in der astralen, wie des öfteren zuvor. Dies war ein anderes, höchst erfreuliches und erleuchtendes Erlebnis. Ich wusste etwas aus erster Hand, von dem ich bis dahin noch keine Kenntnis besessen hatte."

Kapitel 15

Unsichtbare Besucher

C. Call aus Emsworth sandte mir den folgenden Bericht über eine Art Elementarwesen, das er nicht sehen konnte, das sich aber deutlich bemerkbar machte.

„Das erste Ereignis fand im Juni vor vier Jahren statt. Ich saß an meinem Schreibtisch und arbeitete einige Vortragsnotizen auf der Schreibmaschine aus. Meine Frau, die erst vor kurzem nach einem Schlaganfall aus dem Krankenhaus zurückgekehrt war, ruhte im Sessel. Ihre Schwester saß neben ihr, und unser Kater Rufus lag im Sessel neben dem Kamin. Plötzlich erhob er sich, schnupperte in der Luft und begann dann in einem Zustand nervöser Aufregung etwas nachzustellen, das wir nicht sahen. Er folgte ihm eine Weile durch das Zimmer, beobachtete es anscheinend den Sessel meiner Frau an einer Seite emporklettern, über ihren Schoß huschen und an der anderen Seite wieder hinuntergleiten.

Inzwischen hatte ich mich von meinem Tisch, der am anderen Ende des Zimmers stand, erhoben, um das seltsame Benehmen von Rufus zu beobachten. Der Kater fuhr fort, das Ding über den Fußboden (seiner Blickrichtung nach zu urteilen, musste es etwa dreissig Zentimeter groß sein), dann um den Tisch herum zu verfolgen, wo die Tischbeine es verdeckten.

Rufus schien seinen Geruchssinn ebenso zu gebrauchen wie sein Sehvermögen und schnüffelte ununterbrochen in der Luft herum. Er kroch an eine Stelle, von der aus er hinter die Tischbeine schauen konnte und weigerte sich, näherzurücken. Ich ging zu ihm hin und sprach sanft auf ihn ein, denn er war sehr verwirrt, ein Bild von Nervosität und Neugierde, fasziniert von dem, was er sah, das er gleichzeitig aber fürchtete. Dann versuchte ich, ihn näher an die Stelle heranzulocken, wo das Wesen zu hocken schien, aber er weigerte sich hartnäckig, und als ich ihn drängte, spie und schlug er mit seinen Pfoten auf etwas direkt vor seinem Gesicht. Das Fell stand ihm zu Berge, sein Schwanz spreizte sich, und sein ganzer Körper war angespannt. Für diesen ausgesprochen sanften Kater war das höchst ungewöhnlich. Nichts konnte ihn bewegen, näher zu gehen. Wir ließen ihn also in Ruhe. Nach einer Weile schien sich die Kreatur, in respektvollem Abstand von Rufus gefolgt, durch das Zimmer zurückzubewegen und einem am äußeren Ende der Wohndiele stehenden niederen Couchtisch zuzustreben. Als ich den Kater erneut anspornte, sich dem Geschöpf zu nähern, sprang er zischend mit einem Satz über den Tisch und rannte aus dem Zimmer, in das wir ihn an jenem Abend nicht mehr hineinkriegen konnten.

Wir sprachen natürlich über dieses merkwürdige Verhalten, doch da wir es nicht erklären konnten, tauften wir die kleine Kreatur „unseren Gnom" und beließen es dabei. Noch lange Zeit danach betrat Rufus nur zögernd das Zimmer. Er weigerte sich zunächst eine Woche lang und ging nie hinein, ohne es vorher sorgfältig überprüft zu haben. Er stand dann in der offenen Tür, beschnupperte die Luft und spähte vorsichtig in alle Richtungen, bevor er das Zimmer betrat. Doch es geschah nichts mehr, und im Laufe der Zeit schien er den Vorfall vergessen zu haben. Kürzlich aber gab es ähnliche Episoden. Meine Frau ist inzwischen aufgrund eines zweiten Schlaganfalls völlig ans Bett gefesselt. Jede freie Minute verbringe ich daher in ihrem Schlafzimmer und verrichte möglichst alle meine Arbeit dort, weshalb ich beschloss, meine vernachlässigte Schreibmaschine wieder hervorzuholen.

Außer Rufus haben wir nun noch eine andere Katze – eine schneeweiße, die auf den hübschen Namen „Pinkie" hört, da sie pinkfarbene Flecken auf Ohren und Nase hat. Beide Katzen lieben es, die Wärme der elektrischen Heizung genießend, auf dem Teppich vor dem Bett meiner Frau zu schlafen. Sie lagen dort, als ich auf meiner Schreibmaschine zu tippen begann.

Nach einer Weile begann Rufus mit derselben Mischung aus nervöser Gereiztheit und Neugierde in der Luft zu schnuppern wie zuvor, wobei er etwas beobachtete, das den Raum an meinem Tisch vorbei durchquerte, sich die Kommode hinaufbewegte und dann am Bettende vorbeischwebte. Ich wollte Rufus aufnehmen und auf das Bett legen, aber die Berührung meiner Hand ließ ihn hochfahren, aus dem Zimmer rennen und auf den Treppenabsatz fliehen, wo er sich hinter einem Stuhl versteckte. Hier blieb er liegen, schnupperte und beobachtete höchst wachsam die offene Tür. Mit einem Male schien sich das Geschöpf aus dem Zimmer auf Rufus zuzubewegen. Aufmerksam verfolgte dieser die Annäherung und sprang dann plötzlich über den Stuhl und landete vier Stufen tiefer, von wo aus er seine Habachtstellung erneut einnahm.

Ich hob ihn auf und versuchte, ihn zu beschwichtigen. Er beruhigte sich allmählich, und ich legte ihn neben Eva auf das Bett, damit sie ihn streicheln und besänftigen konnte. Eine Weile verhielt er sich still, doch dann merkte er auf und schien etwas zu beobachten, das über die Couch kroch und sich ihm näherte. Plötzlich sprang er ohne vorherige Warnung über meine Frau durch die Luft in die äußerste Zimmerecke, von wo aus er die Kreatur den Raum durchqueren und auf den Papierkorb zusteuern sah. Ich versuchte, ihn dazu zu bringen, sich dem Papierkorb zu nähern. Doch er widersetzte sich heftig. Als ich ihn zwang, schlug er wild nach etwas vor seinem Gesicht und zischte vor Furcht. Auch meine Schwägerin vermochte ihn nicht in die Nähe jenes unsichtbaren Geschöpfes zu bringen. Erleichtert floh er schließlich aus dem Zimmer.

Pinkie, die weiße Katze, die verglichen mit dem eher aristokratischen Rufus in jeder Beziehung ein ganz gewöhnliches kleines Ding ist, betrachtete dieses seltsame Gehabe höchst erstaunt und schien den Unruhestifter offensichtlich nicht zu sehen. Der intelligente Papagei Polyanthus jedoch, der im Zimmer meiner Frau in einem Käfig lebt und ihr Gesellschaft leistet, stellte sich als interessierter Beobachter dieses Schauspiels heraus. Er konnte das Geschöpf wohl sehen und zeigte Furcht, wenn es dem Käfig zu nahe kam. Fast die ganze Woche verging, bevor Rufus sich wieder im Schlafzimmer niederließ.

Er lag schlafend auf seinem üblichen Platz, als ich eines Tages die Schreibmaschine hereinbrachte. Aber nachdem ich eine Weile gearbeitet hatte, zeigte er plötzlich wieder dieselben Anzeichen von Aufregung und Furcht. Diesmal schien etwas unter meinem Arbeitstisch zu liegen, und Rufus floh bei der ersten Gelegenheit aus dem Zimmer.

Erst bei dieser dritten Episode erkannte ich, dass jene Kreatur, wer immer sie auch sein mochte, mit der Schreibmaschine in Verbindung zu stehen schien. Ich benutze sie nicht sehr häufig, und das Wesen scheint nur dann umherzugeistern und den Kater aufzuscheuchen, wenn sie in Gebrauch ist. Ich habe sie vor ungefähr zehn oder elf Jahren aus zweiter Hand von einem Bekannten meines Freundes gekauft."

Die Vermutung von Herrn Gall trifft wohl zu, denn seine Maschine ist nicht die einzige, die die Aufmerksamkeit eines kleinen Geschöpfes anzog. Vor vielen Jahren erzählte ein Reporter aus Bournemouth, dass er oft einen kleinen Burschen in grünbrauner Kleidung oben auf der Schreibmaschine hatte hocken gesehen.

Auch Nähmaschinen und Öfen scheinen eine gewisse Faszination auf Naturgeister auszuüben, wie der folgende Bericht zeigt.

„Ich bin fünfzig Jahre alt, geistig und körperlich gesund und nie irgendwelchen Halluzinationen erlegen, noch habe ich mich je in hypnotische Trance begeben", schrieb May Edwards aus London 1950 in einem Brief an "Women". Dann erzählte sie von dem Tag, an dem sie eine handbetriebene Nähmaschine benutzte, deren Holzdeckel sie auf den Küchentisch legte. Als sie das Rad ankurbelte, sah sie aus dem Augenwinkel einen kleinen Mann auf dem Maschinendeckel sitzen.

„Er konnte höchstens fünfundvierzig Zentimeter groß gewesen sein und trug einen eng anliegenden grünen Mantel, schwarze Strumpfhosen und winzige Stiefel aus einer Art weichen, matten, schwarzen Wildleders."

Der Nadelhalter schien ihn zu faszinieren, und er beobachtete, wie dieser sich auf und ab bewegte, wobei er im Takt mit dem Kopf dazu nickte. May Edwards wunderte sich, dass sie nicht vor Erstaunen erstarrte. Sie ließ die Maschine langsamer werden und wandte sich dem Männlein zu. Die Maschine kam zum Stillstand, und auch der Kleine drehte seinen Kopf und schaute sie direkt an. Ihre Blicke trafen sich, und er verschwand augenblicklich, doch nicht bevor sie seine goldgelben Augen bemerkt hatte.

„Bis an mein Lebensende werde ich nun wissen, dass es tatsächlich Zwerge gibt", schloss sie, und in einem späteren Brief hieß es, dass dieser Vorfall zu ihren lebendigsten Lebenserfahrungen gehörte.

Lily McKenzie aus Glasgow wachte eines Novembermorgens gegen fünf Uhr auf und sah zwei ungefähr sechzig Zentimeter große Kobolde mit überkreuzten Beinen auf ihrer Nähmaschine sitzen, die in ihrem Schlafzimmer am Fenster stand.

„Ich traute meinen Augen nicht", berichtete sie, „denn ihre Kleidung bestand aus der gleichen braunen Pelzimitation, aus der ich gerade einen Mantel schneiderte. Einige Stoffreste lagen auf dem Stuhl im Zimmer. Sie trugen auch daraus gefertigte Hüte und schienen sehr zufrieden mit sich selbst zu sein."

Avril Walford-Headen aus Liverpool sandte 1952 einen Brief an "Women", in dem sie beschrieb, wie ihre Mutter, die eines Abends in die Küche ging, um den Hund zu holen, eine merkwürdige, flott gekleidete kleine Kreatur von der Tubby-Art mit übergeschlagenen Beinen auf dem Ofen sitzen sah. „Das Männlein trug einen gelben Anzug mit drei kleinen schwarzen Knöpfen und einem orangefarbenen Kragen und eine gelbe Kappe mit orangefarbenen Paspeln."

Ihre Mutter kniff überrascht die Augen zu, und als sie wieder hinschaute, war er verschwunden. Später sah sie ihn jedoch noch mehrmals, wenn sie alleine war, auf der Treppe oder dem Treppenabsatz.

In der Küche ihres früheren Hauses in Fleet in Hampshire lehnte Esme Fielding 1927 am Tisch, der gegenüber dem gut einen Meter entfernt stehenden Küchenherd stand. Er bestand aus zwei Öfen, von denen sie einen zum Kochen immer heiß hielt, während der andere, dessen Tür gewöhnlich zwanzig Zentimeter weit offen stand, kalt war. Der Gärtner trocknete gelegentlich Holz darin, das er hinter dem Haus aufsammelte und kleinhackte.

Esme Fielding dachte in diesem Moment am allerwenigsten an Kobolde, als durch die halboffene Tür des „Holzofens" ein kleiner brauner Mann, der etwa dreissig Zentimeter maß, hervortrat und wieder verschwand, als er sie erblickte.

„Das ist alles, was ich dazu sagen kann", meinte sie. „Konnte es sich wirklich um ein Heinzelmännchen handeln, das mit dem Holz hereingekommen war?"

Evelyn Paxton pflegte in ihrem Haus in Washington einen kleinen Burschen namens Isadore zu beherbergen, der ein gelbes Hemd und grüne Strumpfhosen trug und auf einem Regal hinter der Zuckerdose wohnte. „Seine Schuhe und seine Nase waren aufwärts gebogen", schrieb sie, „und er hatte schwarzes Haar. Er war klein, doch seine Größe schien sich mit seinen Interessen zu verändern. Er liebte Maschinen – Nähmaschinen, Waschmaschinen, Geschirrspüler und Automotoren. Er verließ uns, um mit einem Eisenbahningenieur zu gehen, der uns eines Tages besuchte. Wahrscheinlich reitet er im Moment auf den Schienen.

Es gab dort auch kleine Elfengruppen – einige in Blautönen, andere spinnwebenweiß. Sie liebten die Scheunen, den Garten, die Kinder und die Katze und schwirrten überall herum, ritten auf dem Wagen und auf dem Rükken der Kolibris. Sie spielten auch gerne Streiche, zum Beispiel schnappten sie Nadel und Faden, machten sie unsichtbar und baumelten sie einem dann vor der Nase herum. Als die Kinder erwachsen waren, verließen sie uns.

Manchmal kann ich jetzt die Gegenwart von Elfen um unser Haus spüren und ihre Musik empfinden. Aber sie spielen keine Streiche und unterscheiden sich von dem früheren Elfenvolk."

Emma Upton aus Nottingham erzählte mir von einem recht ungewöhnlichen Erlebnis aus der Zeit, in der sie als Privatsekretärin der Direktorin einer ortsansässigen Firma arbeitete. Ihre Chefin war gerade dabei, Briefe zu diktieren, als sie für einige Minuten fortgerufen wurde. Um sich die Zeit bis zu ihrer Rückkehr zu vertreiben, betrachtete Emma Upton ein Bild, das an der Wand hing. Es stellte eine Landszene dar und zeigte wunderliche Landhäuser, vor denen einige Dorfleute standen. Während sie es gedankenverloren anschaute, musste sie zu ihrer Überraschung feststellen, dass winzige, wie die Landleute gekleidete Figuren aus dem Bild traten und den Rahmen entlangbalancierten. Atemlos schaute sie ihnen zu und kniff immer wieder die Augen zusammen, um sicherzugehen, dass sie nicht träumte und es sich nicht um eine optische Täuschung handelte. Da öffnete sich zu ihrer großen Enttäuschung hastig die Bürozimmertür, und ihre Chefin eilte in den Raum, worauf die Gestalten augenblicklich verschwanden.

Als man sie fragte, was denn los sei, da sie so erschrocken aussah, beschrieb sie zögernd ihr Erlebnis und meinte abschließend ausweichend: „Ich nehme an, sie glauben mir nicht."

„Oh doch, das tue ich", kam die unerwartete Antwort, „denn ich selbst habe ähnliche Erfahrungen gemacht."

Manchmal sagt man von einem Künstler, dass „er seine ganze Seele in ein Werk hineingelegt hat", was wirklich zutrifft, denn ein großer Teil seiner schöpferischen Kraft fließt in das Gemälde und verbleibt dort. Die Naturgeister können diese astrale und mentale Substanz zu ihrem eigenen Vergnügen verwenden. In ihrem subjektiven Zustand hatte sich Emma Upton wahrscheinlich auf die Ausstrahlung des Bildes ebenso „eingeschwungen" wie ihre Chefin.

Vielleicht erklärt dies den seltsamen Vorfall, der stattfand, als ein Besucher mit seinem afghanischen Hund in unser Haus kam. Als dieser das Zimmer betrat, fiel sein Blick auf ein Ölgemälde, das einen Fluss mit einem Weg am Ufer entlang darstellt, auf dem ein Fischer mit seinem kaum drei Zentimeter großen Hund wandert. Der Afghane hatte ihn offensichtlich sofort entdeckt. Er schoss auf die Polsterbank zu, über der das Bild hing, und starrte, auf den

Hinterbeinen stehend und die Vorderpfoten auf das Sofa gestützt, einige Minuten lang fasziniert auf das Gemälde. Sah er das Leben in dem Hund, wie es der Künstler gesehen hatte?

Oft haben Schriftsteller und Dramatiker zugegeben, dass ihre Charaktere irgendwie „außer Kotrolle geraten“ und sich eigenwillig und im Gegensatz zur ursprünglichen Absicht zu entwickeln scheinen. Leadbeater schreibt in seinem Buch "The Hidden Side of Things“, dass Naturgeister die starken Gedankenformen des Autors zu beseelen vermögen und ihre eigenen Stücke inszenieren. In "Naturgeister und Engel“ sagt White Eagle: „Ich möchte hinzufügen, dass Elfen es lieben, mit dem Schriftsteller zu arbeiten und oft seine Vorstellungskraft mit phantastischen Ideen und Ränkespielen anregen.“

Es ist bekannt, dass Robert Louis Stevenson im „Traum“ für die Handlung seiner Geschichten ständig Hilfe von Seiten der Heinzelmännchen und Zwerge erhielt, obgleich er ihnen diese Namen gegeben haben mag, ohne sich ihrer wahren Natur bewusst zu sein, denn er fragte: „Wer sind die Zwerge?“

Es trifft sicherlich zu, dass wir immer etwas von uns zurücklassen, wohin wir auch gehen, wen wir treffen mögen oder was wir betrachten. Zwischen uns und den Elementargeistern besteht eine ständige Reaktion und Wechselwirkung.

Kapitel 16
Elfenmusik

Es heißt, dass in den schwer bestimmbaren Melodien der Elfen- und Feenmusik der Gesang des Himmels widerhallt. Byron schreibt in seinem "Don Juan".

„Musik liegt in dem Seufzen des Schilfrohrs;
Musik klingt im Rauschen des Baches;
Musik klingt in allen Dingen, wenn der Mensch es nur hören könnte;
Seine Erde ist nichts weiter als ein Echo der Sphären."

In ihrem wunderschönen Buch "Engel und Devas" schreibt Flower A. Newhouse: „Das winzigste Elementarwesen, das sich zwischen den Gräsern oder den lieblichen Wildblumen bewegt, wirft ein Miniatur- „Lasso" aus, das die Grashalme oder Pflanzensprößlinge, auf die es seine Aufmerksamkeit richtet, umkreist, indem es sie mit zwei oder drei pulsierenden Lichttönen erfüllt. Während dieses beständigen Farbwechsels begleitet die ganze Zeit über das sanfte Summen des Schöpfunggesangs die Arbeiter."

Im Sommer 1936 verbrachte ich meine Ferien in Sheringham in Norfolk. Dort erlebte ich einen sehr lebhaften „Traum", in dem ich mit meiner Schwester durch die Wälder streifte und auf einem Baumzweig einen braunen Kobold bemerkte, der mich neugierig anschaute. Am nächsten Tag gingen meine Schwester und ich nach Pretty Corner, wo ich mich ganz alleine niederließ und ein wenig auf meiner selbstgebastelten Bambusflöte spielte.

Auf unserem Heimweg vernahm ich plötzlich von einem der Bäume, an denen wir vorbeigingen, Musik. Der Ton wiederholte sich mehrere Male und glich Glockengeläut oder Harfenklängen. Ich wandte mich dem Baum zu und spähte durch die Zweige. Trotz des schwächer werdenden Lichts vermochte ich noch klar zu erkennen, dass sich nicht ein Mensch dort versteckt hatte. Aber ich konnte auch nicht den „Musikanten", wahrscheinlich den Kobold aus meinem Traum, sehen.

Obwohl die Musik anfänglich aus diesem Baum zu kommen schien, blieb sie nicht dort, sondern bewegte sich auf und ab und über die Baumwipfel hinweg. Sie hielt eine Weile an, doch meine Schwester, die gewöhnlich meine Erfahrungen teilen kann, vermochte nichts zu hören.

Ich versuchte, die Töne im Kopf zu behalten, indem ich sie an Ort und Stelle im Tonika-Do-System aufschrieb. Später sandte ich dieses Fragment an den Musikdirektor Thomas Wood, der Elfenmusik auf dem Dartmoor gehört hatte und der meine Notizen in Notenschrift umsetzte. Natürlich entsprach sie nicht vollkommen genau dem Original, kam ihm aber sehr nahe.

Kurz vor dem Zweiten Weltkrieg verbrachte ich ein Wochenende in Lunds in Wensleydale in Yorkshire, wo ich den betörenden Gesang der Undinen im Wasserfall hörte. Die Klagemelodie erreichte eine Höhenoktave, die sich meinem Gehör entzog, und der lockende Klang erfüllte mich mit einer seltsamen Sehnsucht.

Stella Watson aus Surrey vernahm oft zarte, glockenartige Töne in ihrem Garten am Seeufer und nahe dem Haus. Die Musik klang, als ob sie von winzigen Tischglocken gespielt wurde oder zarte Weingläser mit einem Glasstab angestoßen würden – sehr klar und rein.

„Die Noten erklingen gruppenweise", schrieb sie „und scheinen mal vor mir, dann neben oder hinter mir zu ertönen, vergleichbar mit einer winzigen Musikkapelle, die rundherum geht."

In seiner Jugend lebte A. R. Hastings Mann eine Zeitlang bei einer Familie in Cork in Irland. Eines Tages lag er in einem einsamen Feld im Sonnenschein, als er eine allerliebste Musik erklingen hörte, die von „winzigen Glokken" zu stammen schien. Später fragte er die Familie, was dies wohl gewesen sein mochte. Erfreut antworteten sie ihm, dass er zweifellos auserwählt worden war, sich auf die Musik der Elfen einzuschwingen.

Diese Art der Musik scheint bei den Elfen beliebt zu sein, denn bei Tagesanbruch, im Sommer 1905, erwachte Edith Hudson aus Warwick von „dem süßen Klang kleiner Glocken". Auf die Uhr schauend, meinte sie zu sich selbst: „Glocken um drei Uhr morgens?"

Sie stand auf und ging zu dem offenen Fenster, das knapp fünf Meter vom Erdboden entfernt lag, und je näher sie kam, desto lauter klang die Musik. Während der zehn Minuten, in der sie spielte, schienen die Glocken immer wieder nahe an ihrem Gesicht vorbeizuziehen. Dann entfernte sich der Klang allmählich, als ob die kleinen Glockenspieler von dannen zögen. Edith Hudson, die zu diesem Zeitpunkt mit einer Freundin am Marktplatz von Warwick wohnte, erzählte dieser von ihrem Erlebnis.

„Meine Freundin meinte natürlich sofort, ich hätte geträumt", schrieb sie, „aber ich erklärte ihr, dass dies unmöglich sei, da ich ja zum Fenster gegangen war und dort immer noch die Musik gehört hatte. Daraufhin fragte sie mich: „Konnte es eine Windharfe gewesen sein?" Sie beschrieb mir dieses Instrument, doch ich erwiderte: „Nein, es waren ganz eindeutig Glocken", worauf sie zugeben musste: „Es muss Elfengeläut gewesen sein, das du hören durftest."

Da wir beide Musikunterricht gaben, interessierte uns dieses Erlebnis natürlich. Der Klang dieser lieblichen Glockenmusik wird mir immer im Gedächtnis haften bleiben."

Auch die Musikliebhaberin Marguerite Connolly wurde von der Elfenmusik inspiriert, die sie vernommen hatte.

Viele Jahre vor ihrer Ehe studierte sie in Harrogate Musik, Kunst und Drama. Gegen Ende des Semesters erhielt sie die Rolle der Melisanda in Maeterlincks "Pelleas und Melisanda", die sie vor einem auserwählten Publikum spielen sollte.

Das Skript enthielt zwar Worte, aber keine Musik. Am Morgen wanderte sie gewöhnlich alleine durch das liebliche Tal, um ihre Rolle zu lernen. Hier vernahm sie „wie aus heiterem Himmel" die Musik zu den Versen, die sie singen musste und erhielt viel Lob für ihren späteren Vortrag.

Ihrer Aussage nach war sie keine begabte Musikerin und hatte weder jemals etwas komponiert noch von einer Begleitmusik zu diesen Versen gewusst.

Als Valentine Rippon in den dreißiger Jahren in Edinburgh Naturwissenschaften studierte, nahm er einmal an einer Kutschfahrt durch das Hochland teil.

In der Mittagspause floh er die Menge und wanderte den Hügel hinauf. Es bewegte sich kein Lüftchen, und er ließ sich nieder, um den Sonnenschein und die Landschaft zu genießen, als er plötzlich Musik vernahm. Sie klang froh und munter, dauerte aber nur einige Minuten lang und verschwand ebenso unvermittelt, wie sie erklungen war. Damals reiner Wissenschaftler, versuchte er, diesen Vorfall mit der Erklärung abzutun, dass ein Windstoß die Musik herangetragen hatte, obwohl er sich eingestehen musste, dass in diesen Augenblicken keine Brise geweht und er außerdem eine „Wesenheit gespürt" hatte. Mit dieser Musik war auch ein Gefühl der Freude in ihm aufgetaucht, das während der ganzen Heimfahrt anhielt und das er auch heute noch empfindet, wenn er an jenes Erlebnis zurückdenkt.

Man sollte hinzufügen, dass es zu jener Zeit noch keine Transistorradios gab.

Das Gleiche gilt für den folgenden Bericht. Man schrieb das Jahr 1933. Lucy Walpole und ihre Schwester besaßen ein kleines Haus in Ufford in Suffolk. Ufford war damals ein hübsches Dorf in einer Landschaft mit hohen Bäumen, grünen Wiesen und einem kleinen Fluss.

Ihr Haus stand auf einem Hügel, der das Tal überblickte. Auf der Karte trug ein Teil des Hügels die Bezeichnung „Feuerberg", wahrscheinlich eine Verballhornung von „Feenberg". Die ganze Gegend strahlte einen gewissen Zauber des Friedens und der Stille aus.

Kurz nach ihrem Einzug vernahm die Schwester, deren Schlafzimmerfenster zu diesem „Feuerberg" hinausging, eines Sommers mehrmals einen Musikton wie aus weiter Ferne heranwehen, ein einfacher kleiner Klang, gezupft auf einer winzigen Harfe oder einem Streichinstrument.

Da dieser Ton immer früh am Morgen erklang, bat Lucy Walpole ihre Schwester, sie das nächste Mal zu wecken. Beide hörten sie diesmal die Musik, die aus ungefähr sechs Noten bestand und sich mehrmals wiederholte.

Die Schwestern, die sich nie vorstellen konnten, dass in dieser ländlichen Gegend zu so früher Morgenstunde ein Mensch gespielt haben konnte, nannten die Melodie „die Feenmusik", denn nach jenem Sommer hörten sie diese nie wieder.

Um das Jahr 1938 fuhr ein Freund T. Hanley und ihren Mann im Auto über das Moor von Denbigh. Sie waren bei ihm und seiner Frau, einer walisischen Romanschriftstellerin, zum Abendessen eingeladen. Auf einer Anhöhe hielt er den Wagen an, damit sie zurückblickend den herrlichen Sonnenuntergang betrachten konnten. Man stieg also aus und vertrat sich die Beine.

Es herrschte Totenstille, und es regte sich kein Lüftchen. Erstaunt vernahm T. Hanley mit einem Male ganz deutlich eine Musik, obwohl weit und breit nichts zu sehen war, das sie hätte verursachen können. Zunächst glaubte sie, ein Radio sei die Quelle, doch meilenweit war kein Haus zu entdecken. Dann dachte sie, es könnte sich um einen Telegraphendraht handeln, aber weit und breit war keiner zu sehen. Weder ihr Mann noch der Freund vermochten etwas zu hören, als sie danach fragte. Im Gegenteil, beide wiesen auf die ungewöhnliche Stille des Moores hin.

Die Musik klang „lieblich und geheimnisvoll“, bestand aus langen, träumerischen Akkorden; es war eine Art Gesang, doch ohne Worte. Sie glich einem Orchesterspiel mit Flöten, Geigen und Hörnern, doch es ließen sich im Grunde genommen weder die einzelnen Instrumente noch eine Melodie eindeutig bestimmen. Wenn sie sich bewusst auf die Musik konzentrierte, verblasste sie allmählich, bis sie sie nicht mehr hören konnte.

Sie setzten ihre Fahrt fort, und als sie schließlich das Haus des Freundes erreichten, erzählte T. Hanley dessen Frau von ihrem Erlebnis. Als man ihr die Stelle beschrieb, an der sie angehalten hatten, rief sie aus: „Oh, das ist merkwürdig! Es gibt ein Feld dort, das die Schäfer angeblich immer aufsuchten, um der Musik zu lauschen. Es war Elfenmusik, heißt es.“

M. K.F. Thornley und ihr Mann, ein Geistlicher, verbrachten 1927 ein paar Tage in Cornwall in einem Ferienhaus, das in einem seltsamen, lieblichen Tal nahe einer Felsbucht stand. Trotz der Schönheit des Ortes empfand sie ihn als ein wenig unheimlich. Sie spürte eine tiefe Schwermut über dem Strom, den Wäldern und dem alten, brachliegenden Steinbruch lasten. Wenn sie sich in Begleitung ihres Mannes befand, fühlte sie sich sicher, ohne ihn aber fürchtete sie diesen Ort.

Nur einmal machte sie sich alleine auf den Weg, um einen Brief aufzugeben. Das traurige Geflüster der Bäume und die Klage des gurgelnden Baches schienen bedeutungsvoll zu sein, und sie machte sich möglichst schnell auf den Rückweg. Als sie die niedere Bohlenbrücke überquerte, vernahm sie ganz unmissverständlich die Klänge einer Harfe und traurige, lieblich lockende Stimmen vom Wasser emporsteigen, die sich nicht gut anhörten. Sie wusste, sie sollte weder verweilen noch hinhören.

Am folgenden Tag verließ das Ehepaar aufatmend diesen Ort. Später hörten sie andere Leute von seltsamen Schwingungen sprechen, die sie in diesem Tal empfunden hatten.

Später beschlossen sie, nach Cornwall zu ziehen und freundeten sich mit einer reizenden jungen Bildhauerin aus einer alteingesessenen Familie an. Sie war ein einzigartig gutherziges, empfindsames und eher zurückgezogenes Geschöpf mit einem ungewöhnlichen Geschmack in Dichtkunst und Musik und zeigte eine große Zärtlichkeit allen Pflanzen und Tieren gegenüber.

„Eines Herbstnachmittags", berichtete M.K.F. Thornley, „schlug sie vor, uns in einen „Elfenwald" mitzunehmen, den sie seit ihrer Kindheit geliebt hatte, in dem wir vielleicht etwas „hören" konnten. Wir wanderten also über das Moor und erreichten den Waldrand, wo mein Mann sich in die Arbeit einiger Insekten vertiefte, so dass wir alleine in den Wald weitergingen.

Nach einigen Minuten flüsterte das Mädchen: „Hörst du?" Ich glaube, ihre Anwesenheit unterstützte mein Wahrnehmungsvermögen, denn nach einigen Minuten hörte ich tatsächlich wunderschöne Klänge, die einem leisen Wiegenlied glichen. Stimmen von unsagbarer Lieblichkeit sangen sanft und beruhigend eine uralte Melodie, eine Weise, die sich meinem Gedächtnis tief einprägte. Sie schienen über ihre Schützlinge aus den Reihen jener Wesen zu schweben, die das Leben der Bäume und der zarten Pflanzen in ihrer Umgebung hegten, indem sie aus dem Mysterium von Saft und Samen neue Formen erweckten.

Zu Hause vermochte ich den melodischen Gesang in Noten für Sologeige umzusetzen. Dieser „Gesang der Wälder" gehört zu meinen geheimen Schätzen.

Lorna Heath, ebenfalls aus Cornwall, war dabei, mit zwei anderen Bühnenschriftstellerinnen im St. Ives Kunstverein seltsame Erlebnisse auszutauschen, als eine von ihnen bemerkte, dass sie tatsächlich einen ungefähr neunzig Zentimeter großen Zwerg mit einem Sack über der Schulter in der Nähe von Chanctonbury Ring in Sussex gesehen hatte. Ihre Hunde, die gewöhnlich Fremde anbellten, beachteten ihn nicht, und er verschwand in einem Streifen von Sträuchern und niedrigen Büschen.

Die andere Freundin erzählte, dass sie mit siebzehn Jahren in der Nacht eine seltsame, überirdische Musik vernommen hatte, ein Erlebnis, von dem auch Lorna Heath zu erzählen wusste.

„Sehr spät an einem stürmischen Abend in Wales hörte ich als Siebzehnjährige draußen vor meinem Schlafzimmer Geigenmusik. Ich rannte hinunter, um herauszufinden, was es war, doch als ich zurückkam, empfingen mich meine erschreckten Eltern, die glaubten, ich schlafwandelte. Ich nehme an, ich befand mich in einem trance-ähnlichen Zustand, obwohl ich mir meiner Umgebung völlig bewusst war."

Lorna Heath konnte offensichtlich keine einleuchtende Erklärung finden für die Musik, die sie damals hörte, doch sie berichtet von einem anderen Erlebnis, das deutlich beweist, dass die Dinge nicht immer das sind, was sie zu sein scheinen.

An einem windigen Tag wanderte sie eine Landstraße in Cornwall entlang, als sie eine allerliebste Musik vernahm, eine Kombination aus Blasinstrumenten und Orgelpfeifen. Ihre Nachforschungen führten sie an einen Zaun, der oben mit ausgedienten Regenrinnen abgegrenzt war.

Die Schriftstellerin und Malerin Iain Dahl, die zum damaligen Zeitpunkt in St. John's Wood in London lebte, sandte mir folgenden Beitrag, den ich vollständig zitiere.

„Von 1923 bis zum Ausbruch des Zweiten Weltkrieges verbrachte ich einen großen Teil des Sommers und bisweilen auch des Frühlings auf der Insel Barra, damals einer der unberührtesten Flecken Großbritanniens und im Grunde genommen Europas. Anfang der zwanziger Jahre jedenfalls konnte man sagen, dass es keine Gegend gab, die sich im Laufe der vergangenen fünfhundert Jahre so wenig verändert hatte wie diese Insel. Es gab kein Telefon, kein Radio und keine Autos. Kleine Gruppen halbwilder Pferde dösten oder lungerten in den Hügeln, und wenn eine Stute vor einen Pflug oder einen Handwagen gespannt wurde, trottete meistens ein Füllen nebenher.

Mit Hilfe einiger alter Männer, die sich mit dem Schneiden von Steinen auskannten, baute ich weiter an meiner Hütte nach altem Muster, mit einem Strohdach, das sich tief über die Steinwände duckte. Die Lage war einmalig, denn das Haus stand auf einem kleinen Gebirgsvorsprung von Ben Mhartuinn über Allasdale, einer der ruhigsten Ecken der Insel, gen Westen nach Amerika blickend, im Süden und Norden auf wilde Landzungen und vom Küchenfenster aus auf eine Rasensode, die sich zum Horizont hinaufzog. (Später entdeckte ich zufällig, dass es sich bei dem Namen „Allasdale" um die anglisierte Form eines viel älteren Namens handelt, den der norwegische Etymologe Cal Hjalmar Borgström, der eine Studie der skandinavischen Ortsnamen auf den westlichen Inseln durchführte, zu dem alten skandinavischen Ausdruck „Alfastodhull" zurückverfolgte, was so viel bedeutet wie „Melkplatz der Elfen" – Alfa=Elfen. Dieser Name eignet sich durchaus für jene Gegend, denn zwischen den wenigen Behausungen und der Küste erstreckt sich eine weite, sandartige Ebene oder *machair*, die im Frühjahr im Glanz der Wildblumen erstrahlt und zu allen Jahreszeiten Grünfutter für die Herden der Elfen liefert.)

Die Leute sprachen nur zögernd über ihre Erlebnisse mit Zwergen und Elfen, da man sie oft ausgelacht hatte. Doch es ließ sich ganz deutlich erkennen, dass sie an diese Geschöpfe glaubten, wenn es auch nicht immer klar zum Ausdruck kam, vielleicht aus Vorsicht oder wegen der religiösen Lehren. Es waren Geschichten aus zweiter Hand zu hören, doch ich wartete auf eine einzige persönliche Elfenerfahrung, was für mich einen sehr viel größeren Wert besessen hätte als all die Berichte von anderen. Ich fühlte mich zu dem wilden Bergland im Innern der Insel hingezogen. An einem warmen Augusttag folgte ich dem holprigen Pfad, der von Upper Brove über eine Heide- und Moorlandschaft und durch einen Engpass nach Skallary auf der Ostseite führt. Eine Freundin, die persönlich mit der Elfenwelt in Berührung getreten war und an einsamen Orten Musik gehört hatte, begleitete mich.

Wir sprachen wenig und lauschten. Zweimal hatte ich den Eindruck, als ob Musik in der Luft zu liegen schien, was sich jedoch der Brise im Heidekraut, den Wildbienen oder dem Plätschern nicht sichtbarer Bäche zuschreiben ließ. An der engsten Stelle des Felsdurchgangs blieben wir plötzlich wie angewurzelt stehen, angehalten von einem kurzen, schneidenden Ton wie von einer Silberflöte. Irgendwo aus dem Innern des Felsens schien Musik zu erklingen, ein kurzer, sich wiederholender Satz, vergleichbar mit der Tenorstimme eines Cellos oder den unteren Noten einer Klarinette. Wir lauschten, und meine Freundin zog rasch ihr Notizheft heraus, zog ein paar Notenlinien und begann aufzuschreiben, was sie hörte. Dies war nur möglich, da sich der Satz mehrmals wiederholte. Ich verstehe zwar nichts von Notenschrift, aber ich greife Musiknoten sehr schnell auf, weshalb ich sie im Gedächtnis behalten kann. Es war, als ob der Felsen eine „Kennmelodie“ verkündete. Wir horchten an verschiedenen Stellen des Steines, doch der Mineralkörper schien recht leblos zu sein und die Luft selbst ohne jegliche Vitalität. Wachsam gingen wir langsam weiter, doch wir vernahmen nichts, das nicht seine Erklärung im rauschenden Wasser des Sumpfmoores, dem tropfenden Bach oder dem wimmernden Wind in der Heide fand.

Ohne zu sehen, was meine Begleiterin niederschrieb, summte ich die Melodie aus dem Kopf, und wir stellten erfreut fest, dass wir beide dieselbe Version aufgefangen hatten.

Ein wenig später erfuhren wir die erheiternde Geschichte des Jonathan Maclean, eines Hünen von Mann, der „seine Beine in die Hand genommen und wie von der schwarzen Pest verfolgt gerannt war, als er aus einer Felsenspalte Musik erklingen hörte“.

Ein Jahr später machte ich zwei weitere Erfahrungen in derselben Gegend. An einem klaren Tag, an dem aus allen Richtungen eine Brise zu wehen schien, kletterte ich nahe dem Felsdurchgang durch die Heide. Da hörte ich unmittelbar über mir eine Stimme. Es war eine kleine, knurrende Stimme, die man von einem Gnom oder Kobold erwartet hätte und die ununterbrochen pfiff und klagte wie ein Dudelsack, als versuchte irgendein Geschöpf ein Empfinden des Glücks zum Ausdruck zu bringen, an das es nicht gewöhnt war. Nach einigen Minuten endete dieser knarrende Ton ebenso unvermittelt, wie er eingesetzt hatte. Weit und breit war kein Mensch in Sicht, und die nächste Behausung lang mehrere Kilometer weit entfernt.

Bei der zweiten Gelegenheit war der Tag ungewöhnlich windstill und fast schwül. Ich näherte mich dem Felsdurchgang und vernahm plötzlich einen rauschenden Ton wie von einem fliegenden Insekt. Ich blickte auf und war erstaunt, keinen Vogel zu sehen, der dieses Geräusch verursacht haben konnte. Doch als ich mich umschaute, wiederholte sich dieses Rauschen, als ob einige Wesen durch die Luft auf und ab und an meiner Schulter vorbeisausten. In diesem Moment hörte ich dicht an meinem rechten Ohr ein „Hoo-oosh!" und unmittelbar darauf wieder, diesmal links, „Hoo-oosh!" Irgendetwas trieb sein Spiel mit mir, vielleicht um mich zu ängstigen. Mit einem letzten „Hoo!" über mir verloren sich die Töne, und alles war still. Verblüfft trat ich meinen Heimweg an, da die Sonne zu sinken begann.

Das nächste Erlebnis begann in einem abgelegenen Tal in den Hügeln, südöstlich des Felsendurchgangs. Wieder war es schwül und windstill, und ich ließ mich auf einem Torfklumpen am Bach nieder, um etwas zu trinken und zu meditieren. Da wurde ich mir eines Klangs in der Luft bewusst, der mich zu überreden schien, ihn zu hören – einen Ruf aus drei Noten, der mir irgendwie vertraut klang. Dann fiel es mir ein; es war der Elfenruf aus J. M. Barries Spiel, auf den hin Mary Rose verschwand, dasselbe seltsame Intervall, diese unendlich langgezogene dritte Note, die sich in fast irritierender Weise wiederholte. Ich stand auf und schüttelte die Vorstellung ab, in einem Tal wie diesem den Ruf aus einem Elfenspiel zu hören und beschloss, niemandem etwas davon zu erzählen.

Etwa eine Woche später traf ich mich mit einigen Freunden in einem Haus in der Nähe von Castlebay. Mit der Künstlerin Anna Mclean unterhielt ich mich eine Weile über Malerei, als sie plötzlich meinte: „Ich habe einen allerliebsten kleinen Flecken gefunden, den ich „Mary Rose Tal" getauft habe." Erstaunt fragte ich sie: „Und wo ist das?" Sie beschrieb ganz genau jenes Tal, an das ich denken musste. „Aber warum der Name Mary Rose?“ „Nun“, erwiderte sie, „das Tragen meiner Malsachen hatte mich ziemlich ermüdet, als ich an diese Stelle kam, und ich beschloss, mich dort ein wenig auszuruhen. Bald vernahm ich immer wieder jenen Ruf aus dem Mary Rose Spiel – hast du es gesehen? Erinnerst du dich an die Stelle, wenn Mary Rose fortgelockt wird?“ „Ich erinnere mich!“ konnte ich nur sagen.

Die Musik zu diesem Theaterstück wurde von dem verstorbenen Norman O'Neil komponiert. Vielleicht hat er den Ruf in diesem Mary Rose Tal vernommen.

Elfentanz

Die meisten Naturgeister genießen die Musik, da sie sich in den Klangwellen baden. Martha C. Smith aus den Vereinigten Staaten bemerkte eine Elfe, die auf ihrem Fernsehapparat nach dem "Scarf Dance“ tanzte. Das etwa dreissig Zentimeter große Geschöpf, mit seinen winzigen, schillernden Flügeln, war in hauchzartes Gewebe gekleidet und von einem Licht umgeben, das wie Diamanten funkelte.

Im Mai 1957 schrieb mir G.K. Evason aus Tunbridge Wells: „An jenem Abend dachte ich darüber nach, dass es im Moment kein Erlebnis mit Elfen zu erzählen gab. Da fing ich den Duft der Maiglöckchen auf, die in einer Vase auf meinem Tisch standen. Ich schaute zu ihnen hinüber und bemerkte eine kleine weiße Elfenkönigin mit einem Blumendiadem im Haar und einem Zauberstab in der Hand, an dessen Spitze ein strahlender Stern saß. Sie tanzte auf dem Tisch unter den Blumen.“

In einem weiteren Brief berichtete G.K. Evason: „Die kleine weiße Elfe erschien wieder im Morgengrauen, und zwar direkt in der Lücke zwischen meinen goldfarbenen Schlafzimmervorhängen. Sie funkelte wie gewöhnlich, und vor ihr tauchte eine Gruppe von Elfen auf, die nach der Melodie des Lieds "Die Zwerge“ tanzten und die Worte dazu sangen. Es ist ein entzückendes Lied, und ich fühlte mich oft gedrängt, es zu spielen, was mich jedesmal sehr glücklich stimmte. Aber ich wusste nie, wer mich dazu veranlasste, bis ich jene lebendige Elfenschar sah, und wenn mir jetzt Name, Melodie oder Worte irgendeines Elfenlieds plötzlich einfallen, erkenne ich die Gegenwart dieser anmutigen Geschöpfe und weiß, es ist ihre Art, um das Spielen einer bestimmten Melodie zu bitten."

Später schrieb sie: „Die schneeweiße Elfe erscheint mir des öfteren, funkelnd und schillernd. Letzte Nacht lag ich nach dem Zubettgehen noch eine Weile wach, als ich plötzlich spürte, wie sich die Atmosphäre mit Gestalten belebte, die sich in einem wunderschönen Farbenwirbel bewegten, und ich konnte die Worte „Die tanzenden Elfen" deutlich hören. Kleine Elfen und Naturgeister und die übliche Schar von Gnomen und Wichteln tanzten fröhlich in der Luft zwischen Fußboden und Zimmerdecke. Ich genoss diesen zauberhaften Anblick und schlief schließlich friedlich ein."

Im Dezember 1957 schrieb Frau Evason erneut: „Während der Weihnachtszeit ist mehrmals eine Gruppe von tanzenden Elfen aufgetaucht. Sie treten in den üblichen Farbschwingungen auf und singen die Elfenlieder, die ich manchmal für sie spiele, und einige blasen auf winzigen Panflöten. Einer besitzt eine kleine Silbertrompete, und ich spüre, dass er sie auch dazu benutzt, die anderen zum Elfenreigen zusammenzurufen. Es ist wundervoll, und man kann ihre Existenz einfach nicht anzweifeln."

Ein anderes Mal heißt es: „Ich bin mir eines kleinen Elfen neben mir bewusst. Er trägt ein schneeweißes, eng anliegendes Gewand, und seine weiße Kappe gleicht einer nach innen gestülpten Tulpenblüte mit einem kurzen Stengel oben drauf. Er scheint sich sehr für einen kleinen, surrenden elektrischen Heizofen zu interessieren, der eine sanfte Wärme ausstrahlt, aber nicht leuchtet. In der Hand hält er eine Art Dirigentenstock in Miniaturausgabe, mit dem er den Takt zu dem Symphoniekonzert aus dem Radio schlägt. Er macht mich so glücklich." Einige Wochen später schrieb sie, dass sie gerade Radiomusik hörte, als der kleine Bursche wieder auftauchte und vergnügt zu tanzen begann, wobei er sich offensichtlich köstlich amüsierte. Er scheint es vorzuziehen, alleine aufzutreten und verschwindet auch immer ganz plötzlich.

Bei einer anderen Gelegenheit sah Frau Evason eine Anzahl von Elfen im Kreis um das Radio herum zu tanzen.

E.C.F. Collier schrieb, dass seine erste Frau, die 1952 starb, über beachtliche hellseherische Fähigkeiten verfügt hatte, sich in dieser Hinsicht jedoch sehr zurückhaltend verhielt und außer mit ihm selten zu jemandem darüber sprach.

Er berichtete, dass sich die Elfen jedesmal versammelten und vor ihr tanzten, wenn Tschaikowskys "Blumenwalzer" im Radio gespielt wurde. Er vermochte sie nicht zu sehen, aber sie beschrieb gewöhnlich, was vor sich ging und wie sie aussahen. Es müssen wunderschöne, ungefähr fünfundzwanzig bis dreissig Zentimeter große Geschöpfe gewesen sein, die glücklich dreinschauten und hübsch angezogen waren. Meistens brachten sie Girlanden und Blumen mit und gestalteten wunderbare Tänze zusammen.

„Wenn ich mich richtig erinnere", schrieb er, „schienen sie alle weiblich zu sein, und mitten unter ihnen die Königin. Sie waren sich der Anwesenheit meiner Frau wohl bewusst und verbeugten sich stets vor ihr, wenn sie den Tanz beendeten. Obwohl sie makellos gebaut waren, umgab sie etwas, das meine Frau nicht recht bestimmen konnte, eben nur insoweit, dass sie nicht menschlich waren.

Manchmal brachten sie einen zahmen Hasen mit, einmal sogar einen kleinen weißen Pudel. Sobald der Blumenwalzer ausklang, verbeugten sie sich zum Abschied und verschwanden."

In seinem Buch "The Hidden Side of Things" erzählt Leadbeater von einem Elf in Italien, den ein bestimmtes Klavierstück derartig faszinierte, dass er seinen Wald verließ, wenn es gespielt wurde, den Raum betrat und sich in den Klangwellen badete und wiegte und mit ihnen pulsierte.

Der Autor meinte, dass er in Sizilien mehr als einmal einen Schäferjungen auf seiner selbstgebastelten Panflöte hatte spielen gesehen, umgeben von einer Schar ausgelassener Elfen.

Viele Komponisten sind bewusst oder unbewusst von Elfen und höheren Devas inspiriert worden. In seinem Buch "Music - Its Secret Influence throughout the Ages" bezeichnete Cyril Scott Grieg als den musikalischen Interpreten, den Vermittler zwischen den kleinen Naturgeistern und der Menschheit, dem man wohl zustimmen kann. Wagner fing mit Sicherheit die unheimlichen, triumphierenden Schreie der Luftgeister in seinem "Ritt der Wallküre" ein, und in Mendelsohns "Ouvertüre zu Ein Mittsommernachtstraum" gibt es verzauberte Elfenpassagen.

Der Verwalter der "Folklore Fellowship", S. Jackson Coleman, erzählte mir, dass die Weisen vieler der "Manx-Lieder", wie "Arrane-y-Ferrishyn" (Feengesang), "Tappagyn Jiargey" (der rote Haarknoten) und der "Arrane Ghelby" (der Dalby Gesang) als Elfenklänge betrachtet werden.

Kapitel 17
Engel

Geoffrey Hodson, der die Bücher "The Brotherhood of Angels and of Men", "The Angelic Hosts" und "The Coming of the Angels" schrieb, beschreibt diese Wesenheiten als „Naturgeister, die eine sich ihrer selbst bewusste, individuelle Existenz erreicht haben" und als „geistige Emanationen des Absoluten". Die Griechen und Römer nannten sie „Götter", während sie im Sanskrit als „Devas" bezeichnet werden, was „Lichtwesen" bedeutet, da ihre Körper aus sich heraus leuchten. Die Definitionen der einzelnen Wörterbücher lauten unter anderem „Gottesdiener", „Gottesboten", „dienende Geistwesen".

Zu ihren Reihen gehören Engel der Musik; Engel der Schönheit und der Künste; Engel des Todes und der Geburt; Schutzengel; Engel der Zeremonie; Engel der Natur und die Erbauer-Engel, die den Urgedanken verkörpern.

Flower A. Newhouse, die Begründerin der "Christward Ministry" in Kalifornien, erklärte, dass die christliche Bibel an 295 Stellen auf das Wirken und die Existenz dieser strahlenden Wesen hinweist. Sie schaute wirklich in das Reich der Engel, und ihre wunderschönen Bücher "Engel und Devas", "Lichtwesen" und "Engel der Natur" stellen authentische Berichte ihrer Erfahrungen dar. Die Engel waren ihr ebenso bewusst wie ihre Familie und ihre Freunde, und sie meinte: „Diese Gabe erweiterten Sehens, die es mir erlaubt, die Lichtwesen zu erblicken, wird erst sinnvoll, wenn ich andere an den Wahrnehmungen teilnehmen lasse."

Ebenso wie die niederen Naturgeister den Garten- und Waldblumen bei ihrer Entwicklung helfen, unterstützen uns die Engel bei der Entfaltung unseres „tausendblättrigen Lotos"(dem Kronen-Chakra oder geistigen Zentrum des Menschen).

Wenn die Engel untereinander kommunizieren, bedienen sie sich einer Farbsprache, mit uns aber treten sie gewöhnlich auf telepathischem Wege in

Verbindung. Einige Seher von Elfen und Engeln empfangen jedoch einen starken Eindruck wirklicher Vokalklänge, die in der eigenen Sprache des Sehers zum Ausdruck kommen.

Swedenborg erklärte, dass die Worte eines Engels ebenso sonor klingen wie die eines Menschen zu einem anderen, von den Umstehenden jedoch nicht vernommen werden können, da sie zuerst in die Gedanken des Menschen fließen, innerlich das Hörorgan erreichen und es so von innen her anreizen.

Ein Engel meinte zu Geoffrey Hodson: „Die erste Voraussetzung lautet, dass ihr an unsere Existenz glaubt." Sie wünschen also, dass wir unsere Herzen und unseren Geist öffnen, um ihren wohltätigen Einfluss und ihre ewige Gegenwart wahrzunehmen. Dann können die dichte Wolke des Materialismus durchstoßen und die erforderlichen Kanäle gebildet werden, durch die sie größere Ströme heilender Kräfte in die Krankenhäuser zu senden vermögen und damit neue Hoffnung und Führung für unsere kranke und kriegswunde Welt, denn der Kampf in dieser Welt ist lediglich eine Manifestation des individuellen inneren Konflikts. Die Ursache liegt in uns selbst, da alles mit der Kraft des Gedankens beginnt. Unglücklicherweise haben wir diese schöpferische Kraft in einer solch zerstörerischen Weise benutzt, dass wir in einer Scheinwelt voller falscher Konzepte verstrickt sind.

Vor vielen Jahren war es mir vergönnt, einen flüchtigen Blick eines erhabenen goldenen Heilengels während eines Heilgottesdienstes zu erhaschen, den Bruder Mandus von der "World Healing Crusade" von Blackpool in einer Kapelle in Nottingham abhielt. Dem Gottesdienst vorstehend, schien der Engel dabei zu helfen, den starken Strom der Heilenergie zu verteilen und auf die Patienten zu konzentrieren, und während jene mit rheumatischer Arthritis behandelt wurden, blitzten herrliche Strahlen rosenfarbenen Lichts aus der Aura dieser erhabenen Wesenheit herab, so dass einige der Patienten besser laufen und ihre Hände strecken konnten. Zwei Farbtherapeuten, die an einer vorangegangenen Sitzung teilgenommen hatten, erzählten mir, dass sie sahen, wie der Engel blaue Lichtströme auf die Patienten mit Katarakt ausgoss und die Augen sich in mehreren Fällen vollständig geklärt hatten.

Bei einer Kommunion durfte ich einmal „den Engel der Gegenwart" am Altar sehen. Dieser Engel besitzt ein Antlitz von überirdischer Schönheit und vertritt den Christus.

In einer ungewöhnlich stürmischen Nacht, im November 1977, stand ich in meinem Schlafzimmer und zögerte, ins Bett zu gehen, da eine Warnmeldung über das Radio ausgestrahlt worden war. Es gab Augenblicke drohender Stille, bevor die Gewalt des Sturms mit eruptiver Leidenschaftlichkeit erneut losbrach. Ich hörte Sachen draußen klappern und umfallen und fürchtete mich. Ich betete um Schutz für meine Schwester und mich und alle Nachbarn, und obwohl ich beschloss, ins Bett zu klettern und das Licht zu löschen, blieb ich sitzen.

In diesem Moment erblickte ich eine strahlende Lichtgestalt neben meinem Bett, und alle meine Ängste zerrannen. Ich fühlte mich ruhig und gestärkt und wartete darauf, dass die Wesenheit sprach, doch nach einigen Minuten verschwand sie und hinterließ in mir die Anweisung, die Bibel zu öffnen und dieser die Botschaft zu entnehmen.

Auf meinem Nachttisch lag eine „Olive Pell"-Bibel. Ich machte also Licht und schlug das Buch intuitiv auf. Die Seite mit den Psalmen öffnete sich, und meine Augen fühlten sich instinktiv zu dem Psalm 4, Vers 8 hingezogen. Die Worte lauteten: „Ich will mich in Frieden niederlegen und schlafen; denn Du, Herr, lässt mich in Sicherheit ruhen."

Ein Pilger zur Hereford-Kathedrale sah kurz nach der Heiligen Kommunion zwei dieser Lichtwesen auf jeder Seite des Altars stehen. Einige Wochen vor der "Luftschlacht um England" wurden ungefähr achtzehn von ihnen in der St. Pauls Kathedrale wahrgenommen, die ihre Kräfte auf den Altar konzentrierten.

In dem Buch "The Light of Ivah Bergh Whitten" zitiert Dorothy Agnes Bailey die verstorbene Farbtherapeutin und Begründerin des A.M.I.C.A. (Aquarian Metaphysical Institute of Colour Awareness), die diesen Engelwesen gegenüber tiefe Dankbarkeit für ihre Zusammenarbeit entgegenbringt: „Diese Deva-Freunde haben mir stets näher gestanden als selbst die besten Freunde auf der Erde. Sie scheinen immer meine Motive zu verstehen und meine Wünsche vorauszuahnen und umgeben mich mit großer Liebe und Hingabe."

Sie beschrieb sie als leicht und äußerst fein proportioniert und mit anmutig rhythmischen Bewegungen. „Einige von ihnen strahlen in blassem Violett, andere in Grün, allen aber ist ein gewisser Grad an Leuchtkraft zu eigen. Die größten und schönsten umgibt ein Glanz, der an „Perlmutt" erinnert."

In seinem Buch "Fragrant and Radiant Symphony" führt Roland T. Hunt den folgenden Auszug aus einem Brief von Ivah Bergh Whitten an: „Wenn ich krank bin (oder Schwierigkeiten habe), scheint sie (Deva oder Schutzengel) mich mit dem sanft rosafarbenen Mantel ihres liebenden Bewusstseins zuzudecken, das es ihr wie eine Art Stethoskop ermöglicht, jede einzelne meiner Schwingungen zu ermitteln. Wenn ich unter Schmerzen leide, sendet sie ein bleiches, klares, apfelgrünes Licht mit violetter Ausdehnung, etwas, das ich bei meiner gewöhnlichen Heillampe noch nie gesehen habe. Es gleicht eher einem grünen Licht mit einer violetten Aura. Es ist umgeben und durchdrungen von den sanften Klängen eines Musikrhythmus, dessen Tempo sich zu steigern scheint, wenn das Schmerzzentrum erreicht wird. Dann verblasst es allmählich in eine träumerisch sanfte Schwingung, wie das Summen von Engeln. Solange der Schmerz anhält, bin ich mir keines Duftes bewusst. Sobald sich die Kraft zurückzieht und nur einen schwachen Rhythmus von Klang und Farbe zurücklässt, nehme ich einen ganz zarten Veilchengeruch wahr."

Josephine Burton aus Nottingham, in deren Obhut eine Mädchengruppe während eines Camps in der näheren Umgebung stand, betete um deren Sicherheit.

Während der Nacht wachte sie plötzlich in ihrem Zelt auf und sah einen wunderschönen strahlenden Engel mit großen Flügeln, der ihr sagte, sie solle darauf vertrauen, dass den Mädels nicht passieren würde, solange sie in ihrer Obhut standen. Dann verschwand er.

Der verstorbene Douglas Hunt aus Hertfordshire, der Autor des Buches "Exploring the Occult", erzählte mir, dass er nie Elfen oder Engel gesehen hatte, doch als er den Vorsitz einer Freimaurergesellschaft übernahm, wurde er sich tatsächlich der Anwesenheit und Hilfe eines erhabenen Engelwesens bewusst, und er fügte hinzu, dass sich zudem noch andere, geringere Wesenheiten um weitere Abteilungen der Gesellschaft kümmerten.

Ellen Hilton, die in Lancashire ein Heilzentrum besaß, wohnte einmal in einem sogenannten Pilgerhaus, dessen Türen und Fenster Tag und Nacht unverschlossen blieben, eine Tatsache, die kilometerweit bekannt war.

Im Dorf lebte ein Junge, den man als „Problemkind" bezeichnete. Vor Gericht fragte man ihn, warum er in alle Häusern eingebrochen, nicht aber den Versuch unternommen hatte, in dem Pilgerhaus etwas zu stehlen.

„Ich konnte nicht", erwiderte er, „da waren lauter Engel an der Tür."

Im Gerichtssaal herrschte allgemeines Schweigen. Da wandte sich der Richter an den Jungen: „Du weißt doch, Tom, dass die Türen und Fenster in diesem Haus nie abgeschlossen werden?"

„Ja, Sir. Aber das machte keinen Unterschied. Ich konnte nirgendwo durch, wegen des Lichts."

Irene Bradshaw schrieb mir 1956;

„Ich wünsche, ich könnte an Elfen glauben. Aber ich erzähle ihnen, was ich gesehen habe – ich habe Engel gesehen, und falls ich einen Beweis gebraucht hätte, der mich von einem Leben nach dem Tode überzeugte, dann wäre es das gewesen. Ich war noch ein kleines Kind, als ich sie sah, doch ich habe dieses lebendige Bild niemals vergessen können. Sie waren wunderschön, einige blond, einige dunkel. Alle lächelten und trugen weiße Gewänder mit einem blauen Schimmer. Einige von ihnen besaßen Flügel. Sie sprachen mit einer klaren, lieblichen Stimme zu mir und schienen sich von mir zu verabschieden, da ein Engel meinte: „Wir müssen sie nun verlassen." Sie waren mir sehr nahe, und ich streckte meine Hand nach ihnen aus und berührte die sanfte Wange eines dieser Wesen. Ich konnte nicht alles verstehen, was sie sprachen."

Man schrieb das Jahr 1933. Sheila Bryant schlief in dem alten Haus alleine in ihrem Zimmer. Neben dem Bett lehnte ein frisch gerahmtes Bild, das darauf wartete, aufgehängt zu werden. Plötzlich weckte sie etwas aus tiefem Schlaf. Ihr Blick fiel auf das Bild, das herabgeglitten und auf den Boden gefallen war. Ein sanftes, goldenes Licht erfüllte den Raum, und am Fußende des Bettes erhob sich eine schlanke Gestalt mit einem unsagbar schönen Antlitz. Sie schaute nicht auf sie, sondern auf das umgefallene Bild. Dann wandte sie sich lächelnd ihr zu, und das Antlitz begann noch leuchtender zu strahlen. Sie schauten sich eine Weile in die Augen, und Sheila Bryant wusste in diesem Moment, was es bedeutet, wenn es in der Bibel heißt, dass es im Himmel „weder Rede noch Sprache" gibt. Die Vision verblasste allmählich, und sie schlief glückselig wieder ein, denn sie wusste, sie hatte ihren Schutzengel sehen dürfen. „Es gab keinen Heiligenschein oder dergleichen", schrieb sie, „aber eine unbeschreibliche Leuchtkraft ging von diesem Engelwesen aus. Es war sehr groß. Arme und Hände konnte ich nicht sehen, und der untere Teil der Gestalt war vom Bett verdeckt. Nichts bewegte sich, nur der Kopf und die Augen, die sich von dem Bild zu mir wandten und mich anlächelten. Ich kann mich nicht an einen Mund erinnern, wohl aber sehr deutlich an diese unsagbar schönen Augen – zuerst ernst und dann lächelnd."

Im Alter von acht oder neun Jahren schlief Norah de Courcy mit ihrer kleinen Schwester in einem Zimmer. Das Baby wachte oft des Nachts auf und weinte viel. Sie war deshalb daran gewöhnt, sich immer sehr still zu verhalten und lag abends oft sehr lange wach, da sie so früh zu Bett gehen musste.

„An jenem Abend, berichtete sie, „muss ich wohl schon fast eingeschlafen sein, als ich meine Augen öffnete und im Dämmerlicht am Fußende meines Bettes einen Engel stehen sah. Er war klein, maß vielleicht etwas mehr als einen Meter, und hatte die hübschen grauen Flügel zusammengelegt, die ihm wie ein Mantel bis zu den Füßen reichten. Ich erinnere mich, dass ich nicht überrascht war, nur erstaunt und danach verlangte, diese Flügel zu berühren. Ich begann, zum Fußende meines Bettes zu krabbeln, aber da verschwand der Engel. Zunächst behielt ich dieses Erlebnis für mich, doch als ich schließlich meiner Mutter davon erzählte, meinte sie, dass sie selbst als Kind in Irland einen Elfenreigen beobachtet hatte, der mitten in der Luft tanzte – winzige Geschöpfe, alle strahlend in der Dunkelheit."

Die folgenden Briefauszüge stammen von G.K. Evason aus Kent.

„Zwei Engel mit schneeweißen Flügeln stehen an jeder Seite meines privaten Altars. Sie sind von mehreren Leuten gesehen worden, insbesondere während der Kriegsjahre, als ich wöchentliche Gruppentreffen dort veranstaltete, um Strahlen des Friedens hinauszusenden. Eine dieser Wesenheiten steht bisweilen hinter mir und hüllt mich schützend in ihre Schwingen ein. Ich weiß, dass diese Flügel nicht dem Fliegen dienen, sondern Symbol für einen sehr hohen Entwicklungsgrad sind.

Etwa einen halben Meter von mir entfernt erschien ein weiß gekleideter Engel mit langen weißen Flügeln, von den Schultern bis zum Boden reichend, aber ich durfte nicht sein Gesicht sehen, das sich abwandte. Die gesamte Schwingung drückte Schutz und Reinheit aus. Seither hat mich dieses Engelwesen mehrmals aufgesucht. Auffallend sind der goldene Schein um sein Haupt und die golden erstrahlende Aura.

Als ich mich heute Abend in die "Stille Minute" einschaltete, erschien die Gestalt dieses Lichtwesens mit dem goldenen Schein neben mir, wieder in ein weißes Gewand mit einem Überwurf gehüllt. Diese Vision stellt sich stets zu derselben Zeit ein.

Den vergangenen Sonntagabend werde ich wohl niemals vergessen. Als ich die Gestalt anschaute, wandte sie sich mir zu und öffnete plötzlich die Schwingen. Diese eindeutige, unmissverständliche Geste schien alle meine Fragen hinsichtlich der Wirklichkeit von Engelwesen zu beantworten. Niemand wird meine Kenntnis von ihnen jemals erschüttern können."

Von Hilda Litchfield erhielt ich den folgenden Bericht: „Im Alter von zehn Jahren lebte ich mit meinen Eltern als deren einziges Kind in Kandy auf Ceylon. Ich schlief in einem großen, weitläufigen Zimmer mit langen Fenstern und Jalousien. Diese wurden während der Nacht geschlossen, doch das helle Mondlicht strömte durch die Spalten.

Mein Vater lag damals ernstlich krank danieder. Eines Nachts wachte ich auf und sah zwischen mir und dem Mondschein eine Gestalt etwa einen Meter über dem Boden schweben. Sie war wohl knapp zwei Meter groß und vollständig in Weiß gekleidet. Ein Blätterkranz schmückte ihr Haupt, und in der Hand hielt sie einen langen Palmzweig, der gegen die rechte Schulter lehnte. Das schöne, stille Antlitz blickte in die Richtung des Zimmers, in dem mein Vater lag.

Ich fürchtete mich und kroch augenblicklich unter das Bettlaken, wo ich lange verweilte, bis ich es endlich wagte, wieder hervorzulugen. Die Gestalt stand immer noch bewegungslos dort. Nach einiger Zeit verblasste sie allmählich."

Ein anderer Bericht kam von J. Burrows aus Nottinghamshire.

„Meine Mutter lag in einem Altersheim und wartete auf die schwierige Operation, der sie sich zu unterziehen hatte. Eines nachts wachte ich plötzlich auf und sah einen Engel neben meinem Bett stehen. Das Antlitz dieser in hauchzarte Gewänder gekleideten Gestalt mit den mächtigen Schwingen war von einer unsagbaren Lieblichkeit. Als ich sie betrachtete, hob sie mit einem Male langsam den Arm und wies gen Himmel. Sie schien mir ankündigen zu wollen, dass meine Mutter nicht geheilt werden würde.

Eine erfolglose Operation ließ sie noch zwei Jahre lang schwer leiden, bevor sie in die höheren Welten hinüberging.

Der herrliche Gesichtsausdruck dieses Engelwesens aber prägte sich unauslöschlich in mein Gedächtnis ein."

M.K.F. Thornley, eine Pilgerin im wahrsten Sinne des Wortes, war größtenteils zu Fuß durch verschiedene Länder Europas gereist, um die uralten heiligen Stätten und Quellen aufzusuchen und neu zu beleben, jene ehemaligen, doch nun vernachlässigten Heiligtümer der Erde.

In einem ihrer Briefe schrieb sie mir, dass sie sich einmal nach fünf Wochen mühsamen Reisens über Berg und Tal, bei der sie die geheimnisvollen Zentren des Hl. Michael aufgesucht und miteinander verknüpft hatte, recht erschöpft fühlte. „Die große Begeisterung, die hinter der Pilgersuche liegt", meinte sie, „besteht darin, die kosmischen und heiligen Zentren des Planeten in Vorbereitung auf das Neue Zeitalter tatsächlich zu beleben und die hilfreichen Kräfte der mächtigen Wesenheiten durch menschliche Zusammenarbeit, Wiedereinweihung und Hingabe zu stärken."

Es folgen zwei ihrer Erlebnisse mit Engeln.

„Als ich jene Stelle in Ballinskelligs erreichte, an der sich die Quelle des Hl. Michael befand, kniete ich auf dem Torf bei dem Wasser nieder und betete. Da sah ich ein Lichtwesen in meiner Nähe, nicht größer als ein Mensch und auf dem Boden stehend, nicht in der Luft schwebend, wie ich es gewöhnlich sehe. Die Vision dauerte nur einige Minuten, dann war sie entschwunden, aber es durchströmte mich ein unsagbares Glücksgefühl. Dann kamen zwei Bauersfrauen mit ihren Wasserkübeln über das Feld gegangen und begrüßten mich herzlich, als hätten wir uns schon immer gekannt. Eine von ihnen meinte: „Hier liegt der sogenannte „St. Michaels Fuß"-Stein – man kann die Zehenabdrücke sehen – doch sie sind fast verschwunden vom vielen Darüberfahren." Sie schob ein wenig Gras beiseite und zeigte mir einen grauen, knapp fünfundvierzig Zentimeter langen Stein in Gestalt eines Fußes am Rande der Quelle, dessen graue Oberfläche von den vielen Fingern, die darüber gestrichen hatten, weiß geworden war. Er lag genau an jener Stelle, an der ich die Gestalt hatte stehen gesehen.

Ich unterhielt mich ein wenig mit der Frau und fragte sie dann: „Werden die erhabenen Wesen auch heute noch hier gesehen?" „Oh, ja", antwortet sie still, „manchmal!"

Ich erzählte nichts von meinem Erlebnis, aber die Natürlichkeit dieses kurzen Dialogs überzeugte mich von ihrem Glauben und dass sie meine Frage aufrichtig beantwortet hatte."

An einem herrlichen Sommernachmittag des Jahres 1909 radelte ich alleine auf der Landstraße zwischen Frensham und Haslemere. Auf halbem Wege hielt ich bei einer kleinen Kirche an, die auf einer schmalen Grünfläche am Rande der einsamen Straße stand. Das Gebäude war weder alt noch neu und besaß weder innen noch außen einen besonderen Stil. Doch beim Eintritt hieß mich ein wunderbares Gefühl der Vertrautheit willkommen. Als ich auf den Altarstufen zum Gebet niederkniete, durchströmte tiefer Friede meine Seele, und die Luft schien von Segen erfüllt zu sein. Ich erhob mich und sank im Altarrraum erneut betend nieder. Aufrecht kniete ich da, die Hände gefaltet nach unten hängend, den Blick gen Osten gerichtet. Ich erwähne diese Einzelheiten, um zu betonen, dass die Sonne nicht unmittelbar auf mein Gesicht schien und ich auch nicht meine Hände auf die Augen presste, was beides, verbunden mit einer träumerischen oder hingebungsvollen Vorstellungskraft, eine optische Täuschung hätte hervorrufen können. Zudem hatte ich mich bereits lange genug in der Kirche aufgehalten, um mich an den Lichtunterschied gegenüber dem hellen Tag draußen zu gewöhnen.

Tiefe Stille, Dankbarkeit und Freude erfüllten mich. Ich weiß nicht, wie lange ich in dieser Stellung verharrte, als ich mir einer herrlichen Wesenheit neben dem Altar bewusst wurde, einer hoch aufragenden Gestalt von azurblauer und weißer Ausstrahlung. Doch mehr noch als das blendende Licht und die erhabene Größe war der Duft von Liebe, der von dieser Gestalt ausging; eine Liebe, so lebendig und doch so friedlich und mitfühlend, dass sie sich mit Worten nicht beschreiben lässt.

Ich war in einer entpersönlichten Leidenschaft der Anbetung gehalten, einer solch innigen Liebe, dass ich fühlte, wie mein Lob mit dem starken Rhythmus der Liebe dieser erhabenen Wesenheit verschmolz und gleich einer glühenden Flamme des Frohlockens Gott entgegen loderte. Mein Geist schwebte in dieser zeitlos emporsteigenden Glückseligkeit und begann dann, sanft erdwärts in ein Empfinden stiller Kraft und unbeschreiblicher Bereicherung zu sinken, in der ich ruhte, bis jenes Wesen sich zurückzuziehen schien und die äußere Erscheinungsform der Umgebung sich aufs Neue in mein Bewusstsein senkte. Ich erhob mich und verließ leichten Schrittes und erhobenen Herzens die kleine Kirche.

Seither ist das Leben nie mehr dasselbe gewesen. Eine starke Erinnerung, eine innere Gewissheit der Verheißung segnen immer noch jene grauen Stunden, jene Phasen der Prüfung, die unausweichlich zu unseren täglichen Lernübungen auf Erden gehören. Ein solch bleibender Reichtum liefert sicherlich den Beweis dafür, dass es sich bei jenem Erlebnis nicht bloß um einen frommen Tagtraum handelte, sondern einen Vorgeschmack auf die wahre Wirklichkeit in sich barg."

Emma S. King aus Australien sandte mir folgende Auszüge aus ihrem Tagebuch.

5. Oktober 1937

„Nach einer Heilbehandlung meiner Schwägerin fühlte ich mich recht ermattet von der Kraft, die durch mich hindurchgeflossen war, und ich legte mich bäuchlings auf den Boden, um selbst wieder gestärkt zu werden. Da erschien ein wunderschöner Engel über mir, und mein Bewusstsein erhob sich beachtlich. Er war gut zwei Meter groß, und seine Aura erfüllte den gesamten Raum. Diese erstrahlte in leuchtendem Weiß mit einem goldenen Rand, und in ihrer Mitte drehten sich etwa sechzig Zentimeter tiefe Kreise ineinander verschlungenen, goldenen Lichts. Die Füße des Engels berührten meine rechte Seite. Friede und Vertrauen erfüllten mein Herz. Ich lag in absolutem Wohlbehagen dort - physisch, astral und mental.

An meiner linken Seite bemerkte ich dann etwas, von dem ich geglaubt hatte, dass es gar nicht existierte. Knapp einen Meter von mir entfernt stand eine Verkörperung der dunklen Mächte, obgleich eine prächtige Gestalt, vom Körperbau her ebenso wie im Aussehen. Ich war höchst erstaunt und tief in mir, fast mechanisch, forderte ich sie auf: „Geh' fort!" Da bemerkte ich, dass der Engel dieses Wesen der Dunkelheit direkt anblickte, so dass es sich trotz seiner Kraft nicht von der Stelle rühren konnte. Sicher in der schützenden Aura des Engels, erfüllte die plötzliche Erkenntnis des Entsetzens und der Qual eines solchen Lebens mein Herz mit tiefem Mitleid. Schon der Gedanke allein genügte, dass irgendein Wesen unter derartigen Umständen existieren musste. Als mein mitfühlendes Gebet emporstieg, wurde die Gestalt unseres Herrn dicht über mir sichtbar, und eine Stimme forderte mich auf, über dem dunklen Wesen das Zeichen des Kreuzes zu schlagen. Ich gehorchte, und es schwand langsam dahin. Es war ein höchst seltsames Erlebnis. Man hatte mich die Kraft des Schutzes gelehrt, die uns umgibt, wenn wir beständig versuchen, unsere Gedanken und Bestrebungen aufwärts zu richten."

5. November 1939 • Heilgottesdienst in der Liberal-Katholischen Kirche

„Die Kongregation wiederholte zusammen mit Pater Farquharson einen bestimmten Vers, als die strahlende Gestalt unseres Herrn vollständig den Altar verhüllte. Die von ihr ausgehende Kraft glich einem blau und weiß schillernden Feuer, und als der Geistliche den Heilengel anrief, stand dieses Lichtwesen zwischen unserem Herrn und den beiden Priestern. Die Kraft unseres Herrn strömte durch den Engel in die Priester und von diesen zu den Menschen, die zur Salbung bereit waren.

Das Wirken der unsichtbaren Helfer während dieser Gottesdienste beeindruckte mich mehr und mehr. Bei jenem Gottesdienst befanden sich auf der einen Seite der Kirche kleine Kinder, die während des Krieges in verschiedenen Ländern aus dem Leben geschieden waren, und auf der anderen Seite warteten dunkel gekleidete Seelen, die der Hilfe bedurften. Dazu gehörten insbesondere zwei sehr betrübte und unglückliche Frauen, die man aus der Astralebene herbeigebracht hatte, damit sie sich am Altar niederknieten. Sie zogen meine Aufmerksamkeit an. Sie knieten seitwärts nieder, nicht auf den strahlenden Heilengel blickend, sondern mit erschreckten Augen mich anstarrend. Mein Herz wandte sich ihnen mit ganz besonderer Liebe und Sympathie zu."

Dezember 1939 • Heilgottesdienst, L-K. Kirche

„Während des Bittgebetes erschien ein Engel unseres Herrn vor dem Altar. Er war sehr groß und überragte den Altar. Die Schwingungen seiner herrlichen Aura glichen schillernden Daunenfedern, die Ströme der Heilkraft in alle Richtungen aussandten. Als der stellvertretende Priester die Menschen salbte, erstrahlte seine Aura in leuchtendem Blau, in dem Silbersterne auftauchten und wieder verschwanden."

Februar 1940 • Heilgottesdienst, L-K. Kirche

„Leuchtend gelbe Schwingungen umgaben Pater Farquharsons Kopf während des Gottesdienstes. Als ich nach der Salbung zu meinem Sitz zurückkehrte, nahm ich den Heilengel vor dem Altar wahr. Die Kraft dieses herrlichen Wesens überflutete die gesamte Kirche, indem sie die beiden Priester in goldenen und rosafarbenen Strömen durchfloss. Mein Bewusstsein richtete sich gespannt auf das Antlitz dieses Engels, dessen Schönheit und Glorie mich alles Irdische vergessen ließen. Das Verlangen brannte in meinem Herzen, diese Vision zu malen, aber gleichzeitig fühlte ich auch die Verzweiflung des Künstlers, der erkennen muss, dass selbst ein in Licht und Feuer getauchter Pinsel niemals diese Herrlichkeit wiedergeben konnte. Obgleich diese Wesenheit meine Aufmerksamkeit fesselte, vermochte ich dennoch um mich her die armen Seelen aus den Gefilden der Dunkelheit wahrzunehmen, die im Strom der Heilenergie knieten. Je stärker meine Liebe und Anteilnahme für sie zunahm, desto klarer und erhebender wurde die Vision des Engels.

Der Engel der Segnung unterschied sich sehr von ihm, denn, über der „Menge“ schwebend, strahlte er Schwingungen des Friedens aus, die das Werk des Heilengels zu krönen schienen.“

April 1941 • Heilgottesdienst, L-K. Kirche

„Am Palmsonntag überflutete der Heilengel das gesamte Gebäude mit wunderbaren purpurfarbenen Lichtstrahlen. Das Licht und die Kraft strömten durch Pater Furse-Morrish in einer wundervoll rosenfarbenen Schwingung, die seine Aura erfüllte, während er die Menschen salbte. Dieselbe Kraft durchfloss Pater Farquharson in opalisierendem Licht, durchsetzt mit viel Blau und Silber.“

Melbourne 1942 • Heilgottesdienst, L-K. Kirche

„Der erste Heilgottesdienst im neuen Jahr. Als ich zur Salbung nach vorne trat, betete ich, ein Kanal sein zu dürfen, durch den die Heilkraft auf meinen kleinen Enkel übertragen werden möge, der mit Scharlach im Krankenhaus lag. Ich sah, wie sich die Kraft, von dem Engel ausgehend, durch mich direkt auf das Kind im Krankenhausbett übertrug. Die Heilkraft durchströmte einen Engel, der den Jungen und sein Bett überschattete. Es war interessant zu beobachten, wie die durch mich gleitende Heilenergie die Kraft des Heilengels, der sich bereits um das Wohlergehen des Kindes kümmerte, verstärkte.“

Melbourne 1942 • Heilgottesdienst, L-K. Kirche

„Ich möchte versuchen, den Heilengel während gerade dieses Gottesdienstes zu beschreiben, da ich dergleichen nie zuvor gesehen hatte. Er verströmte ein strahlend silbernes Licht und eine heilende Kraft in alle Richtungen, begleitet von Frieden und einem unendlich unpersönlichen Mitgefühl, was sich weit über die Begrenzungen der kleinen Kirche hinaus erstreckte. Doch all dies übersteigend und weitaus stärker als alles andere war die unendliche Ausdauer, und der Engel schien das Tor zu einem unübersehbaren Reservoir dieser Kraft zu sein. Ebenfalls ungewöhnlich war die Tatsache, dass dieser Heilengel auch die Segnung übernahm. Es ist das erste Mal, dass ich dies beobachtet habe, denn bisher hatte ich nur erlebt, dass der Heilengel für den Heilgottesdienst und dann ein anderer Engel die Verantwortung für die Segnungen übernahm.

In der darauffolgenden Woche suchte mich Pater Farquharson auf, um mir von dem Besuch dieses Engels bei Pater McConkie zu berichten, der auf dessen Geheiß die Heilgottesdienste ursprünglich begonnen hatte. Im Laufe ihrer langen Unterhaltung informierte der Engel ihn, dass er auf einem anderen Planeten gewesen war und an jenem Tage während des Heilgottesdienstes und den Segnungen zugegen sein würde. Dies erklärte, warum ich denselben Engel bei beiden Gottesdiensten gesehen hatte. Pater Farquharson, der mir erst nachdem ich ihm von meiner Beobachtung berichtet hatte, diese Information weitergab, freute sich sehr über die Übereinstimmung."

Veronica Maxwell sandte die folgende Beschreibung eines Engelwesens, das ein altes Heiligtum zu hüten schien.

„Ich weilte bei meinen Freunden, die eine wilde Insel jenseits der Donegal Bucht besaßen. Eines Tages kletterte ich einen teilweise mit Wald bestandenen Berg hinauf, von dessen Kuppe ich den herrlichen Blick auf siebzehn unbewohnte Inseln genoss, die sich in dem silbernen, im Sonnenschein glitzernden Wasser ausdehnten. Ich ließ mich auf einigen bemoosten Steinen nieder. Ein seltsames Gefühl überkam mich, und ich begann, das Moos ein wenig abzukratzen, als ich bemerkte, dass diese alten Steine zu einem in die Tiefe führenden Bauwerk gehörten, einem Altar oder dem Teil eines Tempels. An diesem geheimnisvollen Ort blies der Wind mit einem sanften Ton über den wilden Thymian, und ich verlor mich in der abgelegenen Schönheit. Da bemerkte ich, dass mich aus etwa zehn Metern Entfernung eine Wesenheit anschaute. Sie war hoch gewachsen, von königlicher Haltung und unsagbar schön. Die silbern und weiß leuchtende Gestalt hielt in der Hand ein strahlendes Schwert. Segensströme durchflossen mein Sein. Ich weiß nicht, wie lange diese Vision anhielt, doch wohl lange genug, um meinen Geist mit Jubel zu erfüllen, der ihn immer noch frohlocken lässt."

H.T. Howard aus Nottingham schickte mir ebenfalls einen Bericht von einem erhabenen Engel, der ein Heiligtum hütet.

„Einige Kilometer von dem entzückenden kleinen Fischerdorf Craster entfernt liegt die einsame Ruine von Dunstanburgh Castle. Sie liegt am äußeren

Ende eines großen, harfenförmigen Basaltlagers. Von Craster aus führt ein langer, sanfter Anstieg zu der südlichen Vorderseite mit dem großen Pfortenhaus in der südwestlichen Ecke. Die Westseite fällt steil zu den unterhalb liegenden Feldern ab. Die gekrümmte Nordseite wird von hohen, steilen Kliffs begrenzt, einem Nistplatz für unzählige Kormorane und Möwen. An der Ostseite zieht sich ein langer, niedriger Wall entlang, und dahinter neigt sich der Felsenstrand allmählich dem Meer zu.

In jenem umschlossenen Gebiet scheint es Elfen zu geben. Als ich mich diesem heiligen Ort nähere, erfüllen mich ein tiefer Friede und eine Ruhe, die mich nicht verlassen, solange ich dort verweile. Jedesmal, wenn ich diese Stelle aufsuche, bleibe ich mehrere Stunden lang, manchmal an der Westseite, wo ich mich auf den Boden setze, die Stille genieße und dem im Winde flüsternden Gras lausche. Manchmal beobachte ich auch die am Nordkliff entlang segelnden Möwen.

Als ich das erste Mal zu diesem Ort kam, bemerkte ich ein erhabenes Engelwesen. Ehrfürchtig bat ich um Hilfe auf meinem Lebenspfad. Augenblicklich verschwand jener zauberhafte Friede, und es wurde mir bewusst, dass ich einer sehr hochfrequenten Schwingung ausgesetzt war. (Als Okkultist sind mir die Anzeichen einer solchen Veränderung bekannt.) Ich blieb in diesem Schwingungsbereich, bis ich ein oder zwei Stunden später den Platz verließ und darum bat, wieder meinen „Normalzustand" erhalten zu dürfen.

Auf diese und andere Weise habe ich eine Art magisches Band zu dem Ort geschaffen, was einen besonderen Wert für mich besitzt. Wenn ich von ihm entfernt bin, scheint er mich beständig zurückzurufen. Aus diesem Grunde verbringe ich meine Sommerferien stets in Anwick, damit ich Dunstanburgh mehrmals besuchen kann. Wenn die Zeit dann vorüber ist, freue ich mich schon auf das kommende Jahr.

Ich habe jedoch festgestellt, dass ich jederzeit Kontakt zu diesem Ort aufnehmen kann, gleichgültig, wo ich mich gerade aufhalte. In Zeiten der Not ist es mir sogar möglich, mich mit dem Engel dieses Platzes in Verbindung zu setzen."

Esme Swainson aus Somerset hat die erhabenen Engelwesen gesehen, die sich um die Magnetzentren des Maiden Castle, der prähistorischen Hügelfestung in Dorset und dem Grabhügel von Glastonbury in Somerset, kümmern.

Der Maiden Castle Engel ist über drei Meter groß und scheint ein Zepter zu halten. Der Zeichnung zu entnehmen, die sie anfertigte, erinnern die von seinem Haupte ausgehenden Kraftlinien an einen indianischen Federschmuck.

Der Engel bei dem Grabhügel schien Esme Swainson den Eindruck von Feuer und Sonnenkraft, von Gold und Rosa zu vermitteln.

„Es erinnerte mich an die Vorstellung vom Hl. Michael“, schrieb sie, „eher männlich als weiblich, falls es bei diesen Engeln überhaupt eine Geschlechtsrichtung gibt.“

Sie hat den Deva gesehen, der die Verantwortung für eine Heilgruppe trägt und auch den "Engel der Gegenwart Christi“ während der Messe. Ein Engelwesen, das sie bei einem besonderen Treffen sehr deutlich sehen konnte, besaß ein spitz zulaufendes Kinn und schräg stehende Augen, und die von seinem Haupt ausgehenden Kraftlinien vermittelten den Eindruck von Haaren.

Pauline Young aus Lancashire schrieb: „Ich lag friedlich in meinem Bett und betrachtete die Wand vor mir, als an der Zimmerdecke zwei Füße auftauchten und dann der gesamte Körper auf den Boden hinabzugleiten schien. Vor mir stand die Gestalt eines Engels, der weiblich zu sein schien, aber ich bin mir dessen nicht ganz sicher. Sie trug ein blassgraues Gewand, und ihr nachtschwarzes Haar war kurz.

Sie schaute mich nicht an, sondern schien zu jemandem zu sprechen. Ihre wunderschönen Schwingen maßen über zwei Meter, im Gegensatz zu ihrer ungefähr anderthalb Meter großen Figur.

Ich saß nur da und betrachtete sie. Sie strahlte nicht, sondern sah sehr menschlich aus, abgesehen von den Flügeln natürlich. Nach einigen Minuten erhob sie sich und verschwand wieder durch die Zimmerdecke.“

Engel der Musik

„Seit frühester Kindheit Musikstudentin“, schrieb M.K. Thornley aus Cromwall, „bringt es diese Ausrichtung wohl mit sich, dass sich mir Schwingungen über den Klang in Form und Bedeutung interpretieren. Dies geschieht bisweilen vielleicht auf subjektiver Ebene, doch zu anderen Zeiten durch die tatsächliche Wahrnehmung von Dingen und Wesen von „außerhalb“, die keinerlei Verbindung zu mir selbst besitzen. Das folgende Erlebnis ist es vielleicht wert, wiedergegeben zu werden.

Während des Ersten Weltkriegs musste ich häufig Violine spielen, obwohl ich nie recht zufrieden mit meinen Vorträgen war, da meine Hände von den scharfen Chemikalien und der harten Arbeit im Krankenhaus rauh geworden waren und ich zudem vorher nie genug üben konnte.

1915 brachte man mich irgendwo in eine Halle, wo ich vorspielen sollte. Beeindruckend war die schöne Sängerin, die mit klarer Stimme eine Osterhymne vortrug. Golden, wie durchsichtiger Bernstein, perlten die Töne von ihren Lippen. Ihr Gesang glich dem einer Instrumentalistin, jede einzelne Note ihrem Stellenwert zuordnend. Die Botschaft dieser Hymne schien aus ihrem Herzen hervorzuquellen, um sie allen Zuhören zu übermitteln.

Die erste Strophe unter Begleitung eines Klaviers klang für mich wie ein Solo. Doch gegen Ende schienen weitere Stimmen harmonisch einzufallen, was sich in den nachfolgenden Strophen noch steigerte, wobei die Stimme der Sängerin klar die Führung übernahm, doch von einer zunehmenden Zahl anderer Stimmen begleitet zu werden schien. Diese unbeschreibliche Stimmharmonie schwoll zu einem unvergleichlich schönen Lobgesang an.

Der Gedanke ging mir natürlich durch den Kopf: „Gibt es denn hinter den Kulissen überhaupt Sänger, vielleicht einen unsichtbaren Chor?" Doch das konnte nicht der Fall sein, da ich selbst ja kurz zuvor hinter der Bühne gewesen war.

Schüchtern befragte ich meine Freundin neben mir, aber sie schüttelte nur den Kopf; sie hatte keine anderen Stimmen gehört. Ich kann es nicht erklären, aber ich bin unendlich dankbar, dass ich jene Schar himmlischer Sänger habe hören dürfen. Ich habe niemals dergleichen vorher oder nachher vernommen."

Emma S. King aus Australien berichtet, wie ein Engel und eine Gruppe von Elfen die bekannte Sängerin Marjorie Lawrence während eines Auftritts in der Stadthalle von Melbourne, im August 1944, unterstützten. Die Künstlerin war bei einem Konzert in Mexiko City an Kinderlähmung erkrankt, inzwischen aber so weit wieder hergestellt, dass sie mit dem Flugzeug in ihrem Rollstuhl reisen konnte, um Konzerte in Lagern und Hospitälern zu geben. Bei dem Konzert, das Emma King besuchte, musste die Sängerin im Sitzen vortragen, da ihre Beine noch gelähmt waren.

„Als sie bereit war zu singen, blickte sie zu einem wundervollen "Engel der Musik" empor, der hoch über der Zuhörerschaft in der Mitte der Halle schwebte. Zwischen ihr und dieser Wesenheit bestand eine vollkommene Zusammenarbeit, und mit dem Herabströmen der Kraft erklang die erste Note. Als sie ihren Gesang beendet hatte, dankte sie dem Engel, bevor sie sich vor dem Publikum verbeugte.

Während der schwierigeren Stellen ihres Programms intensivierte sich dieses Band zwischen ihr und dem Engel, bis dieser bei "Brunhildes Lebewohl an Siegfried" immer näher an die Sängerin herantrat und schließlich vor ihr auf der Bühne schwebte und seine Kraft in die Künstlerin hineingoss, um die ihre zu vergrößern.

Während des ganzen Abends umkreiste eine Gruppe von Elfen die Knie der Sängerin und sandte ununterbrochen Energieströme in ihre Beine."

Im September 1935 besuchte Emma King ein Chorkonzert im Ausstellungsgebäude von Melbourne.

„Den Abschluss bildete das "Halleluja". Ein riesiger Engel, der in weiß schillerndem Licht erstrahlte, erschien unterhalb der Kuppel, und als die Musik ihren Höhepunkt erreichte, bildeten kleinere Engel einen Kreis unter dem äußeren Kuppelrand. Das Licht, das von ihnen ausging und einem weißen Feuer glich, senkte sich segnend auf die Zuhörer."

Emma King hatte das Empfinden, etwas erlebt zu haben, das Händel selbst einmal empfunden haben musste, wenn er zu seinem Diener sagte: „Ich glaubte, den gesamten Himmel vor mir zu sehen und den erhabenen Gott selbst."

Flower A. Newhouse schrieb in ihrem Buch "Engel und Devas", dass wir an hohen Festtagen versuchen sollten, Händels "Halleluja" anzuhören. „Jedesmal, wenn diese Musik erklingt, stimmen die Engel der Astral- und Mentalwelt in den Gesang mit ein, und ihre Begleitung klingt tausendmal frohlockender und triumphierender als der Menschengesang."

Sie erwähnte auch, dass das Gebet der Kinder in Humperdincks "Hänsel und Gretel" von den Gesängen der Schutzengel inspiriert worden war.

Clara M. Codd erzählte mir, dass ihre Schwester gelegentlich „Sphärenmusik" hören konnte. „Ich fragte meine Schwester nach dem Unterschied zwischen der Musik der Engel und derjenigen der Menschen. Sie meinte, dass man in unserer Musik immer die Instrumente und die menschliche Stimme vernehmen könne und sie in ganzen oder halben Noten vorgetragen würde, wohingegen die Musik der Engel wie ein flüssiger Ton aus ihrem ganzen Sein zu strömen schien. Ich lauschte einmal einem ungarischen Zigeuner, der in dieser Weise spielte, mit Intervallen, die der üblichen Musik fremd sind. Ich glaube, die Musik der Natur gleicht dem Wind in den Bäumen."

18. Kapitel
Gruppenseelen

Es ist der jeweilige Gruppengeist oder die Gruppenseele, die uns die wahre Bedeutung des geheimnisvollen Ausdrucks „Instinkt“ liefert, denn dieser ist die richtungsweisende Kraft, die in unterschiedlichen Abstufungen in den Mineralen, Pflanzen, Insekten, Vögeln, Tieren und den Lebewesen des Meeres ruht.

Wir bedienen uns dieses Wortes für die wunderbaren Bewegungen in der Natur, die viele von uns als selbstverständlich erachten, wie die Wunder des Winterschlafs und der Wanderung; der Kunst der Nachahmung und der Tarnung; der baulichen Kunstfertigkeit des Bibers; der hexagonalen Bienenwaben; der geometrischen Gitterstruktur der Mineralkristalle und der spiralenförmigen Muster der Schneckenhäuser; der Paarungszeiten von Vögeln und Wildtieren, der Brutperioden und der Methoden, Futter und Unterkunft zu finden; der Balz gewisser Vögel und der Vielfalt des Nestbaus. Und wer lehrte sie ihren ureigenen, ganz speziellen Gesang oder Ruf?

Wie finden die Brieftauben ihren Weg zurück nach Hause und die Schwalben ihren alten Nistplatz? Wie geschieht es, dass die Napfschnecke bei Ebbe dieselbe Stelle auf dem Felsen wiederfindet, die sie beim Heranrollen der Flut verließ? Wie können einige Hunde und Katzen ihren Besitzer kilometerweit über unbekanntes Gelände hin aufspüren?

Wie wäre es möglich ohne eine höhere Intelligenz oder geistige Führung, dass die Kreaturen des Landes, der See und der Luft eine solche Weisheit und einen derartigen Einfallsreichtum an den Tag zu legen vermögen, wenn sie, im Gegensatz zu uns, nicht über die freie Willenskraft vernunftmäßigen Vorgehens verfügen?

Die Antwort liegt natürlich im Wirken der Gruppenseele. Cyril Scott, der Komponist und Okkultist, nannte sie zu Recht die „führende Intelligenz“ und meinte, dass jede Spezies von einem solchen Wesen beseelt sei, das die Angehörigen der eigenen Gruppe bewegt und anregt.

In der "Rosenkreuzer-Kosmologie" von Max Heindel, der die Rosenkreuzer Gesellschaft in Oceanside in Kalifornien begründete, heißt es, dass die jeweilige Gruppenseele von außen auf ihre Schützlinge Einfluss nimmt, und zwar mittels Eingebungen, die im Blut des Tieres wirken. Zudem umspielen die Lebensströme der Gruppenseele die horizontalen Wirbel. Im Falle der Pflanzen treten die Ströme aus der Erde über die Wurzeln ein. Heindel behauptet, dass die Zugvögel von der Strömung des jeweiligen Gruppengeistes, die den Globus umkreist, geführt werden und dieser seine Schützlinge dazu anhält, in der ihnen zuträglichen Höhe zu fliegen und sie so mit einer Art innerem Kompass ausstattet.

In seinem Buch "Die geistigen Wesenheiten in den Himmelskörpern und Naturreichen" erwähnte auch Rudolf Steiner die Gruppenseele und behauptete, dass jene der Minerale als aus verschiedenen Bereichen des Alls kommende Strahlen von außen nach innen wirken.

Annie Besant schrieb in ihrem Buch "Die uralte Weisheit", dass nach dem Tode eines Mitglieds einer bestimmten Tiergruppe die Erfahrung, die es im Laufe seines irdischen Daseins gewonnen hat, im Geistkörper der Gruppenseele gespeichert und deren geringfügig gesteigertes Leben in die anderen Formen ausgegossen wird, aus denen sich die Gruppe zusammensetzt. Auf diese Weise nehmen sie beständig an den Erfahrungen aller abgestorbenen Formen teil, was zur Entwicklung einer Erinnerung der Art in den neuen Formen führt.

In ihrem Buch „Lichtwesen" bezeichnet Flower A. Newhouse die Lebensströme des jeweiligen Gruppengeistes als „Frequenzen" oder „Gedankenbänder", die in den höheren Welten „Mentorwellen" genannt werden.

Je mehr sich hoch entwickelte Tiere, wie Pferd, Affe, Elefant, Hund und Katze, von ihrer Gruppenseele absondern und die Stufe der Individualisierung erreichen, desto rascher wird ihre Evolution voranschreiten, sehr viel zügiger als die der Menschen.

Max Heindel sprach ebenfalls davon und führte es auf den spiralförmigen Evolutionspfad zurück. Für mich jedoch liegt der Grund auch darin, dass es sich um eine wohlverdiente Wiedergutmachung handelt für all die fürchterlichen Leiden, die sie unter den Händen von Wissenschaftlern und anderen Menschen erdulden mussten.

In einem Magazin der Rosenkreuzergesellschaft aus dem Jahre 1954 hieß es, dass wir keinerlei Grund haben, uns „erhaben" über die Tiere zu fühlen, da jeder Mensch der augenblicklichen Erdmanifestation sich irgendwann einmal im „Tierstadium" befunden hat, während in jedem heutigen Tier das Potenzial zum Menschen ruht. Der Unterschied zwischen uns ist lediglich eine Frage der Evolution.

Viele Tiere besitzen übersinnliche Fähigkeiten, denn bisweilen scheinen sie Dinge und Leute wahrzunehmen, die wir nicht sehen. Außerdem haben sie ein feines Gespür für Gefahr. Es gibt zahlreiche Fälle, bei denen Menschen vor einem Hausfeuer gerettet wurden, weil ihre Haustiere sie gewarnt hatten, und ich weiß von einem Schäferhund, der mehrere Hundert Schafe aus einer lodernden Scheune rettete.

Wenn wir ein Tier aufrichtig und tief geliebt haben, können wir manchmal seinen Geist nach seinem sogenannten Tode wahrnehmen, denn das Band der Liebe endet nicht. Es sind viele Bücher über das Leben nach dem Tode geschrieben worden, und es ist tröstend zu wissen, dass uns unsere Tier- und Vogelfreunde begrüßen werden, wenn wir selbst einmal in die geistigen Welten hinübergehen.

Clara Clayton schrieb mir, dass ein Gruppengeist weiß, wenn der Mensch einem seiner Mitglieder hilft, und er ist sich auch der menschlichen Grausamkeiten seinen Schützlingen gegenüber voll bewusst. Max Heindel ging sogar noch weiter, indem er sagte, dass der Gruppengeist selbst leidet, wenn irgendeines seiner Glieder verletzt wird.

Ebenso wie wir Menschen, werden auch die Tiere in einer physischen Form auf die Erde geschickt, um Erfahrungen zu sammeln, die ihre Evolution fördern. Da uns alle dasselbe göttliche Leben anregt, haben wir ebenso wenig ein Recht dazu, ihre Entwicklung zu hindern, indem wir sie töten, schlecht behandeln oder verstümmeln, wie wir ein Recht haben, uns gegenseitig zu schädigen.

White Eagle meinte, dass es der Menschheit niemals zum Guten gereichen wird, wenn sie grausame Experimente mit Tieren durchführt, da dies dem göttlichen Gesetz widerspricht.

Sathya Sai Baba, der Avatar von Prasanthi Nilayam in Indien, erklärte, dass es weder eine Notwendigkeit noch eine Rechtfertigung für die Vivisektion gibt und dass die Lösung jedes physischen Problems und die letztendliche Erklärung für jedes materielle Phänomen nur durch die Erforschung der überirdischen Welten entdeckt werden kann.

Die folgende Botschaft ist die Belehrung Geoffrey Hodsons durch einen dessen höhere Frequenz er sich einzuschwingen vermochte. „Warum …er Intellekt so scharf, wenn er sich auf materielle Dinge konzentriert und so blind, wenn es um die ewigen Lebenswahrheiten geht? Seit ewigen Zeiten hat euch Krankheit begleitet und wird eine zunehmende Gefahr in eurem Leben. Mit all eurem Wissen und eurem Intellekt vermögt ihr nicht, die Ursache zu entdecken. Ihr quält Tiere, ihr fertigt eure schrecklichen Arzneien an, ihr sättigt euren Körper mit Giften und mit Drogen, bis der Tempel des lebendigen Gottes, eures höheren Selbst, seines Hierophanten unwürdig wird. Wenn Krieg, Unterdrückung, Ausbeutung, Grausamkeit und Selbstsucht auf Erden aufhören, dann wird Krankheit innerhalb einer Generation verschwinden, wenn nicht schon früher. Beendet also die namenlosen Greueltaten der Forschungsinstitute; befreit euch von dem grausigen Aberglauben, dass ihr die Schmerzen von euch fernhaltet, wenn ihr sie anderen zufügt."

Jede Art von Grausamkeit ist verabscheuungswürdig, und dazu gehört auch die Massentierhaltung, was den Naturgesetzen widerspricht und mit der Zeit völlig eingestellt werden sollte, um die entsetzlichen Folgen, die wir Menschen uns damit aufladen, zu vermeiden.

„Nichts, nicht einmal das winzigste Insekt, die kleinste Pflanze oder das inaktivste Mineral, befindet sich außerhalb des Lebens des Schöpfers", meinte ein ungenannter Schreiber in jenem Rosenkreuzer Magazin.

Deshalb verdienen die Gruppenseelen der anderen Naturreiche in viel größerem Maße unser Mitgefühl, unser Verständnis und unsere Zusammenarbeit, denn ihnen allen sind die verschiedenen Lebensformen heilig.

Nachwort

Ich möchte dieses Buch mit dem Auszug eines Briefes beschließen, der mir vor vielen Jahren von der inzwischen verstorbenen Emma S. King gesandt wurde.

„Es ist so wunderbar, dieses Ineinandergreifen allen Lebens und aller Materie zu erkennen und die sich verbreitende Kenntnis von der Einheit der schöpferischen Ursubstanz, der Uratome, aus denen die Formen der unzähligen verschiedenen Daseinsströme hervorgehen.

Dieser eine Lebenstrom, der sich in unterschiedlichen Formen zum Ausdruck bringt, gleitet dahin und kehrt immer wieder zu seinem Ursprung zurück, die Ernte der durchlebten Erfahrungen mit sich tragend."

DER ZAUBERGARTEN

Miranda ist ein Kind wie alle Kinder - bis sie eines Tages einem Engel begegnet. Von diesem Tag an wird alles anders. Sie lernt, daß alles Leben auch eine verborgene Seite hat. Um ihr die Geheimnisse einer anderen Welt zu erklären, lehrt sie ihr Engel, einen „Zaubergarten" anzulegen. Allmählich lernt Miranda alle Naturwesen und bisher unbekannten Bewohner ihres Garten kennen. Sie versteht die Tiere und die Pflanzen und ihr geheimnisvolles Leben - und sie findet den „Zaubersamen".
Damit alle Kinder auch einen „Zaubergarten" anlegen können, war es Mirandas Wunsch, zu diesem Buch eine Tüte mit „Zaubersamen" zu verschenken.

Eine wunderschöne Kindergeschichte über Blumen, Elfen und Engel, zauberhaft ganzseitig illustriert!

Linda Atnip
Mirandas Zaubergarten
Gebunden, vierfarbig illustriert, mit einer Packung Zaubersamen,
ISBN 3-89427-103-5